五南圖書出版公司 印行

圖解

消防安全設備認可基準與測試方法暨判定要領

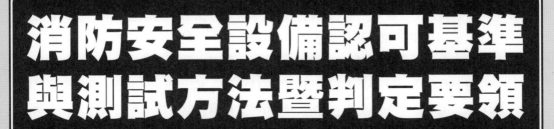

盧守謙 博士 / 著

閱讀文字

理解內容

觀看圖表

圖解讓

消防安全設備認可
基準與測試方法

更簡單

推薦序

　　為培育出消防安全專業人力，本校於 2002 年首創消防系（所）（除警察大學外），建置了火災虛擬實驗室、火災鑑識實驗室、低氧實驗室、水系統消防實驗室、電系統消防實驗室、氣體消防實驗室、消防設備器材展示室及消防檢修實驗室等軟硬體設備，也設置了氣體燃料導管配管、工業配管等兩間乙級技術士考場；也擁有全方位師資團隊，跨消防、機械、化工、電機、電子、土木及理化等完整博士群組成，每年消防系設日間部四技 3 班、進修部四技 1 班、進修學院二技 1 班、碩士在職專班 1 班，目前也申請博士在職專班，為未來消防人力注入所需的充分能量。

　　公共場所火災及天然災害，造成人員傷亡及巨額財物損失，引起社會大眾對公共安全及消防救災、緊急救護應變措施之關切，消防安全問題一直為當前社會大眾關切焦點。而目前任務持續加重消防機關，依法行政需求，提供民眾更完善安全服務。因此，消防法規健全與合理化制定，除可強化救災能力，提升服務品質，建立強固之社會安全防救災體系，進而推行社會福利消防行政，使我國消防防災、救災功能及服務品質，提升至與先進國家同步之水準。

　　為確保消防安全設備之產品及預期功能，目前國內主要分二條路徑，第一路徑係認可基準於 2012 年訂定消防機具器材及設備認可標準、消防機具器材及設備認可實施辦法。第二路徑係消防安全設備審核認可體系於 2011 年修正消防法第 6 條，各類場所因用途、構造特殊，或引用各類場所消防安全設備設置標準同等以上效能之技術、工法或設備，檢附具體證明，向中央主管機關申請核准；另於 2012 年修正各類場所消防安全設備設置標準第 3 條，未定國家標準或國內無法檢驗之消防安全設備，應檢附國外標準、國外（內）檢驗報告及試驗合格證明或規格證明，經中央主管機關認可後，始准使用。

在消防設備品管上，依消防法指出，供公眾使用建築物之消防安全設備圖說，應由直轄市、縣（市）消防機關於主管建築機關許可開工前，審查完成。依建築法第 34 條之 1 申請預審事項，涉及建築物消防安全設備者，主管建築機關應會同消防機關預為審查。而非供公眾使用建築物變更為供公眾使用或原供公眾使用建築物變更為他種公眾使用時，主管建築機關應會同消防機關審查其消防安全設備圖說。另一方面，經中央主管機關公告應實施認可之消防機具、器材及設備，非經中央主管機關所登錄機構之型式認可及個別認可，並附加認可標示者，不得銷售、陳列或設置使用。

本書作者盧守謙博士累積豐富之火場救災經歷，亦曾擔任過消防局火災預防課長，對於建築物消防安全設備與火災學理有其專業見解。本書內容也解析日本消防相關規定，制度與法規條文以圖解示意，相信能使讀者學習上有系統式了解，本人在此極為樂意為序，並祝大家閱讀及學習愉快。

吳鳳科技大學　校長

蘇銘宏

自序

消防機具器材與設備認證體系上,日本於消防法分為產品有無販賣規制,有販賣規制為檢定制度(第 21 條之 2)與自主表示制度(第 21 條之 16-2),而無販賣規制為認可制度(第 17 條之 3-2)與鑑定制度(第 21 條之 36),鑑定制度由日本消防檢定協會實施,鑑定項目如住宅用防災警報器、氣霧式簡易滅火器等,但此制度於平成 24 年已廢止。在自主表示制度方面,臺灣消防法也指出經公告應實施認可消防機具器材及設備,應實施型式及個別認可。但因性質特殊,經中央主管機關認定者,得不依序實施,如耐熱電線電纜與耐燃電纜之認可基準設有自主品質管理規定,即取得型式認可後,於成品出廠前由生產者自主檢查有無符合基準之規定。

日本於平成 16 年為促進消防新技術發展,以因應建築物高層化和地下化發展,而實施消防設備多元政策,即三路徑新體系,即 A 路徑(規格式法規)、B 路徑(性能式法規)、C 路徑(總務大臣認定)體系。於 B 路徑為性能規定,研發新消防設備需達到抑制初期火災擴大、支援避難活動或支援消防活動性能,此與 A 路徑一樣依法定程序,制定出法定消防用設備,確保透明性;而新技術開發之特殊消防用設備,如高性能滅火藥劑、特殊撒水設備精準定位放射、變頻幫浦自動撒水設備或空調設備配管兼用自動撒水設備等,此由專門機構進行性能評估後送總務大臣批准,此不依法規基準,而由該設備之維護計畫進行管理,以促進新技術開發,另一方面也累積日本技術並擴展專業廣度,其中 C 路徑也可移轉至 B 路徑。於 2017 年 C 路徑所開發認可計有 64 件新式消防用設備;因此,C 路徑能簡化行政程序鼓勵民間投入研發,以促進全國普及化。

反觀國內,現有規格式法規與日本 A 路徑是一樣。消防法第 6 條指出,引用各類場所消防安全設備設置標準同等以上效能之技術、工法或設備,檢附具體證明,向中央主管機關申請核准。因此,消防署也訂定內政部消防技術審議委員會消防安全性能設計與同等性能替代申請及審查作業需知,其中應檢附性能設計評估報告書,包括有設計目標、性能基準、危害界定、設計火災、火災情境、嘗試概念設計、評估方法及選定設計方案。此種目的與日本 B 路徑(性能式法規)是相似之效果。

　對於國內消防安全設備而言，能透澈了解除熟稔四大系統外，也需了解設備檢修作業基準、認可基準及測試報告書。因此，本書即針對後二者為主題，於編輯上分為五篇，於第一篇列出各國消防機具器材與設備之認可體系，給予讀者有全新國際觀。再者，為維護其預期功能，於第二篇列出中日二國檢修申報制度，作一比較。第三篇將中央主管機關公告應實施認可之消防機具器材及設備之認可基準，逐一列述。第四篇將消防安全設備測試報告書測試方法及判定要領，依外觀、性能及綜合試驗逐項說明。最後，附上消防設備師士國家考題。本書整體內容參考日文資料，並以圖解式使讀者從複雜條文中，來暢通法規脈胳及掌握條理之思路。倘若本書對教學與實務上有此微貢獻，自甚感榮幸，這也是筆者孜孜不倦之動力來源。

吳鳳科技大學消防系　　花明樓研究室

盧守謙

CONTENTS 目錄

第四篇　消防安全設備測試報告書測試方法及判定要領　175

第1章　滅火器　180

第五篇　消防設備師士考題詳解　443

參考文獻　523

Note

第一篇
各國消防機具器材與設備認可制度

1-1 日本與臺灣消防機具器材及設備確保體系（一）

日本檢定對象消防機具器材及設備性能確保體系

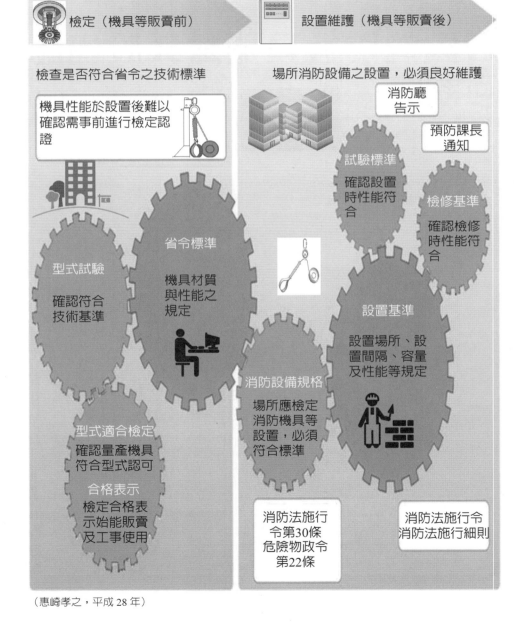

檢定（機具等販賣前）

設置維護（機具等販賣後）

檢查是否符合省令之技術標準

場所消防設備之設置，必須良好維護

機具性能於設置後難以確認需事前進行檢定認證

消防廳告示

預防課長通知

型式試驗

確認符合技術基準

省令標準

機具材質與性能之規定

試驗標準

確認設置時性能符合

檢修基準

確認檢修時性能符合

設置基準

設置場所、設置間隔、容量及性能等規定

型式適合檢定

確認量產機具符合型式認可

合格表示

檢定合格表示始能販賣及工事使用

消防設備規格

場所應檢定消防機具等設置，必須符合標準

消防法施行令第30條危險物政令第22條

消防法施行令消防法施行細則

（惠崎孝之，平成 28 年）

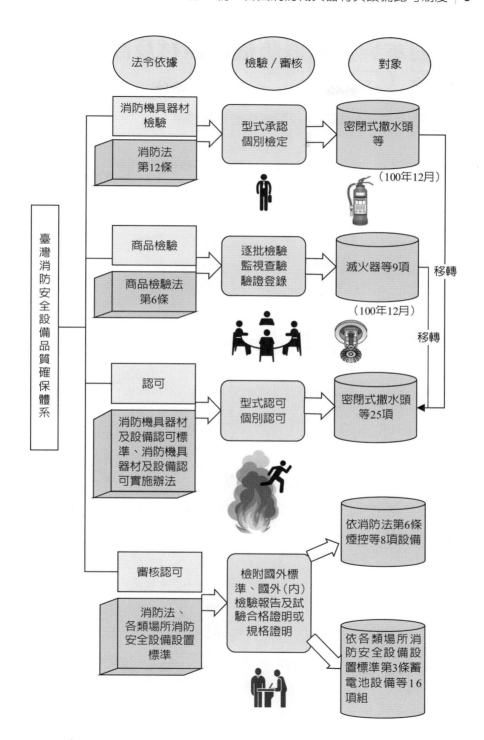

1-2 日本與臺灣消防機具器材及設備確保體系（二）

日本檢定對象消防機具器材及設備性能確保體系

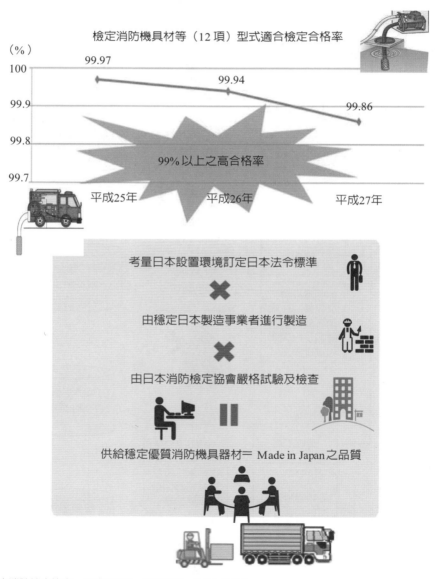

檢定消防機具材等（12項）型式適合檢定合格率

（%）

99.97

99.94

99.86

99% 以上之高合格率

平成25年　　　　平成26年　　　　平成27年

考量日本設置環境訂定日本法令標準

❌

由穩定日本製造事業者進行製造

❌

由日本消防檢定協會嚴格試驗及檢查

‖

供給穩定優質消防機具器材＝ Made in Japan 之品質

（日本消防檢定協會，平成 28 年；惠崎孝之，平成 28 年）

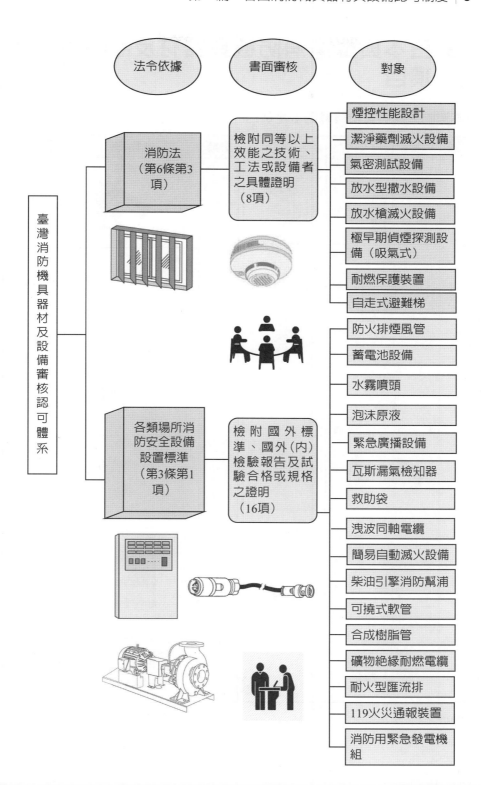

1-3 日本與臺灣消防機具器材及設備應認可項目

日本消防機具器材及設備應檢定項目

分類	設備機具項目	合格表示	分類	設備機具項目	合格表示
滅火	1. 滅火器		避難	7. 金屬製避難梯（懸掛梯）	
	2. 滅火器用滅火藥劑			8. 緩降機	
	3. 泡沫滅火藥劑		警報	9. 火災探測器及發信機	
	4. 密閉式自動撒水頭			10. 中繼器	
滅火	5. 流水檢知裝置			11. 受信機	
	6. 一齊開放閥			12. 住宅用防災警報器	

（惠崎孝之，平成 28 年）

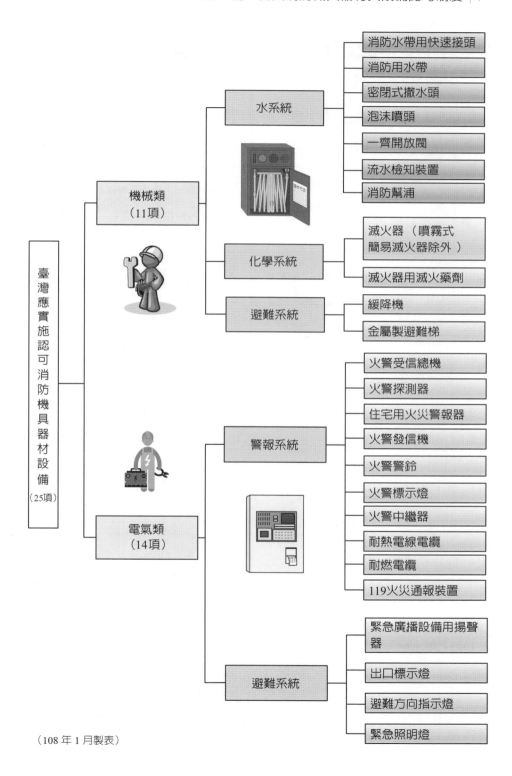

臺灣應實施認可消防機具器材設備（25項）

機械類（11項）

- 水系統
  - 消防水帶用快速接頭
  - 消防用水帶
  - 密閉式撒水頭
  - 泡沫噴頭
  - 一齊開放閥
  - 流水檢知裝置
  - 消防幫浦
- 化學系統
  - 滅火器（噴霧式簡易滅火器除外）
  - 滅火器用滅火藥劑
- 避難系統
  - 緩降機
  - 金屬製避難梯

電氣類（14項）

- 警報系統
  - 火警受信總機
  - 火警探測器
  - 住宅用火災警報器
  - 火警發信機
  - 火警警鈴
  - 火警標示燈
  - 火警中繼器
  - 耐熱電線電纜
  - 耐燃電纜
  - 119火災通報裝置
- 避難系統
  - 緊急廣播設備用揚聲器
  - 出口標示燈
  - 避難方向指示燈
  - 緊急照明燈

（108 年 1 月製表）

1-4 日本消防機具器材及設備應認可項目與認證體系

日本消防機具器材及設備自主表示制度認可項目

機具等項目	合格表示	概要
1. 動力消防幫浦	自己認證 消 規格適合 (Φ12)	具幫浦驅動內燃機同等以上性能，由主要機具幫浦構成消防用幫浦設備，分消防幫浦車及移動式消防幫浦
2. 消防水帶	《消》	供消防用軟管、保形用軟管、大容量泡沫水砲之水帶等消防用水帶
3. 消防用吸水管	自己認證 消 規格適合 (Φ40)	配合動力消防幫浦吸水口結合，所使用吸水導管
4. 消防用水帶接頭	消	供消防用吸水管或水帶、動力消防幫浦或大容量泡沫放水砲等結合之接頭，有分插入式、螺旋式等連接頭
5. 氣霧式簡易滅火器	自己認證 消 規格適合 (Φ10)	在手提鋼瓶內蓄壓之水或其他滅火劑，由人員操作，容積為 1 L 以下之小型器具
6. 漏電火災警報器		能檢測電壓在 600 V 以下之電路，產生漏電流之警告，由變流器及受信機等構成之消防用設備

（惠崎孝之，平成 28 年）

日本消防機具器材與設備認證體系

區分	制度	消防法	機構	對象	內容
販賣規制	檢定	第 21 條之 2	第三機構（日本消防檢定協會或登錄檢定機構）	消防設備主要機具等	檢查是否符合省令基準之合格表示，檢定項目如滅火器、滅火藥劑、探測器、發信機、緩降機、中繼器、受信機、泡沫滅火藥劑、密閉式撒水頭、流水檢知裝置、一齊開放閥、金屬製避難梯、住宅用防災警報器等 12 項 非附有檢定合格指示，不得銷售、陳列或施工使用等
	自主表示	第 21 條之 16-2	製造事業者（製造者受託日本消防檢定協會試驗）或進口業者	主要供消防機關使用機具器材	自主檢查是否符合省令基準之合格表示，項目如動力消防幫浦、消防用吸水管、消防水帶、水帶接頭、漏電火災警報器、氣霧式簡易滅火器等 6 項 非附有檢定合格指示，不得銷售、陳列或施工使用等
無販賣規制	認可	第 17 條之 3-2	登錄認定機構（日本消防設備安全中心等）	供一定規模以上建築物使用消防設備及機具	登錄認定機構檢查是否符合省令基準之合格表示；或由消防機關於消防設備等會勘測試，是否符合必要技術標準之合格表示，不需提出動作試驗結果報告書等，以簡化檢測程序。如放水口、加壓送水裝置、控制盤、音響警報裝置、不活性氣體滅火設備之噴頭、定壓動作裝置、耐燃及耐熱電線、緊急電源等
	鑑定	第 21 條之 36	日本消防檢定協會	省令基準所定機具及檢定對象耗品	如住宅用防災警報器、氣霧式簡易滅火器，於平成 24 年廢止，上述項目已轉為檢定或自主表示

（海外消防情報中心，平成 26 年）

1-5 日本與臺灣消防機具器材及設備認可流程（一）

日本消防器材檢定認可作業申請流程

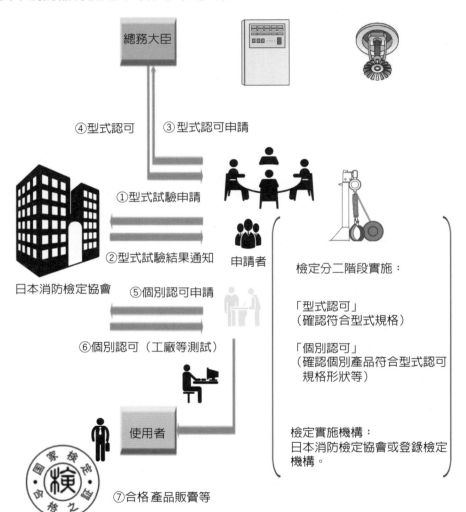

總務大臣

④型式認可　③型式認可申請

①型式試驗申請

②型式試驗結果通知　申請者

日本消防檢定協會　⑤個別認可申請

⑥個別認可（工廠等測試）

檢定分二階段實施：

「型式認可」
（確認符合型式規格）

「個別認可」
（確認個別產品符合型式認可
　規格形狀等）

檢定實施機構：
日本消防檢定協會或登錄檢定
機構。

使用者

⑦合格 產品販賣等

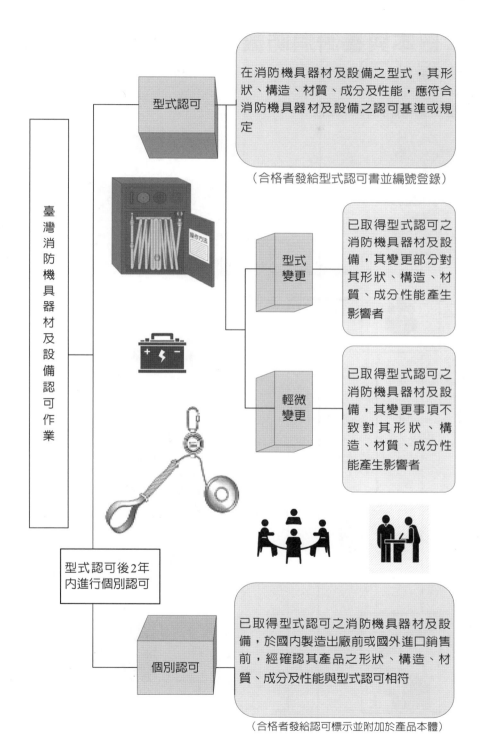

型式認可

在消防機具器材及設備之型式，其形狀、構造、材質、成分及性能，應符合消防機具器材及設備之認可基準或規定

（合格者發給型式認可書並編號登錄）

型式變更

已取得型式認可之消防機具器材及設備，其變更部分對其形狀、構造、材質、成分性能產生影響者

輕微變更

已取得型式認可之消防機具器材及設備，其變更事項不致對其形狀、構造、材質、成分性能產生影響者

臺灣消防機具器材及設備認可作業

型式認可後2年內進行個別認可

個別認可

已取得型式認可之消防機具器材及設備，於國內製造出廠前或國外進口銷售前，經確認其產品之形狀、構造、材質、成分及性能與型式認可相符

（合格者發給認可標示並附加於產品本體）

1-6 日本與臺灣消防機具器材及設備認可流程（二）

日本型式認可申請作業流程

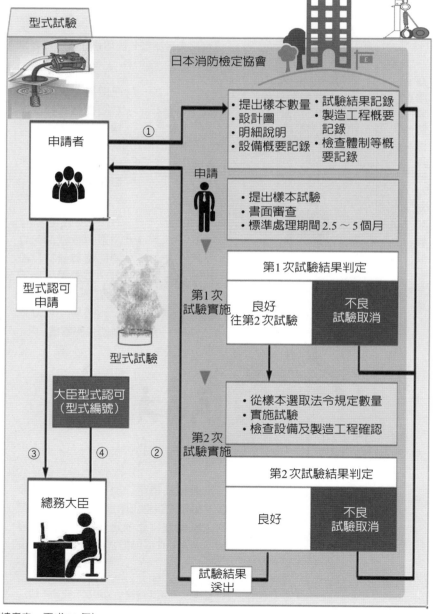

(惠崎孝之，平成 28 年)

臺灣消防機具器材及設備型式認可申請作業流程

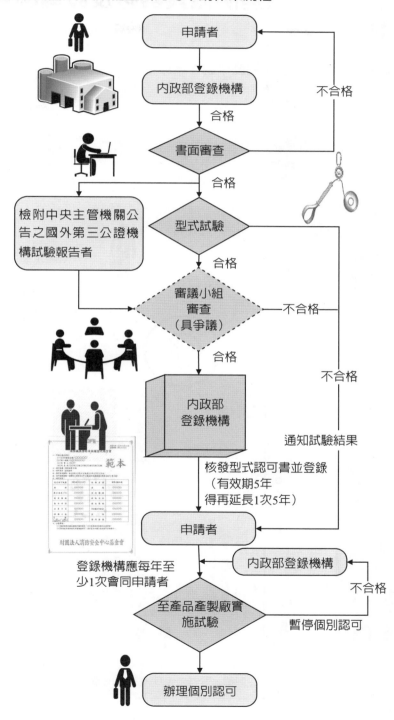

1-7 日本與臺灣消防機具器材及設備認可流程（三）

日本消防機具器材自主表示制度申請作業流程

日本消防機具器材及設備認可制度

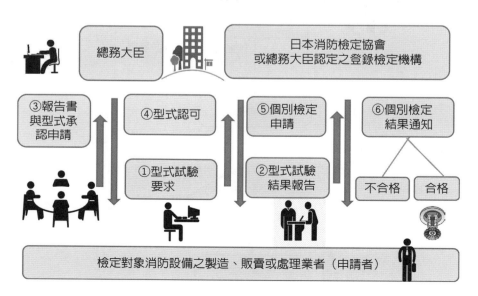

臺灣消防機具器材及設備個別認可申請作業流程

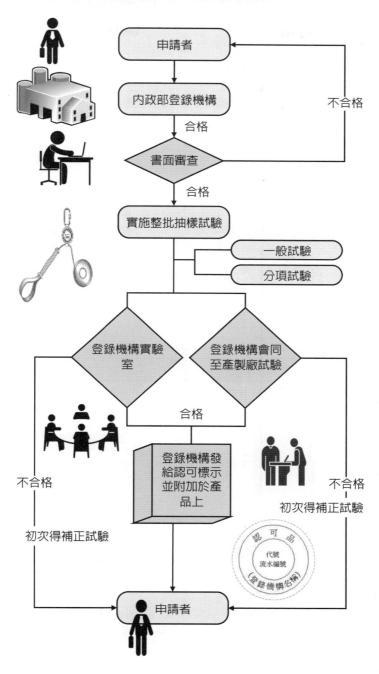

1-8 日本消防機具器材及設備檢定與自主制度

日本消防機具器材檢定制度與自主表示制度

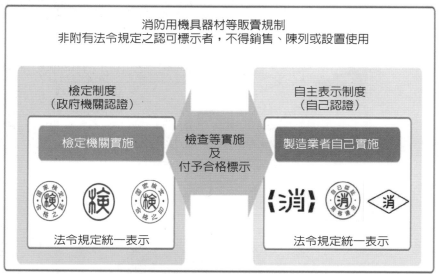

區分	檢定對象機具器材等	自主表示對象機具器材等
法令	消防法第 21 條之 2	消防法第 21 條之 16-2
對象	12 項（平成 28 年）	6 項（平成 28 年）
制度	·向總務大臣申請認可及付予型式編號 ·日本消防檢定協會或登錄檢定機構進行產品是否符合型式認可之型式，並付予合格標示 ·非有認可標示，不得銷售、陳列或設置使用	·向總務大臣申請認可及付予編號 ·製造事業者或進口業者依製品規格省令進行檢查，並付予合格標示 ·非有認可標示，不得銷售、陳列或設置使用
實施	日本消防檢定協會或登錄檢定機構	製造事業者或進口業者

（惠崎孝之，平成 28 年）

+ 知識補充站

日本於 1985 年 12 月，對消防法進行部分修訂，引入消防機具器材及設備之製造商的自我責任表示制度，並經過政府責任認證之消防用機器之新體制。

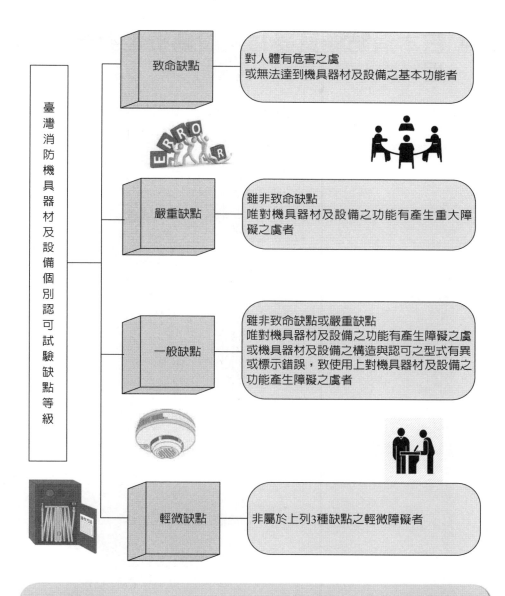

臺灣消防機具器材及設備個別認可試驗缺點等級

致命缺點 ── 對人體有危害之虞
或無法達到機具器材及設備之基本功能者

嚴重缺點 ── 雖非致命缺點
唯對機具器材及設備之功能有產生重大障礙之虞者

一般缺點 ── 雖非致命缺點或嚴重缺點
唯對機具器材及設備之功能有產生障礙之虞
或機具器材及設備之構造與認可之型式有異
或標示錯誤，致使用上對機具器材及設備之
功能產生障礙之虞者

輕微缺點 ── 非屬於上列3種缺點之輕微障礙者

✚ 知識補充站

消防法第 12 條：「經中央主管機關公告應實施認可之消防機具、器材及設備，非經中央主管機關所登錄機構之認可，並附加認可標示者，不得銷售、陳列或設置使用。」前項所定認可，應依序實施型式認可及個別認可。但因性質特殊，經中央主管機關認定者，得不依序實施。

各類場所消防安全備設置標準第 3 條：「未定國家標準或國內無法檢驗之消防安全設備，應檢附國外標準、國外（內）檢驗報告及試驗合格證明或規格證明，經中央主管機關認可後，始准使用。」前項應經認可之消防安全設備項目及應檢附之文件，由中央消防機關另定之。

1-9 日本消防機具器材及設備檢定與維護流程

日本檢定對象消防機具器材及設備檢定及設置維護等流程

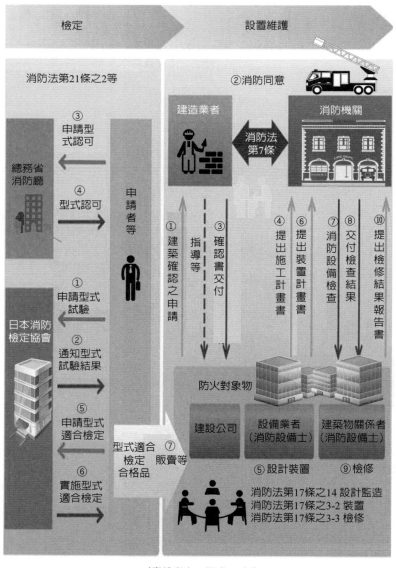

（惠崎孝之，平成 28 年）

臺灣消防安全設備審核認可作業流程

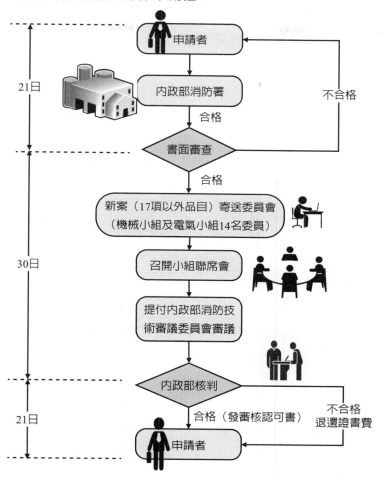

國內消防機具器材及設備檢測機構	
經濟部標準檢驗局	財團法人精密機械研究發展中心
內政部建築研究所	財團法人塑膠工業技術發展中心
國家中心科學研究所	財團法人工業技術研究院
財團法人臺灣大電力研究試驗中心	中央警察大學
中華電信研究院驗證中心	國立臺北科技大學
財團法人臺灣電子檢驗中心	財團法人紡織產業綜合研究所
財團法人金屬工業研究發展中心	財團法人消防安全中心基金會
財團法人中華民國消防技術顧問基金會	

1-10 英美消防機具器材及設備認證體系流程

美國消防機具器材及設備認證體系流程

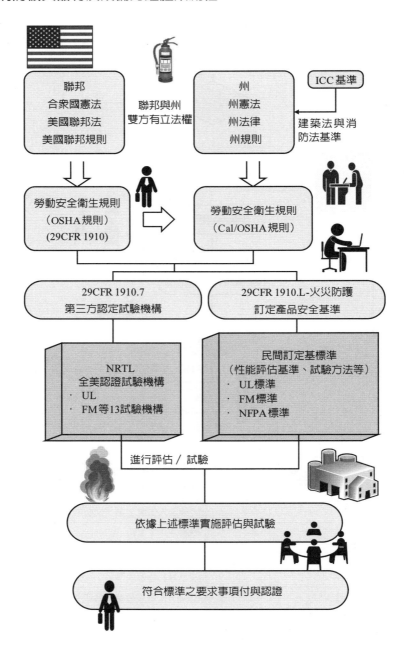

英國消防機具器材及設備認證體系流程

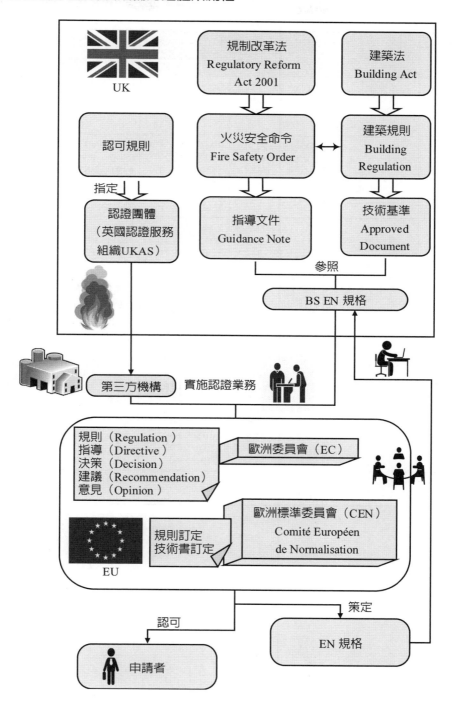

1-11 英美消防機具器材及設備認證機構

區分	日本	美國		英國	
		UL	FM	BRE（LPCB）	BSI
滅火器等	· 滅火器 · 滅火器用滅火藥劑 · 泡沫滅火藥劑	UL 8、92、154、162、299、626、711、1093、2129	UL 8、154、162、299、626、711、1093	BS EN 2、3、1866、BS 6165、6634	BS EN 3、1866、BS 6165
消防用水帶等	· 消防用水帶 · 插入式或螺紋式連接頭	UL 19、219、246、401、448A、668、1285、2167、2351	FM 1515、1521、1522、2111、2121、2131、2141、2151、5511、5512	BS、336、671、694、6391、BS ISO 12239	BS、336、671、694、6391、BS ISO 12239
探測器等	· 探測器或發信機 · 中繼器 · 發信機 · 漏電火災警報器	UL 38、217、268、346、464、521、539、864、985、1480、1481、1635、1638、1711、1730、1971、2034、2075	FM 3010、3011、3150、3210、3230、6310	BS EN 54、5839、12094、14604、LPS 1014、1054、1257、1259、1274、1279、1280	BS EN 54、14604
自動撒水設備等	· 密閉式撒水頭 · 流水檢知裝置 · 一齊開放閥	UL 33、47、162、193、194、199、203、213、260、262、312、385、393、753、789、852、1091、1468、1474、1478、1486、1626、1739、1767、2443	FM、1011、1020、1041、1045、1120、1130、1140、1361、1362、1625、1630、1631、1632、1635、2000、2008、2021、2030、2031、5519、5560	BS EN 12259、ISO 6182、LPS 1036、1039、1040、1041、1045、1185、1186、1194、1219	FM 5560
避難梯等	· 金屬製避難梯 · 緩降機	NFPA 1931、ANSI A14	-	BS 4211	BS EN 131

美英消防機具器材與設備認可體系

名稱	美國	英國
法規體系	依聯邦法「勞動安全衛生法」訂「勞動安全衛生規則（OSHA）」，依 OSHA 訂定消防機器設置基準	依建築規則與火災安全命令 建築物建造、增設與改造時，依建築規則之火災安全設計 建築物使用後，依火災安全命令之指導文件進行風險評估維護
認證體系	依民間第三方機構訂定基準 依職業安全衛生署（OSHA）之認可實驗室進行認證	依英國認證服務組織（UKAS）進行認可作業 依歐盟公告機構（NB）進行認可作業
販賣規制	聯邦：依國家認可實驗室評鑑 州：付予第三方認證機構	依民間第三方機構訂定基準 依歐盟市場機制單位賦予責任義務
認證第三方機構	UL、FM 等 13 個認證機構	BRE、BSI、FM 等 81 個認證機構

日本消防安全設備設置義務

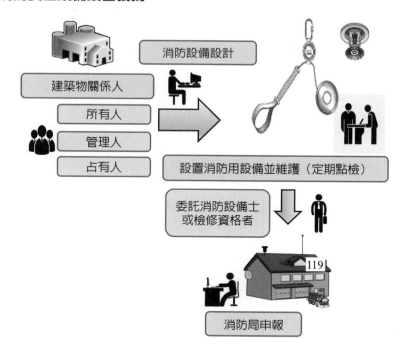

Note

第二篇
日本與臺灣消防設備檢修申報制度

2-1 日本防火對象物檢修申報期限

款目		防火對象物	檢修申報期限
1	(1)	戲院、電影院、娛樂場所、展覽中心	1年1次
	(2)	公民館、集會場	
2	(1)	歌舞表演、咖啡館、夜總會	
	(2)	遊藝場、舞廳	
	(3)	海關業務銷售場所	
	(4)	卡拉 OK、為客戶提供服務房間等類似場所	
3	(1)	會議室、餐廳類似場所	
	(2)	飲食店	
4		百貨商店、超級市場、商場或展覽廳	
5	(1)	旅館、汽車旅館、有客房招待所	
	(2)	集合住宅、寄宿舍	3年1次
6	(1)	醫院、診所或有 / 無床診所	1年1次
	(2)	老年短期住宿設施、老人養老院等（自力避難困難者）	
	(3)	老人日間服務中心、幼兒保育等類似場所	
	(4)	幼兒園或特殊學校	
7		小學、中學、高中、大學等類似場所	3年1次
8		圖書館、博物館、美術館等類似場所	
9	(1)	公共浴池之外部蒸汽浴室、熱氣浴室等類似特定場所	1年1次
	(2)	9(1) 以外等一般公共浴場	
10		候車場或船舶 / 飛機起飛 / 到達地點（僅乘客上下車或等候場所）	3年1次
11		神社、寺廟、教會	
12	(1)	工廠、作業場	
	(2)	電影攝影場、電視播送場	
13	(1)	車庫、停車場	
	(2)	飛機或旋翼飛機機庫	
14		倉庫	
15		不適用上述之商業場所	
16	(1)	複合用途建築物中供第 1 至 4、5、6 或 9 款特定用途者	1年1次
	(2)	16(1) 以外之複合用途非特定建築物	3年1次
16-2		地下街	1年1次
16-3		16-2 以外地下層接合連續性地下通路（準地下街）	
17		古蹟歷史建築、重要民俗資料、史跡等建築物（文化財）	3年1次
18		≧ 50m 拱廊	

註：1. 底色者為特定防火對象物，非底色者為一般防火特定物。
　　 2. 國內係以場所為名稱，日本以防火對象物（分特定及一般防火對象物）為名稱。

日本消防設備檢修申報費用（日圓）

例 1. 一棟集合住宅大樓 130 戶、樓地板面積 5,200 m²
機器點檢 8,500，綜合點檢 100,000，報告書 5,000，合計 113,500 元

例 2. 一棟集合住宅大樓戶數 20 戶、樓地板面積 1,700 m²
機器點檢 20,000，綜合點檢 25,000，報告書 5,000，合計 50,000 元

例 3. 一棟辦公大樓之樓地板面積 1,600 m²
機器點檢 30,000，綜合點檢 35,000，報告書 5,000，合計 70,000 元

例 4. 一棟租屋套房大樓之樓地板面積 1,800 m²
機器點檢 40,000，綜合點檢 55,000，報告書 5,000，合計 100,000 元

例 5. 一棟診療所大樓之樓地板面積 1,200 m²
機器點檢 40,000，綜合點檢 50,000，報告書 5,000，合計 95,000 元

例 6. 一棟超高層集合住宅 250 戶、樓地板面積 40,000 m²
機器點檢 450,000，綜合點檢 600,000，報告書免費，假日加班費用 100,000，合計 1,150,000 元（上述金額會因都道府縣而略有差異）

＋知識補充站

臺灣與日本從事消防設備專技人員講習訓練規定

臺灣方面，依「消防設備師及消防設備士管理辦法」第 11 條規定，消防設備師及消防設備士，自取得證書日起每 3 年應接受講習 1 次或取得累計積分達一百六十分以上之訓練證明文件。由複訓證書發證日往後推 3 年，到期前應再複訓。

日本方面，自收到證書之日起第 1 個 4 月 1 日起，每 5 年內接受複訓課程。
（每年 4 月 1 日為日本政府機關會計年度）

2-2 日本一般消防設備種類

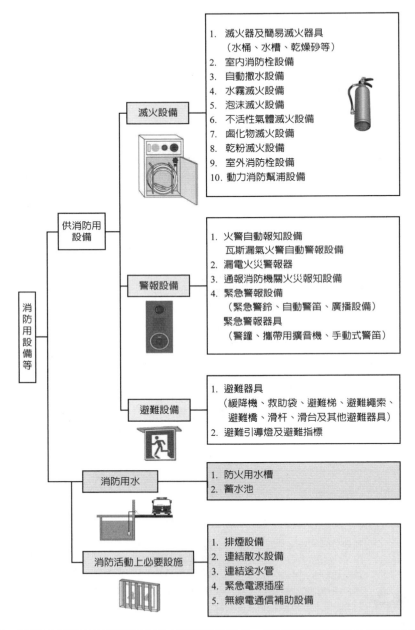

消防用設備等

供消防用設備

滅火設備
1. 滅火器及簡易滅火器具
   （水桶、水槽、乾燥砂等）
2. 室內消防栓設備
3. 自動撒水設備
4. 水霧滅火設備
5. 泡沫滅火設備
6. 不活性氣體滅火設備
7. 鹵化物滅火設備
8. 乾粉滅火設備
9. 室外消防栓設備
10. 動力消防幫浦設備

警報設備
1. 火警自動報知設備
   瓦斯漏氣火警自動警報設備
2. 漏電火災警報器
3. 通報消防機關火災報知設備
4. 緊急警報設備
   （緊急警鈴、自動警笛、廣播設備）
   緊急警報器具
   （警鐘、攜帶用擴音機、手動式警笛）

避難設備
1. 避難器具
   （緩降機、救助袋、避難梯、避難繩索、
   避難橋、滑杆、滑台及其他避難器具）
2. 避難引導燈及避難指標

消防用水
1. 防火用水槽
2. 蓄水池

消防活動上必要設施
1. 排煙設備
2. 連結散水設備
3. 連結送水管
4. 緊急電源插座
5. 無線電通信補助設備

（註：不活性氣體滅火設備指二氧化碳／惰性氣體之合併，鹵化物滅火設備指鹵化烴與海龍之合併）

臺灣與日本場所管理人未依檢修申報規定罰則

臺灣方面，於消防法第 9 條第 1 項規定，管理權人應委託第 8 條所規定之消防設備師或消防設備士，定期檢修消防安全設備，其檢修結果應依限報請當地消防機關備查；消防機關得視需要派員複查。但高層建築物或地下建築物消防安全設備之定期檢修，其管理權人應委託中央主管機關許可之消防安全設備檢修專業機構辦理。假使違反規定者，處其管理權人新臺幣 1 萬元以上 5 萬元以下罰鍰，並通知限期改善；屆期未改善者，得按次處罰。

日本方面，依消防法第 17 條指出建築物關係人（所有權者、管理者指公司或法人負責人、占用者指租借人）應設置消防設備等，並必須定期檢修並將結果申報至消防局長。而消防設備檢修申報罰則，依消防法第 44 條指出建築物關係人未依規定進行申報或虛假申報，將處以 30 萬日元以下罰鍰或拘留；法人者則處以罰鍰。

日本檢修申報三方關係

設計、檢修　　消防設備士或檢修資格者　　指導

申報

複查　指導

防火對象物　　　　　　　　　　消防機關

2-3 日本消防設備三條路徑開發新體系

消防用設備新體系

為了促進消防領域新技術發展，因應大規模複雜建築物之高層化和地下化A路徑（現有規格式法規）、B路線（性能法規）、C路線（部長認定）三條多樣化路線（平成16年實施）

路徑A 規格式規定
（消防法第17條之1）

- 滅火設備
- 警報設備
- 避難設備
- 消防搶救必要設備

消防法第17條之1消防用設備等

路徑A 與路徑B 相同依法定程序之消防用設備，以確保透明性
- 檢修申報義務
- 消防設備認可
- 消防設備士業務對象

路徑B 性能式規定
（消防法第17條之1）
- 抑制初期擴大性能
- 支援避難活動性能
- 支援消防活動性能

- 具有與法定消防設備同等性能並能替代
- 具有必要防火安全性能之消防設備
- 如套裝型滅火設備替代室內消防栓設備
- 如套裝型自動滅火設備替代自動撒水設備

路徑 C 部長認定
（消防法第17條之3）
依消防法施行細則之程序規定

- 新技術開發之特殊消防用設備等部長認定
- 如新開發高性能滅火藥劑
- 如特殊撒水設備精準定位放射
- 由專門機構進行性能評估後部長批准
- 不依法規基準，由該設備維護計畫彈性管理，促進技術開發

特殊消防用設備等

部長認定特殊消防用設備已在一定程度上擴展並累積技術知識，移轉路徑B，能簡化程序進行普及化

日本消防用設備 C 路徑

特殊消防用設備等	替代消防設備項目	中央消防認可件數（件）
加壓防煙系統	排煙設備	25
FK-5-1-12 海龍替代滅火設備	海龍替代滅火設備	3
複數綜合操作盤之整合消防 / 防災系統	綜合操作盤	7
附加監視火災溫度上升速度機能之防災系統	火警自動警報設備	4
密閉式噴頭停車場滅火設備	泡沫滅火設備	10
使用變頻幫浦自動撒水設備	自動撒水設備	1
與空調設備配管兼用自動撒水設備	自動撒水設備	1
密閉式水霧噴頭滅火設備	水霧滅火設備	5
大空間自然排煙設備	排煙設備	3
延長放射時間氮氣滅火設備	不活性氣體滅火設備	5
合計（平成 29 年 3 月）		64

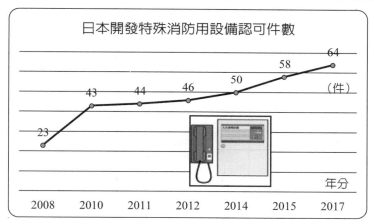

註：由內政部長根據消防法第 17 條第 3 款的規定，認證的特殊消防用設備等，其性能等於或高於一般消防設備等。

項目	A 路徑 規格式規定	B 路徑 客觀驗證法	C 路徑 部長認定
設備等種類	消防用設備		特殊消防用設備
	一般消防設備	具有一定防火安全性能供消防用設備	
技術基準	消防法施行令 消防法施行細則 省令等	個案檢定 認可制度＋省令 / 告示等	性能式評估等 （依設置設備維護計畫）
維護管理	檢修作業基準等	省令 / 告示等	依設置設備維護計畫

2-4 日本消防設備工事及整備資格者

分類	項目	消防設備或特殊消防設備等種類	消防設備士 甲種	消防設備士 乙種
特類	特類	特殊消防設備	設計、監造、裝置、檢修	———
滅火設備	第 1 類	室內消防栓、室外消防栓、自動撒水設備、水霧滅火設備、套裝型滅火設備、套裝型自動滅火設備、集合住宅用自動撒水設備	設計、監造、裝置、檢修	裝置、檢修
滅火設備	第 2 類	泡沫滅火設備、套裝型滅火設備、套裝型自動滅火設備、特定停車場用泡沫滅火設備	設計、監造、裝置、檢修	裝置、檢修
滅火設備	第 3 類	不活性氣體滅火設備、海龍替代滅火設備、乾粉滅火設備、套裝型滅火設備、套裝型自動滅火設備	設計、監造、裝置、檢修	裝置、檢修
警報設備	第 4 類	火警自動警報設備、瓦斯漏氣火警自動警報設備、119 火災通報裝置、集合住宅用火警自動警報設備、住戶用火警自動警報設備、特定小規模設施用火警自動警報設備、複合型住居設施用火警自動警報設備	設計、監造、裝置、檢修	裝置、檢修
避難設備／滅火器	第 5 類	金屬製避難梯（限固定式者）、救助袋、緩降機	設計、監造、裝置、檢修	裝置、檢修
避難設備／滅火器	第 6 類	滅火器	———	裝置、檢修
警報設備	第 7 類	漏電火災警報器	———	裝置、檢修

註：上述畫有底線者，為性能式規定之消防設備或特殊消防用設備（B 或 C 路徑）。其餘為規格式規定之一般消防設備（A 路徑）。

（工事相當於臺灣消防法規之設計監造，整備相當於裝置檢修等）

＋知識補充站

臺灣方面，依消防法第 7 條，各類場所消防安全設備設置標準設置之消防安全設備，其設計、監造應由消防設備師為之；其裝置、檢修應由消防設備師或消防設備士為之。

前項消防安全設備之設計、監造、裝置及檢修，於消防設備師或消防設備士未達定量人數前，得由現有相關專門職業及技術人員或技術士暫行為之；其期限由中央主管機關定之。

日本檢修申報消防設備及特殊消防用設備等種類

資格者區分		檢修申報之消防設備及特殊消防用設備等種類
消防設備檢修資格者	消防設備士	
第 1 種	第 1 類	室內消防栓設備、自動撒水設備、水霧滅火設備、室外消防栓設備、集合住宅用自動撒水設備
	第 2 類	泡沫滅火設備
	第 1 類 第 2 類	動力消防幫浦設備、消防用水、連結水沫設備、連結送水管、集合住宅用連結送水管
	第 3 類	不活性氣體滅火設備、海龍替代滅火設備、乾粉滅火設備
	第 6 類	滅火器、簡易滅火器具
	第 1 類 第 2 類 第 3 類	<u>套裝型滅火設備、套裝型自動滅火設備</u>
第 2 種	第 4 類	火警自動警報設備、瓦斯漏氣火警自動警報設備、119 通報裝置、<u>集合住宅用火警自動警報設備、住宅用火警自動警報設備、特定小規模用火警自動警報設備、複合型住宅用火警自動警報設備</u>
	第 5 類	避難器具
	第 7 類	漏電火災警報器
	第 4 類 第 7 類	緊急警報器具、緊急警報設備、排煙設備、緊急電源插座設備、無線電通信補助設備、集合住宅用緊急電源插座設備、集合住宅用緊急警報設備、加壓防排煙設備
	第 4 類、第 7 類消防設備士具有電氣技術士或電氣工程師證書者	誘導燈、誘導指標
特種	特類	特殊消防用設備
註：上述畫有底線者，為性能式規定之消防設備或特殊消防用設備（B 或 C 路徑）。其餘為規格式規定之一般消防設備（A 路徑）。		

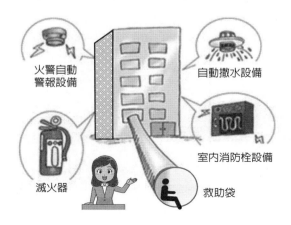

火警自動警報設備

自動撒水設備

滅火器

室內消防栓設備

救助袋

2-5 日本與臺灣場所消防設備檢修申報規定

在日本依防火對象物之用途與規模，由消防設備士（甲種／乙種）或消防設備檢修資格者來進行檢修申報，於特定防火對象物 1 年 1 次，而非特定防火對象物 3 年 1 次。依照消防法規之規定進行檢修，合格後於消防設備上貼附檢修合格標籤（圓形綠底白字，於滅火器直徑 4.5 cm 標籤，其他非滅火器之消防設備直徑 5 cm 標籤），於標籤上並記載實施此機器檢查（相當於臺灣之外觀檢查與性能檢查）或綜合檢查之檢修業者。

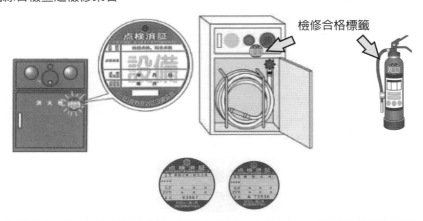

檢修合格標籤

在臺灣各類場所之管理權人對其實際支配管理之場所，應設置並維護其消防安全設備，其管理權人應委託第 8 條所規定之消防設備師或消防設備士，定期檢修消防安全設備，甲類場所每半年 1 次，甲類以外場所每年 1 次。各類場所消防安全設備之檢查方式，(1) 外觀檢查；(2) 性能檢查；(3) 綜合檢查。

於 108 年 3 月新訂「消防安全設備檢修及申報辦法」，其中第 8 條指出，依檢修完成之消防安全設備，檢修人員或檢修機構應依下列規定附加檢修完成標示：(1) 標示之規格樣式應符合附表六規定。(2) 以不易脫落之方式，於附表七規定位置附加標示。(3) 附加標示時，不得覆蓋、換貼或變更原新品出廠時之資訊；已附加檢修完成標示者，應先清除後，再予附加，且不得有混淆或不易辨識情形。其中標示分檢修機構專用樣式（紅色為底）及檢修人員專用樣式（綠色為底）2 種，標示直徑皆為 5 cm。

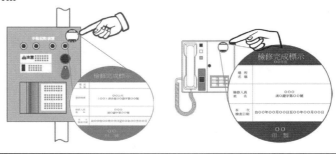

日本消防設備檢修申報率

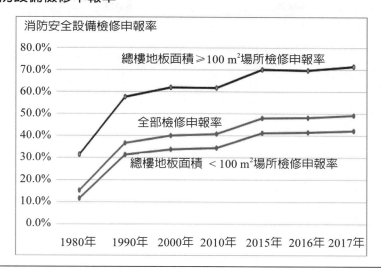

日本為了確保對消防安全設備等徹底維護，消防設備檢修申報制度進行立法（消防法第 17-3-3 條），並於 1975 年 4 月施行迄今。

臺灣消防設備檢修申報率

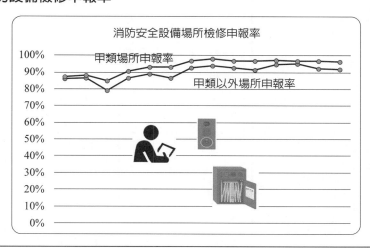

臺灣於 1995 年 2 月發生了臺中衛爾康西餐廳大火，死亡 64 人，隨即成立消防署，於當年 8 月消防設備檢修申報制度立法（消防法第 9 條），於 1987 年 12 月發布「各類場所消防安全設備檢修及申報作業基準」，並於 1998 年 4 月 1 日起生效實施。又於 108 年 3 月 27 日新訂「消防安全設備檢修及申報辦法」，其中第 8 條特別指出，依檢修完成之消防安全設備，檢修人員或檢修機構應依規定附加檢修完成標示（圓形直徑 5 cm 標籤）。

2-6 日本消防設備種類檢修資格者與期限

消防用設備種類		檢修資格者		檢修申報期間	
		消防設備士（甲種及乙種）	消防設備檢修裝置資格者	機器檢查	綜合檢查
滅火設備	滅火器及簡易滅火器具	第 6 類	第 1 種	6 個月	1 年
	室內消防栓設備	第 1 類			
	自動撒水設備				
	水霧滅火設備				
	泡沫滅火設備	第 2 類			
	不活性氣體滅火設備	第 3 類			
	海龍替代滅火設備				
	乾粉滅火設備				
	室外消防栓設備	第 1 類			
	動力消防幫浦設備	第 1 類、第 2 類			
警報設備	火警自動警報設備	第 4 類	第 2 種		1 年
	瓦斯漏氣火警自動警報設備				
	漏電火災警報設備	第 7 類			
	119 火災通報裝置	第 4 類			
	緊急警報器具及緊急警報設備	第 4 類、第 7 類			
避難設備	滑臺、避難梯、救助袋、緩降機、避難橋及其他避難器具	第 5 類			
	誘導燈及誘導指標	第 4 類、第 7 類消防設備士具有電氣技術士或電氣工程師證書者			
消防用水	防火用水槽、蓄水池	第 1 類、第 2 類	第 1 種		
消防搶救必要設施	排煙設備	第 4 類、第 7 類	第 2 種		1 年
	連結水沫設備	第 1 類、第 2 類	第 1 種		
	連結送水管				
	緊急電源插座	第 4 類、第 7 類	第 2 種		
	無線電通信輔助設備				
緊急電源及配線	緊急無線專用受電設備	各消防設備等設有緊急電源、配線或操作盤者，由有檢修資格者檢修			1 年
	蓄電池設備				
	自家發電設備				
	配線				
綜合操作盤				6 個月	

日本消防設備檢修人數

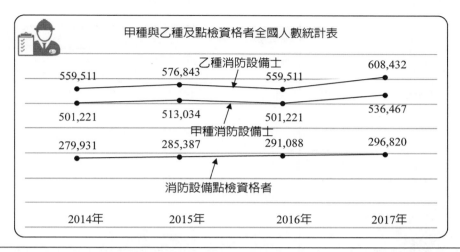

日本甲種消防設備士相當臺灣消防設備師，乙種消防設備士相當臺灣消防設備士，而日本消防設備檢修資格者相當臺灣消防設備暫行從事人員，但此方面之日本檢修資格者並非暫行從事人員，而是法定執業技術人員。

臺灣消防設備檢修人數

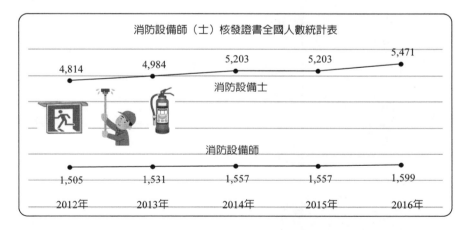

消防法第 7 條指出，依各類場所消防安全設備設置標準設置之消防安全設備，其設計、監造應由消防設備師為之；其裝置、檢修應由消防設備師或消防設備士為之。前項消防安全設備之設計、監造、裝置及檢修，於消防設備師或消防設備士未達定量人數前，得由現有相關專門職業及技術人員或技術士暫行為之；其期限由中央主管機關定之。

2-7 日本應檢修消防設備申報場所

消防設備檢修申報對象	檢修實施者
總樓地板面積 1,000m² 以上特定防火對象物百貨公司、旅館、醫院、飲食店、地下街等	消防設備士檢修資格者
總樓地板面積 1,000m² 以上非特定防火對象物，由消防機關首長指定之工廠、事務所、倉庫、集合住宅、學校等	消防設備士檢修資格者
特定用途（供不特定多數人出入場所）之 3 樓以上或地下層之直通樓梯僅有 1 座者	消防設備士檢修資格者
上述 1～3 以外之防火對象物（本項得由場所具 3 年以上實務經驗之防火管理人來進行檢修申報，但確實檢修仍建議由消防設備士或消防設備檢修資格者來進行）	消防設備士檢修資格者防火管理人

本項規定會因不同地方自治，而有差異
如第 3 點規定有些地方是併入收容人數之考量如下：

收容人數	檢修申報義務
< 30 人	不必
30～299 人	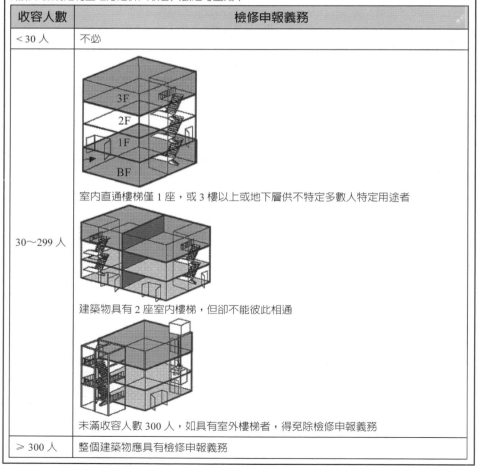 室內直通樓梯僅 1 座，或 3 樓以上或地下層供不特定多數人特定用途者 建築物具有 2 座室內樓梯，但卻不能彼此相通 未滿收容人數 300 人，如具有室外樓梯者，得免除檢修申報義務
≥ 300 人	整個建築物應具有檢修申報義務

✚ 知識補充站

從事消防設備執行業務人員資格（非消防設備師／士）

　　臺灣申請暫行從事消防安全設備設計、監造、裝置及檢修人員如下：

1. 建築師、土木工程科、機械工程科、冷凍空調工程科、電機工程科、工業安全科、環境工程科及結構工程科技師。
2. 取得行政院勞工委員會核發之消防職類 3 種乙級技術士證（不包含滅火器類科）以上者。

申請暫行從事消防安全設備之裝置、檢修人員如下：

1. 取得行政院勞工委員會核發之消防職類 5 種乙級技術士證之一者。
2. 領有暫行從事消防安全設備設計、監造之暫行執業證書者。

消防設備師或消防設備士係經由考試院辦理之消防設備人員考試筆試及格後，接受 180 至 270 小時之消防訓練及格取得考試及格證書，經向內政部申請取得消防設備師或消防設備士證書後即可執業。

　　日本消防設備檢修資格者，為具有下列資格人員經試驗合格人員：

1. 第 1 種或第 2 種電氣工事士。
2. 1 級或 2 級配管工事施工管理技士。
3. 自來水管工事監督者。
4. 建築物調查員、建築設備等檢查員（建築設備檢查員、升降機等檢查員、防火設備檢查員）。
5. 1 級或 2 級建築士。
6. 技術士第 2 次試驗合格者（限機械類、電氣／電子類、化學類、自來水管類或衛生工學類）。
7. 第 1 種、第 2 種或第 3 種電氣主任技術者。
8. 1 級、2 級或 3 級海技士。
9. 建築基準適合判定資格者檢定合格者。
10. 消防用設備等或特殊消防用設備等工事或整備 5 年以上實務經驗者。
11. 消防用設備等消防行政相關事務 1 年以上實務經驗者。
12. 建築物構造及建築設備等建築行政相關事務 2 年以上實務經驗者。
13. 依學校教育法從大學或技術學院之機械、電力、工業化學、土木工程和建築系畢業後，從事消防備等或特殊消防設備等工事或整備具有 1 年以上實務經驗者。
14. 依學校教育法從高中職校之機械、電力、工業化學、土木工程和建築科畢業後，從事消防備等或特殊消防設備等工事或整備具有 2 年以上實務經驗者。

2-8 臺灣與日本從事消防設備執行業務人數比較

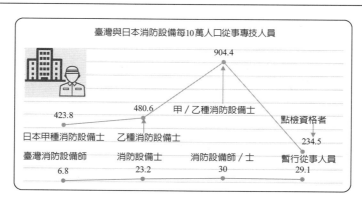

臺灣與日本消防設備每10萬人口從事專技人員

依每 10 萬人口來比較日本與臺灣消防設備從事專技人員，依臺灣人口為 2,358 萬 4,865 人（2018 年 11 月官方統計），人口總增加率為 1.22，因此，每 10 萬人口從事消防設備師比率為 6.8 人、從事消防設備士比率為 23.2 人（2016 年統計）、合計為 30.0 人。而臺灣暫行從事消防安全設備設計監造人員 4,471 人（2011 年統計），裝置檢修人員 2,387 人，合計 6,858 人，則每 10 萬人口暫行從事人員為 29.1。

在日本方面，日本人口根據總務省統計局資料，為 1 億 2,659 萬 2,000 人（2018 年 1 月確定值），人口生育率降低，加上日本對外來移民甚為嚴格，導致日本成為世界上人口老化程度最高的國家之一，日本總人口與勞動人口仍持續減少。每 10 萬人口從事甲種消防設備士比率為 423.8 人（2017 年統計）、從事乙種消防設備士比率為 480.6 人、合計為 904.4 人。檢修資格者為 234.5 人。

+ 知識補充站

如何取得消防設備檢修資格者

日本消防設備檢修資格者，進行檢修申報之一般消防設備及特殊消防用設備等種類，分為第 1 種、第 2 種、特種。要成為合格的消防設備檢修人員，必須先具有相關資格，然後接受試驗課程，參加登錄合格機構之講習，費用約為 31,800 日元（含稅），並完成課程及考試合格（如東京地區合格率 35～45％）。但參加課程所具備的資格是嚴格的，許多資格要電氣技師、建築師、技術士、電氣總工程師等資格。一旦獲得消防設備檢修資格者，年收入約為 400 萬日元至 500 萬日元。

配管閥門類型

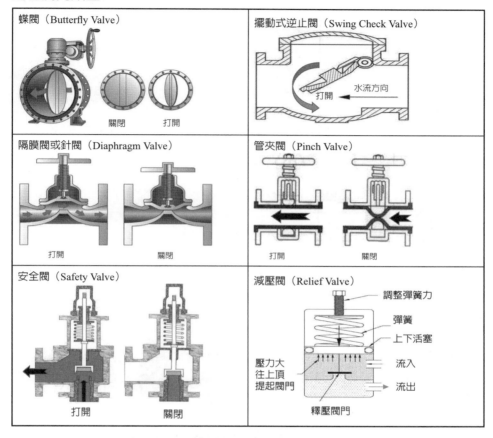

閥門型式	線性運動 （Linear Motion）	旋轉運動 （Rotary Motion）	1/4轉（直角轉） （Quarter Turn）
閘閥（Gate Valve）	✓	—	—
球閥（上下動）（Globe Valve）	✓	—	—
塞閥（Plug Valve）	—	✓	✓
球塞閥（左右動）（Ball Valve）	—	✓	✓
蝶閥（Butterfly Valve）	—	✓	✓
擺動式逆止閥（Swing Check Valve）	—	✓	—
隔膜閥或針閥（Diaphragm Valve）	✓	—	—
管夾閥（Pinch Valve）	✓	—	—
安全閥（Safety Valve）	✓	—	—
減壓閥（Relief Valve）	✓	—	—

+ 知識補充站

火警探測器與防火門之連動

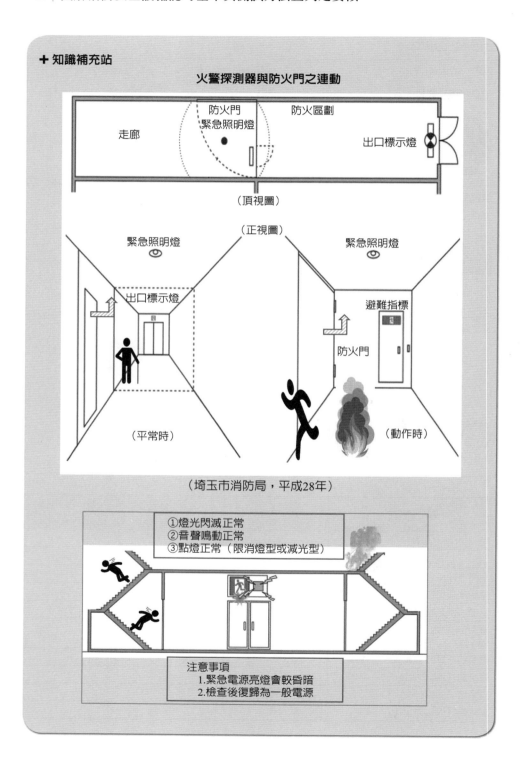

（頂視圖）

（正視圖）

（平常時）

（動作時）

（埼玉市消防局，平成28年）

①燈光閃滅正常
②音聲鳴動正常
③點燈正常（限消燈型或減光型）

注意事項
1.緊急電源亮燈會較昏暗
2.檢查後復歸為一般電源

第三篇
消防安全設備認可基準

3-1 密閉式撒水頭認可基準（106年7月修正）

最高周圍溫度

標示溫度未滿 75℃者，視其最高周圍溫度一律為 39℃。

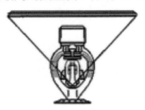

$$Ta = 0.9Tm - 27.3$$

Ta：最高周圍溫度（℃）

Tm：撒水頭標示溫度（℃）

定壓下空氣膨脹體積與絕對溫度（K）成正比

溫度每升高 1℃，其體積增加 0℃時體積的 1/273

最高周圍溫度應為撒水頭標示溫度的 90%

$$℃ = 273 + K$$

$$Ta + 273 = 0.9(Tm + 273)$$

$$Ta = 0.9Tm - 27.3$$

動作溫度試驗

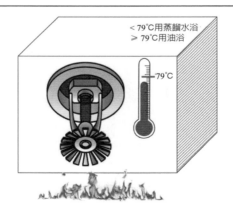

< 79℃用蒸餾水浴
≥ 79℃用油浴

79℃

將撒水頭置入溫度分布均勻之液槽內，標示溫度未滿 79℃者採用水浴（蒸餾水），79℃以上者採用油浴（閃火點超過試驗溫度之適當油類）。由低於標示溫度 10℃之溫度開始，以不超過 0.5℃/min 之加熱速度升溫直至撒水頭動作為止，實測其動作溫度。玻璃球型動作溫度值應在其標示溫度之 95% 至 115% 之間。

撒水頭標示溫度及顏色標示

玻璃球型撒水頭		易熔元件型撒水頭	
		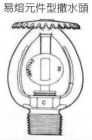	
標示溫度區分	工作液色標	標示溫度區分	支撐臂色標
57℃	橙	未滿 60℃	黑
68℃	紅	60℃以上 未滿 75℃	無
79℃	黃		
93℃	綠	75℃以上 未滿 121℃	白
100℃	綠		
121℃	藍	121℃以上 未滿 162℃	藍
141℃	藍		
163℃	紫	162℃以上 未滿 200℃	紅
182℃	紫		
204℃	黑	200℃以上 未滿 260℃	綠
227℃	黑		
260℃	黑	260℃以上	黃

撒水頭放水量試驗

在放水壓力 1 kgf/cm^2 之狀態下測定撒水頭之放水量，並依下列公式
算出流量特性係數（K 值），其值應在下表所列之許可範圍內。

$$Q = K\sqrt{P}$$

Q：放水量（L/ min）
P：放水壓力（kgf /cm^2）

標稱口徑	10A	15A	20A
K 值之許可範圍	50（1 ± 5 / 100）	80（1 ± 5 / 100）	114（1 ± 5 / 100）

用語定義

標準型撒水頭		將加壓水均勻撒出，形成以撒水頭軸心為中心之圓形分布者
小區劃型撒水頭		與標準型撒水頭有別，係將加壓水分撒於地面及壁面
側壁型撒水頭		將加壓水均勻撒出，形成以撒水頭軸心為中心之半圓形分布者
感熱元件		加熱至某一定溫度時，會破壞或變形引發撒水頭動作之元件，包括： 1. 易熔元件：易熔性金屬或易熔性物質構成之感熱元件 2. 玻璃球：將工作液密封於玻璃球體內之感熱元件

沉積

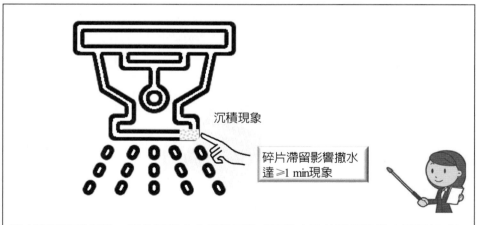

沉積現象

碎片滯留影響撒水達≧1 min現象

撒水頭受熱動作後，釋放機構中之感熱元件或零件之碎片滯留於撒水頭框架或迴水板等部位，明顯影響撒水頭之設計形狀撒水達 1 分鐘以上之現象，即稱之。

密閉式撒水頭材質

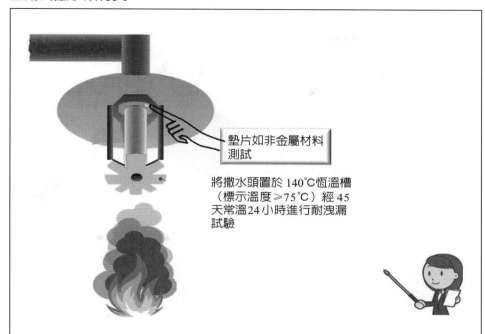

墊片如非金屬材料測試

將撒水頭置於 140℃恆溫槽（標示溫度≥75℃）經 45 天常溫24 小時進行耐洩漏試驗

1. 撒水頭之裝置部位及框架之材質，應符合 CNS 4125（銅及銅合金鑄件）、CNS 10442（銅及銅合金棒），或具同等以上強度、耐蝕性、耐熱性。
2. 迴水板之材質應符合 CNS 4125（銅及銅合金鑄件）、CNS 11073（銅及銅合金板及捲片），或具同等以上強度、耐蝕性、耐熱性者。
3. 撒水頭使用本基準規定以外之材質時，應提出其強度、耐蝕性及耐熱性之證明文件。
4. 墊片等如使用非金屬材料，應依下列規定進行測試：
   (1) 將撒水頭放置於 140±2℃恆溫槽中（標示溫度在 75℃以上，採最高周圍溫度 +100℃），經過 45 天後，置於常溫 24 小時，復進行耐洩漏試驗。
   (2) 依環境溫度試驗後，進行功能動作試驗，檢視是否正常。

玻璃球動作試驗

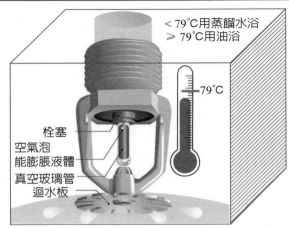

≤0.5°C/min加熱速度升溫直至玻璃球內之氣泡消失

1. 動作溫度試驗

   將撒水頭置入溫度分布均勻之液槽內，標示溫度未滿 79°C者採用水浴（蒸餾水），79°C以上者採用油浴（閃火點超過試驗溫度之適當油類）。由低於標示溫度 10°C之溫度開始以不超過 0.5°C/min 之加熱速度升溫直至撒水頭動作（釋放機構應能完全分解，如屬玻璃球型，其玻璃球應破損）為止，實測其動作溫度。實測值 α_0（°C）以無條件捨去法取至小數第一位。此動作溫度實測值如屬易熔元件型應在其標示溫度之 97% 至 103% 之間；如屬玻璃球型應在其標示溫度之 95% 至 115% 之間。

2. 玻璃球氣泡消失溫度試驗

   將撒水頭置入溫度分布均勻之液槽內，標示溫度未滿 79°C者採用水浴（蒸餾水），79°C以上者採用油浴（閃火點超過試驗溫度之適當油類）。由低於標示溫度 20°C之溫度開始以不超過 0.5°C/min 之加熱速度升溫至玻璃球內氣泡消失之溫度或達標示溫度之 93%，反覆試驗 6 次，求其氣泡消失溫度實測平均值 β_0（°C），此值用無條件捨去法取至小數第一位。玻璃球之氣泡消失溫度實測平均值，應在氣泡消失溫度申請值之 97% 至 103% 之間。

撒水頭感度熱氣流試驗

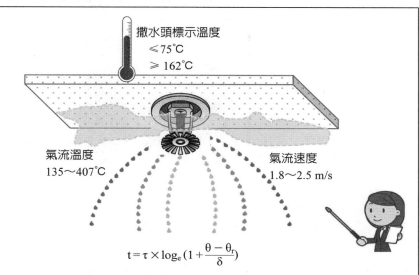

$$t = \tau \times \log_e \left(1 + \frac{\theta - \theta_r}{\delta}\right)$$

式中，t：動作時間（s）

τ：時間常數（s），第 1 種為 50 秒，第 2 種為 250 秒，有效撒水半徑為 2.8 m 者，僅適用第 1 種感度種類，時間常數為 40 秒

θ：撒水頭之標示溫度（℃）

θ_r：撒水頭投入前之溫度（℃）

δ：氣流溫度與標示溫度之差（℃）

標示溫度區分	感度種類	試驗條件	
		氣流溫度℃	氣流速度（m/s）
未滿 75℃	第 1 種	135	1.8
	第 2 種	197	2.5
75℃以上 未滿 121℃	第 1 種	197	1.8
	第 2 種	291	2.5
121℃以上 未滿 162℃	第 1 種	291	1.8
	第 2 種	407	2.5
162℃以上	第 1 種	407	1.8
	第 2 種	407	2.5

（註：第 1 種感度種類係指快速反應型撒水頭；第 2 種感度種類係指一般反應型撒水頭）

放水量試驗

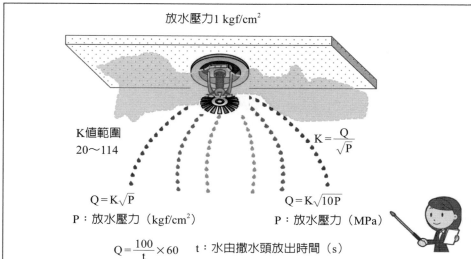

放水壓力1 kgf/cm²

K值範圍
20～114

$K = \dfrac{Q}{\sqrt{P}}$

$Q = K\sqrt{P}$

P：放水壓力（kgf/cm²）

$Q = K\sqrt{10P}$

P：放水壓力（MPa）

$Q = \dfrac{100}{t} \times 60$ t：水由撒水頭放出時間（s）

在放水壓力 1 kgf/cm²（0.1 MPa）（水道連結型撒水頭為最低放水壓力）之狀態下測定撒水頭之放水量，並依下列公式計算流量特性係數（K 值，20【1.4】～114【8.0】），其值應在下表所列之許可範圍內。

標稱流量特性係數 （標稱 K 值）LPM/(kgf/cm²)^{1/2} （GPM/(psi)^{1/2}）	流量特性係數 K（±5%）		螺紋標稱 （參考）
	LPM/(kgf/cm²)^{1/2}	GPM/(psi)^{1/2}	PT(R)
20（1.4）	19～21	1.3～1.5	1/2（1/2）
27（1.9）	25.7～28.4	1.8～2.0	1/2（1/2）
30（2.1）	28.5～31.5	2.0～2.2	1/2（1/2）
40（2.8）	38～42	2.6～2.9	1/2（1/2）
43（3.0）	40.8～45.2	2.8～3.2	1/2（1/2）
50（3.5）	47.5～52.5	3.3～3.7	1/2（1/2）
60（4.2）	57～63	4.0～4.4	1/2（1/2）
80（5.6）	76～84	5.3～5.8	1/2（1/2）
114（8.0）	108.3～119.7	7.6～8.4	1/2（1/2）或3/4（3/4）

1. 將配管內空氣抽空，然後進行水壓調整，使壓力計與放水之接頭水壓相同。
2. 水流經過放水量試驗裝置（整流筒）且以放水壓力 1kgf/cm²（0.1MPa）測量 100L 之水由撒水頭放出之時間 t（s），取至 0.1 秒，並依下列公式計算放水量 Q（L/min）及流量特性係數 K 值，各數值以無條件捨去法取至小數第二位。流量特性係數 K 值應符合上表規定。

撒水頭分布試驗（r = 2.3m）

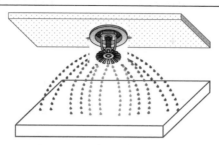

使用撒水分布試驗裝置，測量各水盤之撒水量，以撒水頭軸心為中心，在每一同心圓上各水盤撒水量之平均值分布曲線，應如下圖〔對有效撒水半徑（r）為 2.3 m 者而言〕所示之撒水分布曲線。全撒水量之 60% 以上應撒在撒水頭軸心為中心之半徑 300 cm（對 r 為 2.3 m 者而言）。在 1 個同心圓上之各水盤撒水量不得有顯著差異，且撒水量之最小值應在規定曲線所示值之 70% 以上。

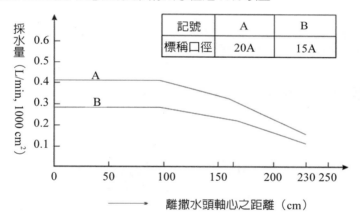

1. 將 1 個撒水頭裝在撒水分布試驗裝置上，分別以 1.0、4.0 及 7.0 kgf/cm² 之放水壓力各做 2 次試驗，測量各水盤每分鐘之平均撒水量（mL/min）。
2. 計算以撒水頭為軸心之同心圓上各水盤之全撒水量。
3. 撒水頭為軸心，半徑 300 cm 範圍內之全撒水量 Q 式計算之。
4. 測定放水壓力 1.0、4.0 及 7.0 kgf/cm² 每分鐘之撒水量 Q（L/min），並依下列公式計算出各種放水壓力下之全撒水量 Q' 對撒水量 Q 之比值。

$$\frac{Q'}{Q} \times 100 = 比值$$

5. 同心圓上各水盤之撒水量不應有顯著差異，且撒水量應在規定曲線所示值之 70% 以上。如某一水盤之撒水量未達 70% 時，得將該水盤之排列旋轉 22.5 度以內，重做試驗，所量得之撒水量與原撒水量之平均值可視為該水盤之撒水量；亦得以該水盤周圍 1 m × 1 m 範圍內水盤撒水量之平均值，視為其撒水量。

3-2 一齊開放閥認可基準（101年11月訂定）

一齊開放閥控制類型

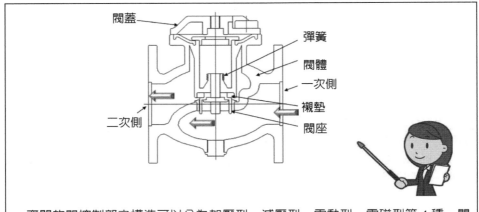

一齊開放閥控制部之構造可以分為加壓型、減壓型、電動型、電磁型等 4 種。閥體平時呈關閉狀態，由控制部啓動始能開啓。

相當於直管長度（等價管長）之壓力損失計算

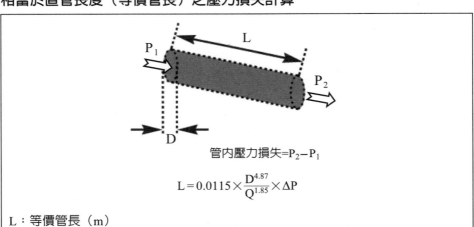

管內壓力損失=P_2-P_1

$$L = 0.0115 \times \frac{D^{4.87}}{Q^{1.85}} \times \Delta P$$

L：等價管長（m）
ΔP：壓力損失值（kgf/cm²）
D：直管內徑（mm）
Q：流量（L/min）

一齊開放閥個別認可試驗紀錄表

申請者		試驗員	
產品種類名稱		產品型號	
試驗日期		試驗個數	

試驗項目		結果			判定	
		最高	最低	平均	合格	不合格
外觀	鑄造物的狀態				☐	☐
	機械加工完成狀態				☐	☐
構造材質形狀尺寸	構造、材質以及形狀				☐	☐
	兩面之間尺寸（mm）				☐	☐
	凸緣外徑（mm）				☐	☐
	螺栓孔直徑（mm）				☐	☐
	凸緣厚度（mm）				☐	☐
	螺栓孔徑與個數（mm × 個）				☐	☐
	配管連接部口徑				☐	☐
	閥體連接部螺絲				☐	☐
耐壓	閥體	水壓　　　kgf/cm²	加壓	分鐘	☐	☐
	閥開放用控制部	水壓　　　kgf/cm²	加壓	分鐘	☐	☐
	閥座	水壓　　　kgf/cm²	加壓	分鐘	☐	☐
	閥座洩漏	水壓　　　kgf/cm²	加壓	分鐘	☐	☐
動作	一次側壓力　　kgf/cm²	s	s	s	☐	☐
	二次側壓力　　kgf/cm²	s	s	s	☐	☐
標示		☐產品種類名稱及型號 ☐製造廠家或商標 ☐製造批號 ☐標稱壓力 ☐壓力損失值 ☐標示水流方向之箭頭	☐型式認可號碼 ☐製造年分 ☐內徑 ☐使用壓力範圍 ☐安裝方向		☐	☐

3-3 流水檢知裝置認可基準（101年11月訂定）

流水檢知裝置類型

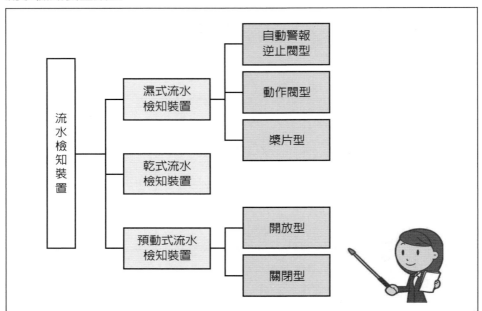

1. 溼式流水檢知裝置：在一次側（流入側）和二次側（流出側）充滿加壓水狀態下，當密閉式撒水頭、一齊開放閥或其他閥件開啓時，因二次側壓力下降而開啓閥門，加壓水由二次側流出，並發出信號裝置，種類如下：
   (1) 自動警報逆止閥型：以逆止閥一次側與二次側之壓力差及加壓水於該裝置本體內流通之動作，發出信號並啓動加壓送水裝置。
   (2) 動作閥型：以逆止閥一次側與二次側之壓力差，檢測出閥門動作，發出信號。
   (3) 槳片型：以加壓水流經槳片之動作，檢測出加壓水流通之現象，發出信號。
2. 乾式流水檢知裝置：一次側加壓水，二次側加壓空氣，當動作使壓力下降時，產生壓力差，閥門即開啓，一次側加壓水即由二次側流出。
3. 預動式流水檢知裝置：一次側加壓水，二次側空氣，當探測器及感知撒水頭均動作時，閥門即開啓，一次側加壓水即由二次側流出。依動作方式分為：
   (1) 開放型：依感知裝置之動作，而使閥門開啓。
   (2) 關閉型：依感知裝置之動作或停止，而使閥門開啓或關閉。

流水檢知裝置系統型式

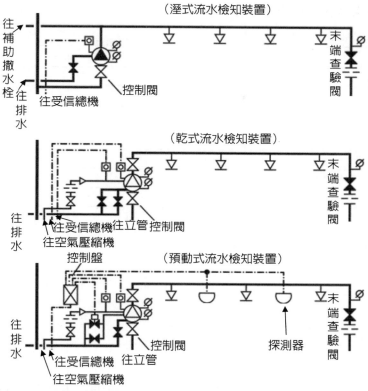

溼式流水檢知裝置性能試驗

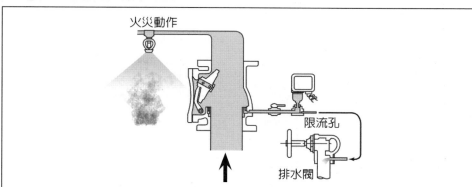

閥門開啓後 1 分鐘內能發出信號或警報，且停止時信號或警報亦應停止。壓力在 0.5 MPa 以下，檢知流量係數 80 時，流量為 80 L/min；檢知流量係數 50 時，流量為 50 L/min。

$$Q = 0.75 \times K\sqrt{P}$$

Q：流量 L/min，P：壓力 MPa，K：流量檢知係數

流水檢知裝置個別認可試驗紀錄表

□溼式　□乾式　□預動式　□亂數表（亂數骰）　氣溫　℃、溼度　%、水溫　℃
（□ K＝80　　□ K＝50　　□ K＝60　　□ K＝50, 60）

一般試驗

構造	□合格　□不合格	尺度	□合格　□不合格
外觀	□合格　□不合格	材質	□合格　□不合格
標示	□合格　□不合格		

分項試驗

試驗號碼			1	2	3	4	5
型式號碼			～ ～	～ ～	～ ～	～ ～	～ ～
製造號碼							
壓力開關							

耐壓（MPa）

閥體			□合格 □不合格	□合格 □不合格	□合格 □不合格	□合格 □不合格	□合格 □不合格
構件			□合格 □不合格	□合格 □不合格	□合格 □不合格	□合格 □不合格	□合格 □不合格
閥座洩漏	溼式						
	乾式及預動式	一次側　二次側					
	最低使用壓力		□合格 □不合格	□合格 □不合格	□合格 □不合格	□合格 □不合格	□合格 □不合格
			□合格 □不合格	□合格 □不合格	□合格 □不合格	□合格 □不合格	□合格 □不合格
	最高使用壓力		□合格 □不合格	□合格 □不合格	□合格 □不合格	□合格 □不合格	□合格 □不合格
			□合格 □不合格	□合格 □不合格	□合格 □不合格	□合格 □不合格	□合格 □不合格

性能（時間測定到 0.1 秒為止）

安裝方向			□垂直 □水平	□垂直 □水平	□垂直 □水平	□垂直 □水平	□垂直 □水平

動作點	壓力	次	動作	停止	動作	停止	動作	停止	動作	停止	動作	停止
第 1 動作點 最低使用壓力	$P_1=$ $P_3=$ $P_2=$	1　壓力開關										
		□水鐘 □閥門開啟										
		2　壓力開關										
		□水鐘 □閥門開啟										

第 2 動作點（溼式）	$P_1 =$ 0.5 $P_3 =$	1	壓力開關						
		水鐘							
		2	壓力開關						
		水鐘							
第 3 動作點 最高使用壓力	$P_1 =$ 0.8 $P_3 =$ $P_2 =$	1	壓力開關						
		□水鐘 □閥門開啓							
		2	壓力開關						
		□水鐘 □閥門開啓							
發出連續信號或警報		□合格 □不合格	□合格 □不合格	□合格 □不合格	□合格 □不合格	□合格 □不合格	□合格 □不合格
不動作（2 分鐘）$P_1 =$ $P_3 =$		□合格 □不合格	□合格 □不合格	□合格 □不合格	□合格 □不合格	□合格 □不合格	□合格 □不合格
備考							

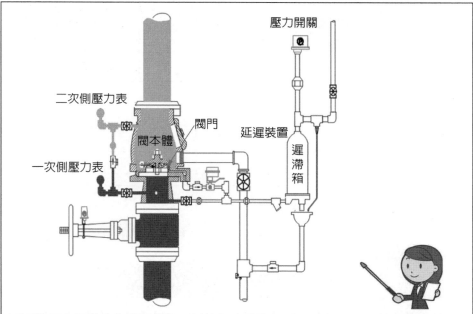

延遲裝置之遲滯箱為選擇構件，其位於自動警報逆止閥與壓力開關之間設置貯水容器，為防止水錘作用或突然浪湧之壓力波造成誤報（設小排水孔使壓力脈衝水無法累積），其需進水至容器呈滿水狀態時，觸動壓力開關動作，警報延遲約 15 秒。

3-4 泡沫噴頭認可基準（101年11月訂定）

泡沫分布試驗

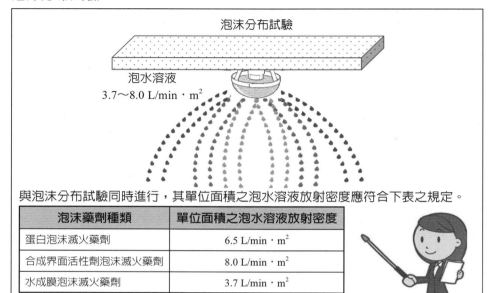

泡沫分布試驗

泡水溶液
3.7～8.0 L/min · m²

與泡沫分布試驗同時進行，其單位面積之泡水溶液放射密度應符合下表之規定。

泡沫藥劑種類	單位面積之泡水溶液放射密度
蛋白泡沫滅火藥劑	6.5 L/min · m²
合成界面活性劑泡沫滅火藥劑	8.0 L/min · m²
水成膜泡沫滅火藥劑	3.7 L/min · m²

泡沫發泡倍率試驗

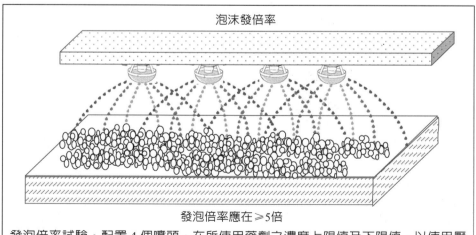

泡沫發倍率

發泡倍率應在≥5倍

發泡倍率試驗，配置 4 個噴頭，在所使用藥劑之濃度上限值及下限值，以使用壓力之上限值及下限值進行放射，測量其發泡倍率需在 5 倍以上。

泡沫 25% 還原時間試驗

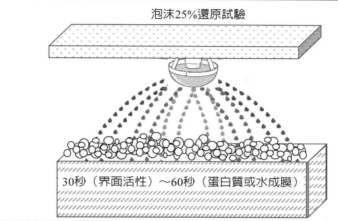

25% 還原時間試驗：與發泡倍率試驗同時進行。發泡後，其 25% 還原時間應在下表所列之規定值以上。

泡沫藥劑種類	25% 還原時間（秒）
蛋白泡沫滅火藥劑	60
合成界面活性劑泡沫滅火藥劑	30
水成膜泡沫滅火藥劑	60

泡沫滅火試驗

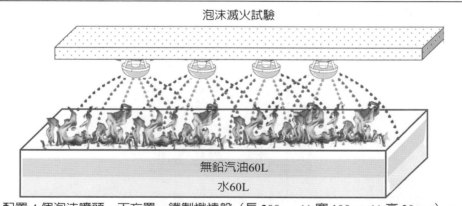

配置 4 個泡沫噴頭，下方置一鐵製燃燒盤（長 200 cm× 寬 100 cm× 高 20 cm），燃燒盤內注入水 60 L、汽車用無鉛汽油 60 L。於點火 1 分鐘後，以泡沫噴頭使用壓力下限值放射 1 分鐘。需能於 1 分鐘內有效滅火，且放射停止後，1 分鐘內不得復燃。

3-5 消防幫浦認可基準（101年11月訂定）

用語定義

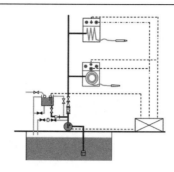

1. 消防幫浦
   係指由幫浦、電動機，及控制盤、呼水裝置、防止水溫上升用排放裝置、幫浦
   性能試驗裝置、啓動用水壓開關裝置與底閥等全部或部分附屬裝置所構成。

2. 附屬裝置
   係指控制盤、呼水裝置、防止水溫上升用排放裝置、幫浦性能試驗裝置、啓動
   用水壓開關裝置及底閥等裝置。

3. 控制盤
   係指對消防幫浦及其附屬裝置之監視或操作之裝置。

控制盤

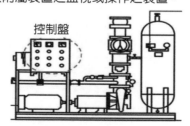

4. 呼水裝置
   係指水源之水位低於幫浦位置時，常時充水於幫浦及配管之裝置。

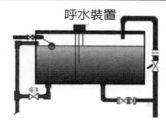
呼水裝置

5. 防止水溫上升用排放裝置
   係指幫浦全閉運轉時，防止幫浦水溫上升之裝置。

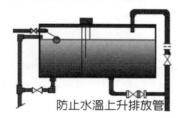
防止水溫上升排放管

6. 幫浦性能試驗裝置
   係指確認幫浦之全揚程及出水量之試驗裝置。

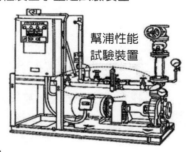
幫浦性能試驗裝置

7. 啓動用水壓開關裝置
   係指因配管內水壓降低而自動啓動幫浦之裝置。

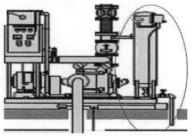
啓動用水壓開關裝置

8. 底閥

係指水源之水位低於幫浦之位置時，設於吸水管前端之逆止閥，具有過濾裝置，且使幫浦具有再吸水之能力者。

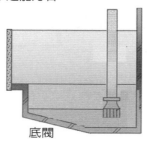

底閥

9. 轉速

(1) 試驗轉速，係指電動機於正常之電源狀態（頻率、電壓），依本基準之試驗方法，試驗所達出水量時之幫浦運轉轉速（每分鐘之回轉數）。試驗轉速與幫浦本體標示之轉速不同者，不必予以換算。

(2) 幫浦本體標示之轉速，係指電動機於正常之電源狀態（頻率、電壓），幫浦在額定出水量（如額定出水量具有範圍時，在其最大額定出水量）下運轉時之轉速。

10. 測定點

(1) 全閉運轉點。

(2) 額定出水量點（額定出水量以範圍表示者，測定其最小額定出水量點與最大額定出水量點）。

(3) 額定出水量之 150% 出水量點（額定出水量以範圍表示者，以其最大額定出水量之 150% 為測定點）。

11. 組成區分

消防幫浦依其組成方式可分為下列 3 型：

(1) 基本型：由消防幫浦及底閥所構成。

(2) 組合 I 型：在基本型當中加入呼水裝置至啓動用水壓開關裝置。

(3) 組合 II 型：在組合 I 型當中加入控制盤。

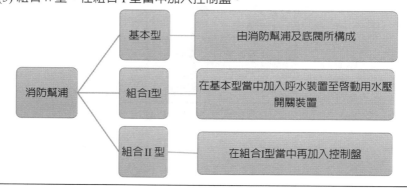

性能試驗

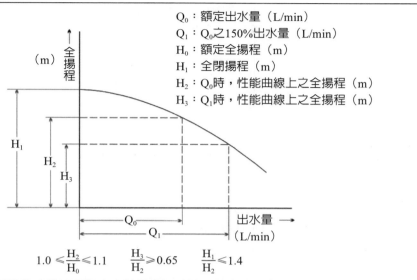

Q_0：額定出水量（L/min）
Q_1：Q_0之150%出水量（L/min）
H_0：額定全揚程（m）
H_1：全閉揚程（m）
H_2：Q_0時，性能曲線上之全揚程（m）
H_3：Q_1時，性能曲線上之全揚程（m）

$$1.0 \leqslant \frac{H_2}{H_0} \leqslant 1.1 \qquad \frac{H_3}{H_2} \geqslant 0.65 \qquad \frac{H_1}{H_2} \leqslant 1.4$$

1. 幫浦性能應依圖所規定之裝置進行試驗，並確認符合下列規定：
(1) 全揚程及出水量
　　A. 全揚程及出水量在圖所示性能曲線上，應符合下列 a.～c. 之規定，並應符合 d.～f. 所列許可差之規定（防止水溫上升用排放之水量，不包括在額定出水量內）。
　　　　a. 幫浦在額定出水量時，在其性能曲線上之全揚程應為額定全揚程之100% 以上、110% 以下。
　　　　b. 幫浦之出水量在額定出水量之 150% 時，其全揚程應為額定出水量在性能曲線上全揚程之 65% 以上。
　　　　c. 全閉揚程應為額定出水量在性能曲線上全揚程之 140% 以下。
　　　　d. 額定出水量時之全揚程應在設計值之 +10%、−0% 內。
　　　　e. 額定出水量之 150% 時之全揚程應在設計值之 −8% 內。
　　　　f. 全閉揚程應在設計值之 ±10% 內。
(2) 軸動力
　　A. 軸動力應依正確之試驗，在額定出水量點及額定出水量之 150% 出水量點，以動力計測定已知性能電動機之輸出功率，單位取 kW。
　　B. 軸動力應符合下列規定：
　　　　a. 在額定出水量時，其軸動力不得超過電動機之額定輸出。
　　　　b. 在額定出水量 150% 時，其軸動力不得超過電動機額定輸出之 110%。

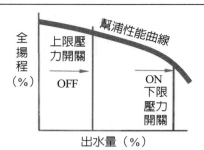

(3) 幫浦效率

A. 幫浦效率以試驗轉速在額定出水量之測定點,依下列公式計算:

$$\eta = \frac{0.0163\gamma QH}{L}$$

式中,η:幫浦效率(%)

γ:揚液每單位體積之質量(kg/L)

Q:出水量(L/min)

H:全揚程(m)

L:幫浦軸動力(kW)(實測值)

B. 幫浦之效率應依額定出水量,達到效率曲線圖所示效率值以上。額定出水量時之效率應在設計值之 −3% 以內。

C. 幫浦應順暢運轉,且應避免軸承部之過熱、異常聲音、異常震動之情形發生。

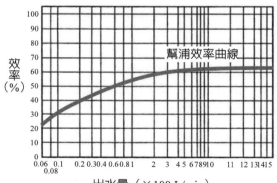

(4) 吸入性能

A. 在額定出水量點,依下表所列額定出水量之區分在所對應之吸入全揚程(係指吸入連成計讀數依幫浦基準面換算之值)運轉,測試當時之狀態。但額定出水量超過 8,500 L/min 者,依申請之吸入條件值運轉,測試當時之狀態。

額定出水量（L/min）	吸入全揚程（m）
＜ 900	6.0
900～2,700	5.5
2,700～5,000	4.5
5,000～8,500	4.0
≥ 8,500	依使用目的設計之吸入全揚程

　　B. 設置於水中之幫浦，即使該幫浦在最低運轉水位的情形下運轉，亦應無
　　　異常情況發生。
2. 電動機之性能應符合下列規定：
　(1) 幫浦在額定負載狀態下，應能順利啓動。
　(2) 電動機在額定輸出連續運轉 8 小時後，不得發生異狀，且在超過額定輸出
　　　之 10% 下運轉 1 小時，仍不致發生故障，引起過熱現象。

啓動方式

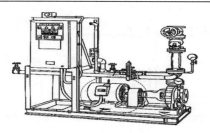

1. 使用交流電動機時，應依下表輸出功率別，選擇啓動方式。但高壓電動機不在
　此限。

電動機輸出功率	啓動方式
未滿 11 kW	直接啓動 星角啓動 閉路式星角啓動 電抗器啓動 補償器啓動 二次電阻啓動 其他特殊啓動方式
11 kW 以上	星角啓動 閉路式星角啓動 電抗器啓動 補償器啓動 二次電阻啓動 其他特殊啓動方式

2. 使用直流電動機時，應使用具有與前款同等以上，能降低啓動電流者。

3. 幫浦在運轉狀態中，如遇停電，當電力再度恢復時，應不必操作啓動用開關，而能自行再度啓動運轉。

4. 使用電磁式星角啓動方式，在幫浦停止狀態時，應有不使電壓加於電動機線圈之措施。

控制盤

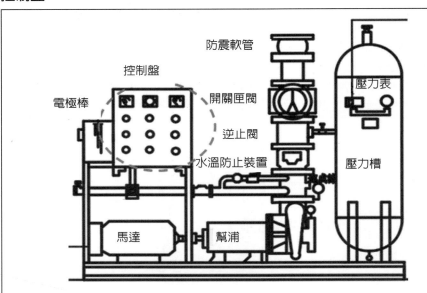

1. 控制盤不得設置漏電遮斷裝置。

2. 外箱之材質應使用鋼板或同等以上強度之材質，有腐蝕之虞者應施予有效之防蝕處理。

3. 操作開關應能直接操作電動機，並具啓動用開關及停止用開關。

4. 表示燈應依下列規定，易於識別者。

   (1) 電源表示燈（白色或粉紅色）（該控制盤設有電壓計時，不在此限）

   (2) 運轉表示燈（紅色）

   (3) 呼水槽減水表示燈（橙色或黃色）（限設有呼水裝置者）

   (4) 電動機過電流表示燈（橙色或黃色）

   (5) 控制回路之電源表示燈（白色或淡紅色）

5. 指示計器：電流計、電壓計。

動作試驗

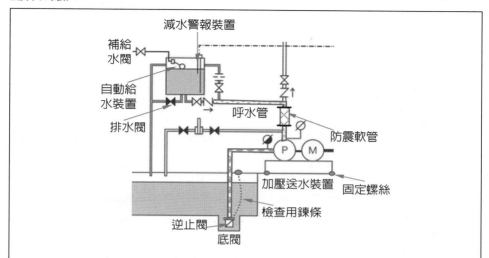

1. 幫浦由外部啓動信號自動啓動，在其運轉狀態，當外部啓動信號解除時，仍應持續運轉，然後操作控制盤之停止用開關，幫浦應即停止。如外部啓動信號不解除，運轉中即使操作控制盤之停止開關，幫浦不得停止。
2. 在運轉狀態中，當外部啓動信號解除後，其運轉應持續，而當停電狀態中，如電力再度恢復時，應不必操作啓動用開關，而能自行再度啓動運轉。
3. 打開呼水槽之排水閥，當呼水槽之有效水量減到 1/2 時，呼水槽減水表示燈應亮燈，警報裝置應發出音響。此時，在運轉中之幫浦，其運轉不得自動停止。

呼水裝置

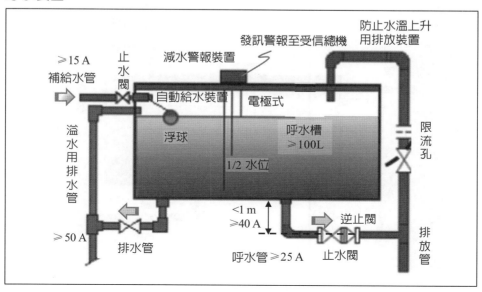

1. 應具備下列組件：
   (1) 呼水槽。
   (2) 溢水用排水管。
   (3) 補給水管（含止水閥）。
   (4) 呼水管（含逆止閥及止水閥）。
   (5) 減水警報裝置。
   (6) 自動給水裝置。
2. 呼水槽之容量
   應具 100 L 以上之有效儲存量。但底閥之標稱口徑在 150 mm 以下時，得使用有效貯水量 50 L 以上之呼水槽。
3. 呼水裝置之配管口徑
   補給水管之標稱口徑應在 15 mm 以上，溢水用排水管之標稱口徑應在 50 mm 以上，呼水管之標稱口徑應在 40 mm 以上。
4. 減水警報裝置之發信部
   應採用浮筒開關或電極方式，在呼水槽水位降至其有效水量之 1/2 前，應能發出音響警報。
5. 呼水槽自動給水裝置
   應使用自來水管或重力水箱，經由球塞自動給水。
6. 性能試驗
   打開排水閥，使呼水槽之貯水量減少，並自動補給水量；關閉排水閥，於規定容量停止補給。

防止水溫上升用排放裝置

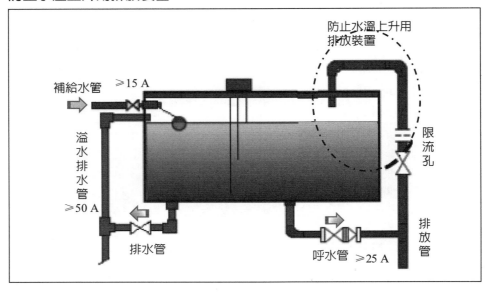

形狀與構造

1. 應從幫浦出水側逆止閥之一次側、呼水管逆止閥之一次側連接，使幫浦在運轉中能常時排水至呼水槽等處。
2. 應裝設限流孔及止水閥。
3. 應使用標稱口徑 15 mm 以上者：
   (1) 限流孔之口徑應為 3.0 mm 以上。但在限流孔之一次側，設有 Y 型過濾器，具限流孔最小通路之 1/2 以下之網目或圓孔之最小徑，其網目或圓孔之面積合計，在管截面積之 4 倍以上，能長時間連續使用，且易於清潔者，不在此限。
   (2) 限流孔之一次側應設止水閥。

性能試驗

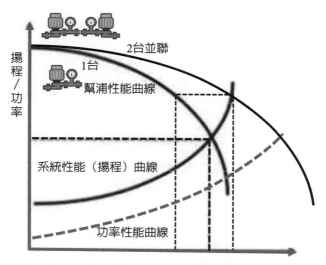

1. 在全閉運轉狀態，對防止水溫用排放裝置中之流水量，用計器測定其容量或重量。
2. 排放之水於幫浦運轉中應常時排放至呼水槽或儲水槽。
3. 所測定之排放水量，在下列公式計算所得值以上，且在申請設計值之範圍內。

$$q = \frac{Ls \times C}{60 \times \Delta t}$$

q：排放水量（L/min）
Δt：幫浦內部水溫上升 30℃時，每 1 L 水之吸收熱量（125,600 J/L）
Ls：幫浦全閉運轉時之輸出功率（kW）
C：幫浦全閉運轉輸出功率每小時千瓦之發熱量（3.6 MJ/kW×h）

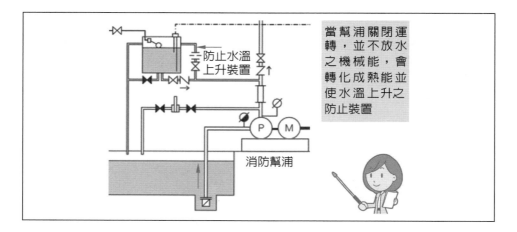

幫浦性能試驗裝置

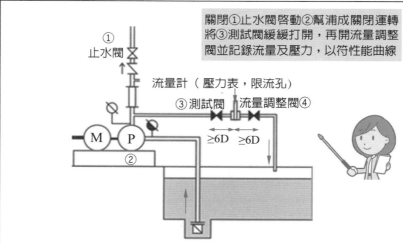

1. 性能試驗裝置之配管應從幫浦出水側逆止閥之一次側分歧接出，並裝設流量調整閥及流量計。
2. 配管及流量計應符合下列規定：
   (1) 配管之口徑應採適合額定出水量者。
   (2) 流量計之一次側設維護檢查用之閥（以下稱檢查閥），二次側設流量調整閥。但以檢查閥調整流量，且不影響流量計之性能、機能者，得不設流量調整閥。
   (3) 末於流量計二次側設流量調整閥時，其一次側之檢查閥與流量計間之直管長度應在該管管徑之 10 倍以上。
   (4) 流量計與設在二次側之流量調整閥間應為直管，其長度應為該管管徑之 6 倍以上。

啓動用水壓開關裝置

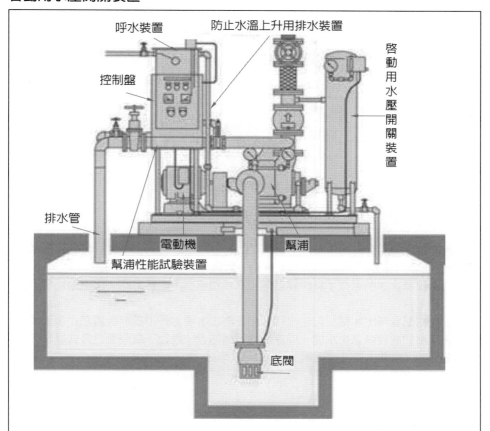

形狀與構造

1. 啓動用壓力槽容量應在 100 L 以上。但出水側主配管所設止水閥之標稱口徑如為 150 mm 以下，得使用 50 L 以上者。
2. 啓動用壓力槽應使用口徑 25 mm 以上配管，與幫浦出水側逆止閥之二次側配管連接，同時在中途應裝置止水閥。
3. 在啓動用壓力槽上或其近旁應裝設壓力表、啓動用水壓開關及試驗幫浦啓動用之排水閥。

性能試驗

1. 在幫浦設有啓動用水壓開關裝置之狀態，打開啓動用壓力槽之排水閥，使啓動用水壓開關裝置動作而啓動幫浦。此時設定壓力開關之任意2點壓力值試驗之。
2. 啓動用水壓開關裝置應於壓力開關設定壓力值之±0.5 kgf/cm² 範圍動作，且幫浦應能有效啓動。

閥類

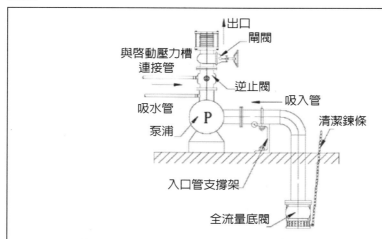

1. 應能承受幫浦最高出水壓力 1.5 倍以上壓力之強度,並具耐蝕性及耐熱性者。
2. 在出口側主配管上設置內螺紋式閥者,應具有表示開關位置之標示。
3. 開關閥及止水閥應標示其開關方向,逆止閥應標示水流方向,且應適切標示其口徑。
4. 設在主配管(出水側)之止水閥、設在防止水溫上升用排放裝置之止水閥及設在水壓開關裝置之止水閥,或在前述各閥附近,應以不易磨滅之方式標示「常開」或「常關」之文字要旨。

底閥

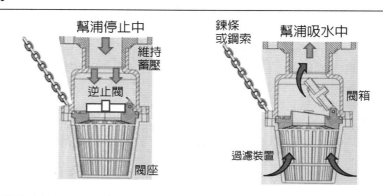

1. 蓄水池低於幫浦吸水口時,應裝設底閥。
2. 應設有過濾裝置,且繫以鍊條、鋼索等用人工可以操作之構造。
3. 主要零件如閥箱、過濾裝置、閥蓋、閥座等應使用符合 CNS 2472(灰口鑄鐵件)、CNS 8499(冷軋不鏽鋼鋼板、鋼片及鋼帶)或 CNS 4125(青銅鑄件)之規定或同等以上強度且具耐蝕性之材質。

壓力表及連成表

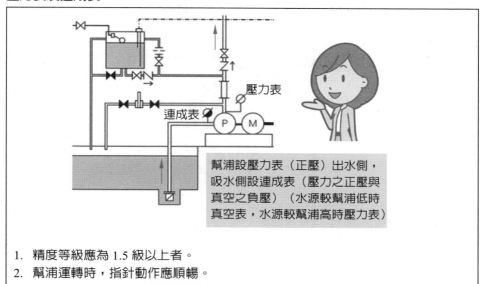

壓力表

連成表

幫浦設壓力表（正壓）出水側，
吸水側設連成表（壓力之正壓與
真空之負壓）（水源較幫浦低時
真空表，水源較幫浦高時壓力表）

1. 精度等級應為 1.5 級以上者。
2. 幫浦運轉時，指針動作應順暢。

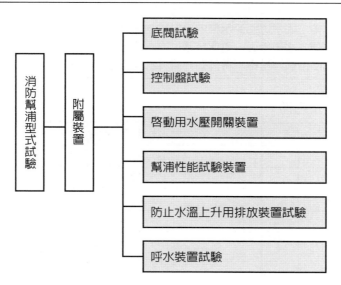

消防幫浦型式試驗 —— 附屬裝置

- 底閥試驗
- 控制盤試驗
- 啓動用水壓開關裝置
- 幫浦性能試驗裝置
- 防止水溫上升用排放裝置試驗
- 呼水裝置試驗

管徑對照表

A	10 A	15 A	20 A	25 A	40 A	50 A	65 A	100 A
B（吋）	3/8	1/2	3/4	1	1.1/2	2	2.1/2	4

3-6 消防用水帶認可基準（101年11月訂定）

用語定義

1. 消防用水帶：係指消防用橡膠裡襯水帶、消防用麻織水帶、消防用沾溼水帶及消防用保形水帶之總稱。
2. 消防用橡膠裡襯水帶：織物之裡襯使用橡膠或合成樹脂之消防水帶（消防用沾溼水帶及消防用保形水帶除外）。
3. 消防用麻織水帶：用麻線織成之消防水帶。
4. 消防用沾溼水帶：因水流通使水帶內外能均勻沾溼之水帶。
5. 消防用保形水帶：水帶斷面一直保持圓形之水帶。
6. 雙層水帶：消防用橡膠裡襯水帶外有一層外套作被覆之水帶。

消防用水帶標稱及內徑

標稱	內徑（mm）
150	152 以上 156 以下
125	127 以上 131 以下
100	102 以上 105 以下
90	89 以上 92 以下
75	76 以上 79 以下
65	63.5 以上 66.5 以下
50	51 以上 54 以下
40	38 以上 41 以下
30	30.5 以上 33.5 以下
25	26 以上 28 以下
20	18 以上 20 以下

最小彎曲半徑

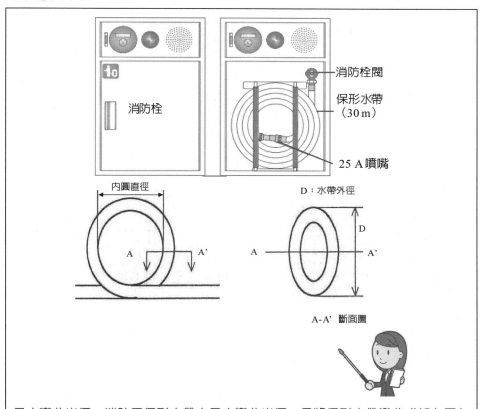

最小彎曲半徑：消防用保形水帶之最小彎曲半徑，是將保形水帶彎曲成如上圖左之圓形時，於水帶外徑（彎曲方向與直角方向的徑）如上圖右增加 5% 時，求得內圓半徑之最小值，以 cm 為單位，小數點以後四捨五入。

管徑水力計算

流量（Q）＝截面積（A）× 流速（V），其中 $A = \dfrac{d^2}{4}\pi$，因此 $Q = \dfrac{d^2}{4}\pi V$，$d^2 = 4\dfrac{Q}{\pi V}$，$d = 2\sqrt{\dfrac{Q}{\pi V}}$

例如：流量（Q）為 2.4 m³/min，流速（V）為 150 m/min 時，請問應採用多大之立管管徑（d）？

解：$d = 2\sqrt{\dfrac{Q}{\pi V}} = 2\sqrt{\dfrac{2.4}{3.14 \times 150}} = 0.1427\text{m} = 143\text{mm}$，所以應採用口徑 6 吋（150mm）立管。

消防用麻織水帶漏水量試驗

1. 消防用麻織水帶之漏水量，以水壓 1 Mpa 保持 3 分鐘後，調至 0.8 Mpa，將水帶表面擦乾 1 分鐘後，以計量器量測水帶每公尺每分鐘之漏水量。
2. 一條水帶量測 4 處之漏水量，依其標稱應符合下列規定。
   (1) 標稱 65：每公尺水帶 150 cm³ 以下。
   (2) 標稱 50：每公尺水帶 120 cm³ 以下。
   (3) 標稱 40：每公尺水帶 100 cm³ 以下。

裡襯

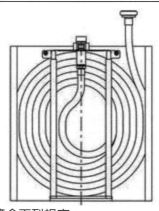

消防用保形水帶裡襯，應符合下列規定：
1. 橡膠或合成樹脂裡襯厚度應有 0.2 mm 以上，較薄部分以垂直影像量測儀量測，精度至 0.01 mm。
2. 套管剝離強度，依 CNS 3557「硫化橡膠接著試驗法」實施剝離試驗，試片尺寸為寬度 25±0.5 mm、長度 100 mm（標稱 20 者，長度為 56 mm；標稱 25 者，長度為 81 mm；標稱 30 者，長度為 95 mm），其剝離強度應有 30 N 以上。
3. 表面上不得有皺紋等不均勻部分，水流之摩擦損失小。

消防用沾溼水帶漏水量試驗

1. 將消防用沾溼水帶施加水壓 0.5 Mpa 保持 35 分鐘，計算出最後 5 分鐘內之平均漏水量，依標稱應符合下表所列數值以下，且水帶表面應為均勻沾溼。
2. 如有漏水量時多、時少之情形，以接水容器採集每公尺水帶之漏水量 5 分鐘，依下列公式計算（小數點以下四捨五入）：

$$漏水量（cm^3/min）＝採集漏水量 /5$$

3. 每條水帶量取 4 處之漏水量。

消防用沾溼水帶漏水量

標稱	每公尺水帶漏水量（cm^3/min）
90	350
75	300
65	250
50	200
40	150
25	100

消防用保形水帶分類

種類（使用壓力 Mpa）	標稱			
2.0	40	30	25	20
1.6				
1.0				
0.7				

耐閉塞性試驗

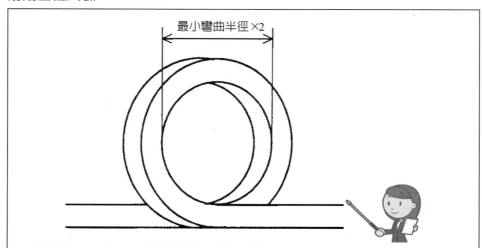

1. 取長度 15 m 以上之消防用保形水帶，將其一端固定，依上圖所示，彎曲至最小彎曲半徑 2 倍的圓繞 2 圈的狀態，固定端與反方向之另一端，以最大 100 N 施力使其延長，應不可有明顯破壞或彎曲等情形（判斷方法為水帶施加使用壓力，以直徑 8 mm 瞄子放水，如未達流量 60 L/min，即為明顯破壞或彎曲情形）。
2. 延長操作需在平滑的地面或磁磚地面進行。
3. 延長速度為 5 km/h。

消防用保形水帶

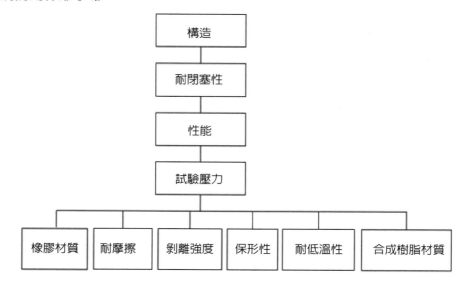

配管摩擦損失計算例

一高處水箱，有一長度 500 m 管系延伸下來，其進口及出水口分別高於參考水位 35 m 及 20 m，進水口水位低於水面 15 m、流速為 8 m/s，出水口流速為 10 m/s，如下圖所示，出水口為一大氣壓下，求管系的能量損失？

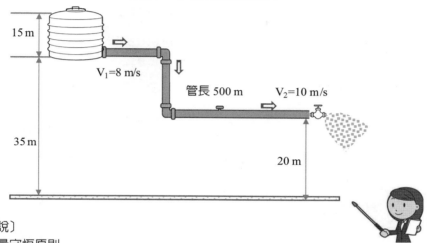

〔解說〕

依能量守恆原則

$\dfrac{v_1^2}{2g}$（速度水頭，動能：沿水流方向）$+ \dfrac{p_1}{\gamma}$（壓力水頭，壓能：垂直管壁）$+ h_1$

（高度水頭，位能：水流高度）$= \dfrac{v_2^2}{2g} + \dfrac{p_2}{\gamma} + h_2 + h_f$

$$\dfrac{v_1^2}{2g} + \dfrac{p_1}{\gamma} + h_1 = \dfrac{v_2^2}{2g} + \dfrac{p_2}{\gamma} + h_2 + h_f$$

$\dfrac{8^2}{2\times9.8}$（動能）$+ 15$（壓力能）$+ 35$（位能）$= \dfrac{10^2}{2\times9.8}$（動能）$+ 0$（壓力能）$+ 20$

（位能）$+ h_f$

$h_f = 53.26 - 25.10 = 28.16$ m（配管、彎頭、接頭及開關閥門等摩擦損失及其他造成之能量損失水頭）

3-7 消防水帶用快速接頭（101年11月修正）

用語定義

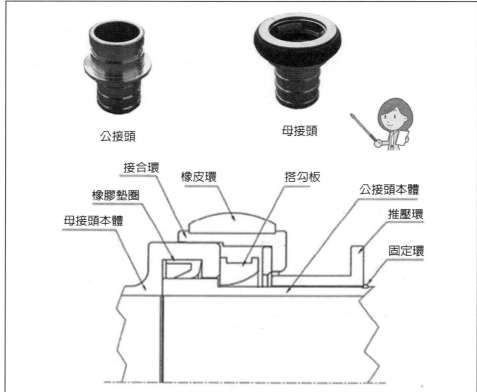

公接頭　　　　　　　　　　母接頭

接合環　　橡皮環　　　搭勾板
橡膠墊圈　　　　　　　　　　公接頭本體
母接頭本體　　　　　　　　　推壓環
　　　　　　　　　　　　　　固定環

1. 快速接頭：以插入之方法將消防用水帶與其他水帶、動力消防幫浦等裝接或連接，而在水帶端部裝設公接頭或母接頭之金屬裝置者。
2. 公接頭：由公接頭本體、推壓環、固定環以及裝接水帶部位等構成之金屬元件。
3. 母接頭：由母接頭本體、接合環、搭勾板、搭勾板彈簧、橡膠墊圈、橡膠保護環以及裝接水帶部位等構成之金屬元件。

消防水帶用快速接頭種類

種類按標稱口徑 75、65、50、40、25（mm）分別訂為 5 種。

公接頭構造

1. 公接頭本體及裝接部之各部分主要尺度，應符合規定。
2. 應有容易與母接頭密接及脫離之構造。
3. 在未裝設水帶之情形下，應有推壓環不致脫離之構造。
4. 推壓環應具有充分之強度，不得因與母接頭作脫離動作而發生變形之情形。

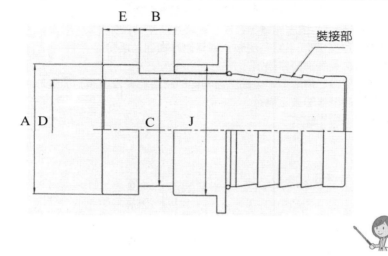

（單位：mm）

各部分 標稱	A	B	C	D	E	J
75	81.5	15.0 最小	76.2	69.0±0.2	18.0	83.0
65	68.5	13.0 最小	63.5	57.0±0.2	15.5	70.5
50	55.6	10.5 最小	51.0	44.5±0.2	14.5	56.5
40	43.6	8.5 最小	39.0	33.0±0.2	11.7	44.0
25	28.6	7.0 最小	26.0	21.0±0.2	8.5	29.0

壓壞試驗

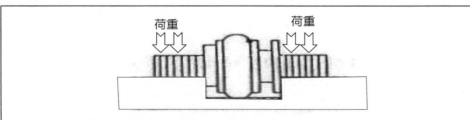

在接頭裝設水帶部分之邊端 1 cm 處，施加與接合方向垂直之力各 100 kgf（1,000 N）5 分鐘後，不得發生功能異常情形。（N：牛頓）

母接頭構造

1. 母接頭本體、裝接部及接合環之各部分主要尺度，應符合規定。
2. 母接頭本體及接合環尺度及公差，應符合規定。
3. 應具易與公接頭密接及脫離之構造。
4. 連接用之搭勾板應符合下列各項之規定：
   (1) 數量應為 3 個以上，並以同一形狀及等間隔配置。
   (2) 搭勾板（伸縮）進出距離應在 3 mm 以上。
   (3) 裝配搭勾板之空間不得有使砂子或其他異物混入之構造。
5. 搭勾板彈簧之強度應符合規定。
6. 在與公接頭接合之情形下，全部之搭勾板前端均能對公接頭施加壓力而連接。
7. 應有容易更換橡膠墊圈之構造。
8. 橡膠墊圈應不容易脫落。

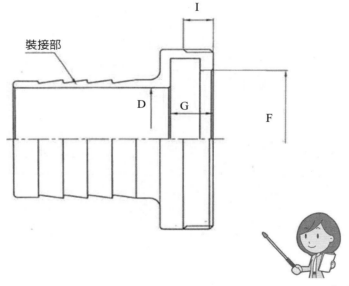

（單位：mm）

各部分 標稱	D	F	G	I
75	69.0±0.2	82.0	19.0	14.0 最小
65	57.0±0.2	69.0	16.0	10.0 最小
50	44.5±0.2	56.0	15.0	8.0 最小
40	33.0±0.2	44.0	12.2	8.0 最小
25	21.0±0.2	29.0	9.0	6.0 最小

材質

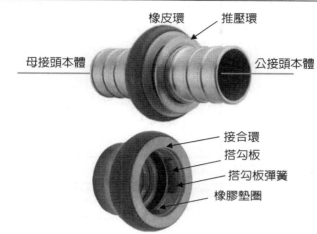

橡皮環　推壓環
母接頭本體　公接頭本體
接合環
搭勾板
搭勾板彈簧
橡膠墊圈

1. 母接頭本體、接合環（有搭勾板座者，則包括搭勾板木板座）、公接頭本體、推壓環及固定環等之材質應符合國家標準（以下簡稱 CNS）4125〔青銅鑄件〕BC6 級或 CNS 2068〔鋁及鋁合金之合金種類及鍊度符號〕鋁合金符號 520.0、鍛鋁合金 6061 之規定，或具同等以上強度、耐蝕性者。
2. 搭勾板之材質應符合 CNS 4125〔青銅鑄件〕BC3 級之規定，或具同等以上強度、耐蝕性者。
3. 搭勾板彈簧之材質應符合 CNS 9503〔磷青銅板及捲片〕之 C5191 級之規定，或具同等以上強度、耐蝕性者。
4. 橡膠墊圈之材質應符合 CNS 3550〔工業用橡膠墊料〕B Ⅲ 410 之規定，或具同等以上強度、耐油性、耐老化性者。
5. 橡膠保護環之材質應符合 CNS 3550〔工業用橡膠墊料〕B Ⅱ 507 之規定，或具同等以上強度、耐油性、耐老化性者。

彎曲試驗

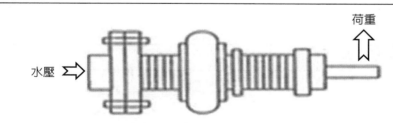

荷重
水壓

將接頭施加 20 kgf/cm^2（靜水壓）之內壓，並於接合處施加與接合方向垂直之力，使之產生以下式求得之彎曲力矩時，持續 30 秒後接合部分不得脫開，且不得發生功能異常情形。

$$M（N\text{-}mm） = 300\,N \times 1.5 \times （標稱 \times 15）\,mm$$

3-8 滅火器認可基準（106年6月修正）

※ 滅火器適用之火災類別

火災分類＼適用滅火器	水	泡沫	二氧化碳	乾粉		
				ABC 類	BC 類	D 類
A 類火災	○	○	×	○	×	×
B 類火災	×	○	○	○	○	×
C 類火災	×	×	○	○	○	×
D 類火災	×	×	×	×	×	○

適用 B 類火災滅火效能值之試驗模型

模型號碼	燃燒表面積（m²）	模型一邊之長度L（cm）	汽油量（公升）	滅火效能值
1	0.2	44.7	6	B-1
2	0.4	63.3	12	B-2
3	0.6	77.5	18	B-3
4	0.8	89.4	24	B-4
5	1.0	100	30	B-5
6	1.2	109.5	36	B-6
8	1.6	126.5	48	B-8
10	2.0	141.3	60	B-10
12	2.4	155.0	72	B-12
14	2.8	167.4	84	B-14
16	3.2	178.9	96	B-16
18	3.6	189.7	108	B-18
20	4.0	200.0	120	B-20
24	4.8	219.1	144	B-24
26	5.2	228.0	156	B-26
28	5.6	237.0	168	B-28
30	6.0	244.9	180	B-30
32	6.4	252.4	192	B-32
40	8.0	282.8	240	B-40

車用滅火器種類

車用滅火器

裝設在車上使用之滅火器，應為機械泡沫滅火器、二氧化碳滅火器或乾粉滅火器。

滅火效能值試驗方式

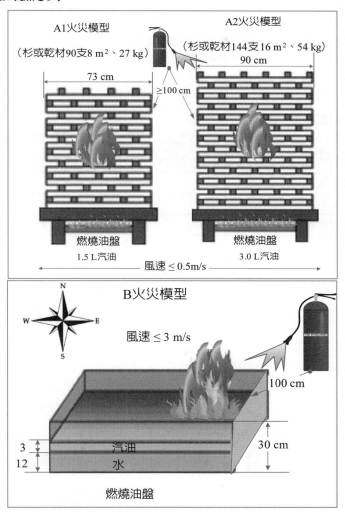

合格判定

1. A、B 類滅火試驗第 1 次不合格者得再測試 1 次，並以第 2 次測試結果，作為判定依據。
2. 如係 A、B 類滅火器者，應先撲滅 A 類火災模型合格後，始可進行 B 類火災之滅火試驗，A 類火災滅火試驗不合格時，不得再進行 B 類火災滅火試驗。

免作滅火試驗

得免作滅火試驗之情形

大型滅火器之滅火效能值,如可認定其具有經型式認可之滅火效能值同等以上之值時,則可免作滅火試驗。

滅火器放射機構與操作方法

滅火器之分類		水滅火器	泡沫滅火器	二氧化碳滅火器	乾粉滅火器
放射機構	蓄壓	○	○	○	○
	加壓式	○	○		○
操作方法	握緊壓把	○	○	○	○

備註:
1. 蓄壓式係常時將本體、容器內之滅火劑利用氮氣、空氣等予以蓄壓,應安裝指示壓力表者。
2. 二氧化碳係為液化氣體以充填於容器內之滅火藥劑本身之蒸氣壓來加壓者。構造雖為蓄壓式,但得不安裝指示壓力表。
3. 加壓式係於使用時,將本體容器內之滅火藥劑,予以加壓者。一般之加壓氣體使用 CO_2 或氮氣並儲存於鋼瓶。
4. 型號 40 以上加壓式泡沫滅火器及型號 100 以上加壓式乾粉滅火器,應使用以氮氣為加壓氣體之容器。

滅火器軟管

滅火器應裝置軟管,但下列除外

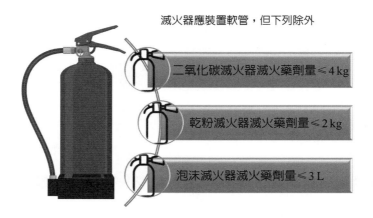

二氧化碳滅火器滅火藥劑量≤4kg

乾粉滅火器滅火藥劑量≤2kg

泡沫滅火器滅火藥劑量≤3L

滅火器噴射性能試驗

滅火器噴射性能

①噴射
能使滅火
藥劑迅速
有效噴射

②時間
噴射時間10
秒鐘以上

③距離
有效滅火之
噴射距離

④噴射量
噴射滅火藥劑容
量或重量90%以
上之量

滅火器攜帶裝置

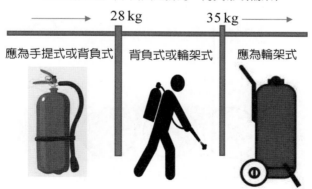

滅火器重量（不含固定掛鈎、背負帶或輪架）

28 kg　　　　35 kg

應為手提式或背負式　背負式或輪架式　應為輪架式

大型滅火器滅火劑量

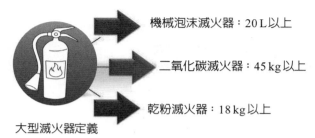

機械泡沫滅火器：20 L 以上

二氧化碳滅火器：45 kg 以上

乾粉滅火器：18 kg 以上

大型滅火器定義

二氧化碳滅火器充填比

滅火藥劑種類	滅火藥劑重量每 1 kg 之容器容積
二氧化碳	1,500cm³ 以上

滅火器火災種類標示顏色

滅火器適用於 A 類火災者，以黑色字標示「普通火災用」字樣；適用於 B 類火災者，以黑色字標示「油類火災用」字樣；適用 C 類火災者，則以白色字標示「電氣火災用」。

滅火器噴射壓力源

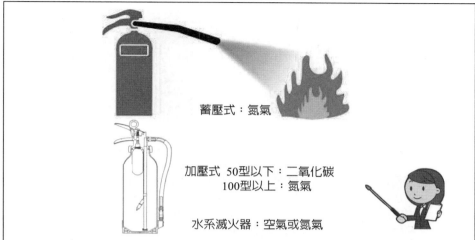

蓄壓式：氮氣

加壓式 50型以下：二氧化碳
　　　　100型以上：氮氣

水系滅火器：空氣或氮氣

蓄壓式乾粉滅火器之驅動氣體應使用氮氣，加壓式乾粉滅火器所裝之加壓用氣體容器，50 型以下者使用二氧化碳，100 型以上者應使用氮氣。僅水系滅火器才可使用空氣或氮氣。

車用型滅火器振動試驗

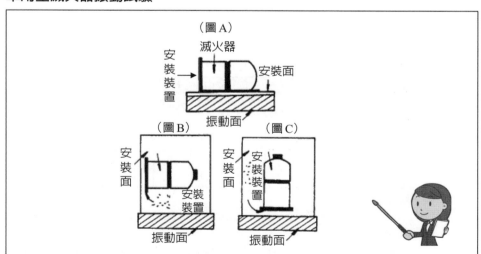

依滅火器認可基準，車用滅火器應依上圖之安裝方法，施以全振幅 2 mm，振動數每分鐘 2,000 次頻率之上下振動試驗。依圖 A 及 B 方式者，應測試 2 小時，如係圖 C 方式者，應測試 4 小時後，不得發生洩漏、龜裂、破斷或顯著之變形。如滅火器附有固定架者，以固定架代替安裝裝置施行試驗，固定架亦不得發生顯著之損傷及其他障礙。

住宅用滅火器試驗規定

蓄壓式滅火器

不具更換或充填滅火藥劑之構造

（一）住宅用滅火器應為蓄壓式滅火器，且不具更換或充填滅火藥劑之構造。滅火器以接著劑將外蓋等固定在本體容器上者，如將其外蓋打開所需之力達50牛頓米（N‧m）以上者，即視為不能再更換或充填滅火藥劑之構造。

（二）住宅用滅火器應依下列規定實施試驗：

1. 住宅用滅火器外觀構造及性能準用之規定。

2. 住宅用滅火器準用耐蝕及防鏽規定，但筒體外部可使用非紅色塗裝。

3. 住宅用滅火器應能噴射所充填滅火藥劑容量或重量為 85% 以上之量。

4. 實施下列普通火災至電氣火災滅火性能試驗各 3 次：

　(1)普通火災：點火 3 分鐘後滅火，噴放完畢木材不得有殘焰且 2 分鐘內不得復燃。

　(2)高溫油鍋火災：試驗用油應使用著火溫度為 360℃～370℃之食用油，於熱電偶偵測溫度到達 400℃時開始滅火，噴放完畢後 1 分鐘內不得復燃。

　(3)電氣火災：依下表規定實施試驗合格。

適用滅火器\\火災分類	水	泡沫	二氧化碳	乾粉		
				ABC 類	BC 類	D 類
A 類火災	○	○	×	○	×	×
B 類火災	×	○	○	○	○	×
C 類火災	×	×	○	○	○	×
D 類火災	×	×	×	×	×	○

　(4)合格判定

　　A. 實施上開普通火災至電氣火災滅火性能試驗各 3 次，3 次試驗應至少有 2 次能滅火。

　　B. A 類火災試驗，在第 1 次噴射完畢後 4 分鐘內不再復燃者，得免作第 2 次試驗。

　　C. 對於高溫油鍋火災，如有下列情形之一者，視為無法滅火：

　　　a. 產生油之噴濺或對滅火人員可能造成燒傷之危險。

　　　b. 滅火時，火焰高度超過油炸鍋上緣 1.8 m。

　　　c. 滅火時，火焰高度超過油炸鍋上緣 1.2 m 且持續 3 秒鐘以上。

住宅用滅火器標示規定

普通火災適用

高溫油鍋火災適用

電氣火災適用

（火焰為紅色，底色為白色）

住宅用滅火器標示應貼在本體容器明顯處，並記載下列所列事項：

1. 住宅用滅火器標示類別，依下表規定：

住宅用滅火器類別	住宅用滅火器滅火藥劑成分
住宅用水滅火器	水（含溼潤劑）等
住宅用乾粉滅火器	磷酸鹽、硫酸鹽等
住宅用強化液滅火器	強化液（鹼性）；強化液（中性）
住宅用機械泡沫滅火器	水成膜泡沫；表面活性劑泡沫

2. 使用方法及圖示。
3. 使用溫度範圍。
4. 適用火災之圖示（如上圖）
5. 噴射時間。
6. 噴射距離。
7. 製造號碼或製造批號。
8. 製造年月。
9. 製造廠商。
10. 型式、型式認可號碼。
11. 所充填之滅火藥劑容量或重量。
12. 使用操作應注意事項：
    (1) 使用期間及使用期限之注意事項。
    (2) 指示壓力表之注意事項。
    (3) 滅火藥劑不得再填充使用之說明。
    (4) 使用時之安全注意事項。
    (5) 放置位置等相關資訊。
    (6) 日常檢查相關事項。
    (7) 高溫油鍋火災使用時之安全注意事項。
    (8) 其他使用上應注意事項。

3-9 滅火器用滅火藥劑認可基準（102年7月訂定）

各種乾粉之主成分

種類	簡稱	主成分	著色
1. 多效磷鹽乾粉 （第 3 種乾粉）	ABC 乾粉	磷酸二氫銨（$NH_4H_2PO_4$）70%以上	以白色或紫色以外顏色著色，且不得滲入白土（Clay）2% 以上
2. 普通乾粉 （第 1 種乾粉）	BC 乾粉	碳酸氫鈉（$NaHCO_3$）90% 以上	白色
3. 紫焰乾粉 （第 3 種乾粉）	KBC 乾粉	碳酸氫鉀（$KHCO_3$）85% 以上	淺紫色
4. 鉀鹽乾粉	XBC 乾粉	－	－
5. 硫酸鉀乾粉	XBC-SO	硫酸鉀（K_2SO_4）70% 以上	白色
6. 氯化鉀乾粉	XBC-CL	氯化鉀（KCl）70% 以上	白色
7. 碳酸氫鉀與尿素化學反應物 （第 4 種乾粉）	XBC-Monnex	（$KHCO_3+H_2NCONH_2$） 鉀為 27-29%，氮為 14-17%	灰白色

滅火劑之共通性質

1. 滅火劑不得有顯著毒性或腐蝕性，且不得發生明顯之毒性或腐蝕性氣體。

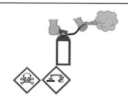

水溶液　　　　液狀

2. 水溶液滅火劑及液狀滅火劑，不得發生結晶析出，溶液之分離，浮游物質或沉澱物以及其他異常。

粉末

3. 粉末滅火劑，不得發生結塊、變質或其他異常。

化學泡沫滅火劑

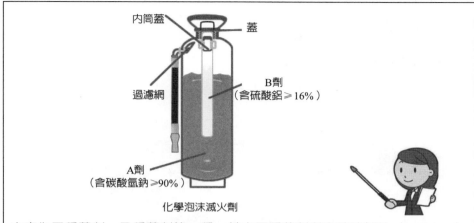

化學泡沫滅火劑

內容為甲種藥劑、乙種藥劑等 2 種；其中甲種藥劑所含碳酸氫鈉（$NaHCO_3$）應在 90% 以上，其性狀應為易溶於水之乾燥粉狀。乙種藥劑以硫酸鋁（$Al_2(SO_4)_3 \cdot nH_2O$）為主成分，其氧化鋁含量應在 16% 以上，其性狀應為易溶於水之乾燥粉狀。

機械泡沫滅火劑

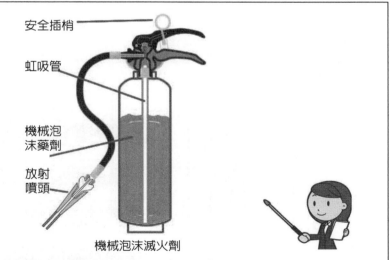

機械泡沫滅火劑

機械泡沫滅火劑係由表面活性劑或水成膜為主成分所產生泡沫之滅火劑。滅火劑應為水溶液，液狀或粉末狀，如為液狀或粉末狀者，應能容易溶解於水，且於該滅火劑容器上標示「應使用飲用水溶解」等字樣。在檢驗時，灌裝此滅火劑之滅火器，於20℃使其作動時，泡沫膨脹比在 5 倍以上且25% 還原時間在 1 分鐘以上。

3-10 火警受信總機認可基準（107年2月修正）

受信總機防災連動設備

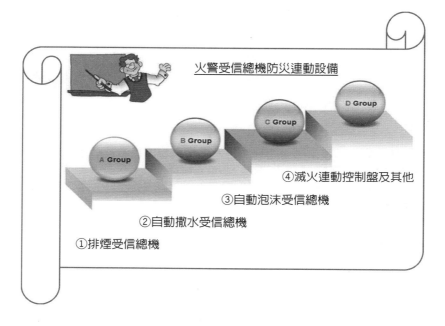

火警受信總機防災連動設備

D Group

C Group

B Group

A Group

④滅火連動控制盤及其他

③自動泡沫受信總機

②自動撒水受信總機

①排煙受信總機

受信總機種類

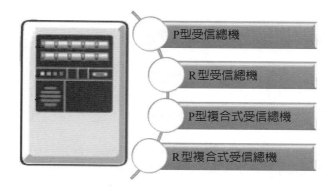

P型受信總機

R型受信總機

P型複合式受信總機

R型複合式受信總機

P 型受信總機性能

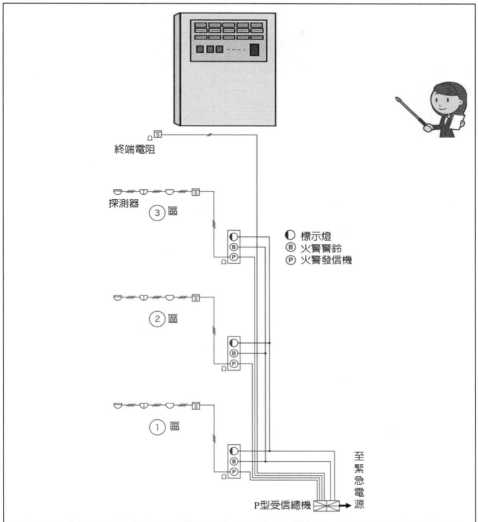

終端電阻

探測器 ③ 區

◑ 標示燈
Ⓑ 火警警鈴
Ⓟ 火警發信機

② 區

① 區

至緊急電源

P型受信總機

係指接受由探測器或火警發信機所發出之信號於受信後，告知有關人員火警發生之設備，附有防災連動控制之設備者應同時啓動之。

除能個別試驗回路火災動作及斷線表示裝置外（單回路受信總機可冤設），應具有能自動檢知經由探測器回路端至終端器間外部配線通電狀況之功能；此功能包括斷線表示燈、斷線故障音響、斷線區域表示設備（但單回路受信總機除外），且此裝置在操作中於其他回路接收到火警信號時，應能同時作火警區域表示。若同一回路接收到火警信號表示時應以火警表示優先。但連接之回線數只有一條時，得不具斷線表示裝置之試驗功能。

R 型受信總機性能

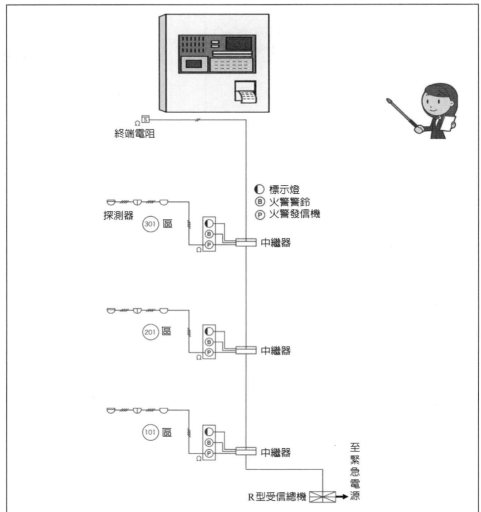

終端電阻

○ 標示燈
Ⓑ 火警警鈴
Ⓟ 火警發信機

探測器 ⑳301⑳ 區　中繼器

⑳201⑳ 區　中繼器

⑳101⑳ 區　中繼器

至緊急電源

R型受信總機

係指接受由探測器或火警發信機所發出之信號，或經中繼器或介面器轉換成警報信號，告知有關人員火警發生之設備，附有防災連動控制之設備者應同時啟動之。

1. 應具有能個別試驗火警表示動作之裝置（具自動偵測功能者除外），同時應具能自動檢知中繼器回路端至終端器配線有無斷線，以及受信總機至中繼器間電線有無短路及斷線之裝置，且該裝置在操作中於其他回路有火警信號時，應能優先作火警表示（若同時其他有斷線信號亦能保有斷線表示），但火警信號以手動復原後，應能回復原斷線區域表示。

2. 當收到火警中繼器因主電源停電，保險絲斷路及火警偵測失效等信號時，能自動發出聲音信號及用表示燈表示有故障已經發生之裝置。

受信總機需具防止誤報功能

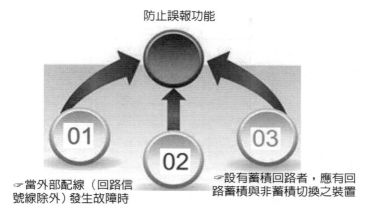

防災連動控制功能規定

警報音響裝置停止開關規定

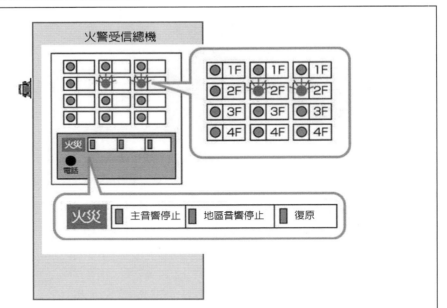

警報音響裝置停止開關,依下列規定:

1. 地區警報音響裝置停止開關使地區警報音響裝置處停止鳴動狀態期間,受信總機接受火災信號時,該開關應於一定時間內,將地區警報音響裝置自動切換為鳴動狀態(但地區警報音響裝置停止開關未設有預先關閉之功能,且每一火警分區能發出 2 個以上火災信號者,不在此限)。該「一定時間」係指 5 分鐘以內之任意時間。但「一定時間」可設定者,得為 10 分鐘以內,並應具有 5 分鐘以下之設定值。

2. 受信總機再次接受火災信號或接受由火警發信機發出之火災信號時,應立即切換為鳴動狀態。

3. 地區警報音響裝置停止開關設有停止轉移之裝置者,該裝置應設於受信總機內部(但該裝置需操作 2 個以上開關或密碼始能停止轉移者,不在此限),且該裝置動作時,受信總機面板上應具同步顯示之音響及燈號,並持續顯示至裝置復歸為止。

註:復原開關:應設專用之開關,且復原開關應為自動彈回型。

火警受信總機個別試驗紀錄表

申　請　者		型　　　式	
		型　　　號	
天氣溫溼度	℃/　　　%	試驗人員	
試 驗 日 期	年　月　日～　年　月　日	會同人員	

試驗項目		試驗結果	判定	
			合格	不合格
一般試驗	外箱尺寸（材質）			
	構造、配線			
	火災動作　斷線表示性能			
	回路斷線　火警優先確認			
	標示	☐ 設備名稱及型號 ☐ 廠牌名稱或商標 ☐ 型式認可號碼 ☐ 製造年月 ☐ 電器特性 ☐ 保險絲之額定電流值及用途名稱 ☐ 端子之額定電壓、電流值（具有連動控制之設備裝置者） ☐ 蓄電池之額定電壓、容量及出廠年月或批號		
分項試驗	電源電壓變動試驗			
	絕緣電阻試驗	充電部、外箱		
		線路間		
		主迴路、外箱		
	絕緣耐壓試驗	充電部、外箱		
		交流部、外箱		
		交流部、直流部		
	電壓電流測定			
	蓄積時間			
	遲延時間			
	預備電源性能情形			
備註				

3-11 火警發信機、火警警鈴及標示燈認可基準（101年11月訂定）

火警發信機

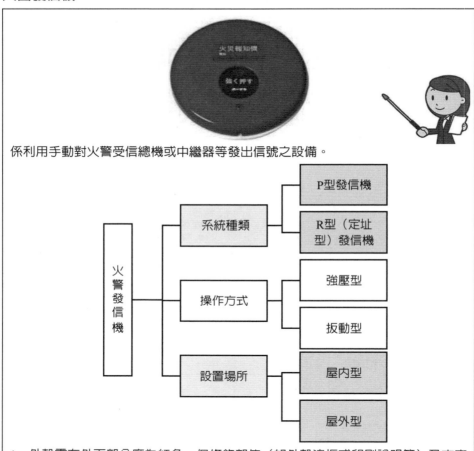

係利用手動對火警受信總機或中繼器等發出信號之設備。

火警發信機
- 系統種類
  - P型發信機
  - R型（定址型）發信機
- 操作方式
  - 強壓型
  - 扳動型
- 設置場所
  - 屋內型
  - 屋外型

1. 外殼露在外面部分應為紅色；但修飾部位（如外殼邊框或印刷說明等）及文字標示除外。
2. 啟動開關時即能送出火警信號。
3. 發信開關應設有下列保護裝置：
   (1) 強壓型：需設置能以手指壓破或壓下即能容易操作之保護裝置。
   (2) 扳動型：需設置防止任意扳動之保護裝置。
4. 應有明確動作確認裝置（含燈或機構者）。
5. 內部之開關接點需為耐腐蝕材質且具有銀鈀合金同等以上導電率。
6. 開關連動部位需有防腐蝕處理。
7. 與外線連接部位需有接線端子或導線設計。

火警警鈴

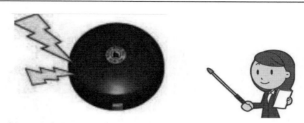

由火警受信總機或中繼器等操作，於火災發生時發出警報音響之設備。
1. 火警警鈴係使用鈴殼及打鈴振動臂者應有防腐蝕處理，且鈴殼需為紅色。
2. 使用電源需為 DC 24V 且應標明消耗電流。

音壓試驗

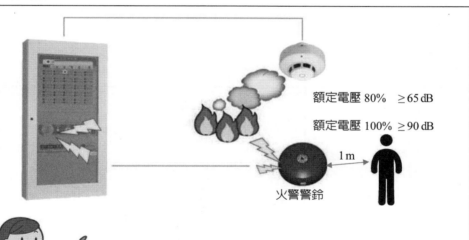

額定電壓 80%　≥ 65 dB

額定電壓 100% ≥ 90 dB

1 m

火警警鈴

將火警警鈴裝置於無響室內時
1. 施以額定電壓之 80% 電壓時，在距離火警警鈴正面 1 m 處所測得之音壓需在 65 dB 以上。
2. 施以額定電壓時，在距離火警警鈴正面 1 m 處所測得之音壓需在 90 dB 以上。
3. 施以額定電壓連續鳴響 8 小時後，其構造及功能不得有異狀。

標示燈

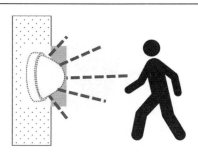

由火警受信總機或中繼器等操作，於火災發生時發出閃亮燈光之表示設備。
1. 燈罩應為紅色透明之玻璃材料或耐燃性材料。
2. 燈座及座臺應為不燃或耐燃材料。

照度試驗

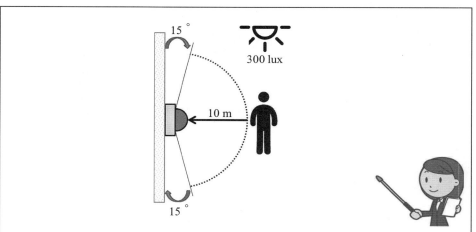

1. 在周圍照度 300 lux 以上之狀態下，沿著與裝設面成為 15 度以上角度之方向距離 10 m 處，可以目視確認其亮燈。
2. 施以額定電壓之 130% 電壓連續 20 小時後，不得有斷線、黑化或發生電流降低達到初期量測值之 20% 以上。

✚知識補充站

火警自動警報設備綜合檢查

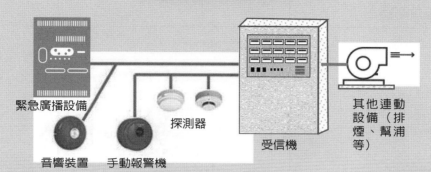

緊急廣播設備　　探測器　　受信機　　其他連動設備（排煙、幫浦等）

音響裝置　手動報警機

1. 檢查方法：切換成緊急電源或預備電源供電狀態，使用加熱試驗器等使任一探測器動作，依下列步驟確認其性能是否正常。
   (1) 應遮斷受信總機之常用電源主開關或分電盤之專用開關。
   (2) 進行任一探測器加熱或加煙試驗時，在受信總機處應確認其火警分區之火災表示裝置是否正常亮燈、主音響及地區音響裝置是否正常鳴動。
2. 判定方法：火災表示裝置應正常亮燈、音響裝置應正常鳴動。

地區音響裝置音壓綜合檢查

探測器

受信機　音響裝置

1. 檢查方法：距音響裝置設置位置中心 1 m 處，使用噪音計確認其音壓。
2. 判定方法：音壓 ≥ 90 dB（85 年 6 月 30 日前為 ≥ 85 dB）
3. 注意事項
   (1) 警鈴於收藏箱內者，應維持原狀測定其音壓。
   (2) 音壓使用噪音計測定。

3-12 火警探測器認可基準（101年11月訂定）

火警探測器

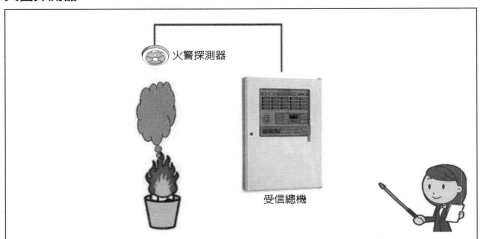

火警探測系統的 1 個元件，至少包含 1 個感應器，以規律性的週期或持續監控至少 1 種與燃燒有關的物理或化學現象，並將至少 1 種相關信號傳送至控制及操作顯示設備。

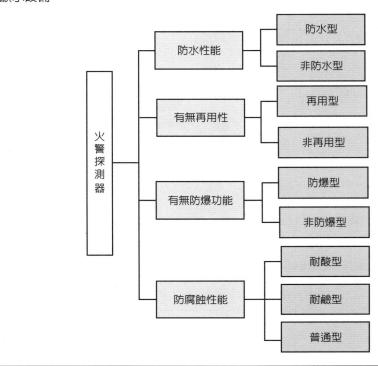

火警探測器構造

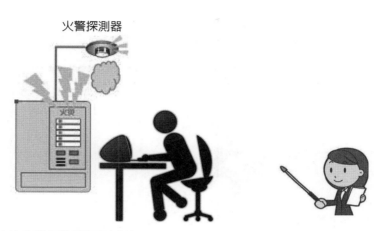

1. 不得因氣流方向改變而影響探測功能。
2. 應有排除水分侵入之功能。
3. 接點部之間隙及其調節部應牢固固定，不得因作調整後而有鬆動之現象。
4. 探測器之底座視為探測器的一部位，且可與本體連結試驗 1,000 次後，內部接觸彈片不得發生異狀及功能失效。
5. 探測器之接點不得露出在外。

定溫式探測器

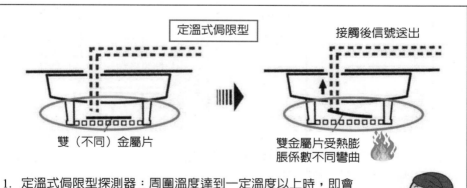

1. 定溫式侷限型探測器：周圍溫度達到一定溫度以上時，即會產生動作，外觀為非電線狀。
2. 定溫式線型探測器：周圍溫度達到一定溫度以上時，即會產生動作，外觀為電線狀。

差動式分布型探測器空氣管式

1. 容易測試其漏氣、阻力及接點水位高。
2. 容易測試空氣管之漏氣或阻塞，且應具有測試完畢後，可將試驗復原之措施。
3. 應使用整條空氣管全長應有 20 m 以上，其內徑及管厚應均勻，不得有傷痕、裂痕、扭曲、腐蝕等有害瑕疵。
4. 空氣管之厚度應在 0.3 mm 以上。
5. 空氣管之外徑應在 1.94 mm 以上。

差動式分布型探測器熱電偶式

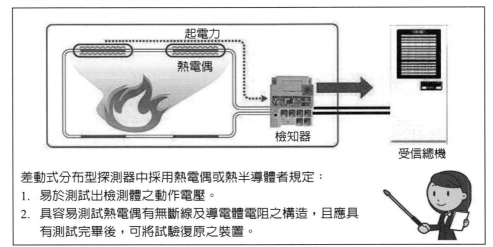

差動式分布型探測器中採用熱電偶或熱半導體者規定：
1. 易於測試出檢測體之動作電壓。
2. 具容易測試熱電偶有無斷線及導電體電阻之構造，且應具有測試完畢後，可將試驗復原之裝置。

火焰式探測器

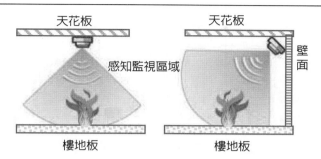

天花板　　　　　天花板

感知監視區域

壁面

樓地板　　　　　樓地板

火焰式探測器指當火焰放射出來之紫外線或紅外線之變化在定量以上時會發出火災信號之型式中，利用某一局部處所之紫外線或紅外線引起光電元件受光量之變化而動作。可分為紫外線式、紅外線式、紫外線紅外線併用式、複合式。

火焰式探測器應符合下列規定：

1. 受光元件（受光體）不得有靈敏度劣化或疲勞現象，且能耐長時間之使用。
2. 能容易清潔檢知部位。
3. 應設置動作標示裝置。但該探測器如能與可以顯示信號發信狀態之受信總機連接者，不在此限。
4. 如係有髒汙監視功能，當檢知部位產生可能影響檢知部分功能時，能自動向受信總機發出該等信號。

差動式探測器

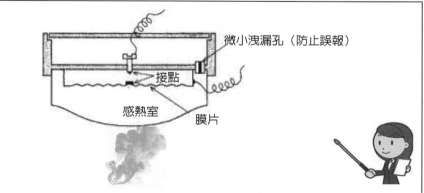

微小洩漏孔（防止誤報）

接點

感熱室

膜片

差動式侷限型探測器：周圍溫度上升率在超過一定限度時即會動作，僅針對某一侷限地點之熱效率有反應。

差動式分布型探測器：周圍溫度上升率在超過一定限度時即會動作，針對廣大地區熱效率之累積產生反應。

光電式探測器

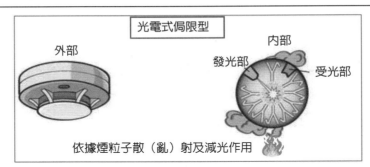

光電式探測器係指周圍空氣中含煙濃度達到某一限度時即會動作，原理係利用光電束子之受光量受到煙之影響而產生變化，並可分為散亂光型及減光型；在應用上有侷限型及分離型。

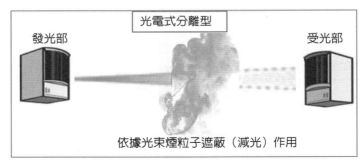

光電式探測器應符合下列規定：
1. 所使用光源之光束變化應少，且能耐長時間之使用。
2. 光電元件應不得有靈敏度劣化或疲勞現象，且能耐長時間之使用。
3. 能容易清潔檢知部位。

＋知識補充站

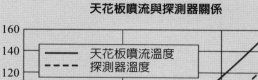

天花板噴流與探測器關係

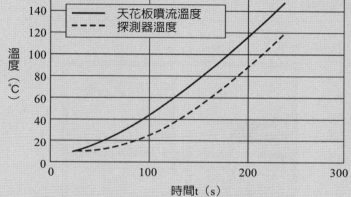

天花板噴流（Ceiling Jet）與探測器溫度為時間之函數

3-13 住宅用火災警報器認可基準（107年5月修正）

住宅用火災警報器

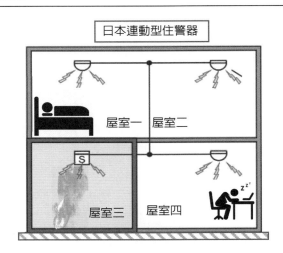

住警器係指為防範居室火災而能早期偵測及報知之警報器，由偵測部及警報部所構成之設備，得具有自動試驗功能或無線式功能。

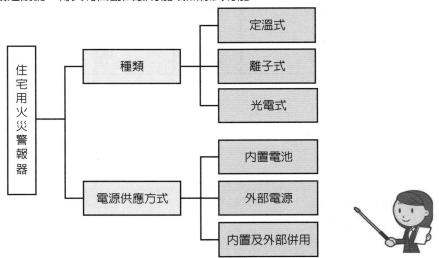

住警器電源供應方式可分為內置電池、外部電源及併用型。以內置電池以外之方式供電者，除由插座、分電盤或其他方式直接供給電力外，其中途不可經由開關裝置，且需有預防因外部電源中斷而導致住警器功能異常之措施。

無線式功能定義

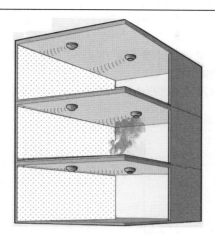

無線式功能係指附加無線裝置（可發射或接收電波）之住警器所具備，能將火災訊號透過無線傳輸方式連動其他住警器或移報輸出至其他連線裝置之功能。

火災警報規定

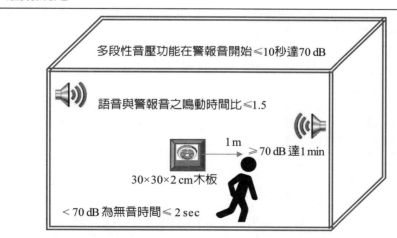

多段性音壓功能在警報音開始≤10秒達70 dB

語音與警報音之鳴動時間比≤1.5

1 m
≥70 dB 達1 min

30×30×2 cm木板

< 70 dB 為無音時間≤ 2 sec

1. 藉由警報音（包含音聲者，以下相同）發出火災警報之住警器音壓，依下列方式，施加規定之電壓時，於無響室中距離警報器中心前方 1 m 處，音壓應有 70 dB 以上，且此狀態應能持續 1 分鐘以上。
   (1) 使用電池之住警器，施加電壓應為使住警器有效動作之電壓下限值。
   (2) 由電池以外電力供給之住警器，施加電壓值應為額定電壓 ±10% 範圍間。
2. 具有多段性音壓增加功能者，應在發出警報音開始 10 秒以內到達 70 dB。

3. 火災警報音如為斷續鳴動時，應依下列規定：
   (1) 休止時間（鳴動時間中之無音時間除外）在 2 秒以下，鳴動時間在休止時間以上。
   (2) 在鳴動時間中，警報音音壓未滿 70 dB 之部分稱為無音時間，警報音鳴動時間應在無音時間以上。
   (3) 鳴動時間中之無音時間應在 2 秒以下。

（只有警報音）

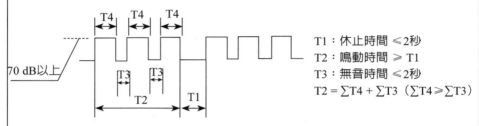

T1：休止時間 ≤2秒
T2：鳴動時間 ≥ T1
T3：無音時間 ≤2秒
$T2 = \sum T4 + \sum T3$（$\sum T4 \geq \sum T3$）

70 dB以上

4. 火災警報音以警報音和語音組合鳴動者依下列規定：
   (1) 休止時間（警報音與語音組合鳴動時間中之無音時間除外，以下相同）在 2 秒以下，鳴動時間在休止時間以上。
   (2) 在鳴動時間中，警報音音壓未滿 70 dB 之部分以無音時間做計算，且警報音和語音組合之時間應在無音時間以上。
   (3) 警報音和語音組合時，鳴動時間中之無音時間應在 2 秒以下。
   (4) 火災警報音之音壓，係指警報音部分的音壓。
   (5) 語音與警報音之鳴動時間比率為 1.5 以內。
   (6) 語音為國語。但若為國語與其他語言交互鳴動之情況，不在此限。
5. 發出火災警報音以外之警報音及包含具自動試驗功能之異常警報音時，火災警報音應為可明確識別之聲音。

（警報音＋語音）

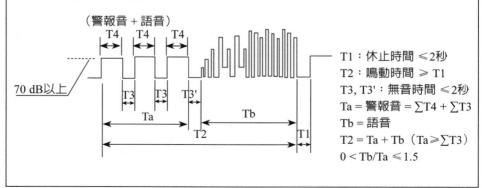

T1：休止時間 ≤2秒
T2：鳴動時間 ≥ T1
T3, T3'：無音時間 ≤2秒
Ta ＝ 警報音 ＝ $\sum T4 + \sum T3$
Tb ＝ 語音
T2 ＝ Ta ＋ Tb（Ta ≥ $\sum T3$）
$0 < Tb/Ta \leq 1.5$

70 dB以上

6. 音壓試驗方法如下：

(1) 於無響室中，將住警器安裝在背板（300 mm×300 mm×20 mm 之木板），保持懸空狀態。

(2) 試驗裝置應符合噪音計或分析儀，具有量測 A 加權及有時間加權之音壓值特性。

(3) 試驗採用 A 加權分析，以儀器最小範圍之時間常數，測定其最大音壓值。

連動型或移報輸出型住警器

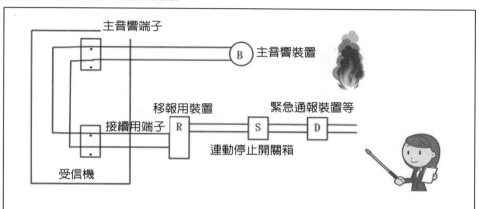

探測到火災發生之連動型或移報輸出型住警器，其火災警報不得受其他連動型住警器或其他連線裝置之開關操作而停止。

電池耗盡警報規定

以閃滅或音響表示電池即將耗盡，2 min 動作1次，未停止前能持續72小時

1. 住警器電池電壓在有效動作之電壓下限值時，應能自動以閃滅或音響方式表示電池即將耗盡，且在尚未以手動方式停止前，能持續警示 72 小時以上。

2. 電池耗盡警報使用之建議警報音依下列規定：
   建議警報音應具有下列所示之間隔及音色（「嗶」音）且應能充分聽見之音壓。

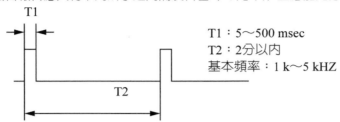

T1：5～500 msec
T2：2分以內
基本頻率：1 k～5 kHZ

3. 電池耗盡警報使用之警報方式為前項 2. 之警報以外者，依下列規定：
   (1) 警報在每 2 分鐘內動作 1 次以上，可持續 72 小時。
   (2) 僅以標示燈發出警報者，除需具有表示電池耗盡之標示外，標示燈之閃滅應在每2分鐘內重複10次以上（包含連續亮燈動作），該動作可持續72小時以上。
   (3) 電池耗盡警報與自動試驗功能相關異常警報應有明顯之區別。但如電池壽命超過住警器汰換期限者，不在此限。

4. 住警器電池使用期限（每月 1 次，每次 10 秒之檢測頻率）狀態下，應有 3 年以上之使用期限，在型式認可申請時應附有電池容量計算書，並考量下列需求：
   (1) 一般監視狀態之消耗電流。
   (2) 非火災警報之消耗電流。
   (3) 檢測時之消耗電流。
   (4) 具有供給附屬裝置電源者，連接該附屬裝置中監視及動作狀態消耗電流。
   (5) 電池之自然放電電流。
   (6) 其他設計中必要之消耗電流。
   (7) 設計安全餘裕度（安全係數）。

5. 電池之使用期限依電池製造者建議之消耗電流計算之。

6. 電池耗盡警報之動作電壓下限值，應在住警器有效動作電壓下限值以上，且於電池耗盡警報動作後，如發生火災警報應能維持正常警報音（70 dB 以上）至少 4 分鐘以上。

7. 可更換電池之住警器，電池（含具有線頭式整體者）應可容易拆裝且具有防止電池誤接之措施。且如發生電池誤接，住警器不應造成損壞。

8. 電池容量僅能以手動方式確認者，對使用之電池以平均監視電流之 50 倍電流值，進行 526 小時加速放電試驗，再行火災警報音試驗，應能維持正常警報音（70 dB 以上）至少 1 分鐘以上。

9. 製造商設計之使用期限超過 3 年，或產品本體自主標示使用（汰換）年限超過 3 年者，則依上揭 4 至 8 項採對應之電池容量計算或放電時間進行實測確認。

住警器具有無線式功能者規定

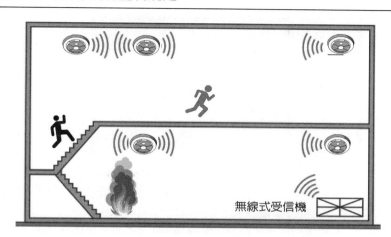

無線式受信機

1. 應取得國家通訊傳播委員會認可驗證機關（構）核發之低功率射頻電機型式認證證明，且不得干擾合法通信。
2. 所發射信號之電場強度值，在距離該住警器 3 m 位置處，應在設計值以上。
3. 有接收電波功能者，在距離該住警器 3 m 位置處，可接收發信號之最低電場強度值，應在設計值以下。
4. 無線裝置之火災信號之受信及發信，應符合下列規定：
   (1) 探測發生火災之住警器，其無線裝置在接收到火災信號（發出警報音），至發信所需時間應在 5 秒以內。
   (2) 無線裝置在持續接受火災信號期間，應斷續性發出該當信號。但從其他住警器或連線裝置能確認接收火災主旨的功能或具定期通信確認功能（無線式住警器通信狀態於一定時間內以 1 次以上之比例確認，若通信狀態減退，能發出異常警報）者，則不在此限。
   (3) 前述 (1) 及 (2) 之試驗，應經國家通訊傳播委員會認可之國內外電信設備測試實驗室測試合格。
5. 設有可確認無線式功能之試驗按鈕或定期通信確認功能之裝置。

備註：住警器為具無線式功能者，應附有審驗合格標籤，其式樣載於國家通訊傳播委員會認可驗證機關（構）核發之低功率射頻電機型式認證證明。

自動試驗功能住警器

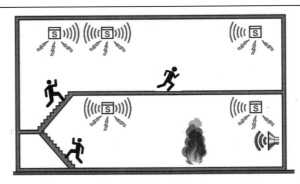

附有自動試驗功能之住警器,應能自動以閃滅或音響等方式表示功能異常,且在尚未以手動方式停止前,能持續警示 72 小時以上。

1. 確認住警器是否功能維持正常,係指以偵測部動作之方式、檢出偵測部之出力值等方式檢查,來確認住警器功能是否正常。

2. 自動試驗功能相關異常警報所使用建議警報音,依下列規定:

   (1) 建議警報音應有下列圖示之間隔及音色(基本頻率大概為「嗶、嗶、嗶」之聲音),且應具有能充分聽見之音壓。

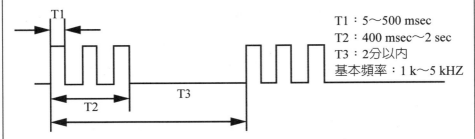

T1:5〜500 msec
T2:400 msec〜2 sec
T3:2分以內
基本頻率:1 k〜5 kHZ

   (2) 合併擁有電池耗盡警報功能者,該電池耗盡警報具警報音。

3. 自動試驗功能之異常警報使用前項 2. 規定警報以外之警報者依下列規定:

   (1) 警報應在每 2 分鐘內發出 1 次以上,且該動作可以持續 72 小時以上。但警報音之警報不得發生與前項 2.(1) 規定之警報有混雜之情況。

   (2) 僅以標示燈發出警報者,除能明確知道異常之標示外,其標示燈之閃滅在每 2 分鐘內應重複 10 次以上,且該動作可以持續 72 小時以上(包含持續亮燈動作)。

   (3) 自動試驗功能之異常警報應與電池耗盡警報區別分辨。

   (4) 應可識別出其他功能異常警報與自動試驗功能警報。但因其他功能異常而必須更換住警器之警報,不在此限。

住宅用火災警報器構造與功能

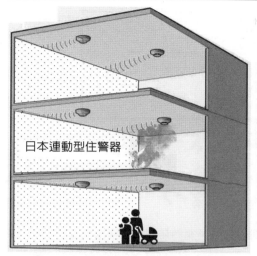

日本連動型住警器

1. 應能確實動作且易於操作、附屬零件易於更換。
2. 應具有易於安裝及更換之構造。
3. 使用之零件、配線、印刷基板等需具耐久性，且不能超過其說明書、型錄等所記載之額定容許值。
4. 住警器不得因溫度變化導致外殼變形，外殼材質應符合耐燃材料。
5. 外部配線應具有充分之電流容量並應正確連接，且能承受任何方向之 20 N 拉力達 1 分鐘，拉力不會傳遞到導線和電池端子連接器間之接頭上，也不會傳遞到導線和住警器電路板間之接頭上。
6. 零件應安裝正確且不易鬆脫，如採用可變電阻或調整部等功能之零件，不得因振動或衝擊等產生變動。
7. 帶電部應有充分保護且人員不易從外部碰觸。
8. 不得因偵測部所受之氣流方向不同，而使住警器相關功能發生顯著變動，且住警器以其平面位置為定點，使之傾斜 45 度情況下，不得功能異常。
9. 住警器音壓，施加規定之電壓時，於無響室中距離警報器中心前方 1 m 處，音壓應有 70 dB 以上，且此狀態應能持續 1 分鐘以上。
10. 住警器電池電壓在有效動作之電壓下限值時，應能自動以閃滅或音響方式表示電池即將耗盡，且在尚未以手動方式停止前，能持續警示 72 小時以上。
11. 藉由開關操作可停止火災警報之住警器需在藉由操作該開關而停止火災警報時，於 15 分鐘內自動復歸至正常監視狀態。
12. 光電式住警器之光源應為半導體元件。
13. 偵測部應具有網目尺寸在（1.3±0.05）mm 以下之網狀材料。
14. 使用放射性物質應進行輻射源防護，且火災時亦無法輕易破壞者。
15. 附有自動試驗功能應能自動以閃滅或音響等方式表示功能異常，且在尚未以手動方式停止前，能持續警示 72 小時以上。

具接收電波功能者電場強度試驗規定

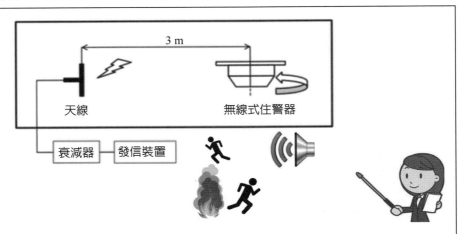

1. 操作發射信號裝置,發射訊號強度應為與無線式住警器接收靈敏度(設計值)相當之電場強度。
2. 旋轉無線式住警器,檢測 8 個以上方向(以全方向平均量測),確認該住警器可接收信號(住警器應在該信號發射後 5 秒內發出警報音)。
3. 檢測水平極化及垂直極化,其檢測用天線應分別與地面呈垂直、水平設置狀態。在該設置狀態下,具有可確認電波通信狀態之功能,且其操作說明書應記載有關設置時如何確認電波通信狀態之內容,並依申請者之設計極化值進行確認。
4. 依據前述第 2 點及第 3 點,確認天線端之發射強度皆在無線式住警器之有效接收範圍後,將無線式住警器置換為另一測試用天線,量測其電場強度,其值應在設計之最小值以下。

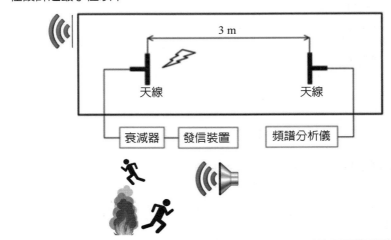

具發射電波功能者電場強度試驗規定

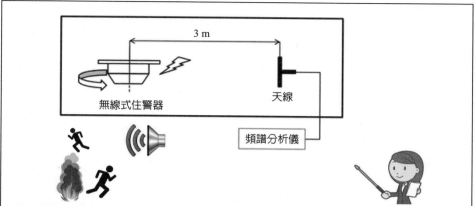

1. 測試時，使無線式住警器之火災信號保持持續發射狀態。如使用火災信號以外之信號進行測試，則此訊號需具火災信號相同之電場強度。
2. 旋轉無線式住警器，檢測 8 個以上方向之電場強度（能以全方向來檢測時以全方向為主，下同），確認測定值均在設計值以上。
3. 檢測水平極化及垂直極化，其檢測用天線應分別與地面呈垂直、水平設置狀態。在該設置狀態下，具有可確認電波通信狀態之功能，且其操作說明書應記載有關設置時如何確認電波通信狀態之內容，並以申請人所設計極化值為準，於電場強度最大及最小方向，應在設計值（最大值及最小值）以上。

煙霧量測儀器（光學濃度計）

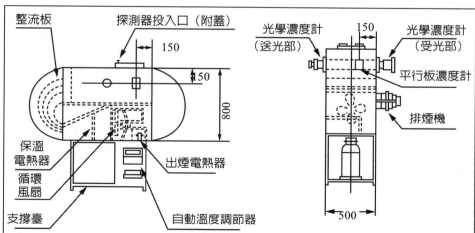

減光率長度單位為公尺，對送光部和受光部間距離以 Lambert 法則換算為每公尺減光率。

$$En = \left[1 - \{1 - (E1/100)\}^n\right] \times 100$$

En：相當於1 m之減光率對試驗裝置送光部和受光部之間之距離後換算之減光率（%）
E1：相當於 1 m 之減光率（%）
n：使用之試驗裝置送光部和受光部之間之距離（m）

主要試驗設備

試驗設備名稱	規格內容	數量	備註
尺寸測定器	鋼尺、遊標卡尺	各 1	
交流電源供應器	110 V、220 V、60 Hz	1	定期校正
直流電源供應器	30 V/3 A		
環境溫溼度計	環境紀錄器（±5）	1	定期校正
絕緣電阻計	測定電壓 DC 500V、DC 1,000V 以上	1	定期校正
絕緣耐壓機	測定電壓 500～2,000 Vac 範圍可調	1	定期校正
耐電擊試驗設備	高頻雜訊模擬器　可調整衝擊波為方波 可設定測試電壓 500 V，脈波寬 1 μs、0.1 μs	1	
風速計	0.1～20.0（m/s）測定範圍（±5）	1	定期校正
數位式三用電表	電流測定為 ≧ 0～1 A，解析度為 0.1 mA（±1） 電壓測定為 ≧ 0～300 V，解析度為 0.1 V（±1） 電阻測定為 ≧ 0～100 MΩ，解析度為 1 Ω（±1）	1	定期校正
音壓位準試驗裝置	1. 無響室：應符合 CNS 14657（聲學—測定噪音源音響功率之精密級方法—用於無響室和半無響室）或同等國際規範之規定 2. 音壓位準量測之聲度表（噪音計）或分析儀：符合 CNS 13583 或相當標準之規定。Type 1 等級噪音計，準確度 ±1 dB 3. 噪音計或分析儀需能分析頻率範圍	各 1	噪音計需定期校正
氣流試驗設備	裝置需符合基準設置規定 風速應可維持（5±0.5）m/s 範圍之穩定氣流	1	
外光試驗設備	裝置需符合基準設置規定 照度應可維持（5000±50）lux 範圍	1	
溫度溼度試驗裝置	恆溫恆溼機 溫度調整 –10～100°C，解析度為 0.1°C（±5） 溼度調整 80～95%（20～45°C間）（±5）	1	定期校正
振動試驗機	振動頻率每分鐘 1,000 次以上，全振幅 4 mm	1	
落下衝擊試驗機	最大加速度（50±5）g	1	
腐蝕試驗裝置	1. 5 L 試驗用容器 2. 硫代硫酸鈉、硫酸、氯化氫、氨等 3. 恆溫設備（溫度（45±2）°C）	各 1	
靈敏度試驗裝置	符合相關規定	1	
	符合相關規定	1	
	符合相關規定	1	

住宅用火災警報器型式試驗紀錄表

申請者		型式	
種類		型號	
試驗日期		試驗人員	
溫度、溼度		會同人員	

試驗項目				NO.1	NO.2	NO.3	試驗結果
初次靈敏度等試驗電源電壓變動	靈敏度	高壓　V	動作				□良□不良
			不動作				□良□不良
		低壓　V	動作				□良□不良
			不動作				□良□不良
	方向性		動作結果				□良□不良
	附屬裝置（移報等）		試驗結果				□良□不良
	警報音	高壓　V		dB	dB	dB	□良□不良
		消耗電流		mA	mA	mA	
		低壓　V		dB	dB	dB	□良□不良
		消耗電流		mA	mA	mA	
	警報停止開關		試驗結果				□良□不良
	電源耗盡警報		試驗結果				□良□不良
	自動試驗功能		試驗結果				□良□不良
	□氣流／□外光		試驗結果				□良□不良
周圍溫度	低溫 0℃		動作				□良□不良
			不動作				
	高溫 40℃		動作				□良□不良
			不動作				
耐電擊試驗			誤動作				□良□不良
			動作				
			不動作				
振動、落下衝擊			誤動作				□良□不良
			動作				
			不動作				
			構造				
溼度試驗			監視狀態				□良□不良
			動作				
腐蝕試驗（限耐蝕者）			動作				□良□不良
			不動作				
絕緣電阻試驗			端子間	MΩ	MΩ	MΩ	□良□不良
			充電部外殼間	MΩ	MΩ	MΩ	
絕緣耐壓試驗			端子間	V	V	V	□良□不良
			充電部外殼間	V	V	V	
零件			試驗結果				□良□不良
構造、標示			檢查結果				□良□不良
其他試驗			試驗結果				□良□不良
備註							

3-14 緊急廣播設備用揚聲器認可基準（101 年11月訂定）

揚聲器用語定義

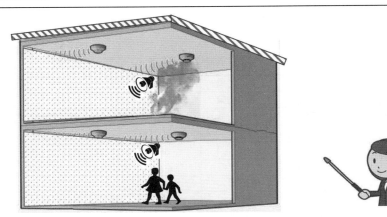

1. 揚聲器：指由增幅器以及操作之作動，發出必要音量播報警報音或其他聲音之裝置。
2. 圓錐型揚聲器：外形為圓形、四方型、變形四方形或橢圓形等之揚聲器。
3. 號角型揚聲器：外形為號角形之揚聲器。

指向係數

為該點方向之音壓強度與全方向平均值之音壓強度比值，公式如下：

$$Q = \frac{I_d}{I_o}$$

Q：揚聲器之指向係數
I_d：距離揚聲器 1 m 處，該方向之直接音壓強度
I_o：距離揚聲器 1 m 處，全方向之直接音壓強度之平均值

指向特性

揚聲器於正面軸上所測得之最高音壓位準，隨遠離正面軸而逐漸衰減，其極座標圖示（Polar Diagram）之音壓位準曲線所顯示揚聲器之指向特徵。

音壓位準定義與試驗

音壓位準（Sound Pressure Level, Lp）：隨著音波存在所產生空氣中之音壓量之大小表示，又稱聲壓位準，單位為分貝（dB），其公式如下：

$$L_p = 20 \log_{10} \frac{P}{P_0}$$

L_p：音壓位準（dB）

P：音壓之實效值（Pa）

P_0：基準音壓（$= 2 \times 10^{-5}$ Pa）

音壓位準試驗

1. 以額定功率之第二信號音為音源，揚聲器置於無響室內，以聲度表距離揚聲器 1 m 處，量測其最大音壓位準。
2. 上述量測最大音壓值應在下表規定值以上。

等級	S 級	M 級	L 級
音壓位準	84 dB～87 dB	87 dB～92 dB	92 dB 以上

3-15 119火災通報裝置認可基準 （107年5月 訂定）

用語定義

1. 119 火災通報裝置：指火災發生時，藉由操作手動啟動裝置或火警自動警報設備之連動啟動功能，透過公眾交換電話網路與消防機關連通，以蓄積語音進行通報，並可進行通話之裝置。
2. 手動啟動裝置：指火災通報專用之按鈕、通話裝置、遠端啟動裝置等。
3. 蓄積語音：預先錄製語音訊息供火災通報時傳達訊息。
4. 通報信號音：顯示係由 119 火災通報裝置所發出通報之音響。
5. 連動啟動功能：指 119 火災通報裝置透過火警自動警報設備的探測器動作而啟動，並向消防機關發出通報。

119 火災通報裝置外觀構造試驗

1. 撥號信號（119）以複頻撥號方式發出信號。
2. 在發出撥號信號並偵測應答後，蓄積語音應能自動送出，且蓄積語音需為自始播放之模式。
3. 蓄積語音應依下列規定：
   (1) 由通報信號音與自動語音所組成。
   (2) 自動語音應符合下列規定：
      A. 透過操作手動啟動裝置，其自動語音訊息應包括火災表示、建築物所在地址、建築物名稱及聯絡電話等相關內容。
      B. 透過連動啟動功能，其自動語音訊息應表示火警自動警報設備啟動、建築物所在地址、建築物名稱及聯絡電話等相關內容。
   (3) 蓄積語音訊息應儲存於適當之記憶體中。
4. 應有禁止通報時撥接電話之措施。
5. 119 火災通報裝置不得設有足以影響火災通報功能之附屬裝置。
6. 監視常用電源之裝置應設於明顯易見之位置。
7. 電源回路應設置適當之過電流保護裝置。
8. 預備電源應依下列規定：
   (1) 當常用電源停電，持續 60 分鐘待機狀態後，需保有 10 分鐘以上可進行火災通報之電源容量。
   (2) 預備電源應為密閉型蓄電池。
9. 額定電壓超過 60 V 以上之金屬製外箱，應設接地端子。
10. 119 火災通報裝置之通信介面、電磁相容及電氣安全應符合國家通訊傳播委員會所訂「公眾交換電話網路終端設備技術規範」，並經審驗合格。

119 火災通報裝置性能試驗

性能試驗應視需要以 119 火災通報裝置模擬試驗裝置及模擬電話迴路確認。

1. 手動啟動裝置試驗

    依申請圖面註記之方法操作手動啟動裝置，反覆操作 10 次以上，確認可送出撥號信號。試驗時手動啟動裝置應可輕易確實操作。同時撥號信號應立即送出，且需有完成動作時之顯示。

2. 電話迴路切換試驗

    連接 119 火災通報裝置之電話迴路通話時，操作手動啟動裝置，應可捕捉到模擬電話迴路並強制切換至發信狀態。

3. 優先通報試驗

    操作手動啟動裝置時確認模擬消防機關為第一順位之通報對象。

4. 蓄積語音訊息試驗
   (1) 透過操作手動啓動裝置，其通報信號音之基本頻率約為 800 Hz±3 之單音，連續 3 音並重複 2 次。
   (2) 透過連動啓動功能，其通報信號音之基本頻率為 440 Hz 以上之單音，連續 2 音並重複 2 次。（第二音的頻率約為第一音頻率的 5/6）
   (3) 自動語音訊息的內容應清楚明瞭且為電子迴路所合成之女聲發音。
   (4) 每一區段之蓄積語音應在 30 秒以內，蓄積語音訊息應於模擬消防機關應答時即行開始。
5. 蓄積語音等訊息送出試驗
   在揚聲器前方 50 cm 位置確認模擬電話迴路送出時的撥號信號音、蓄積語音訊息及回鈴信號音。測試時聲音應明瞭且清晰。
6. 再撥號試驗
   於模擬消防機關通話時，確認可自動重新撥號。重新撥號時需持續且確實動作。
7. 通話功能及回鈴應答試驗
   (1) 每一區段之蓄積語音訊息應持續重複送出，直到模擬消防機關操作送出回鈴信號。
   (2) 模擬消防機關操作送出回鈴信號時，需可正確偵測回鈴信號，確認受信時可以音效表示。測試時可聽到回鈴信號之顯示。
   (3) 確認對於前項之確認回鈴的應答，應可進行清晰通話。
   (4) 10 秒內未收到回鈴信號，應可重複進行撥號。
   (5) 在蓄積語音訊息送出時，以手動操作，確認可迅速切換到通話狀態，並可清晰通話。
8. 火災通報功能影響試驗
   如具火災通報以外之功能，應確認該功能動作時不會對火災通報功能造成有害之影響。測試時火災通報功能應正常動作。
9. 預備電源切換試驗
   重複操作 3 次，確認常用電源的回路切斷時自動切換為預備電源及常用電源復歸時能自動切回常用電源。測試時預備電源應能確實切換。
10. 電壓變動試驗
    常用電源應在額定電壓的 90% 及 110% 之間，預備電源應在 85% 及 110% 之間，確認 119 火災通報裝置動作。測試時 119 火災通報裝置應確實動作。
11. 撥號信號等送出試驗（單機功能）
    當無電話迴路時，確認撥號信號的送出及蓄積語音訊息可清楚顯示。測試時無模擬電話迴路，撥號信號的送出及蓄積語音訊息應可清楚顯示，且單機功能不影響其他功能。

119 火災通報裝置標示檢查

火災專用通報裝置

119火災通報裝置

1. 應於本體上之明顯易見處，以不易磨滅之方法，標示下列事項（進口產品亦需以中文標示）：

   (1) 裝置名稱及型號。

   (2) 製造廠商名稱或商標。

   (3) 製造年月。

   (4) 額定電壓（V）。

   (5) 預備電源的廠牌、種類、電壓、容量。

   (6) 操作方法概要及注意事項。

   (7) 國家通訊傳播委員會審驗合格標籤。

   (8) 型式認可號碼。

   (9) 119 火災通報裝置各操作部分名稱及操作內容。

   (10) 產地。

   前 (1)～(10) 項應於 119 火災通報裝置明顯易見處，以不易磨滅之印刷、刻印或不易取下之銘板標示，標示內容需與申請圖面符合。

2. 檢附操作說明書及符合下列事項：

   (1) 應附有簡明清晰之安裝、接線及操作說明，並提供圖解輔助說明。

   (2) 包括產品安裝、接線及操作之詳細注意事項及資料。同一容器裝有數個同型產品時，至少應有 1 份安裝及操作說明書。

   (3) 詳述其檢查及測試之程式及步驟。

   (4) 其他特殊注意事項（特別是安全注意事項）。

型式認可基本設計資料

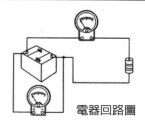

電器回路圖

當常用電源停電，持續60分鐘待機，保有≥10分鐘電源容量

1. 構造、零件裝置名稱、尺寸及材質等
   (1) 記載尺寸、名稱之完成圖說。
   (2) 尺寸、名稱（CNS 規定之材質、符號）。
   (3) 電器回路圖。
   (4) 構件組合圖。
   (5) 應標示事項的內容、標示位置。
   (6) 使用方法、操作注意事項等。
   (7) 保養、檢查要領說明書。
2. 性能計算書
   (1) 蓄積語音儲存時間
      每一區段蓄積語音秒數。
   (2) 預備電池容量
      當常用電源停電，持續 60 分鐘待機狀態後，需保有 10 分鐘以上可進行火災通報之電源容量。
   (3) 蓄積語音訊息
      通報信號音與語音訊息內容。

主要試驗試驗設備

品名		數量
抽樣表	依本基準附表 1 至附表 4 之規定	1 式
亂數表	CNS 9042 或本基準有關之規定	1 部
計算器	8 位數以上工程用電子計算器	1 個
溫溼度記錄器	一般市面上販售品	1 臺
碼　　錶	解析度 1/100 sec	1 個
尺寸測量器 / 游標卡尺	測定範圍 0 至 150 mm，最小刻度 1/100 mm	1 個
分釐卡	測定範圍 0 至 25 mm，最小刻度 1/100 mm	1 個
直尺	測定範圍 1 至 30 cm，最小刻度 1 mm	1 個
捲尺（布尺）	測定範圍 1～15 m，最小刻度 1 cm	1 個
試驗裝置	試驗裝置除了能以電話迴路進行性能測試，也必須具備實際可進行測試之模擬裝置（如模擬消防機關回鈴功能）	1 式
數位式電表	電流測定範圍：0 至 30 mA 以上 電阻測定範圍：0 至 20 MΩ 以上 電壓測定範圍：0 至 1000 V 以上 AC 或 DC	1 臺
試驗用電源裝置	可進行電壓變動試驗之裝置	1 臺
頻譜分析儀	需能分析頻率範圍之裝置	1 臺

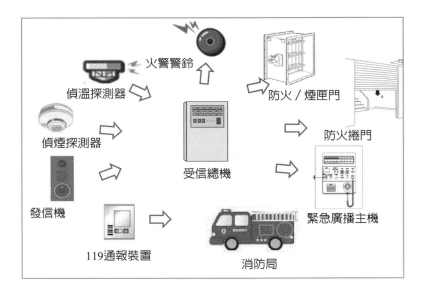

119火災通報裝置產品明細表

項目	明細			
型號				
功能	1. 回路容量：- 2. 蓄積語音儲存記憶體種類： 3. 語音合成方式： 4. 音質： 5. 蓄積語音記憶時間： 　　通報訊息音： 　　通報內容（地區）： 6. 119專線應答判別方式 7. 119專線回鈴時信號動作： 8. 119專線通報完成程序： 9. 自火災通報接點移報自保持時的再啟動防止措施： 10. 手動啟動停止功能： 11. 消耗電力： 12. 預備電源動作時間（額定動作時）： 13. 單機功能： 14. 火災通報以外的功能：			回路 Kbit/s 秒 秒 秒 （W）VA 分
電源電壓、容量	AC　　　　　V；DC　　　　V（　　　電池）　　　V　　　　　mAH			
尺寸	本體	mm×　　　mm×		mm
	啟動裝置	mm×　　　mm×		mm
	顯示裝置	mm×　　　mm×		mm
	附屬裝置	mm×　　　mm×		mm
總重量				kg
119火災通報裝置之動作概要				

大氣流通倉庫等火警探測區域（日本消防設備基準）

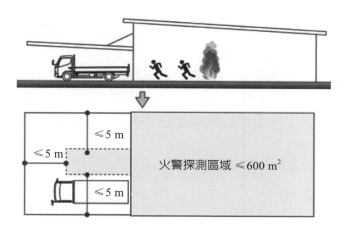

檢查項目及數量

檢查項目 ＼ 試驗別	型式認可	個別認可	備考
1. 外觀、構造、形狀、材質及尺寸試驗	2	○	
2. 整體動作試驗	2	◎	
3. 性能試驗			
(1) 手動啓動裝置試驗	2	◎	
(2) 電話迴路切換試驗	2	◎	
(3) 優先通報試驗	2	◎	
(4) 蓄積語音訊息試驗	2	◎	
(5) 蓄積語音等訊息送出試驗	2	－	
(6) 再撥號試驗	2	◎	
(7) 通話功能及回鈴應答試驗	2	◎	
(8) 火災通報功能影響試驗	2	◎	
(9) 預備電源切換試驗	2	－	
(10) 電壓變動試驗	2	－	
(11) 撥號信號等送出試驗（單機功能）	2	－	
4. 附屬裝置試驗	2	◎	
5. 標示試驗	2	○	

備註：◎表示樣品個別認可分項試驗檢查項目及數量；○表示樣品個別認可一般試驗檢查項目及數量。

火警警鈴

防火捲門下降
防火區劃完整

發信機

119 火災通報裝置型式試驗紀錄表

119 火災通報裝置型式試驗紀錄表						
申請者			型號			
試驗日期			試驗人員			
溫溼度			查驗人員			

試驗項目內容				樣品			
				A		B	
外觀等試驗	構造、形狀、材質			□良	□否	□良	□否
	外觀狀況			□良	□否	□良	□否
	尺寸	本體	長 mm	mm		mm	
			寬 mm	mm		mm	
			高 mm	mm		mm	
			mm	mm		mm	
			mm	mm		mm	
			mm	mm		mm	
	整體動作試驗			□良	□否	□良	□否
性能試驗	手動啓動裝置試驗		操作容易、確實	□良	□否	□良	□否
			選擇信號開始送出	秒		秒	
			發報表示	□良	□否	□良	□否
	電話迴路切換試驗		發信時	□良	□否	□良	□否
			收信時	□良	□否	□良	□否
	優先通報試驗			□良	□否	□良	□否
	蓄積語音訊息試驗	手動啓動	通報信號音	□良	□否	□良	□否
			自動語音	□良	□否	□良	□否
			蓄積語音儲存時間	秒		秒	
	蓄積語音等訊息送出試驗			□良	□否	□良	□否
	再撥號試驗			□良	□否	□良	□否
	通話功能試驗	回鈴應答	10 秒未回鈴再通報	□良	□否	□良	□否
			回鈴時的聽覺顯示	□良	□否	□良	□否
			應答、通話	□良	□否	□良	□否
		手動操作切換、通話		□良	□否	□良	□否
	火災通報功能影響試驗			□良	□否	□良	□否
	預備電源切換試驗			□良	□否	□良	□否
	電壓變動試驗	常用電源	90%～110%	□良	□否	□良	□否
		預備電源	85%～110%	□良	□否	□良	□否
	單機功能試驗			□良	□否	□良	□否
附屬裝置試驗	火警自動警報設備之連動啓動試驗		回鈴時的聽覺顯示	□良	□否	□良	□否
			應答、通話	□良	□否	□良	□否
			通報信號音	□良	□否	□良	□否
			自動語音	□良	□否	□良	□否
			蓄積語音儲存時間	秒		秒	

標示檢查		□良	□否	□良	□否
備註		判定			
		□合格 □不合格 　原因： □給予補正 　補正日期：			

探測器探測區域圖示

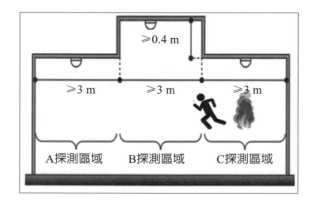

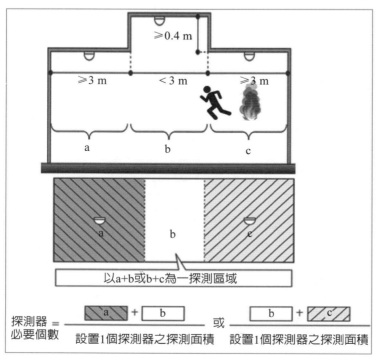

（埼玉市消防用設備等審查基準，平成 28 年）

警報設備之構件表

檢修項目＼設備項目	火警自動警報設備	瓦斯漏氣火警自動警報設備	緊急廣播設備
1. 緊急電源	O	O	O
2. 受信總機或廣播主機	O	O	O
3. 探測器、檢知器或揚聲器	O	O	O
4. 手動報警機或啟動裝置	O	×	O
5. 標示燈	O	O	O
6. 火警警鈴或警報音響	O	O	×

〔解說〕
1. 因火災會造成電氣設備燒損，導致短路停電，因此各消防設備皆需緊急電源，目前國內實務上緊急電源僅以蓄電池（分個別或集中式）、發電機 2 種為主，在日本消防設備法定緊急電源除上述外，尚有專用受電設備及燃料電池 2 種。
2. 手動報警機或啟動裝置，是探測器尚未偵知火警，但人員已確認發現火勢，進行啟動報警；而瓦斯漏氣火警自動警報設備之對象，不是火災，沒有火煙外觀視覺現象，且瓦斯無色無味，洩漏難以察覺，只有藉由自動檢知之偵知裝置。
3. 火警警鈴或警報音響，或是緊急廣播設備，主要目的皆是作為通報之性能使用。

3-16 緩降機認可基準（101年11月訂定）

緩降機

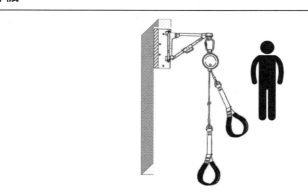

緩降機係指具有使用者不需藉助他力，僅利用本身重量即能自動連續交替下降之構造。

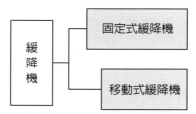

1. 固定式緩降機：係指平常即保持固定於支固器具上之緩降機。
2. 移動式緩降機：係指調速器之重量在 10 kg 以下，於使用時方以安全扣環確實安裝在支固器具上之緩降機。

用語定義

1. 調速器：係指可以調整緩降機下降速度於一定範圍內之裝置。
2. 調速器連結部：係指連結支固器具與調速器的部分。
3. 穿著用具：係指套穿於使用者身上，以一端之套帶套穿所形成之套圈固定使用者身體之用具。

繩索

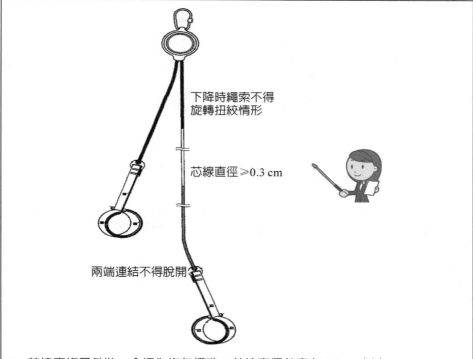

下降時繩索不得
旋轉扭絞情形

芯線直徑≥0.3 cm

兩端連結不得脫開

1. 芯線應施予外裝，全繩為均勻構造；芯線直徑並應在 0.3 cm 以上。
2. 實施下降動作時不得有讓使用者遭致旋轉扭絞之情形。
3. 繩索之兩端應以不脫開之方法連結在緊結金屬構件。

最大使用人數

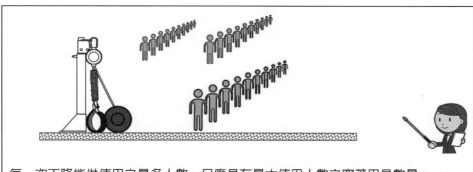

每一次下降能供使用之最多人數，且應具有最大使用人數之穿著用具數量。

套帶

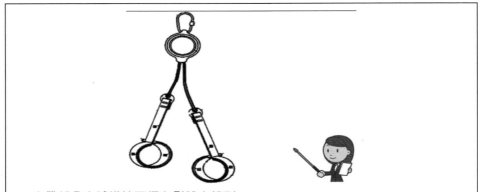

1. 套帶部分之縫織線不得有鬆脫之情形。
2. 套帶以相當於最大使用載重除以最大使用人數,再乘以 6.5(係數)所得之拉力載重加載持續 5 分鐘後,不得產生斷裂或明顯之變形現象。

最大使用載重

最大載重 =
最大使用人數 × 1,000 nt

緩降機之最大使用載重,應在最大使用人數乘以 1,000 nt 所得數值以上。

下降速度試驗

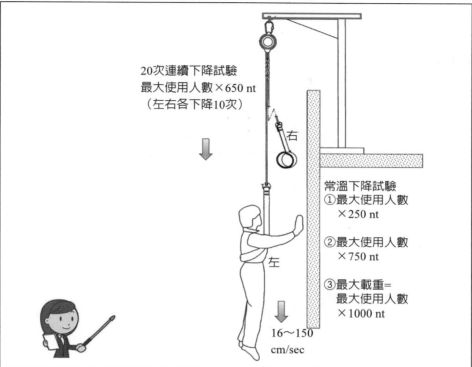

20次連續下降試驗
最大使用人數×650 nt
（左右各下降10次）

右

左

常溫下降試驗
①最大使用人數
　×250 nt

②最大使用人數
　×750 nt

③最大載重=
　最大使用人數
　×1000 nt

16～150
cm/sec

將緩降機固定在該繩索最長使用限度之高處（如繩索長度超過 15 m 者則以 15 m 之高度為準），進行下列試驗：

1. 常溫下降試驗

　施予最大使用人數分別乘以 250 nt 及 650 nt 之載重及以相當於最大使用載重之負載等 3 種載重，左右交互加載且左右連續各下降 1 次時，其速度應在 16 cm/sec 以上 150 cm/sec 以下之範圍內。

2. 20 次連續下降試驗

　施予相當於最大使用人數乘以 650 nt 之載重，左右交互加載且左右連續各下降 10 次之下降速度，任 1 次均應在 20 次之平均下降速度值之 80% 以上 120% 以下，且不得發生性能及構造上之異常現象。

3-17 金屬製避難梯認可基準（101年11月訂定）

避難梯分類

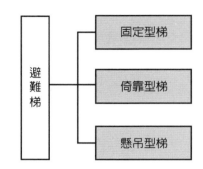

倚靠型梯

倚靠型梯係指將梯子倚靠於建築物，供緊急避難用者。

1. 應為安全、確實且便於使用之構造。
2. 由梯柱（如係懸吊梯時，以相當於梯柱之鋼索、鍊條或其他金屬製之桿或板所製成者）及橫桿所構成。
3. 使用時，安全裝置、保護裝置或緩降裝置之動作應保持平順且正常動作。
4. 零件以螺絲固定之部分，應有防止螺絲鬆動之措施。
5. 橫桿上之踩踏面必須施以防滑措施，但不得影響結構安全。回轉部分應設置護蓋。
6. 在上方支撐點處（自上端 60 cm 內之任意位置）應裝設防止打滑及跌倒之安全裝置。
7. 下端支撐點應設置止滑裝置。
8. 如為可伸縮構造者，應裝設能防止使用時自動縮梯之安全裝置。

固定型梯

固定型梯指固定於建築物，隨時可供使用者，包含可收納式（指橫桿可收納於梯柱內，使用時將其拉出成可使用狀態，或梯子下部有可折疊、伸縮等構造者）。

1. 應為安全、確實且便於使用之構造。
2. 由梯柱（如係懸吊梯時，以相當於梯柱之鋼索、鍊條或其他金屬製之桿或板所製成者）及橫桿所構成。
3. 使用時，安全裝置、保護裝置或緩降裝置之動作應保持平順且正常動作。
4. 零件以螺絲固定之部分，應有防止螺絲鬆動之措施。
5. 橫桿上之踩踏面必須施以防滑措施，但不得影響結構安全。回轉部分應設置護蓋。
6. 金屬構件部分應設置保護裝置，避免因震動或其他衝擊，產生容易脫落之情形。
7. 除操作保護裝置之動作外，應於 2 次動作內，使避難梯呈可使用狀態。

避難梯之靜載重

構件名稱	靜載重
梯柱	自最上端之橫桿至最下端橫桿部位按每 2 m 或其尾數加予下列之載重試驗： 1. 每一梯柱 50 kgf 之壓縮載重 2. 如梯柱採用鍊條或鋼索者，施以 75 kgf 之壓縮載重 3. 梯柱有 3 支以上者，其內側之梯柱應施加 100 kgf 之壓縮載重 4. 梯柱為 1 支者，施加 100 kgf 之壓縮載重 5. 如係懸吊型者，以上各項之載重均為抗拉載重
橫桿	每一橫桿中央位置之 7 cm 範圍內，施加 100 kg 之平均載重

懸吊型梯

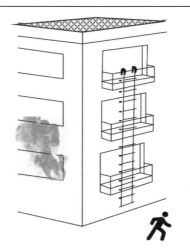

懸吊型梯：係指以折疊、伸縮、捲收等方式收納，使用時，將掛勾等吊掛用金屬構件搭掛在建築物上，放下梯身掛置使用；或打開設置於建築物懸吊梯箱（已設置懸吊型梯於其中），將其垂下，呈可使用狀態，供作緊急避難用者。

1. 應為安全、確實且便於使用之構造。
2. 由梯柱（如係懸吊梯時，以相當於梯柱之鋼索、鍊條或其他金屬製之桿或板所製成者）及橫桿所構成。
3. 使用時，安全裝置、保護裝置或緩降裝置之動作應保持平順且正常動作。
4. 零件以螺絲固定之部分，應有防止螺絲鬆動之措施。
5. 橫桿上之踩踏面必須施以防滑措施，但不得影響結構安全。
6. 回轉部分應設置護蓋。
7. 在每一橫桿處應設長 10 cm 以上之有效突出物，以保持該梯子在使用時能與建築物保持距離。但未設此突出物如於使用時能與建築物保持 10 cm 以上距離之構造者，不在此限。
8. 梯柱之上端應裝有圓環、掛勾或其他吊掛用金屬構件。

避難梯種類

避難梯種類	固定型梯	倚靠型梯	懸吊型梯
區分	橫桿收納式 折疊式 伸縮式	單一式 伸縮式	折疊式 伸縮式 鋼索式 鍊條式

金屬製避難梯構造及性能

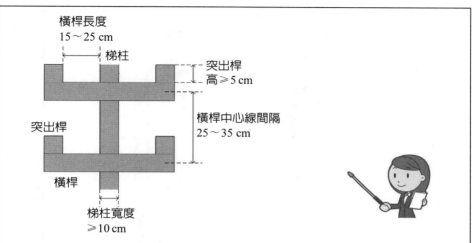

1. 梯柱為單支之構造者，應符合下列規定：
   (1) 以梯柱為該梯之中心軸，橫桿尾端應設有與梯柱平行且長 5 cm 以上之突出物，以防止橫向之滑溜。
   (2) 橫桿的長度，自梯柱至橫桿的尾端內側為 15 cm 以上 25 cm 以下，梯柱的寬度以橫桿軸方向量測，需在 10 cm 以下。
2. 梯柱為 2 支以上構造者，其梯柱間之內側距離應在 30 cm 以上 50 cm 以下。

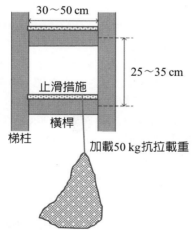

3. 橫桿需以同一間距裝設於梯柱上，其間距應為 25 cm 以上 35 cm 以下（橫桿間距，係指梯子在可使用狀態下，自橫桿上端至次 1 個橫桿上端之距離）。
4. 橫桿上之踩踏面必須施以防滑措施，但不得影響結構安全。
5. 測定梯柱間及橫桿間之間距，應以 50 kgf 抗拉載重加載於其上後測定之。

強度試驗

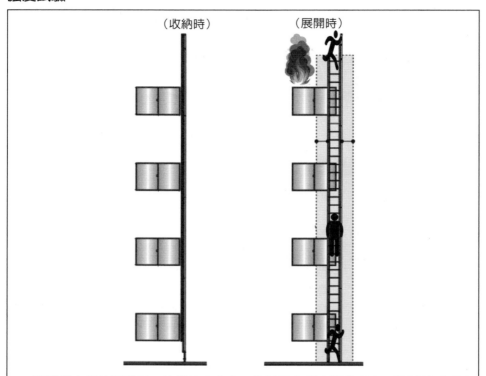

（收納時）　　　　　　　（展開時）

1. 避難梯之梯柱及橫桿，依梯柱之方向，施以下表所定靜載重之 2 倍靜載重試驗 5 分鐘，不得產生龜裂、破損。
2. 收納式固定梯，將梯柱之一端固定，橫桿拉出成水平狀態，並與梯柱及橫桿均成垂直方向，在未被固定之另 1 支梯柱之上端部、中央部及下端部各施以 5 分鐘 22 kgf 之靜載重試驗後，不得產生永久變形、龜裂、破損等現象。
3. 倚靠型梯：將梯兩端水平放置於適當平臺上，同時依梯柱方向，在梯柱中央及其左右每 2 m 處，各施以 5 分鐘 65 kgf 之垂直靜載重，不得產生永久變形龜裂破損等現象。

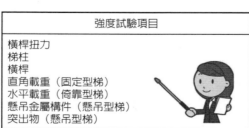

強度試驗項目
橫桿扭力
梯柱
橫桿
直角載重（固定型梯）
水平載重（倚靠型梯）
懸吊金屬構件（懸吊型梯）
突出物（懸吊型梯）

衝擊試驗

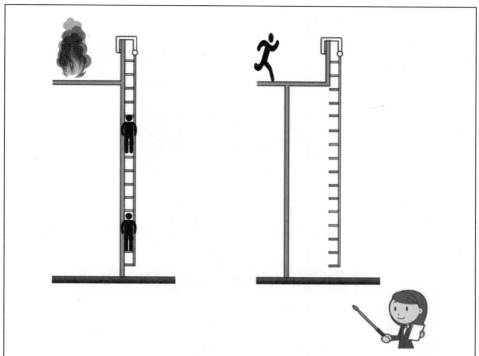

1. 避難梯從收納狀態展開至可使用狀態，反覆操作 100 次後，不得產生顯著變形、龜裂或破損等現象。
2. 懸吊型梯之吊掛用金屬構件，就每具構件以該伸長之梯柱方向，自該梯之最上端橫桿至最下部橫桿間每隔 2 m 及其尾數，施以 150 kgf 之抗拉載重時，不得產生顯著變形、龜裂或破損等現象。
3. 懸吊型梯之突出物，就每一橫桿上所裝設之突出物，於突出物與梯柱及橫桿均呈垂直之方向，施以 5 分鐘 15 kgf 之壓縮載重時，不得產生顯著變形、龜裂或破損等現象。
4. 避難梯之橫桿施以 2.3 kgf-m 之扭力時，不得產生旋轉或顯著變形、龜裂、破損等現象。

3-18 出口標示燈及避難方向指示燈認可基準 （108年9月修正）

引導燈具用語定義

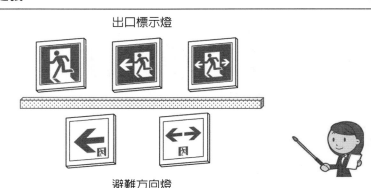

引導燈具：避難引導的照明器具，分成出口標示燈、避難方向指示燈，平日以常用電源點燈，停電時自動切換成緊急電源點燈。依構造形式及動作功能區分如下：
1. 內置型：內藏蓄電池作為緊急電源之引導燈具。
2. 外置型：藉由燈具外的蓄電池設備作為緊急電源供電之引導燈具。
3. 具閃滅功能者：藉由動作信號使燈閃滅或連續閃光之引導燈具。
4. 具音聲引導功能者：設有音聲引導裝置之引導燈具。
5. 具閃滅及音聲引導功能者：設有音聲引導裝置及閃滅裝置之引導燈具。
6. 複合顯示型：引導燈具其標示板及其他標示板於同一器具同一面上區分並置者。

點燈試驗

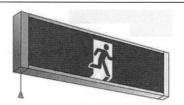

燈具附有起動器者，應在 15 秒以內點燈，無起動器之瞬時型者應即瞬間點燈。

減光型及消燈型引導燈具規定需復歸為正常點燈狀態：
1. 接到來自引導燈具連動控制盤之動作信號時。
2. 動作信號回路發生斷路或短路時。
3. 將常用電源遮斷，切換至緊急電源時。

配線方式

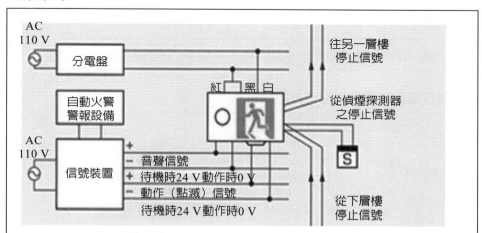

1. 外置型引導燈具配線方式分為 2 線式配線或 4 線式配線及共用式 3 種，2 線式配線指同一電線供應一般及緊急用電者；4 線式配線指不同之電線分別供應一般及緊急用電者；共用式指 2 線式及 4 線式任 1 種方法皆可使用之方式。
2. 外置型引導燈具供緊急用電之出線，應有耐燃保護。
3. 外置型引導燈具使用螢光燈時，其緊急電源回路應有保險絲等保護裝置。

內置型引導燈具

1. 內置型引導燈具除嵌入型者外，應裝電源指示燈及檢查開關。紅色顯示使用狀態，並安裝於從引導燈具外容易發現之位置。如顯示燈使用發光二極體（LED）時，需為引導燈具使用中不用更換之設計。另嵌入型引導燈具應取下保護燈罩或透光性燈罩及標示板後，符合上開電源指示燈及檢查開關之規定。
2. 內置型引導燈具有效亮燈時間及各試驗量測時間點如下：

有效亮燈時間	≥ 20 min	≥ 60 min
充放電試驗（放電電壓測定時間）	≥ 25 min	≥ 75 min
平均亮度試驗（緊急電源量測時間）	≥ 25 min	≥ 75 min

3. 引導燈具具音聲引導功能者，該燈具應設有能停止其音聲引導功能之裝置。

出口標示燈及避難方向指示燈用語定義

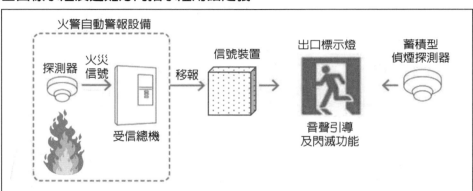

1. 出口標示燈：顯示避難出口之引導燈具。
2. 避難方向指示燈：設置於室內避難路徑、開闊場所及走廊，指引避難出口方向之引導燈具。
3. 閃滅裝置：接受動作信號，提高引導效果，使燈具閃爍之裝置。
4. 音聲引導裝置：接受動作信號，產生語音告知避難出口位置之引導裝置。
5. 引導燈具連動控制盤：將發自於火警自動警報設備之信號予以中繼並傳達至引導燈具之裝置。
6. 常用電源：平時供電至引導燈具之電源。
7. 緊急電源：常用電源斷電時，供電至引導燈具之電源。
8. 蓄電池設備：係指經內政部認可之消防用蓄電池設備，且應為引導燈具專用。
9. 控制裝置：由引導燈具之切換裝置、充電裝置及檢查措施所構成的裝置。使用螢光燈為燈具時，其變壓器、安定器等亦包含於此裝置內。

10. 標示板：標明避難出口或避難方向之透光性燈罩或表示面。
11. 檢查開關：檢查常用電源及緊急電源之切換動作，能暫時切斷常用電源之自動復歸型開關。
12. 有效亮燈時間：係指引導燈具切換成緊急電源時，持續點燈之時間。
13. 有效閃滅動作時間：係指引導燈具切換成緊急電源時，持續閃滅之時間。

信號裝置之種類

連動方法	形狀	信號回路	緊急電源
自動火災報警設備 其他類似裝備	獨立型 組合型	單回路 多回路	有 無

標示面

標示面之顏色、文字、符號圖型應符合下列規定，可加註英文字樣「EXIT」，其字樣不得大於中文字樣。

1. 出口標示燈：以綠色為底，用白色表示「緊急出口」字樣（包括文字與圖形）。

2. 避難方向指示燈：用白色為底，綠色圖型（包括圖形並列之文字）。

音聲引導裝置動作試驗

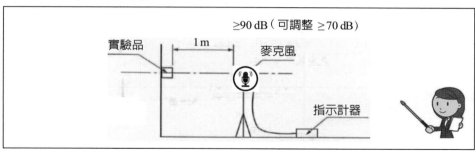

音聲引導之音壓，係在距離語音誘導裝置（獨立型）或引導燈具（組合型）之表面水平方向 1m 處，以規定之噪音計（採頻率修正回路之 A 權值）或同等以上性能之儀器加以測定。其警報聲及語音之最高值應在 90 dB 以上。且可調整音壓型式之警報聲及語音最低調整值不低於 70 dB。

鑑於現今建築物多趨密集化、大型化、裝潢複雜、配電線路多，發生火災時常有濃煙遮蔽或電力中斷之疑慮，為提升避難路徑及出口於黑暗中之能見度，俾於緊急狀況下順利引導避難逃生，有必要提升標示面之平均亮度，第 146 條之 1 有關引導燈具之分級，及引導燈具之分級及標示面平均亮度範圍。另基於節能及場所特性考量，第 146 條之 7 得於平時減光或消燈。

引導燈具區分

依用途區分	按照大小分類			標示面數	緊急電源區分	附加功能	標示面之縱向尺度
	分級	標示面光度（cd）	標示面長邊與短邊比				
出口標示燈	A 級 A	50 以上	1：1 ～ 5：1	單面 2 3 或以上型式	內置型 外置型	減光 消燈 閃滅 音聲引導 複合顯示	400 mm 以上
	B 級 BH	20 以上					200 mm 以上 400 mm 未滿
	B 級 BL	10 以上					
	C 級 C	1.5 以上					100 mm 以上 200 mm 未滿
避難方向指示燈（非地面嵌入型）	A 級 A	60 以上				減光 消燈 複合顯示	400 mm 以上
	B 級 BH	25 以上					200 mm 以上 400 mm 未滿
	B 級 BL	13 以上					
	C 級 C	5 以上					100 mm 以上 200 mm 未滿
避難方向指示燈（地面嵌入型）	B 級 BH	25 以上	2：1 ～ 3：1	單面			200 mm 以上 400 mm 未滿
	B 級 BL	13 以上					
	C 級 C	5 以上					130 mm 以上 200 mm 未滿

備註：1. 標示面光度：係指常用電源點燈時其標示面平均亮度（cd/m²）乘以標示面面積（m²）所得之值（單位 cd）。
2. 附有箭頭之出口標示燈僅限於 A 級、B 級。
3. 作為避難方向指示燈使用之 C 級，其長邊長度應在 130 mm 以上。

出口標示燈及避難方向指示燈之性能

1. 燈具表面文字、圖形及顏色等，於該燈點亮時，應能正確辨認。
2. 平均亮度：燈具標示面之平均亮度、光度（包括單面及雙面）應符合上表及下表規定。具有調光性能之器具，則測定其必須作調光之各階段的平均亮度。
3. 對電氣充分絕緣。

標示面之平均亮度

種類	分級		平均亮度 (cd/m^2)		種類	分級		平均亮度 (cd/m^2)	
			常用電源	緊急電源				常用電源	緊急電源
出口標示燈	A 級	A	350～800	100～300	避難方向指示燈	A 級	A	400～1000	150～400
	B 級	BH	500～800			B 級	BH	500～1000	
		BL	250～400				BL	350～600	
	C 級	C	150～300			C 級	C	300～800	

亮度比試驗

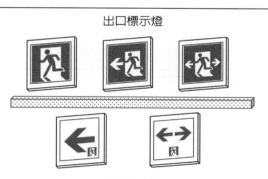

出口標示燈

避難方向燈

亮度比係就標示面之綠色部分、白色部分分別逐點加以測定，求出其最大亮度（cd/m^2）與最小亮度。逐點測定係分別測定 3 處以上。正方型引導燈具標示面之亮度比係在常時電源時所規定之測定點之最大亮度與最小亮度之比，應符合下表之值。

標示面之亮度比

	綠色部分	白色部分
避難出口標示燈	9 以下	7 以下
避難方向指示燈	7 以下	9 以下

如係標示面為長方形之引導燈具，其最小輝度與平均亮度之比，應在 1/7 以上。

亮度比 = Lmax/Lmin

式中，Lmax：在白色部分或綠色部分之最大亮度

Lmin：在白色部分或綠色部分之最小亮度

減光點燈

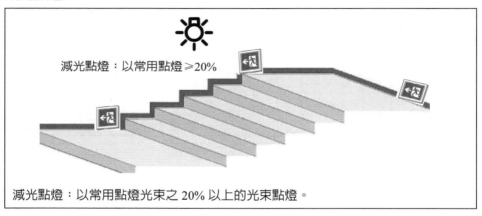

減光點燈：以常用點燈 ≥20%

減光點燈：以常用點燈光束之 20% 以上的光束點燈。

平均亮度試驗

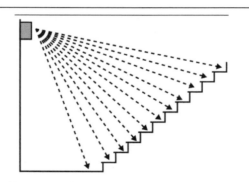

1. 測試環境：測試時環境之照度在 0.05 lux 以下之暗房。
2. 測試面：整個標示面。
3. 測試步驟：標示板與受光器之距離為標示面長邊之 4 倍以上，量測其平均照度 E_θ，平均亮度 L_θ 計算式如下：

$$平均亮度 \quad L_\theta = \frac{K_1 \times E_\theta \times S^2}{A \cos \theta}$$

L_θ：角度 θ 之平均亮度（單位：cd/m²）

K_1：基準光束 / 試驗使用燈管之全光束（一般 K_1 趨近於 1）

E_θ：角度 θ 之平均照度測定值（單位：lx）

S：標示面板量測點與照度計間之距離（單位：m）

A：標示面之面積（單位：m²）

θ：照度計與標示面量測點法線方向之角度（單位：°）

4. 基準光束：標準燈管之全光束（單位：流明 lm）。

5. 測試時間：

(1) 常用電源試驗：於試驗品施以額定電源並使燈管經枯化點燈 100 小時後測試。

(2) 緊急電源試驗：於執行常用電源之測試後，再依產品標示額定充電時間完成後即予斷電，並於斷電後 25 或 75 分鐘即實施試驗，並於 10 分鐘內測試完畢。

法規前後標示面等級表示

出口標示燈	避難方向指示燈		修改後等級表示		標示面縱向尺度
大型（40×2）	大型（40×2）	⇒	A 級		≧ 0.4m
大型（40×1） （35×1） （32×1）	大型（40×1） （35×1） （32×1）	⇒	B 級	BH	0.2～0.4m
中型（20×1）	中型（20×1）	⇒		BL	
小型（10×1）	小型（10×1）	⇒	C 級		0.1～0.2m

音聲引導裝置動作試驗

音聲引導裝置　　閃滅裝置

1. 音聲引導裝置，於收到火災信號後動作，且於接到避難通道發生重大妨礙之信號時停止，依下表之規定，在 3 秒內動作。

條件	接到火災信號時	接到停止信號時
音聲引導裝置	動作開始後繼續 60 分鐘	停止動作

2. 音聲引導裝置，經由引導燈具用引導燈具連動控制盤之動作信號用端子接受火災信號。

3. 音聲引導裝置，收到引導燈具連動控制盤或偵煙式火警探測器等來自外部之停止信號時，停止動作。

4. 信號動作之試驗，依如下之步驟：

    (1) 與引導燈具用引導燈具連動控制盤、音聲引導裝置（或內設音聲引導裝置之引導燈具）及停止信號用開關連接，施加額定頻率之額定電壓。

    (2) 將音聲引導裝置之常用電源遮斷，確認其不會動作。

    (3) 以設於引導燈具用引導燈具連動控制盤移報裝置側之開關發送火災信號，確認其在 3 秒鐘內會動作。

    (4) 由引導燈具連動控制盤及偵煙式火警探測器發送音聲引導之停止信號，確認其在 3 秒鐘內會停止動作。

絕緣電阻試驗

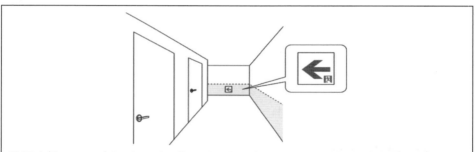

使用直流 500 V 高阻計，測量帶電部分與不帶電金屬間之絕緣電阻，均應為 5 MΩ以上。

具閃滅功能引導燈具性能及動作試驗

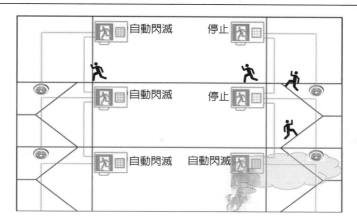

1. 信號動作：
   (1) 接到來自信號裝置之動作信號，於 3 秒鐘內自動閃滅動作開始。如接到信號裝置或偵煙式探測器等外部信號時，於 3 秒鐘內停止動作。
   (2) 僅將常用電源遮斷而非動作信號時，閃滅動作不會開始。但將信號裝置之常用電源遮斷時，則不在此限。
   (3) 試驗方法，係按以下之步驟實施：
   　A. 於閃滅裝置上施加額定頻率之額定電壓。
   　B. 由開或關設在信號裝置之移報裝置側的開關來發送信號。
   　C. 由外部發送停止信號。
   　D. 將閃滅裝置之常用電源遮斷。
2. 閃滅頻率及時間比試驗：依下表規定。

燈泡	閃滅頻率（Hz）		時間比
	額定電壓	放電標準電壓	
氖氣燈泡	2.0±0.1	2.0±1.0	－
白熾燈泡或日光燈			1：1

   (1) 在閃滅裝置之輸入端子間施加額定電壓，然後使其接受信號裝置之動作信號開始閃滅，統計其 1 分鐘之間的閃滅次數及時間比。
   (2) 在閃滅裝置之輸入端子間施加放電標準電壓，然後使其接受信號裝置之動作信號開始閃滅，統計閃滅 1 分鐘之間的閃滅次數及時間比。
3. 動作時間是在接到信號時，其緊急電源容量應能有效閃滅動作 20 分鐘以上或 60 分鐘以上，且放電電壓測定時間為 25 分鐘以後或 75 分鐘以後，其電壓測試方法依充放電試驗之相關規定進行。
4. 光源特性：
   以氖氣燈及白熾燈泡作為閃滅光源之閃滅裝置，光源特性依下表規定。

燈泡	光源特性
氖氣燈泡	輸入之能量每一發光體 2.4 J（Ws）以上
白熾燈泡	光束 130 lm 以上及色溫在 2,800 K 以上

出口標示燈、避難方向指示燈個別試驗紀錄表

申　請　者		型　式　型　號 認　可　編　號	
試　驗　日　期		試　驗　個　數	
環　境　溫　溼　度		試　驗　人　員	
試　驗　場　所		會　同　人　員	

試驗項目		試驗結果	判定	
			合格	不合格
外殼材質			☐	☐
標示面尺寸		a=　　　　；b=　　　　；c=　　　　（mm）	☐	☐
外觀構造			☐	☐
點燈試驗	☐附啓動器	啓動時間　　　　　　　　　　　　　　　　秒	☐	☐
	☐無啓動器			
絕緣電阻試驗		MΩ	☐	☐
充電試驗			☐	☐
耐電壓試驗			☐	☐
平均亮度試驗			☐	☐
亮度比試驗			☐	☐
附加功能	動作試驗		☐	☐
	閃滅頻率試驗		☐	☐
	音聲引導試驗		☐	☐
	音壓試驗		☐	☐
標　　　示		☐設備種類 ☐額定電壓、額定電流、頻率及充電時間 ☐使用光源規格及電池規格 ☐維持照明時間 ☐製造廠商名稱或商標 ☐製造產地 ☐設備名稱及型號 ☐製造年月 ☐型式、型式認可號碼 ☐燈具級數區分 ☐使用方式及使用應注意事項	☐	☐
備　　　註				

Note

3-19 緊急照明燈認可基準（101年11月訂定）

用語定義

緊急照明燈：係指裝設於各類場所中避難所需經過之走廊、樓梯間、通道等路徑及其他平時依賴人工照明之照明燈具，內具備交直流自動切換裝置，平時以常用電源對蓄電池進行充電，停電後切換至蓄電池供電，或切換至緊急電源供電，作為緊急照明之用。

依其構造形式及動作功能區分如下：

1. 內置電池型緊急照明燈：內藏緊急電源的照明燈具。
2. 外置電源型緊急照明燈：由燈具外的緊急電源供電之照明燈具。

充電與絕緣電阻試驗

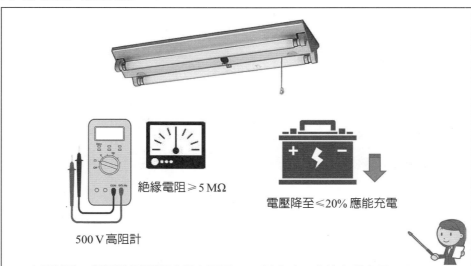

絕緣電阻 ≥ 5 MΩ

電壓降至 ≤20% 應能充電

500 V 高阻計

1. 充電試驗：蓄電池電壓降達額定電壓 20% 以內時，應能自動充電。
2. 絕緣電阻試驗：使用直流 500 V 高阻計，測量帶電部分與不帶電金屬間之絕緣電阻，均應為 5 MΩ 以上。

性能

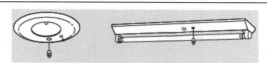

1. 外殼使用金屬或耐燃材料製成。金屬製者，需施予適當之防銹處理。
2. 內置電池型緊急電源應為可充電式密閉型電池及容易保養、更換、維修之構造。
3. 面板上應裝電源指示燈及檢查開關，不得有大燈開關。但大燈開關設計為內藏式或需使用工具開啟者，不適用之。
4. 線路應有過充電及過放電之保護裝置。
5. 內置電池型緊急電源供電照明時間應維持 1.5 小時以上（供緊急照明燈總數）後，其蓄電池電壓不得小於蓄電池額定電壓 87.5%。
6. 正常使用狀態下，對於可能發生之振動、衝擊等，不得造成燈具接觸不良、脫落及各部鬆動破損等現象發生。
7. 對於點燈 20 小時產生之溫升，不得造成燈具各部變色、劣化等異狀發生，且不可影響光源特性及壽命。
8. 燈具外殼使用合成樹脂者，在正常使用狀況下，不因熱光等產生劣化或變形。
9. 電源變壓器一次側（初級圈）之兩根引接線導體截面積每根不得小於 0.75 mm^2。
10. 電池導線需用接線端子連接。
11. 電源電壓二次側（次級圈）之電壓應在 50 V 以下（含燈座、電路）。但使用螢光燈具者，不適用之。
12. 燈具連續點燈 100 小時後不得故障。
13. 內藏緊急電源用之電池應採用可充電式密閉型蓄電池，容易保養、更換及維修，並應符合下列規定：
    (1) 有自動充電裝置及自動過充電防止裝置且能確實充電。但裝有不致產生過充電之電池或雖有過充電亦不致對其功能構造發生異常之電池，得不必設置防自動過充電裝置。（過充電係指額定電壓之 120% 而言）
    (2) 裝置過放電防止裝置。但裝有不致產生過放電之蓄電池或雖呈過放電狀態，亦不致對其功能構造產生異常者，不適用之。

新產品與已受試驗之型式可視為同一批次之項目

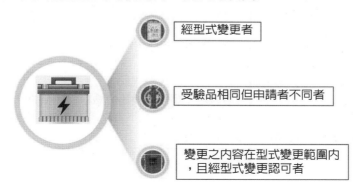

經型式變更者

受驗品相同但申請者不同者

變更之內容在型式變更範圍內，且經型式變更認可者

熾熱線試驗

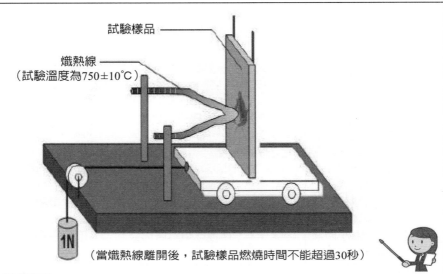

試驗樣品

熾熱線
（試驗溫度為750±10℃）

1N （當熾熱線離開後，試驗樣品燃燒時間不能超過30秒）

1. 試驗說明

   試驗溫度：

   (1) 對非金屬材料組件如外殼、標示面及照射面所用絕緣材料，試驗溫度為 550±10℃。

   (2) 支撐承載電流超過 0.2 A 之連接點的絕緣材料組件，試驗溫度為 750±10℃；對其他連接點，試驗溫度為 650±10℃。施加之持續時間（t_a）為 30±1 秒。

2. 觀察及量測：熾熱線施加期間及往後之 30 秒期間，試驗品、試驗品周圍之零件及其位於試驗品下之薄層應注意觀察，並記錄下列事項：

   (1) 自尖端施加開始至試驗品或放置於其下之薄層起火之時間（t_i）。

   (2) 自尖端施加開始至火焰熄滅或施加期間之後，所持續之時間（t_e）。

   (3) 目視著火開始大約 1 秒後，觀察及量測有無產生聚合最大高度接近 5 mm 之火焰；火焰高度之量測係於微弱光線中觀察，當施加到試驗品上可看見到火焰之頂端與熾熱線上邊緣之垂直距離。

   (4) 尖端穿透或試驗品變形之程度。

   (5) 如使用白松木板則應記錄白松木板之任何燒焦情形。

3. 試驗結果之評估：符合下列之一者為合格。

   (1) 試驗品無產生火焰或熾熱者。

   (2) 試驗品之周圍及其下方之薄層之火焰或熾熱在熾熱線移除後 30 秒內熄滅，換言之 $t_e \leq t_a + 30$ 秒，且周圍之零件及其下方之薄層無繼續燃燒。當使用包裝棉紙層時，此包裝棉紙應無著火。

充放電試驗

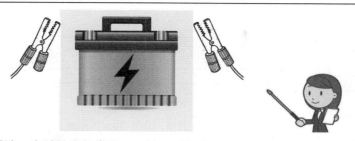

1. 鉛酸電池：本試驗應於常溫下，按下列規定依序進行，試驗中電池外觀不可有膨脹、漏液等異常現象。
   (1) 依照燈具標稱之充電時間充電之。
   (2) 全額負載放電 1.5 小時後，電池端電壓不得小於額定電壓之 87.5%。
   (3) 再充電 24 小時。
   (4) 全額負載放電 1 小時後，電池端電壓不得小於額定電壓之 87.5%。
   (5) 再充電 24 小時。
   (6) 全額負載放電 24 小時。
   (7) 再充電 24 小時。
   (8) 全額負載放電 1.5 小時後，電池端電壓不得小於額定電壓之 87.5%。
2. 鎳鎘或鎳氫電池
   (1) 依照燈具標稱之充電時間進行充電，充足後具充電電流不得低於電池標稱容量之 1/30 C 或高於 1/10 C。
   (2) 放電標準：將充足電之燈具，連續放電 1.5 小時後，電池之端電壓不得小於標稱電壓之 87.5%，而測此電壓時放電之作業不得停止。

型式試驗試驗項目及流程

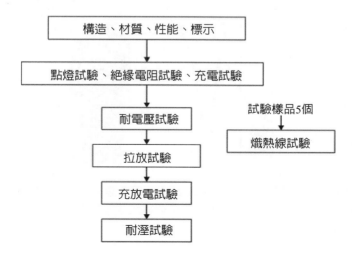

3-20 火警中繼器認可基準（101年11月訂定）

用語定義

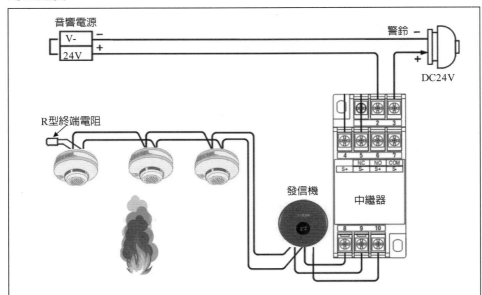

1. 火警中繼器：係指接受由探測器或火警發信機之動作所發出之信號，而將此信號轉換並傳遞至火警受信總機之設備，或對自動撒水設備、泡沫滅火設備、排煙設備等其他消防安全設備發出控制信號之設備。
2. 蓄積時間：係指由探測器檢測出火災信號起持續檢測至受信為止之時間。

絕緣電阻試驗

端子與外殼間之絕緣電阻，以直流 500 V 之絕緣電阻計測量應在 20 MΩ 以上，交流輸入部位與外殼應在 50 MΩ 以上。試驗環境條件應為溫度 5℃以上、35℃以下，相對溼度 45% 以上、85% 以下。

構造、材質及性能

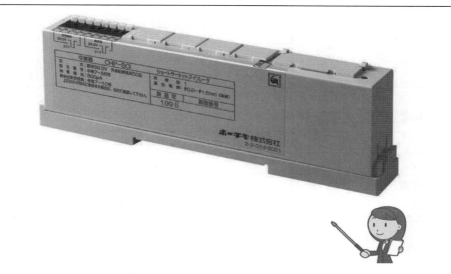

1. 動作要確實，操作維護檢查及更換零件應簡便且具耐用性。
2. 不受塵埃、溼氣之影響而導致功能異常、失效。
3. 外殼應使用不燃或耐燃材料。
4. 可能因腐蝕造成功能異常部分，應採取防蝕措施。
5. 機器內部所使用之配線，應對承受負載具有充分之電氣容量，且接線部施工應確實。
6. 除屬於無極性者外，應設有防止接線錯誤之措施或標示。
7. 裝配零件時，應有防止其鬆動之裝置。
8. 電線以外通有電流且具滑動或轉動軸等之零件，可能有接觸不夠充分部分，應施予適當措施，以防止接觸不良之情形發生。
9. 額定電壓超過 60 V 以上，其電源部分應有防觸電裝置，且外殼應為良導體並裝設地線端子。
10. 控制（連動）地區音響鳴動之中繼器，除非在受信總機操作關閉，否則應保持繼續鳴動。
11. 外部不得裝設可能會影響火災信號等之操作機構。
12. 具有蓄積功能之中繼器應符合下列規定：
    (1) 蓄積時間調整裝置應設於中繼器內部。
    (2) 蓄積時間應在 5 秒以上，60 秒以下。
    (3) 接受由受信總機發出之火災信號時，應自動解除蓄積功能。

型式區分

區分	說明	項目
型式區分	型式認可之產品其主要性能、設備種類、動作原理不同，或經主管機關規定之必要區分者，需以單一型式認可做區分	1. 主要性能及機構不同 2. 定址裝置不同 3. 動作原理不同 4. 電壓與外部配線阻抗

火警中繼器型式試驗紀錄表

申請者		會同人員	
型號		試驗人員	
天氣溫溼度	/ ℃/ %		
試驗日期	年 月 日 ～ 年 月 日		

試驗項目		結果			判定		規格範圍
		NO.1	NO.2	NO.3	合格	不合格	
構造、材質、性能、標示	性能				☐	☐	
	外殼				☐	☐	
	零組件				☐	☐	
	安裝情形				☐	☐	
	配線				☐	☐	
	標示				☐	☐	
電源電壓變動試驗					☐	☐	
環境溫度試驗	低溫 0℃				☐	☐	
	高溫 50℃				☐	☐	
反覆試驗					☐	☐	
絕緣電阻試驗	端子與外殼間	MΩ	MΩ	MΩ	☐	☐	
絕緣耐壓試驗	端子與外殼間	V	V	V	☐	☐	
耐電擊試驗					☐	☐	
備註							

個別認可之試驗項目

區分	試驗項目
一般試驗	構造、材質及性能、標示
分項試驗	電源電壓變動試驗
	絕緣電阻試驗
	絕緣耐壓試驗

火警中繼器個別試驗紀錄表

申請者		會同人員	
型號		試驗人員	
天氣溫溼度	/ ℃/ %		
試驗日期	年 月 日 ～ 年 月 日		

試驗項目			結果			判定		規格範圍
			NO.1	NO.2	NO.3	合格	不合格	
一般	構造、材質、性能、標示	性能				☐	☐	
		外殼				☐	☐	
		零組件				☐	☐	
		安裝情形				☐	☐	
		配線				☐	☐	
		標示				☐	☐	
分項試驗	電壓電源變動試驗					☐	☐	
	絕緣電阻試驗	端子與外殼間	MΩ	MΩ	MΩ	☐	☐	
	絕緣耐壓試驗	端子與外殼間	V	V	V	☐	☐	
備註								

3-21 耐燃電纜認可基準（101年11月訂定）

用語定義

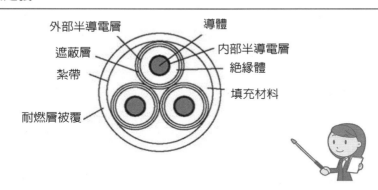

1. 電纜：主要構造由導體、絕緣體及被覆組成者。
2. 低壓電纜：電纜耐電壓在 600 V 以下者。
3. 高壓電纜：電纜耐電壓超過 600 V 者。
4. 導體：用於導通、傳導電流之金屬。
5. 耐燃層：用以阻隔火焰侵襲，確保電纜於火災時仍能維持正常供電之耐燃材料。
6. 絕緣體：與導體成同心圓狀包覆於導體上，具有高絕緣電阻低導電度，能有效阻絕電流傳導之材料。其材質為聚乙烯（Polyethylene，以下簡稱 PE）、交連聚乙烯（Cross-Linked Polyethylene，以下簡稱 XLPE）、矽橡膠或其他具有同等性能以上之材質。
7. 被覆：單心者在絕緣層外以同心圓包覆絕緣體者；多心者為在心線絞合後之最外層包覆。其材質為聚氯乙烯（PolyVinyl Chloride，以下簡稱 PVC）、聚乙烯（PE）、低煙無鹵（Low Smoke and Halogen Free，以下簡稱 LSHF）材料或其他具有同等性能以上之材質。
8. 低煙無鹵（LSHF）被覆：含微量鹵素成分，具有低發煙性，能通過高難燃無鹵性試驗或其他具有同等性能以上材料之被覆。
9. 填充材料：用於 2 心線以上電纜各心線絕緣體間隙之填充物。
10. 計算截面積：以計算方式表示電纜單心導體之截面積，計算式如下：
$$A = n \times \pi \times D^2/4$$
    A：計算截面積（mm²）；n：組成單心之股數；D：單股導體之直徑（mm）
11. 標稱截面積：計算截面積之概約值。
12. 單線：導體截面為圓形之單條電氣用軟銅線者。
13. 絞線：導體由多條材質相同、線徑相等之軟銅線依同心圓狀絞製或直接集合絞製者。

種類及記號

種類	記號
圓型聚乙烯絕緣聚氯乙烯被覆耐燃電纜	FR-EV
平型聚乙烯絕緣聚氯乙烯被覆耐燃電纜	FR-EVF
圓型交連聚乙烯絕緣聚氯乙烯被覆耐燃電纜	FR-CV
平型交連聚乙烯絕緣聚氯乙烯被覆耐燃電纜	FR-CVF
圓型聚乙烯絕緣聚乙烯被覆耐燃電纜	FR-EE
平型聚乙烯絕緣聚乙烯被覆耐燃電纜	FR-EEF
圓型交連聚乙烯絕緣聚乙烯被覆耐燃電纜	FR-CE
平型交連聚乙烯絕緣聚乙烯被覆耐燃電纜	FR-CEF
圓型交連聚乙烯絕緣低煙無鹵被覆耐燃電纜	FR-CL
平型交連聚乙烯絕緣低煙無鹵被覆耐燃電纜	FR-CLF
圓形矽橡膠絕緣低煙無鹵被覆電纜	FR-SL

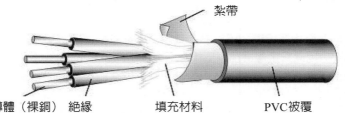

紮帶

導體（裸銅）　絕緣　　　　填充材料　　　　PVC被覆

註：FR：耐燃（Fire-Resistant）　　　E：聚乙烯（Polyethylene）
　　C：交連聚乙烯（Cross-Linked Polyethylene）　　V：聚氯乙烯（Polyvinyl Chloride）
　　F：平型（Flat）　　L：低煙無鹵材料　　S：矽橡膠

陶瓷纖維、二氧化矽纖維等填充方式

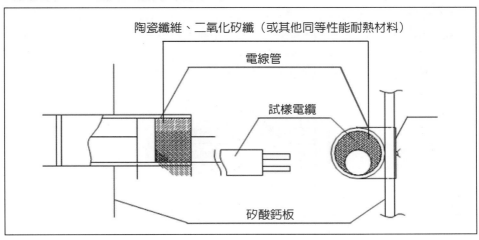

陶瓷纖維、二氧化矽纖（或其他同等性能耐熱材料）

電線管

試樣電纜

矽酸鈣板

耐火試驗

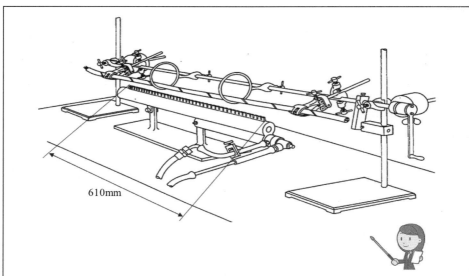

610mm

自完成品中截取 1,200 mm 長度之電纜試樣,兩端各去除 100 mm 之被覆體及包紮帶或填充物,將電纜之一端加以適當處理,以便與電氣連接;另一端則將各絕緣心線分開避免相互接觸。用適當夾具將電纜試樣兩端之被覆體固定,使保持水平,中間部分用兩只金屬環加以支撐,兩環相距約 300 mm,金屬環及其他金屬支架部分必須接地。電纜試樣接上 1 個 3 相星型或 3 個單相接頭容量 3 A 以上之變壓器,變壓器之各相需經過 3 A 之熔絲與電纜相接,其中性線經過 5 A 之熔絲接地。電纜各心線試驗時,分別連接不同相線,若心線為 3 心以上時,需分成 3 組與各相連接,相鄰之心線需連接不同之相線。試驗之火焰為寬度 610 mm 長管狀丙烷或液化石油氣火焰;另燃燒器應垂直安裝於電纜試樣下方,噴口水平中心面距電纜試樣底部約 75±10 mm,如圖所示。電纜試樣與燃燒器之相對位置經確認後,得先將電纜試樣取下,並插入一 K 型熱電偶於 610 mm 焰寬之中央且於電纜試樣底部位置處,再點火空燒並觀察溫度達 950℃±40℃以上時,完成火焰條件之確認,此時將熱電偶移開並將電纜放回原放置處,與熔絲連接後可直接將電纜試樣通電源,並調整至表九所列電壓進行正式測試,連續施加電壓並燃燒 90 分鐘後熄火,繼續施加電壓,停止燃燒後靜置 15 分鐘,3 A 熔絲不得有熔斷之情形。試驗裝置參考上圖。

表九

電纜種類	試驗電壓
600 V 電纜	600 V
3.3 kV 電纜	2,200 V
6.6 kV 電纜	4,400 V

絕緣電阻判定：符合以下規定始為合格

電纜種類	絕緣電阻值（MΩ）	
低壓電纜	加熱前	50 以上
	加熱終了前	0.4 以上
高壓電纜	加熱前	100 以上
	加熱終了前	1.0 以上

電纜標示

在電纜之表面，以不易磨滅之方式，依序標示下列事項：

600V　950℃/90min　FR-EV　mm（或 mm²）× C　廠牌　製造年　型式認可號碼
　1　　　　2　　　　　　3　　　　　4　　　　　5　　　6　　　　7
註：1. 標稱電壓、2. 耐火試驗溫度／時間、3. 記號、4. 導體標稱直徑或截面積及
　　心線數、5. 製造廠商名稱或簡稱、6. 製造年分、7. 型式認可號碼

監督品質管理

1. 申請生產流水編號
   (1) 生產廠商於接獲訂單後，於生產前應向中央主管機關委辦之機構申報該批
   電纜之規格、製造廠地址、生產起迄期限、交貨日期、訂購者等資料，俟
   取得生產流水編號後始得開始生產。委辦機構應於生產廠商提出流水編號
   申請日後 3 個工作日內完成。
   (2) 委辦機構應將生產流水編號及相關資料公告於電子網站上供消費者及地方
   消防機關查詢，並應於該電纜完成安裝後實施消防安全設備會審會勘時，
   向地方消防機關提出作為備查文件。

2. 工廠抽樣試驗

   為確保取得型式認可者之產品品質,中央消防主管機關或其委辦機構,得視需要派員進行工廠抽樣試驗,其試驗費用由受檢人負擔。

3. 限期改善

   取得型式認可者,如有不合規定情形時,中央消防主管機關應通知限期改善,逾期未改善或改善仍不合格者,註銷其型式認可號碼,生產者並應回收售出品。

4. 工廠會同檢查

   為確保已取得型式認可者之品質管理體制,中央主管機關得自行派員或指定委辦機構不定期至工廠進行查核,查核項目包括品質管理狀況、完成品品質及測試儀器設備等。

發煙濃度試驗

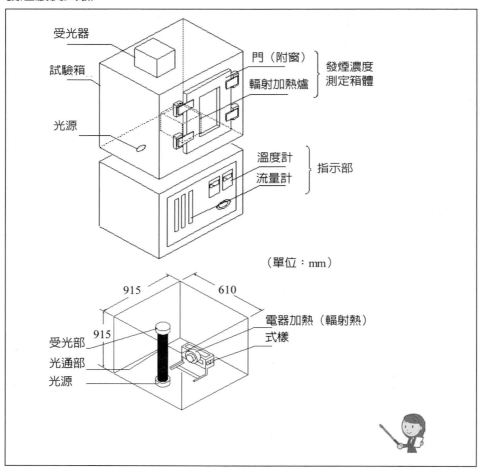

試驗方法

將試樣置放在試驗箱內，背面用與試樣尺寸相同之石棉板支撐固定，試樣供試驗用之暴露面積約為 65 mm×65 mm，採輻射加熱方法，對試樣中央部直徑約 38 mm 之範圍，以 2.5 W/cm² 之熱輻射加熱，持續 20 分鐘，加熱期間測出最小透光率，每一材料需測試 3 次。

合格判定基準：發煙濃度測試 3 次平均值在 150 以下者為合格。

發煙濃度計算：

$$Ds = \frac{V}{A \times L} \log_{10} \frac{100}{T}$$

D_S：發煙濃度；V：試驗箱內容積（mm³）；A：試樣之加熱表面積（mm²）；L：光軸長度（mm）；T：光之最小透光率（%）

自主品質管理制度（出廠前）

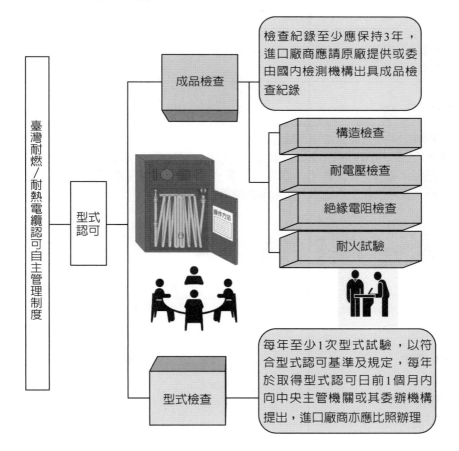

臺灣耐燃／耐熱電纜認可自主管理制度

型式認可

成品檢查

檢查紀錄至少應保持3年，進口廠商應請原廠提供或委由國內檢測機構出具成品檢查紀錄

構造檢查

耐電壓檢查

絕緣電阻檢查

耐火試驗

型式檢查

每年至少1次型式試驗，以符合型式認可基準及規定，每年於取得型式認可日前1個月內向中央主管機關或其委辦機構提出，進口廠商亦應比照辦理

3-22 耐熱電線電纜認可基準（101年11月訂定）

材質

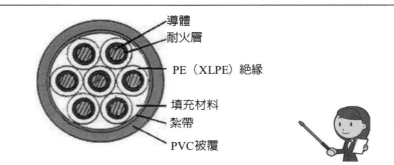

導體
耐火層
PE（XLPE）絕緣
填充材料
紮帶
PVC被覆

1. 導體：應使用中國國家標準 1364 裸軟銅單電線或同等性能以上材料。
2. 絕緣體：應使用 PVC（聚氯乙烯）、PE（聚乙烯）、XLPE（交連聚乙烯）混合物、EPR（乙烯丙烯橡膠）或同等性能以上之材料。
3. 被覆：應使用 PVC（聚氯乙烯）、PE（聚乙烯）、氯丁二烯混合物、低煙無鹵材料或同等性能以上之材料。

空氣供應系統

為因應導管內徑之差異並確保管內空氣流量達約 20 $ml/mm^2/h$，空氣量之供給可在 15 L/h（公升／小時）至 30 L/h 的範圍內調整，其調整係以調整針型閥及觀察流量計以控制流量穩定，流量（ρ）由下式計算，並供給高純度空氣。

方法例：使用壓縮空氣鋼瓶，空氣由燃燒管前端注入。

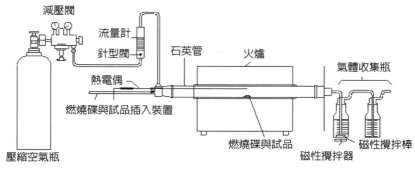

減壓閥
流量計
針型閥
石英管
火爐
氣體收集瓶
熱電偶
燃燒碟與試品插入裝置
燃燒碟與試品
磁性攪拌棒
壓縮空氣瓶
磁性攪拌器

$$\rho = 0.0155D^2 \ L/h$$

D：導管內徑（mm）
L：公升
h：小時

耐熱試驗

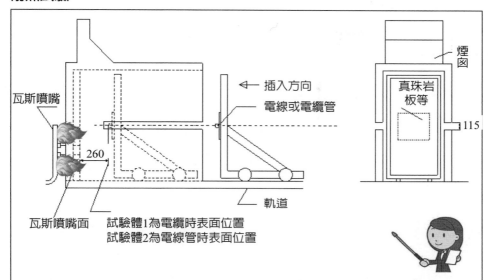

瓦斯噴嘴

插入方向

電線或電纜管

260

煙囪

真珠岩板等

115

軌道

瓦斯噴嘴面　試驗體1為電纜時表面位置
　　　　　　試驗體2為電線管時表面位置

1. 加熱爐之構造如上圖需符合 CNS 11227 建築用防火門耐火試驗法規定之加熱爐構造，其加熱爐溫升曲線如下圖所示。
2. 加熱爐未插入試樣加熱時，需保持 $380 \pm 38^{\circ}\text{C}$，15 分鐘以上。

加熱爐溫升曲線

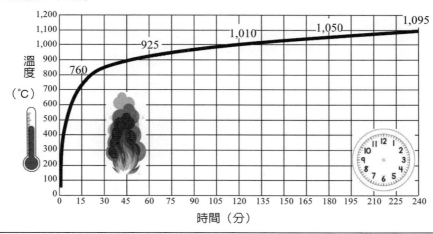

Note

第四篇
消防安全設備測試報告書測試方法及判定要領

消防安全設備測試報告書測試方法及判定要領設備項目

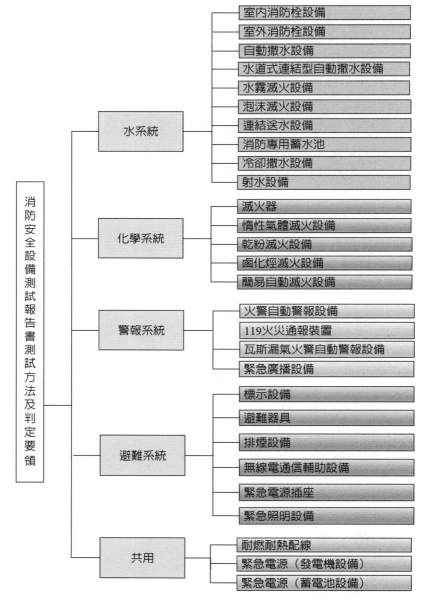

備註：國內消防安全設備測試報告書測試方法及判定要領，係結合日本「消防用設備試驗基準」與「消防用設備等試驗結果報告書」2種為一。

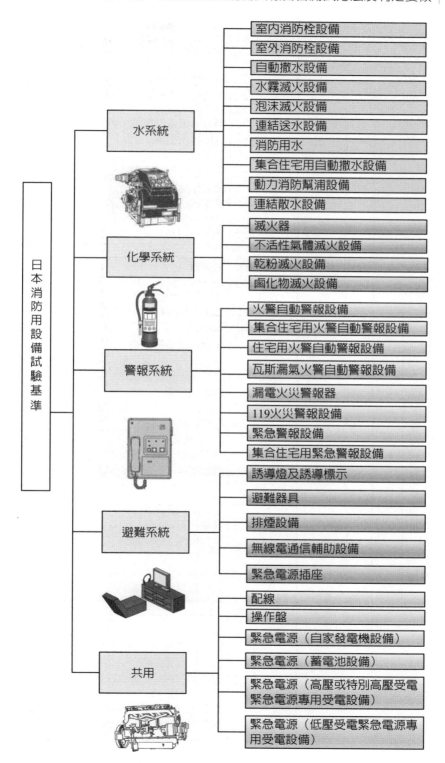

日本消防用設備試驗基準

水系統
- 室內消防栓設備
- 室外消防栓設備
- 自動撒水設備
- 水霧滅火設備
- 泡沫滅火設備
- 連結送水設備
- 消防用水
- 集合住宅用自動撒水設備
- 動力消防幫浦設備
- 連結散水設備

化學系統
- 滅火器
- 不活性氣體滅火設備
- 乾粉滅火設備
- 鹵化物滅火設備

警報系統
- 火警自動警報設備
- 集合住宅用火警自動警報設備
- 住宅用火警自動警報設備
- 瓦斯漏氣火警自動警報設備
- 漏電火災警報器
- 119火災警報設備
- 緊急警報設備
- 集合住宅用緊急警報設備

避難系統
- 誘導燈及誘導標示
- 避難器具
- 排煙設備
- 無線電通信輔助設備
- 緊急電源插座

共用
- 配線
- 操作盤
- 緊急電源（自家發電機設備）
- 緊急電源（蓄電池設備）
- 緊急電源（高壓或特別高壓受電緊急電源專用受電設備）
- 緊急電源（低壓受電緊急電源專用受電設備）

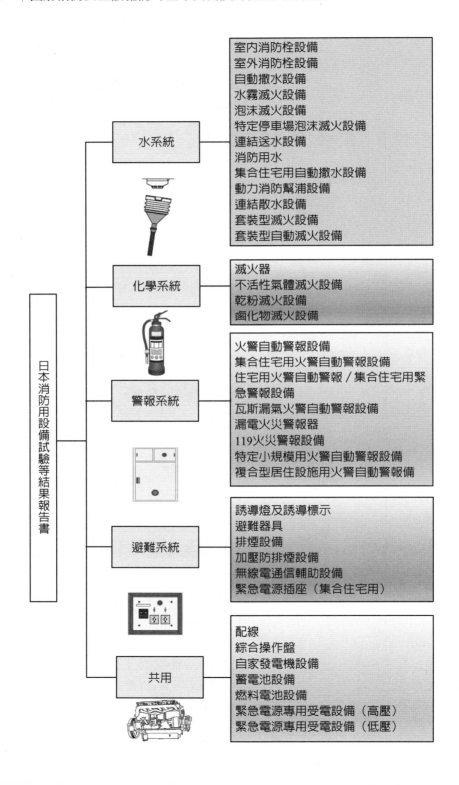

日本消防用設備試驗等結果報告書

水系統
- 室內消防栓設備
- 室外消防栓設備
- 自動撒水設備
- 水霧滅火設備
- 泡沫滅火設備
- 特定停車場泡沫滅火設備
- 連結送水設備
- 消防用水
- 集合住宅用自動撒水設備
- 動力消防幫浦設備
- 連結散水設備
- 套裝型滅火設備
- 套裝型自動滅火設備

化學系統
- 滅火器
- 不活性氣體滅火設備
- 乾粉滅火設備
- 鹵化物滅火設備

警報系統
- 火警自動警報設備
- 集合住宅用火警自動警報設備
- 住宅用火警自動警報／集合住宅用緊急警報設備
- 瓦斯漏氣火警自動警報設備
- 漏電火災警報器
- 119火災警報設備
- 特定小規模用火警自動警報設備
- 複合型居住設施用火警自動警報備

避難系統
- 誘導燈及誘導標示
- 避難器具
- 排煙設備
- 加壓防排煙設備
- 無線電通信輔助設備
- 緊急電源插座（集合住宅用）

共用
- 配線
- 綜合操作盤
- 自家發電機設備
- 蓄電池設備
- 燃料電池設備
- 緊急電源專用受電設備（高壓）
- 緊急電源專用受電設備（低壓）

消防設備竣工試驗

氣壓試驗

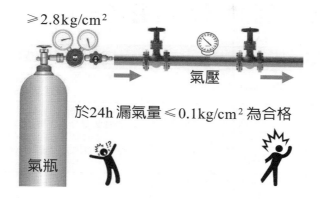

≥2.8kg/cm²

氣壓

氣瓶

於24h漏氣量≤0.1kg/cm² 為合格

消防管系竣工時，假使要空氣壓試驗，試驗時應使空氣壓力達到每平方公分 2.8kg 或 0.28 MPa 之標準，其壓力持續 24 小時，漏氣減壓量應在每平方公分 0.1kg 以下 或 0.01MPa 以下為合格。

水壓試驗

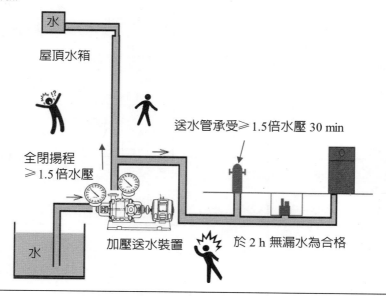

水

屋頂水箱

送水管承受≥1.5倍水壓 30 min

全閉揚程
≥1.5 倍水壓

於 2 h 無漏水為合格

水

加壓送水裝置

消防管系竣工時，應做加壓試驗，試驗壓力不得小於加壓送水裝置全閉揚程 1.5 倍 以上之水壓。試驗壓力以繼續維持 2 小時無漏水現象為合格。但送水管能承受送 水設計壓力 1.5 倍以上之水壓，且持續 30 分鐘。

第1章　滅火器

4-1.1　滅火器測試報告書（一）

測試項目	測試方法	判定要領
適應性	確認所設置滅火器之種類	應為適合設置場所之結構、用途、設備、儲存物品等對象物之區分的滅火器
設置數量、滅火效能值	依應設置滅火器之主用途或從屬用途部分、步行距離應在 20 m 以下等方面，加以確認所設置滅火器之滅火效能值及設置數量	a 設置數量及滅火效能值，應為適合各主用途或從屬用途部分之數值 b 步行距離應配置在 20 m 以下
設置數量、滅火效能值	a 儲存或使用少量危險物或指定可燃物者 b 電影片映演場所放映室及變壓器、配電盤等之電氣設備使用處所 c 使用大量火源之場所 確認以上各情形時，所設置滅火器之滅火效能值及設置數量	a 滅火器設置之增加（或減少）之數值應適當正常 b 所需滅火效能值及設置數量應適當正常
設置場所等	對各樓層，以目視來確認設置場所等之狀況	a 自樓面居室任一點至滅火器之步行距離不得超過 20 m b 應不妨礙通行或避難，且於使用時能夠輕易地取出 c 滅火器上端應設置在距離樓地板面 1 m（18 kg 以下者）或 1.5 m（18 kg 以上者）高度以下之處所 d 周圍溫度應在滅火器之使用溫度範圍內 e 需要防止傾倒者，應施以容易取出之防止傾倒措施 f 設置於有蒸氣、氣體等發生之虞的場所者，應採取適當之防護措施 g 設置於室外者，應採取收納在收納箱等之防護措施
標識	以目視確認標識之設置狀況	應設有長邊 24 cm、短邊 8 cm 以上，以紅底白字標明「滅火器」字樣之標識
機器	以目視確認滅火器之狀況	a 應附有商品檢驗標識 b 各部分應無變形、損傷等

滅火器標識

滅火器設置規定與手提滅火器剖開構造

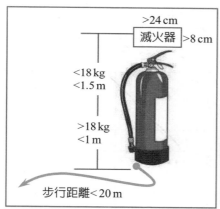

滅火器如採懸掛於牆上或放置於滅火器箱方式時,其上端與樓地板面之距離,18 kg 以上者不得超過 1 m,未滿 18 kg 者不得超過 1.5 m,唯並未規定滅火器不得放置於地板面上。

滅火器鋼瓶水壓試驗機及保護架

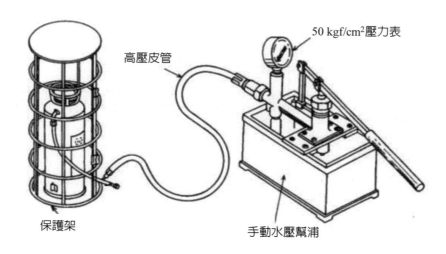

4-1.2 滅火器測試報告書（二）

滅火器測試報告書

測試日期　　　○○年　　　　○○月　　　　○○日

測試人員　　　姓名：○○○　　　　　　　　簽章

地址：○○市○○路○○號○○樓

用途			甲3、旅館					所需滅火效能值			90			
樓層	用途	樓地板面積	滅火器種類及數量						滅火效能值			結果			
			a	b	c	d	e	合計	A	B	C	適應性	設置場所等	標識	機器
地下一	電氣室 鍋爐房 專用停車場	50 150 750	2 2		1			5	9	20	○ ○ ○	○ ○ ○	○ ○ ○	○ ○ ○	○ ○ ○
1	大廳	250	1					4	20		○	○	○	○	○
	餐廳	600	2								○	○	○	○	○
	廚房	100	1							8	○	○	○	○	○
2	客房	950	2					2	10		○	○	○	○	○
3	客房	950	2					2	10		○	○	○	○	○
4	客房	950	2					2	10		○	○	○	○	○
5	客房	950	2					2	10		○	○	○	○	○
6	客房	950	2					2	10		○	○	○	○	○
7	客房	950	2					2	10		○	○	○	○	○
8	客房	950	2					2	10		○	○	○	○	○
合計		8550	22		1			23	99	28		———————			
備考															

註：1. 滅火器之種類別欄中，a為乾粉滅火器、b為泡沫滅火器、c為二氧化碳滅火器、d為水滅火器、e為大型滅火器。

2. 滅火效能值「C」欄，如設有符合之滅火器則以打「○」方式表示。

3. 測試人員應依本表填寫適當內容，測試結果符合規定者於「結果」欄位下打「○」，不符合者打「×」。

滅火器外觀

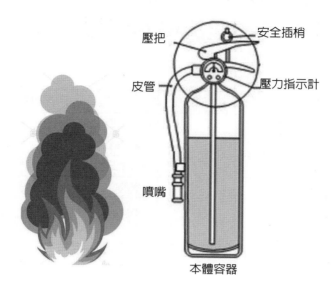

壓把　　　　　　　　安全插梢

皮管　　　　　　　　壓力指示計

噴嘴

本體容器

大型滅火器（輪架式）

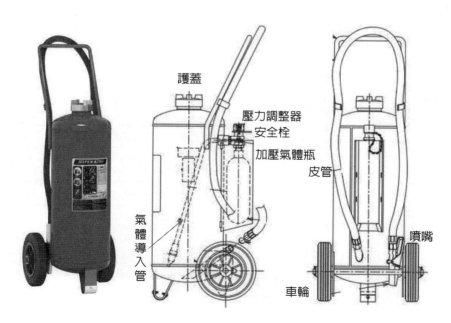

護蓋

壓力調整器
安全栓
加壓氣體瓶
皮管

氣體導入管

噴嘴

車輪

第2章 室內消防栓設備（2019.08.20修正）

4-2.1 室內消防栓設備測試報告書外觀試驗（一）

測試項目			測試方法	判定要領
外觀試驗	水源	水源的種類、構造	以目視確認水源之狀況	應適當正常
		水量		應確保規定以上之水量
		給水裝置		應適當正常
		耐震措施		應採取防止因地震而產生變形、損傷之措施
	加壓送水裝置	設置場所	以目視確認設置場所之狀況。	a 檢修應便利 b 應為無受火災等災害損害之虞的處所
		重力水箱 構造	以目視確認機器等之狀況	應適當正常
		重力水箱 內容積、落差		應符合所規定之內容積及落差
		重力水箱 配管、閥類		a 應設有水位計、排水管、溢水用排水管、補給水管及人孔之裝置之裝置 b 補給水管上應設置逆止閥及止水閥 c 排水管上應設置止水閥
		重力水箱 水位計		a 指示值應適當正常 b 應無變形、損傷等
		壓力水箱 種類、構造	以目視確認機器等之狀況	應符合 CNS 9788 壓力容器（通則），並依勞動部相關檢查規定辦理
		壓力水箱 內容積、有效壓力		水量應在內容積 2/3 以下，且具有所規定之壓力
		壓力水箱 自動加壓裝置		應能防止壓力之自然降低。
		壓力水箱 配管、閥類		a 應設有壓力表、水位計、排水管、補給水管、給氣管、空氣壓縮機及人孔之裝置 b 補給水管上應設置逆止閥及止水閥 c 排水管上應設置止水閥
		壓力水箱 水位計、壓力表		a 指示值應適當正常 b 應無變形、損傷等
		消防幫浦 幫浦、電動機 設置狀況	以目視確認機器等之狀況	應具有充分強度，牢固安裝在底座上
		消防幫浦 幫浦、電動機 接地工程		應依用戶用電設備裝置規則等相關規定進行接地工事
		消防幫浦 幫浦、電動機 配線		應適當正常
		消防幫浦 幫浦、電動機 潤滑油		a 應為規定量 b 如為無油構造者，其構造應適當正常

室內消防栓系統升位圖與開關水流標示

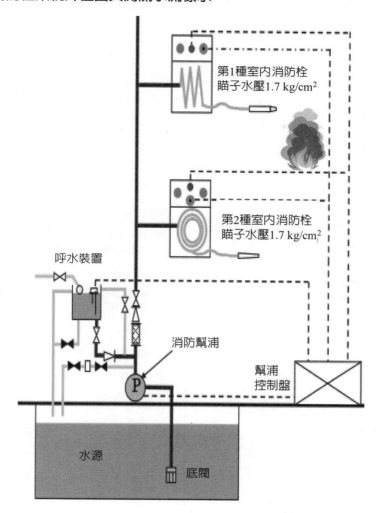

第1種室內消防栓
瞄子水壓1.7 kg/cm²

第2種室內消防栓
瞄子水壓1.7 kg/cm²

呼水裝置

消防幫浦

幫浦控制盤

水源

底閥

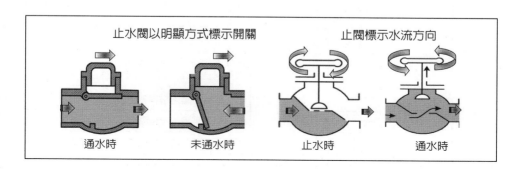

止水閥以明顯方式標示開關　　　止閥標示水流方向

通水時　　　未通水時　　　止水時　　　通水時

4-2.2 室內消防栓設備測試報告書外觀試驗（二）

測試項目					測試方法	判定要領
外觀試驗	加壓送水裝置	消防幫浦	防止水溫上升用之排放裝置	配管、閥類	以目視確認機器等之狀況	a 配管應從設於呼水管逆止閥幫浦側或幫浦出水側之逆止閥的一次側接出 b 配管上應設置限流孔等 c 配管口徑應為 15 A 以上 d 止水閥應設置在防止水溫上升排放配管的中間
				限流孔		最小流量口徑應為 3 mm 以上
				設在中繼幫浦之排放配管、排放裝置		a 如為排放配管，配管高度應為 1 次幫浦之額定全揚程以上 b 如為排放裝置，設定壓力應在超過中繼幫浦之押入壓力以上，在中繼幫浦押入壓力和中繼幫浦額定全揚程之和以下
			性能試驗裝置之配管、閥類			a 應從設於幫浦出水側之逆止閥的一次側分歧接出 b 應設置使幫浦加上額定負荷之流量調整閥、流量計等
			呼水裝置	材質		a 應使用鋼板並施予有效防鏽處理，或使用具有防火能力之塑膠槽 b 應設置在無受火災等災害損害之虞的處所
				水量		應確保在 100 L 以上之水量
				溢水用排水管		口徑應為 50 A 以上
				呼水管		a 口徑應為 25 A 以上 b 從逆止閥中心線至呼水槽底面的垂直距離在 1 m 以下時，口徑應為 40 A 以上
				補給水管		a 口徑應為 15 A 以上 b 應能從自來水管、屋頂水箱等經由球塞自動給水
				減水警報裝置		發信部應為浮筒開關或電極棒
			控制裝置	設置場所		幫浦室等應設在無受火災等災害損害之虞的處所
				控制盤		a 應為以鋼板等具耐熱性之不燃材料製作的專用品 b 如兼用為外箱時，為避免受到因其他回路及其他回路事故之影響，應以不燃材料做區劃 c 有腐蝕之虞的材料，應施以防蝕處理
				預備品		應備有備用品、線路圖、操作說明書等
				接地工程		應依用戶用電設備裝置規則等相關規定進行接地工事

防止水溫上升用之排放裝置

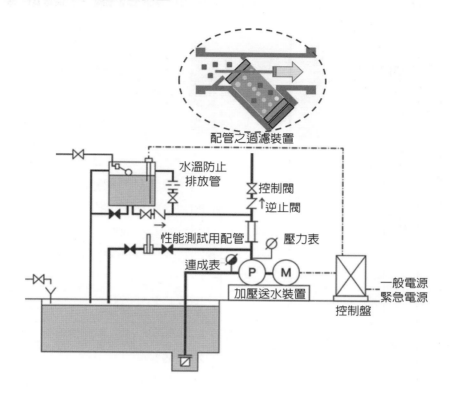

配管之過濾裝置

水溫防止排放管

控制閥

逆止閥

性能測試用配管

壓力表

連成表

壓力表

加壓送水裝置

一般電源
緊急電源

控制盤

呼水裝置

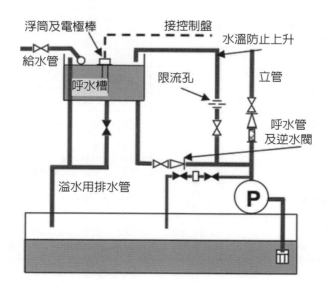

浮筒及電極棒

接控制盤

水溫防止上升

給水管

呼水槽

限流孔

立管

呼水管
及逆水閥

溢水用排水管

4-2.3 室內消防栓設備測試報告書外觀試驗（三）

<table>
<tr><th colspan="5">測試項目</th><th>測試方法</th><th>判定要領</th></tr>
<tr><td rowspan="22">外觀試驗</td><td rowspan="2">加壓送水裝置</td><td rowspan="2">消防幫浦</td><td rowspan="2">壓力表、連成計</td><td>設置位置</td><td rowspan="15">以目視確認機器等之狀況</td><td>在出水側應適當正常地安裝壓力表，在吸入側應適當正常地安裝連成計（如為沉水幫浦，則在出水側安裝壓力表或連成計）</td></tr>
<tr><td>性能</td><td>──────</td></tr>
<tr><td colspan="3">耐震措施</td><td>應採取防止因地震而產生變形、損傷等之措施</td></tr>
<tr><td rowspan="19">啟動裝置</td><td rowspan="2">直接操作部</td><td colspan="2">設置場所</td><td>a 可直接操作之啟動裝置應設置在該電動機之控制盤上
b 設有綜合操作盤時，該綜合操作盤也應設置啟動裝置
c 應無妨礙操作之障礙物</td></tr>
<tr><td colspan="2">標示</td><td>應適當正常地標示為室內消防栓設備之啟動裝置</td></tr>
<tr><td rowspan="3">遠隔操作部</td><td colspan="2">設置場所</td><td>a 可做遠隔操作之啟動裝置應設置在室內消防栓箱的內部或其附近
b 應無妨礙操作之障礙物</td></tr>
<tr><td colspan="2">構造</td><td>a 應為按鈕型式，並設置透明保護板
b 如設於有雨水侵入之虞的場所者，應採取有效的防護措施</td></tr>
<tr><td colspan="2">標示</td><td>a 應設在保護板或其附近，並標示按鈕的操作方法
b 與 P 型發信機兼用者，應標示其和室內消防栓設備加壓送水裝置連動之情形</td></tr>
<tr><td colspan="3">遠隔自動啟動裝置（限第2種消防栓）</td><td>a 應採取可與開關閥之開放、消防用水帶之延長操作等連動而啟動的措施
b 應避免損傷、變形而確實地安裝啟動裝置等</td></tr>
<tr><td rowspan="3">啟動用水壓開關裝置</td><td colspan="2">啟動用壓力槽</td><td>應符合 CNS 9788 壓力容器（通則），並依勞動部相關檢查規定辦理</td></tr>
<tr><td colspan="2">水槽容量</td><td>應為 100 L 以上</td></tr>
<tr><td colspan="2">配管、閥類</td><td>a 應和設於幫浦出水側之逆止閥的二次側配管，以口徑 25 A 以上之配管連結，並在中途設止水閥
b 在啟動用壓力槽或其附近應設置壓力表、啟動用水壓開關及試驗幫浦啟動用之排水閥</td></tr>
<tr><td rowspan="2">配管、閥類</td><td colspan="3">設置狀況</td><td>以目視確認設置狀況</td><td>應無損傷、變形等而適當正常地設置</td></tr>
<tr><td colspan="3">配管</td><td>以目視確認機器之狀況</td><td>配管應符合 CNS 6445、CNS 4626 或具有同等以上強度、耐腐蝕性及耐熱性者</td></tr>
</table>

加壓送水裝置

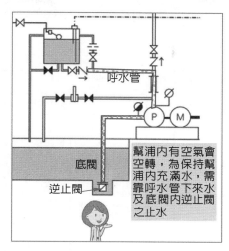

幫浦內有空氣會空轉，為保持幫浦內充滿水，需靠呼水管下來水及底閥內逆止閥之止水

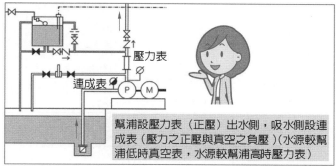

幫浦設壓力表（正壓）出水側，吸水側設連成表（壓力之正壓與真空之負壓）（水源較幫浦低時真空表，水源較幫浦高時壓力表）

消防用水與普通用水合併使用

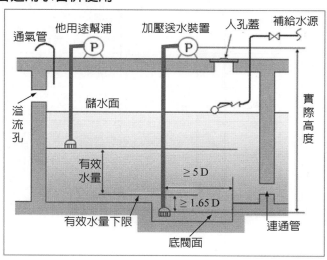

4-2.4 室內消防栓設備測試報告書外觀試驗（四）

測試項目				測試方法	判定要領
外觀試驗	配管、閥類	閥類		以目視確認機器之狀況	a 材質應符合 CNS 2472、CNS 7147、CNS 4125、CNS 3270 或具有同等以上之強度、耐蝕性及耐熱性者 b 出水側主配管安裝有開關閥時，應標示開關位置 c 如為開關閥或止水閥，應以不易磨滅之方法，標示開關方向；如為逆止閥，應以不易磨滅之方法，標示流動方向
		吸水管			a 應為各幫浦所專用 b 過濾裝置應適當正常地設置
		底閥			a 底閥應設置在適當正常之位置 b 應設有過濾裝置且繫以鍊條、鋼索等用人工可以操作之構造 c 主要部分之材質應為符合 CNS 2472、CNS 8499、CNS 2415 之規定者，或具有同等以上之強度、耐蝕性者
		耐震措施		以目視確認耐震措施之狀況	應採取防止因地震而產生變形、損傷等之措施
	電源	常用電源		以目視確認電源之狀況	a 應為專用回路 b 電源容量應適當正常
		緊急電源種類		確認緊急電源之種類	應為發電機設備或蓄電池設備，其供電容量應供其有效動作 30 分鐘以上
	消防栓等	消防栓	設置場所	以目視確認設置場所等之狀況	在防護對象物各樓層，從各樓層任一點至消防栓接頭之水平距離，如為第 1 種消防栓時，應在 25 m 以下；如為第 2 種消防栓時，應在 15 m 以下
			周圍狀況、操作性		應設置在操作容易且無障礙物之場所
			開關設置高度		開關應設置在距樓地板面 0.3 m 以上，1.5 m 高度以下之位置
			水帶接續狀況 第 1 種消防栓		a 如為第 1 種消防栓之接續，應使用快速接頭式，其口徑為 40 A 或 50 A 者 b 如為第 2 種消防栓，應以適合皮管或消防用保形水帶等之方法接續
			第 2 種消防栓		
			消防栓開關閥		————

第 1 種室內消防栓

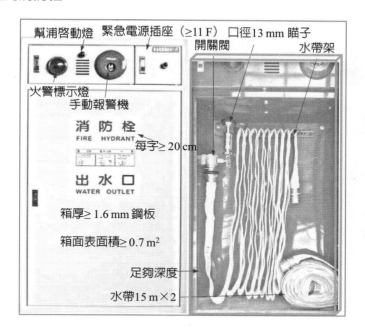

第 2 種室內消防栓

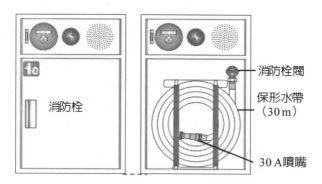

1. 第一種室內消防栓 $Q = 0.653\ d^2\sqrt{P}$，$130 = 0.653 \times d^2\sqrt{1.7}$，$d^2 = 152.69$，瞄子口徑 $d = 12.36$ mm 以上。
2. 第二種室內消防栓 $Q = 0.653\ d^2\sqrt{P}$，$80 = 0.653 \times d^2\sqrt{1.7}$，$d^2 = 93.96$，瞄子口徑 $d = 9.69$mm 以上。

4-2.5 室內消防栓設備測試報告書外觀試驗（五）

測試項目				測試方法	判定要領
外觀試驗	消防栓等	室內消防栓箱	周圍狀況	以目視確認機器等之設置狀況	應確保不會對箱門開關及放水等操作造成妨礙之寬度
			設置狀況		a 安裝應牢固 b 放水用器具、消防栓接頭、開關閥等應妥善收納
			材質		a 應以不燃材料作成 b 應無變形、損傷等
			啓動表示燈		應設置在明顯易見處
			標示		a 箱表面應有明顯不易脫落之「消防栓」字樣，每字不得小於 20 cm^2 b 應標示室內消防栓之操作方法
		水帶、瞄子	水帶	以目視確認機器之狀況	a 如為第 1 種消防栓，口徑為 40 A 或 50 A 者，應具備所需之長度、數量 b 如為第 2 種消防栓，應具備所需之長度
			水帶接續口		應符合水帶之口徑
			瞄子 第 1 種消防栓		a 如為第 1 種消防栓之瞄子口徑為 13 mm b 如為第 2 種消防栓瞄子應設有容易開關之裝置
			瞄子 第 2 種消防栓		
			結合狀態		應確實地安裝，在使用容易之狀態，無變形、損傷、堵塞
			收納狀態		a 如為第 1 種消防栓，應避免扭曲、糾結，並能整齊地收納 b 如為第 2 種消防栓，應以 1 人操作即可順利延長及收納
	減壓裝置			以目視確認減壓措施之狀況	a 應採取防止瞄子前端放水壓力超過 7 kgf/cm^2 之有效減壓措施 b 如使用減壓閥等減壓裝置者，應避免因該裝置故障對送水造成妨礙

第 1 種及第 2 種室內消防栓設置規定

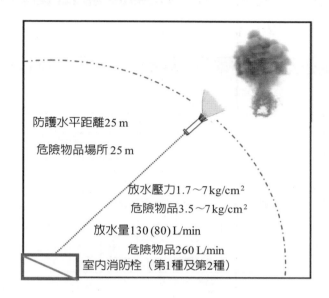

設置場所

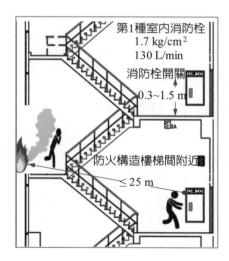

4-2.6 室內消防栓設備測試報告書性能試驗（一）

測試項目				測試方法	判定要領
性能試驗	加壓送水裝置試驗	重力水箱	動作試驗 / 給水裝置動作狀況	打開排水閥，將水箱內的水排出	給水裝置應開始動作、給水
			靜水壓測定	從重力水箱測定在最低位及最高位之室內消防栓開關閥位置的靜水壓	應在設計之壓力值範圍內
		壓力水箱	動作試驗 / 給水裝置動作狀況	打開排水閥，將水箱內的水排出	給水裝置應開始動作、給水
			動作試驗 / 自動加壓裝置動作狀況	打開排氣閥，降低壓力水箱內壓力	自動加壓裝置應開始動作
			靜水壓測定	從壓力水箱測定在最低位及最高位之室內消防栓開關閥位置的靜水壓	應在設計之壓力值範圍內
		消防幫浦	呼水裝置動作試驗 / 減水警報裝置動作狀況	關閉自動給水裝置之閥，打開呼水槽之排水閥排水	應在呼水槽水量減至 1/2 前確實地動作
			呼水裝置動作試驗 / 自動給水裝置動作狀況	打開呼水槽之排水閥排水	自動給水裝置應開始動作
			呼水裝置動作試驗 / 由呼水槽補給水狀況	打開幫浦之漏斗、排氣閥	應可從呼水槽給水
			控制裝置試驗 / 啓動、停止操作時狀況	啓動幫浦之後再停止	a 啓動、停止按鈕開關等確實地動作 b 表示啓動之表示燈應亮燈或閃爍 c 開閉器之開關應可由電源表示燈等之標示來確認 d 幫浦之關閉、額定負荷運轉時之電壓或電流值應適當正常
			控制裝置試驗 / 電源切換時運轉狀況	啓動幫浦之後切斷常用電源，之後再恢復常用電源	應在常用電源切斷後及恢復後，不需啓動操作，幫浦即可繼續運轉

呼水裝置動作試驗

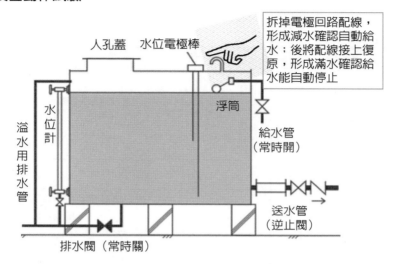

人孔蓋　水位電極棒

拆掉電極回路配線，形成減水確認自動給水；後將配線接上復原，形成滿水確認給水能自動停止

浮筒

水位計

溢水用排水管

給水管（常時開）

送水管（逆止閥）

排水閥（常時關）

測試項目				測試方法	判定要領
性能試驗	加壓送水裝置試驗	消防幫浦	啓動裝置試驗、幫浦啓動表示試驗	幫浦啓動	從控制盤直接啓動或從消防栓箱遠隔操作	幫浦啓動、停止及啓動表示燈之亮燈或閃爍應確實
				啓動表示亮燈狀況		
				啓動用水壓開關裝置動作壓力	打開啓動用壓力槽之排水閥，測定啓動用水壓開關裝置之設定動作壓力（重複進行本試驗3次）	動作壓力應在設定動作壓力值的 ±0.5 kgf/cm² 以內
			幫浦試驗	運轉狀況	啓動幫浦	a 電動機及幫浦的運轉應順利 b 電動機應無明顯發熱及異常聲音 c 電動機的啓動性能應確實 d 幫浦底部應無明顯之漏水 e 壓力表及連成計之指示壓力值應適當正常 f 配管應無漏水、龜裂等，底閥應適當正常地動作
				全閉運轉時狀況　全閉揚程	關閉幫浦出水側之止水閥，測定全閉揚程、電壓及電流 註：作為中繼幫浦使用者，製作揚程－出水量之合成特性並確認其特性	全閉揚程應在額定負荷運轉時之測得揚程（如為中繼幫浦，則係合成特性值）的140% 以下
				電壓電流		電壓值及電流值應適當正常

4-2.7 室內消防栓設備測試報告書性能試驗（二）

測試項目				測試方法	判定要領
性能試驗	加壓送水裝置試驗	消防幫浦	幫浦試驗（額定負荷運轉時狀況） 額定揚程	幫浦調整成額定負荷運轉，測定揚程、電壓及電流 註：作為中繼幫浦使用者，製作揚程－出水量之合成特性並確認其特性	測得揚程應在該幫浦所標示揚程（如為中繼幫浦，則係合成特性值）的100% 以上 110% 以下
			電壓電流	———	電壓值及電流值應適當正常
			＊防止水溫上升排放裝置試驗	將幫浦做全閉運轉，測定排放管之排放水量	排放水量應在下列公式求出量以上 $$q=\frac{LsC}{60\Delta t}$$ q：排放水量（L/min） Ls：幫浦全閉運轉時之輸出功率（kW） C：860 kcal（每 1 kW 之水發熱量） Δt：30℃（幫浦內部之水溫上升限度）
			＊幫浦性能試驗裝置試驗	啓動幫浦，依消防幫浦加壓送水裝置等及配管摩擦損失計算基準規定之方法測定在額定出水點之出水量，同時讀取當時流量計之標示值	依消防幫浦加壓送水裝置等及配管摩擦損失計算基準規定之方法求出出水量之值和流量計表示值的差，應在該流量計使用範圍之最大刻度的±3% 以內
		配管耐壓試驗		對配管施以加壓送水裝置之關閉壓力 1.5 倍以上的水壓	配管、配管接頭、閥類應無龜裂、變形、漏水等

註：消防幫浦如係經內政部審核認可通過之認可品者，得免除「＊」部分之試驗。

第 1 種室內消防栓
內部構造例

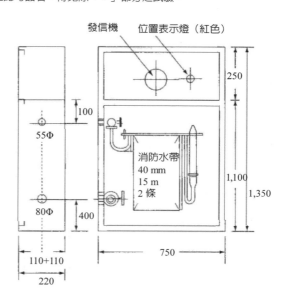

加壓送水裝置組成與減壓措施

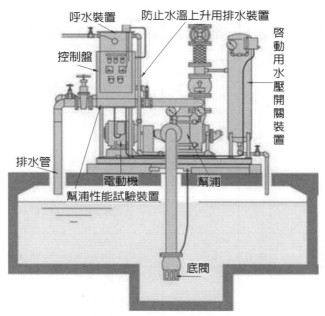

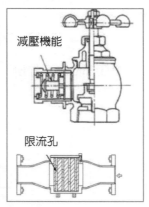

（福岡市消防局，平成 26 年）

室內消防栓射水壓力 1.7kg/cm^2 以下，因此幫浦全揚程（H）
$=\text{h1}+\text{h2}+\text{h3}+17\text{m}$
因水 1cm^3 之重量為 1g，即水之單位重為 $1\text{g}/1\text{cm}^3$
水柱落差 $17\text{m} = 1700\text{cm} = 1\text{g}/\text{cm}^3 \times 1700\text{cm} = 1700\text{g}/\text{cm}^2 = 1.7\text{kg/cm}^2$

4-2.8 室內消防栓設備測試報告書綜合試驗

	測試項目		測試方法	判定要領
綜合試驗	放水試驗		分別測定在放水壓力最低處同時使用規定個數室內消防栓時，及在放水壓力最高處所使用 1 個消防栓時，瞄子前端之放水壓力及放水量	a 瞄子前端放水壓力，如為第 1 種消防栓，應在 1.7 kgf/cm² 以上 7 kgf/cm² 以下；如為第 2 種消防栓，應在 1.7 kgf/cm² 以上 7 kgf/cm² 以下。至於放水量，如為第 1 種消防栓，應在 130 L/min 以上；如為第 2 種消防栓，應在 80 L/min 以上。 b 瞄子放水量依下列公式算出： $Q = KD^2\sqrt{P}$ 　Q：放水量（L/min） 　D：瞄子口徑（mm） 　K：第 1 種消防栓，K = 0.653；第 2 種消防栓，應使用依型式指定之係數 　P：放水壓力（kgf/cm²） c 以直線放水狀態測定，放水壓力及放水量應適當正常
	操作性試驗（限第 2 種消防栓）		進行消防水帶之延長及收納之操作	a 應 1 人即可輕易操作 b 消防水帶應可輕易地延長及收藏，並加以收納
	緊急電源切換試驗	發電機設備	在常用電源放水試驗的最終階段，於電源切換裝置一次側切斷常用電源	a 至電壓確立為止所需之時間應適當正常 b 運轉中幫浦等應無異常 c 放水壓力及放水量應適當正常
		蓄電池設備		a 電壓應適當正常地確立 b 運轉中幫浦等應無異常 c 放水壓力及放水量應適當正常

數棟集合住宅：室內消防栓工程例

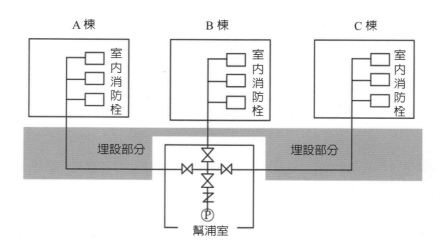

考慮幫浦揚程：室內消防栓工程例

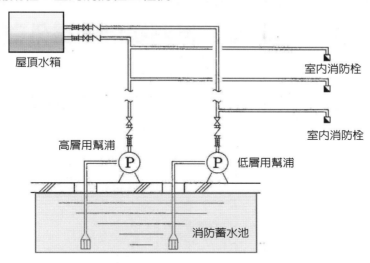

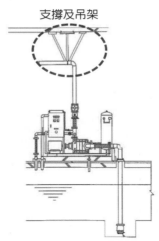

項目	室內消防栓		室外消防栓
	第一種	第二種	
防護半徑（m）	25	25	40
放水壓力（kg/cm²）	1.7～7	1.7～7	2.5～6
放水量 (L/min)	130	80	350
放水時間（min）	20	20	30
放水（瞄子）口徑 (mm)	13	約 10	19
開關高度（m）	0.3～1.5	0.3～1.5	0.3～1.5 或地下式
水源容量（m³）	$130 \times 20 \times 2 = 5.2$	$80 \times 20 \times 2 = 3.2$	$350 \times 30 \times 2 = 21.0$

第3章 室外消防栓設備

4-3.1 室外消防栓設備測試報告書外觀試驗（一）

測試項目			測試方法	判定要領
外觀試驗	水源	水源種類、構造	以目視確認水源之狀況	應適當正常
		水量		應確保規定以上之水量
		給水裝置		應適當正常
		耐震措施		應採取防止因地震而產生變形、損傷之措施
	加壓送水裝置	設置場所	目視確認設置場所之狀況	a 檢查應便利 b 應為無受火災等災害損害之虞的處所
		重力水箱 構造	以目視確認機器等之狀況	應適當正常
		重力水箱 內容積、落差		應符合所規定之內容積及落差
		重力水箱 配管、閥類		a 應設有水位計、排水管、溢水用排水管、補給水管及人孔之裝置 b 補給水管上應設置逆止閥及止水閥 c 排水管上應設置止水閥
		重力水箱 水位計		a 指示值應適當正常 b 應無變形、損傷等
		壓力水箱 種類、構造	以目視確認機器等之狀況	應符合 CNS 9788 壓力容器（通則），並依勞動部相關檢查規定辦理
		壓力水箱 內容積、有效壓力		水量應在內容積的 2/3 以下，且具有所規定之壓力
		壓力水箱 自動加壓裝置		應能防止壓力之自然下降
		壓力水箱 配管、閥類		a 應設有壓力表、水位計、排水管、補給水管、給氣管及人孔之裝置 b 補給水管上應設置逆止閥及止水閥 c 排水管上應設置止水閥
		壓力水箱 水位計、壓力表		a 指示應適當正常 b 應無變形、損傷等
		消防幫浦 幫浦、電動機 設置狀況	以目視確認機器等之狀況	應具有充分強度，牢固安裝在底座上
		消防幫浦 幫浦、電動機 接地工程		應依屋內線路裝置規則等相關規定進行接地工事
		消防幫浦 幫浦、電動機 配線		應適當正常
		消防幫浦 幫浦、電動機 潤滑油		a 應為規定量 b 如為無油構造者，其構造應適當正常

水系統配管口徑示意圖

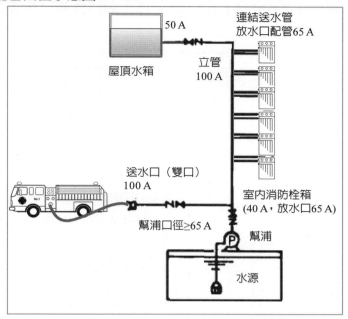

有效水源示圖及室外消防栓應用方式

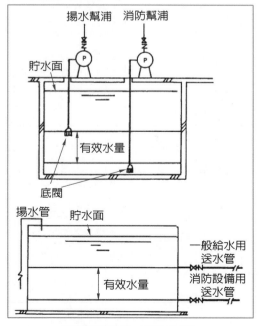

（橫濱市消防局，平成 27 年）

4-3.2 室外消防栓設備測試報告書外觀試驗（二）

測試項目				測試方法	判定要領
外觀試驗	加壓送水裝置	防止水溫上升用之排放裝置	配管、閥類	以目視確認機器等之狀況。	a 配管應從設於呼水管逆止閥幫浦側或幫浦出水側之逆止閥的一次側接出 b 配管上應設置限流孔等 c 配管口徑應為 15 A 以上 d 止水閥應設置在防止水溫上升之排放配管上
			限流孔		最小流量口徑應為 3 mm 以上
		性能試驗裝置配管、閥類			a 應從設於幫浦出水側之逆止閥的一次側分歧接出 b 應設置使幫浦加上額定負荷之流量調整閥、流量計等
		呼水裝置	材質		a 應使用鋼板並施予有效防鏽處理，或使用具有防火能力之塑膠槽 b 應設置在無受火災等災害損害之虞的處所
			水量		應確保 100 L 以上之水量
			溢水用排水管		口徑應為 50 A 以上
			呼水管		a 口徑應為 25 A 以上 b 從逆止閥中心線至呼水槽底面的垂直距離在 1 m 以下時，口徑應為 40 A 以上
			補給水管		a 口徑應為 15 A 以上 b 應能從自來水管、屋頂水箱等經由球塞自動給水
			減水警報裝置		發信部應為浮筒開關或電極棒
	消防幫浦	控制裝置	設置場所	以目視確認設置狀況	幫浦室等應設在無受火災等災害損害之虞的處所
			控制盤	以目視確認機器等之狀況	a 應為以鋼板等具耐熱性之不燃材料製作的專用品 b 如兼用為外箱時，為避免受到因其他回路及其他回路事故之影響，應以不燃材料做區劃 c 有腐蝕之虞的材料，應施以防蝕處理
			預備品		應備有備用品、線路圖、操作說明書等
			接地工程		應依屋內線路裝置規則等相關規定進行接地工事

室外消防栓設備：呼水裝置

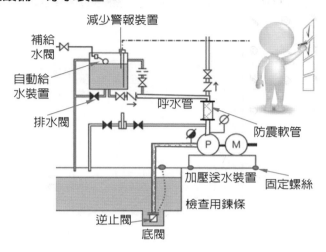

室外消防栓應用

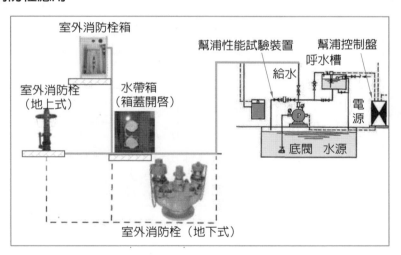

				測試項目	測試方法	判定要領
外觀試驗	加壓送水裝置	消防幫浦	壓力表、連成計	設置位置	以目視確認機器等之狀況	在出水側應適當正常地安裝壓力表，在吸水側應適當正常地安裝連成計（如為沉水幫浦，則在出水側安裝壓力表或連成計）
				性能		──
		耐震措施			以目視確認耐震措施之狀況	應採取防止因地震而產生變形、損傷等之措施

4-3.3　室外消防栓設備測試報告書外觀試驗（三）

測試項目			測試方法	判定要領
外觀試驗	啟動裝置	直接操作部　設置場所	以目視確認設置場所等之狀況	a 可直接操作之啟動裝置應設置在該電動機之控制盤 b 設有綜合操作盤時，該綜合操作盤亦應設置啟動裝置 c 應無妨礙操作之障礙物
		標示	以目視確認標示狀況	應適當正常地標示為室外消防栓設備之啟動裝置
		遠隔操作部　設置場所	以目視確認設置場所等狀況	a 可做遠隔操作之啟動裝置應設置在室外消防栓箱的內部或附近 b 應無妨礙操作之障礙物
		構造	以目視確認機器等之狀況	a 應為按鈕型式，並設置透明保護板 b 如設於有雨水侵入之虞的場所者，應採取有效的防護措施
		標示	以目視確認標示之狀況。	a 發信機和室外消防栓設備之加壓送水裝置連動時，應加以標示 b 應在保護板或其附近標示按鈕的操作方法
		啟動表示燈		a 應設置在加壓送水裝置之操作部或其附近，以及室外消防栓箱之內部或其附近 b 應為紅色燈
		啟動用水壓開關裝置　啟動用壓力槽	以目視確認機器等之狀況	應符合 CNS9788 壓力容器（通則），並依勞動部相關檢查規定辦理
		水槽容量		應為 100 L 以上
		配管、閥類		a 應和設於幫浦出水側之逆止閥二次側配管，以口徑 25 A 以上配管連結，並在中途設止水閥 b 在啟動用壓力槽或其附近應設置壓力表、啟動用水壓開關及試驗幫浦啟動用之排水閥
外觀試驗	配管、閥類	設置狀況	以目視確認設置狀況	應無損傷、變形等而適當正常地設置
		配管		配管應為符合 CNS 6445、CNS 4626 或具有同等以上強度、耐蝕性及耐熱性者
		閥類	以目視確認機器等之狀況	a 材質符合 CNS 2472、CNS 7147、CNS 4125、CNS 3270 或具同等強度、耐蝕性及耐熱性者 b 出水側主配管有開關閥時應標示開關位置 c 如為開關閥或止水閥，應以不易磨滅之方法，標示開關方向；如為逆止閥，應以不易磨滅之方法，標示流動方向

室外消防栓設備

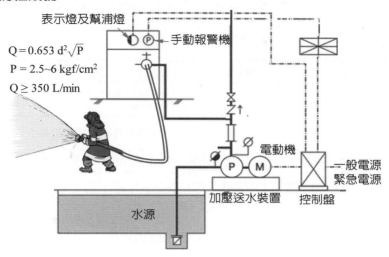

$$Q = 0.653 \, d^2 \sqrt{P}$$
$$P = 2.5\sim6 \; kgf/cm^2$$
$$Q \geq 350 \; L/min$$

表示燈及幫浦燈
手動報警機
電動機
一般電源
緊急電源
加壓送水裝置
控制盤
水源

啓動裝置

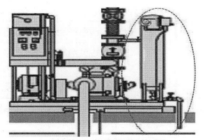

啓動用水壓開關裝置

測試項目			測試方法	判定要領
外觀試驗	配管、閥類	吸水管	以目視確認機器等之狀況	a 應為各幫浦所專用 b 過濾裝置應適當正常地設置
		底閥		a 底閥應設置在適當正常之位置 b 應設有過濾裝置且繫以鍊條、鋼索等用人工可以操作之構造 c 主要部分材質符合 CNS 2472、CNS 8499、CNS 2415 規定者，或具有同等以上之強度、耐蝕性者
		耐震措施	目視確認耐震措施之狀況	應採取防止因地震而產生變形、損傷等之措施
	電源	常用電源	目視確認電源之狀況	a 應為專用回路 b 電源容量應適當正常
		緊急電源	確認緊急電源之種類	應為發電機設備或蓄電池設備，其供電容量應供其有效動作 30 分鐘以上

4-3.4 室外消防栓設備測試報告書外觀試驗（四）

測試項目			測試方法	判定要領
外觀試驗	消防栓等	消防栓		
		設置場所	以目視確認設置場所等之狀況	室外消防栓與建築物一樓外牆各部分之水平距離，不得超過 40 m
		周圍狀況、操作性		應設置在操作容易且無障礙物之場所
		開關閥設置位置		開關閥應設置在距離樓地板面高度 1.5 m 以下的位置或在樓地板面以下深 0.6 m 以內的位置
		水帶接續口		a 水帶接續口使用快速接頭式，口徑 50 A 或 65 A 者 b 地下式之水帶接續口應設置在樓地板面以下深 0.3 m 以內的位置
		消防栓開關閥		———
		標示		應在其附近明顯易見處，標明「消防栓」字樣之標示
		室外消防栓箱		
		設置場所	以目視確認設置場所等之狀況	應設置在距離室外消防栓 5 m 範圍內明顯易見處
		設置狀況		a 安裝應牢固 b 放水器具等應妥善收納
		周圍狀況		確保不會對箱門開關及放水等操作造成妨礙之寬度
		材質		a 應以鋼板等不燃材料製作 b 應無變形、損傷等
		標示		箱面應有明顯不易脫落之「水帶箱」字樣，每字不得小於 20cm^2
		水帶、瞄子		
		水帶	以目視確認機器等之狀況	口徑應為 65 A，並具備所需之長度、數量
		水帶接續口		應符合水帶接續口之口徑
		瞄子		口徑應在 19 mm 以上，直線噴霧兩用型
		結合狀態		a 應可確實地結合或拆卸，在使用容易之狀態 b 應無變形、損傷、堵塞
		收納狀態		應適當正常地收納
		減壓措置	以目視確認減壓措施之狀況	a 應採取防止瞄子放水壓力超過 6 kgf/cm^2 之措施 b 如使用減壓閥等減壓裝置者，應避免因該裝置故障對送水造成妨礙

加壓送水裝置

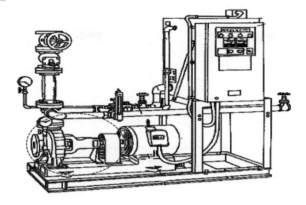

控制盤

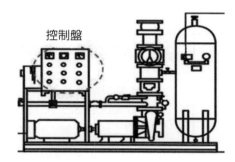

控制盤

電動機（馬達）

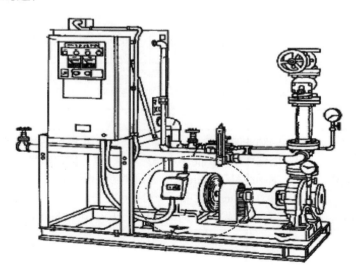

4-3.5 室外消防栓設備測試報告書性能試驗

測試項目				測試方法	判定要領
性能試驗	加壓送水裝置試驗	重力水箱	動作試驗 給水裝置動作狀況	打開排水閥，將水箱內的水排出	給水裝置應開始動作、給水
			靜水壓測定	從重力水箱測定最低位及最高位室外消防栓開關閥靜水壓	應在設計之壓力值以上
		壓力水箱	動作試驗 給水裝置動作狀況	打開排水閥，將水箱內水排出	給水裝置應開始動作、給水
			動作試驗 自動加壓裝置動作狀況	打開排水閥，降低壓力水箱內的壓力	自動加壓裝置應開始動作
			靜水壓測定	從壓力水箱測定在最低位及最高位之室外消防栓開關閥位置的靜水壓	應在設計壓力值之範圍內
		消防幫浦	呼水裝置動作試驗 減水警報裝置動作狀況	關閉自動給水裝置之閥，打開呼水槽之排水閥排水	應在呼水槽之水量減至 1/2 前確實地動作
			呼水裝置動作試驗 自動給水裝置動作狀況	打開呼水槽之排水閥排水	自動給水裝置應開始動作
			呼水裝置動作試驗 由呼水槽補給水狀況	打開幫浦之漏斗、排氣閥等	應從呼水槽流出補給水
			控制裝置試驗 啓動、停止操作時狀況	啓動幫浦之後再停止	a 啓動、停止之按鈕開關等應確實地動作 b 表示啓動之表示燈應亮燈或閃爍 c 開閉器之開關應可由電源表示燈等標示確認 d 幫浦關閉、額定負荷運轉電壓或電流值正常
			控制裝置試驗 電源切換時運轉狀況	啓動幫浦後切斷常用電源，之後再恢復常用電源	應在常用電源切斷後及恢復後，不需啓動操作，幫浦即可繼續運轉

室外消防栓口徑在 63mm 為 2 吋 1/2，是目前各縣市消防隊所使用，俗稱大水帶，而小水帶為 1 吋 1/2。與建築物一樓外牆各部分之水平距離在 40m 以下，因消防栓箱內置長 20m 水帶二條。而口徑 19mm 以上瞄子一具，從 $Q = 0.653\ d^2\sqrt{P}$，$350 = 0.653 \times d^2\sqrt{2.5}$，$d^2 = 338.99$，瞄子口徑 $d = 18.41$ mm 以上。

加壓送水裝置試驗

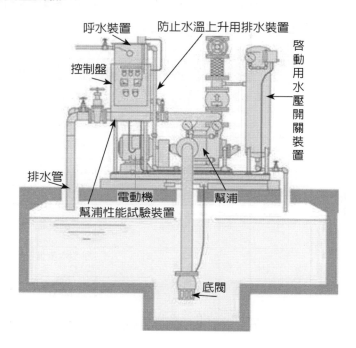

測試項目				測試方法	判定要領
性能試驗	加壓送水裝置試驗	消防幫浦	啟動裝置試驗：幫浦啟動狀況	從控制盤直接啟動或從消防栓遠隔操作啟動	幫浦啟動及停止應確實
			啟動表示亮燈狀況		啟動表示燈之亮燈或閃爍應確實
			幫浦啟動表示試驗：啟動用水壓開關裝置動作壓力	打開啟動用壓力槽之排水閥，測定啟動用水壓開關裝置之設定動作壓力（重複進行本試驗 3 次）	動作壓力應在設定動作壓力值的 ±0.5 kgf/cm² 以內
			幫浦試驗：運轉狀況	啟動幫浦	a 電動機及幫浦的運轉應順利 b 電動機應無明顯發熱及異常聲音 c 電動機的啟動性能應確實 d 幫浦底部應無明顯之漏水 e 壓力表及連成計之指示壓力值應適當正常 f 配管應無漏水、龜裂等，底閥應適當正常地動作

4-3.6 室外消防栓設備測試報告書性能及綜合試驗

測試項目					測試方法	判定要領
性能試驗	加壓送水裝置試驗	消防幫浦	幫浦試驗	全閉運轉時狀況 全閉揚程	關上幫浦出水側之止水閥，測定全閉揚程、電壓及電流	全閉揚程應在額定負荷運轉時之測得揚程的 140% 以下
				電壓電流	——————	電壓值及電流值應適當正常
				額定負荷運轉時狀況 額定揚程	幫浦調整成額定負荷運轉，測定測得揚程、電壓及電流	測得揚程應在該幫浦所標示揚程的 100% 以上 110% 以下
				電壓	——————	電壓值及電流值應適當正常
				電流		
			＊防止水溫上升排放裝置試驗		將幫浦做全閉運轉，測定排放管之排放水量	排放水量應在下列公式求出量以上： $$q = \frac{LsC}{60\Delta t}$$ q：排放水量（L/min） Ls：幫浦全閉運轉時輸出功率（kW） C：860 kcal（每 1 kW 之水發熱量） Δt：30°C（幫浦內部之水溫上升限度）
			＊幫浦性能試驗裝置試驗		啟動幫浦，依消防幫浦加壓送水裝置等及配管摩擦損失計算基準規定方法測定在額定出水點出水量，同時讀取流量計標示刻度	依消防幫浦加壓送水裝置等及配管摩擦損失計算基準規定之方法求出出水量之值和流量計表示值的差，應在該流量計使用範圍之最大刻度的±3% 以內
			配管耐壓試驗		對配管施以加壓送水裝置之關閉壓力 1.5 倍以上的水壓	配管、配管接頭、閥類應無龜裂、變形、漏水等

綜合試驗

測試項目		測試方法	判定要領
綜合試驗	放水試驗	分別測定在預設放水壓力最低處，同時使用規定個數之室外消防栓時，以及在預設放水壓力最高處，使用 1 個室外消防栓時，瞄子之放水壓力及放水量	a 瞄子前端放水壓力分別應在 2.5 kgf/cm² 以上 6 kgf/cm² 以下，且放水量應在 350 L/min 以上 b 瞄子放水量依下列公式算出： $$Q = 0.653 D^2 \sqrt{P}$$ Q：放水量（L/min） D：瞄子口徑（mm） P：放水壓力（kgf/cm²） c 以直線放水狀態測定，放水壓力及放水量應適當正常

室外消防栓放水試驗

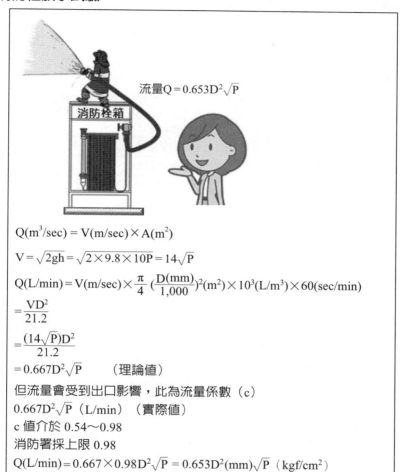

流量$Q = 0.653D^2\sqrt{P}$

$$Q(m^3/sec) = V(m/sec) \times A(m^2)$$

$$V = \sqrt{2gh} = \sqrt{2 \times 9.8 \times 10P} = 14\sqrt{P}$$

$$Q(L/min) = V(m/sec) \times \frac{\pi}{4} \left(\frac{D(mm)}{1,000}\right)^2(m^2) \times 10^3(L/m^3) \times 60(sec/min)$$

$$= \frac{VD^2}{21.2}$$

$$= \frac{(14\sqrt{P})D^2}{21.2}$$

$$= 0.667D^2\sqrt{P} \qquad （理論值）$$

但流量會受到出口影響，此為流量係數（c）

$0.667D^2\sqrt{P}$（L/min）（實際值）

c 值介於 0.54～0.98

消防署採上限 0.98

$$Q(L/min) = 0.667 \times 0.98D^2\sqrt{P} = 0.653D^2(mm)\sqrt{P}（kgf/cm^2）$$

測試項目			測試方法	判定要領
綜合試驗	緊急電源切換試驗	發電機設備	在常用電源放水試驗的最終階段，於電源切換裝置一次側切斷常用電源	a 至電壓確立為止所需之時間應適當正常 b 運轉中幫浦等應無異常 c 放水壓力及放水量應適當正常
		蓄電池設備		a 電壓應適當正常地確立 b 運轉中幫浦等應無異常 c 放水壓力及放水量應適當正常

註：消防幫浦如係經內政部審核認可通過之認可品者，得免除「＊」部分之試驗。

第4章　自動撒水滅火設備

4-4.1　自動撒水設備測試報告書外觀試驗（一）

測試項目			測試方法	判定要領
外觀試驗	水源	水源種類、構造	以目視確認水源之狀況	應適當正常
		水量		應確保規定以上之水量
		給水裝置		應適當正常
		耐震措施		應採取防止因地震而產生變形、損傷之措施
	加壓送水裝置	設置場所	以目視確認設置場所狀況	a 檢修應便利 b 應為無受火災等災害損害之虞的處所
		重力水箱 構造	以目視確認機器等之狀況	應適當正常
		重力水箱 內容積、落差		應符合所規定之內容積及落差
		重力水箱 配管、閥類		a 應設有水位計、排水管、溢水用排水管、補給水管及人孔之裝置 b 給水管上應設置逆止閥及止水閥 c 排水管上應設置止水閥
		重力水箱 水位計		a 指示值應適當正常 b 應無變形、損傷等
		壓力水箱 種類、構造	以目視確認機器等之狀況	應符合 CNS 9788 壓力容器（通則），並依勞動部相關檢查規定辦理
		壓力水箱 內容積、有效壓力		水量應在內容積的 2/3 以下，且具有所規定之壓力
		壓力水箱 自動加壓裝置		應能防止壓力之自然降低
		壓力水箱 配管、閥類		a 應設有壓力表、水位計、排水管、補給水管、給氣管及人孔之裝置 b 給水管上應設置逆止閥及止水閥 c 排水管上應設置止水閥
		壓力水箱 水位計、壓力表		a 指示應適當正常 b 應無變形、損傷等
		消防幫浦 幫浦、電動機 設置狀況	以目視確認機器等之狀況	應具有充分強度，牢固安裝在底座上
		消防幫浦 幫浦、電動機 接地工程		應依屋內線路裝置規則等相關規定進行接地工事
		消防幫浦 幫浦、電動機 配線		應適當正常
		消防幫浦 幫浦、電動機 潤滑油		a 應為規定量 b 如為無油構造者，其構造應適當正常

加壓送水裝置

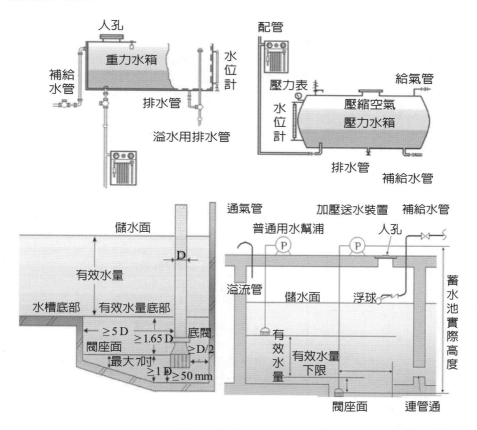

測試項目				測試方法	判定要領
外觀試驗	加壓送水裝置	消防幫浦	防止水溫上升用之排放裝置	配管、閥類	以目視確認機器等之狀況	a 配管應從設於呼水管逆止閥幫浦側或幫浦出水側之逆止閥的一次側接出 b 配管上應設置限流孔等 c 配管口徑應為 15 A 以上 d 止水閥應設置在防止水溫上升用之排放配管的中間
				限流孔		最小流過口徑應為 3 mm 以上
				設在中繼幫浦排放配管排放裝置		a 如為排放配管,配管高度應為 1 次幫浦之額定全揚程以上 b 如為排放裝置,設定壓力應在超過中繼幫浦之押入壓力以上,在中繼幫浦押入壓力和中繼幫浦額定全揚程之和以下

4-4.2 自動撒水設備測試報告書外觀試驗（二）

<table>
<tr><th colspan="4">測試項目</th><th>測試方法</th><th>判定要領</th></tr>
<tr><td rowspan="18">外觀試驗</td><td rowspan="17">加壓送水裝置</td><td rowspan="16">消防幫浦</td><td colspan="2">性能試驗裝置配管、閥類</td><td rowspan="9">以目視確認機器等之狀況</td><td>a 應從設於幫浦出水側之逆止閥的一次側分歧接出
b 應設置使幫浦加上額定負荷之流量調整閥、流量計等</td></tr>
<tr><td rowspan="6">呼水裝置</td><td>材質</td><td>a 應使用鋼板並施予有效防鏽處理，或使用具有防火能力之塑膠槽
b 應設置在無受火災等災害損害之虞的處所</td></tr>
<tr><td>水量</td><td>應確保在 100 L 以上之水量</td></tr>
<tr><td>溢水用排水管</td><td>口徑應為 50 A 以上</td></tr>
<tr><td>呼水管</td><td>a 口徑應為 25 A 以上
b 從逆止閥中心線至呼水槽底面的垂直距離在 1 m 以下時，口徑應為 40 A 以上</td></tr>
<tr><td>補給水管</td><td>a 口徑應為 15 A 以上
b 應能從自來水管、屋頂水箱等經由球塞自動給水</td></tr>
<tr><td>減水警報裝置</td><td>發信部應為浮筒開關或電極棒</td></tr>
<tr><td rowspan="4">控制裝置</td><td>設置場所</td><td>幫浦室等應設在無受火災等災害損害之虞的處所</td></tr>
<tr><td>控制盤</td><td>a 應為以鋼板等具耐熱性之不燃材料製作的專用品
b 如兼用為外箱時，為避免受到因其他回路及其他回路事故之影響，應以不燃材料做區劃
c 有腐蝕之虞的材料，應施以防蝕處理</td></tr>
<tr><td>預備品</td><td rowspan="4">以目視確認機器等狀況</td><td>應備有備用品、線路圖、操作說明書等</td></tr>
<tr><td>接地工程</td><td>應依屋內線路裝置規則等相關法令規定進行接地工事</td></tr>
<tr><td rowspan="2">壓力表、連成計</td><td>設置位置</td><td>在出水側應適當正常地安裝壓力表，在吸入側應適當正常地安裝連成計（如為沉水幫浦，則在出水側安裝壓力表或連成計）</td></tr>
<tr><td>性能</td><td>────</td></tr>
<tr><td colspan="3">耐震措施</td><td>以目視確認耐震措施之狀況</td><td>應採取防止因地震而產生變形、損傷等之措施</td></tr>
</table>

自動撒水系統分類

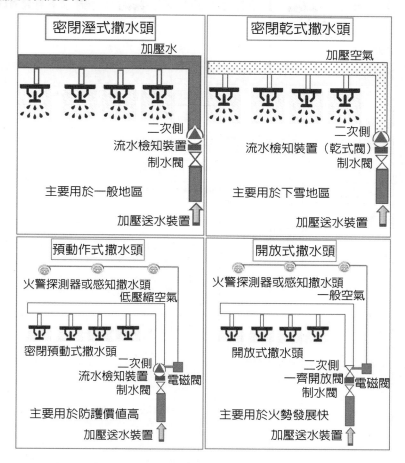

	測試項目		測試方法	判定要領
外觀試驗	啓動裝置	直接操作部	以目視確認機器之狀況	可直接操作之啓動裝置應設置在該電動機之控制盤
		啓動用壓力槽		應符合 CNS 9788 壓力容器（通則），並依勞動部相關檢查規定辦理
		水槽容量		應為 100 L 以上
		配管、閥類		a 應和設於幫浦出水側之逆止閥的二次側配管，以口徑 25A 以上之配管連結，並在中途設止水閥 b 在啓動用壓力槽或其附近應設置壓力表、啓動用水壓開關及試驗幫浦啓動用之排水閥
		密閉式撒水頭		其設置應能有效感知火災
		自動火災感知裝置		應依火警自動警報設備之規定

（啓動用水壓開關裝置 / 自動啓動裝置）

4-4.3 自動撒水設備測試報告書外觀試驗（三）

測試項目			測試方法	判定要領
外觀試驗	啟動裝置	手動啟動裝置 — 設置場所	以目視確認機器之設置狀況	應設置於該區域在火災時容易接近之處所
		設置高度		應設置於距離樓地板面之高度在 0.8 m 以上 1.5 m 以下的處所
		構造		應易於操作
		標示		應在附近明顯易見之處所，標示其為啟動操作部
		流水檢知裝置		應可發出警報
	配管、閥類	設置狀況	以目視確認設置之狀況	應無損傷、變形等，並適當正常地設置
		配管	以目視確認機器之設置狀況	配管應符合 CNS 6445、CNS 4626 或具有同等以上之強度、耐蝕性及耐熱性者
		閥類		a 材質應符合 CNS 2472、CNS 7147、CNS 4125、CNS 3270 或具有同等以上之強度、耐蝕性及耐熱性者 b 出水側主配管安裝有開關閥時，應標示開關位置 c 如為開關閥或止水閥，應以不易磨滅之方法，標示開關方向；如為逆止閥，應以不易磨滅之方法，標示流動方向
		吸水管		a 應為各幫浦所專用 b 過濾裝置應適當正常地設置
		底閥		a 底閥應設置在適當正常之位置 b 應設有過濾裝置且繫以鍊條、鋼索等用人工可以操作之構造 c 主要部分之材質應為符合 CNS 2472、8499 及 4125 或具有同等以上之強度、耐蝕性者
		防蝕措施	以目視確認防蝕措施之狀況	乾式或預動式流水檢知裝置及一齊開放閥的二次側配管應施以鍍鋅等防蝕處理
		排水措施	以目視確認排水措施之狀況	在乾式或預動式流水檢知裝置二次側配管，應採取有效排出措施
		耐震措施	以目視確認耐震措施之狀況	應採取防止因地震而產生變形、損傷等之措施
	電源	常用電源	以目視確認電源之狀況	a 應為專用回路 b 電源容量應適當正常
		緊急電源種類	確認緊急電源之種類	應為發電機設備或蓄電池設備，其供電容量應供其有效動作 30 分鐘以上

密閉乾式或預動式配管排水

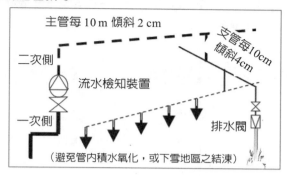

主管每 10 m 傾斜 2 cm

二次側

流水檢知裝置

一次側

支管每10cm 傾斜4cm

排水閥

（避免管內積水氧化，或下雪地區之結凍）

撒水頭配置

正方形配置

水平距離 R	間距 $\sqrt{2}R$	防護面積 $2R^2$
1.7	2.40	5.76
2.1	2.97	8.82
2.3	3.25	10.56
2.6	3.68	13.52

交錯形配置

水平距離 R	間距 (A) $\sqrt{3}R$	間距 (B) $\frac{3}{2}R$	防護面積 $\frac{3\sqrt{3}}{2}R^2$
1.7	2.94	2.55	7.51
2.1	3.64	3.15	11.46
2.3	3.98	3.45	13.74
2.6	4.50	3.90	17.56

		測試項目		測試方法	判定要領
外觀試驗	撒水頭	放水區域數及設定狀況（限開放式撒水頭）	樓層	以目視確認設定狀況	應適當正常
			放水區域數		
			設定狀況		
		設置方法	配置	以目視確認機器之設置狀況	a 應適當正常，且無未警戒之部分 b 撒水頭周圍應無妨礙熱感知及撒水分布之物
			裝置方向		應適當正常
		密閉式撒水頭	標示溫度	以目視確認機器之狀況	應配合設置場所
			構造、性能		應為認可品
		開放式撒水頭			應適當正常

4-4.4 自動撒水設備測試報告書外觀試驗（四）

		測試項目		測試方法	判定要領
外觀試驗	制水閥	設置場所		以目視確認設置場所等之狀況	a 應設置在檢修便利，且無受火災等災害損害之虞的處所 b 應設置在放水區域或各樓層
		設置高度		以目視確認設置狀況	應設置於距離樓地板面高度在 0.8 m 以上 1.5 m 以下處所
		構造		以目視確認機器之設置狀況	應採取無法任意關閉的措施
		標示		以目視確認標示之狀況	應在附近明顯易見之處所設置其為自動撒水設備之控制閥及經常開放狀態的標示
	流水檢知裝置（自動警報逆止閥）、壓力檢知裝置	設置場所		以目視確認設置場所等之狀況	應設置在檢修便利，且無受火災等災害損害之虞的處所
		種類、口徑		以目視確認機器之狀況	應適當正常
		減壓警報		以目視確認機器之狀況	如為需要在流水檢知裝置之二次側做壓力設定之設備，應設置當二次側壓力在該流水檢知裝置之壓力設定值以下時，可自動發出警報之裝置
		構造、性能		以目視確認機器之狀況	應適當正常。另自動警報逆止閥應為認可品
	一齊開放閥	啓動操作部	設置場所	以目視確認設置場所等之狀況	應設置在火災時易於接近之位置
			設置高度		應設置於距離樓地板面高度在 0.8 m 以上 1.5 m 以下的處所
		動作試驗裝置		以目視確認機器之狀況	應設置進行動作試驗之裝置
		構造、性能		以目視確認機器之狀況	應為認可品
	末端查驗閥	設置場所		以目視確認設置場所之狀況	應依流水檢知裝置或壓力檢知裝置所設置各配管系統，設放水壓力預測為最低之配管部分
		構造		以目視確認機器之狀況	一次側應設壓力表，二次側應設有與撒水頭同等放水性能之限流孔
		標示		以目視確認標示之狀況	應在附近明顯易見之處所，標示「末端查驗閥」字樣
	自動警報裝置	音響警報裝置		以目視確認機器之設置狀況	應有效設置在各樓或各放水區域
		火災表示裝置		以目視確認機器之設置狀況	應設置在防災中心等經常有人駐守之場所

自動撒水設備外觀試驗

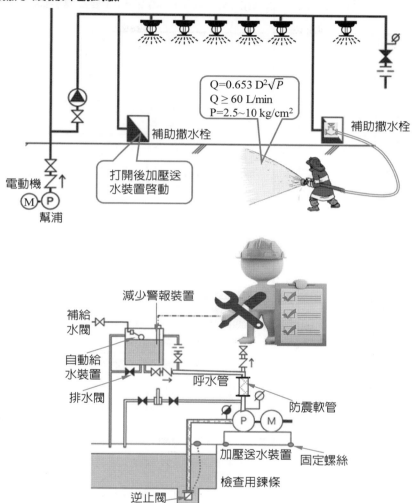

$$Q=0.653\ D^2\sqrt{P}$$
$$Q \geq 60\ L/min$$
$$P=2.5\sim10\ kg/cm^2$$

補助撒水栓

補助撒水栓

打開後加壓送
水裝置啓動

電動機

M P

幫浦

減少警報裝置

補給
水閥

自動給
水裝置

排水閥

呼水管

防震軟管

加壓送水裝置

固定螺絲

檢查用鍊條

逆止閥

底閥

		測試項目	測試方法	判定要領
外觀試驗	送水口	設置場所等 設置場所	以目視確認設置場所等之狀況	a 應設置在消防車容易接近處 b 應為專用
		設置高度		應設置於距基地樓地板面高度在 0.5 m 以上 1 m 以下，且無送水障礙處
		標示		應在附近明顯易見處，標明「自動撒水用送水口」字樣及送水壓力範圍
		結合構件	以目視確認機器之狀況	a 口徑應為 65 A，並裝接陰式快速接頭 b 應為雙口形 c 應無變形、損傷、堵塞等，且以防護器具做有效保護
		逆止閥		應在附近便於檢修確認處設置逆止閥及止水閥

4-4.5 自動撒水設備測試報告書外觀試驗（五）

測試項目			測試方法	判定要領
外觀試驗	減壓裝置		以目視確認減壓措施之狀況	應採取防止撒水頭及補助撒水栓之放水壓力超過 10 kgf/cm² 措施
	補助撒水栓等	補助撒水栓 設置場所	以目視確認設置場所等狀況	應設置在撒水頭未警戒部分至水帶接續口水平距離為 15 m 以下的範圍內
		周圍狀況、操作性		應設置在操作容易且無障礙物之處
		開關閥設置高度		水帶接續口及開關閥應設置在距離樓地板面高度 1.5 m 以下的位置
		水帶接續		應依適合水帶形狀之方法作接續
		消防栓開關閥		——
		補助撒水栓箱 周圍狀況	以目視確認設置狀況	應確保不會對箱門開關及放水等操作造成妨礙之寬度
		設置狀況		a 安裝應牢固 b 放水器具、水帶接續口、開關閥等應妥善收納
		材質		a 應以鋼板等不燃材料製作 b 應無變形、損傷等
		紅色標示燈		應設置在明顯易見處
		標示		a 箱表面應標示「補助撒水栓」字樣 b 應標示操作方法
		水帶、瞄子 水帶	以目視確認機器之狀況	應具備所需之長度
		水帶接續口		應符合水帶之口徑
		瞄子		應設置有適當口徑且能輕易開關之裝置
		結合狀態		應確實地安裝，在使用容易之狀態，無變形、損傷、堵塞
		收納狀態		應以 1 人操作即可順利延長及收納

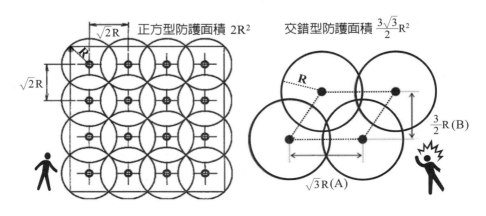

正方型防護面積 $2R^2$

交錯型防護面積 $\frac{3\sqrt{3}}{2}R^2$

自動撒水設備測試報告書外觀試驗

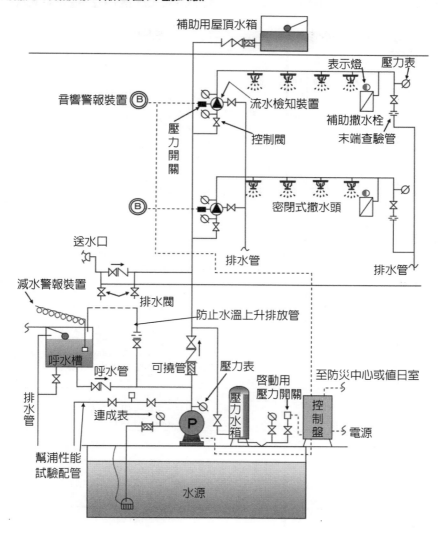

若設計者提高撒水頭配置密度而縮小「水平距離」之設計配置基準時，因其撒水頭間隔亦隨之緊密，唯間距縮小至一定範圍以內時，將影響撒水頭彼此間之作動，因此小區劃型撒水頭相互設置間隔應在 3m 以上。

4-4.6 自動撒水設備測試報告書性能試驗

測試項目				測試方法	判定要領
性能試驗	加壓送水裝置	重力水箱	動作試驗 — 給水裝置動作狀況	打開排水閥，將水箱內的水排出	給水裝置應開始動作、給水
			靜水壓測定	從重力水箱測定在最高位及最低位末端查驗閥、一齊開放閥或手動開放閥二次側配管止水閥位置靜水壓	應在設計之壓力值範圍以上
		消防幫浦	啟動裝置試驗、幫浦啟動表示試驗 — 幫浦啟動狀況	從控制盤直接啟動或遠隔操作、行控制盤之直接操作或遠隔操作、末端查驗閥之開放、補助撒水栓之瞄子開放、火警探測器之動作等使幫浦啟動	幫浦啟動、停止及啟動表示燈之亮燈或閃爍應確實
			啟動裝置試驗、幫浦啟動表示試驗 — 啟動表示亮燈狀況		
			啟動裝置試驗、幫浦啟動表示試驗 — 啟動用水壓開關裝置動作壓力	打開啟動用壓力槽之排水閥，測定啟動用水壓開關裝置之設定動作壓力（重複進行本試驗三次）	動作壓力應在設定動作壓力值的 ± 0.5 kgf/cm² 以內
			幫浦試驗 — 運轉狀況	啟動幫浦	a 電動機及幫浦的運轉應順利 b 電動機應無明顯發熱及異常聲音 c 電動機的啟動性能應確實 d 幫浦底部應無明顯之漏水 e 壓力表及連成計指示壓力值正常 f 配管應無漏水、龜裂等，底閥應適當正常地動作
			幫浦試驗 — 全閉運轉時狀況 — 全閉揚程	關上幫浦出水側之止水閥，測定全閉揚程、電壓及電流	全閉揚程應在額定負荷運轉時之測得揚程（如為中繼幫浦，則係合成特性值）的 140% 以下
			幫浦試驗 — 全閉運轉時狀況 — 電壓電流	—	電壓值及電流值應適當正常
			幫浦試驗 — 額定負荷運轉時狀況 — 額定揚程	幫浦調整成額定負荷運轉，測定揚程、電壓及電流	測得揚程應在該幫浦所標示揚程（如為中繼幫浦，則係合成特性值）的 100% 以上 110% 以下
			幫浦試驗 — 額定負荷運轉時狀況 — 電壓電流	—	電壓值及電流值應適當正常
			＊防止水溫上升排放裝置試驗	關閉幫浦做全閉運轉，測定排放管之排放水量。	排放水量應在下列公式求出量以上： $$q = \frac{LsC}{60\Delta t}$$ q：排放水量（L/min） Ls：幫浦全閉運轉時輸出功率（kW） C：860 kcal（每 1 kW 水之發熱量） Δt：30℃(幫浦內部之水溫上升限度)
			＊幫浦性能試驗裝置試驗	啟動幫浦在額定出水之出水量，同時讀取當時流量計標示值	依消防幫浦加壓送水裝置等及配管摩擦損失計算基準規定之方法求出出水量之值和流量計表示值之差，應在該流量計使用範圍之最大刻度的 $\pm 3\%$ 以內

註：消防幫浦如係經內政部審核認可通過之認可品者，得免除「＊」部分之試驗。

幫浦性能試驗

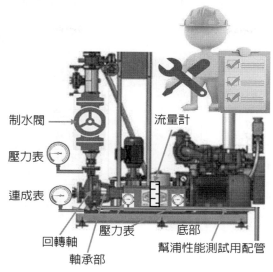

制水閥
壓力表
連成表
流量計
回轉軸　壓力表　底部
軸承部　幫浦性能測試用配管

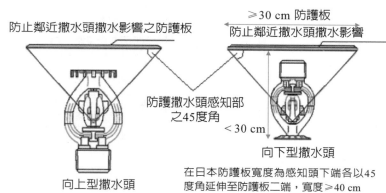

防止鄰近撒水頭撒水影響之防護板

≧30 cm 防護板
防止鄰近撒水頭撒水影響

防護撒水頭感知部
之45度角

< 30 cm

向下型撒水頭

在日本防護板寬度為感知頭下端各以45
度角延伸至防護板二端，寬度≧40 cm

向上型撒水頭

	測試項目	測試方法	判定要領
性能試驗	配管耐壓試驗	對配管施以加壓送水裝置之關閉壓力 1.5 倍以上之水壓，但如為開放式時，應在安裝撒水頭之前進行	配管、配管接頭、閥類應無龜裂、變形、漏水等
	手動啓動裝置試驗	操作設置在各放水區域之手動啓動裝置，確認其性能	動作及性能應適當正常
	流水檢知裝置（自動警報逆止閥）、表示等	操作試驗閥，以確認流水檢知裝置或壓力檢知裝置、音響警報裝置及火警表示裝置的動作狀況，並確認放射	a 在火警表示裝置上應適當表示動作之樓層及放水區域 b 流水檢知裝置或壓力檢知裝置之動作應適當正常 c 音響警報裝置之動作及警報之報知應適當正常

4-4.7 自動撒水設備測試報告書綜合試驗

測試項目			測試方法	判定要領
綜合試驗	放水試驗	放水區域別	關閉一齊開放閥或設於手動式開放閥二次側止水閥，打開止水閥	——
		使用開放式撒水頭者　啓動性能等　由自動火災感知裝置啓動	依所規定之方法使其動作	a 一齊開放閥應可正常地動作，或手動式開放閥可正常地操作 b 加壓送水裝置應確實地動作 c 試驗用排水管應正常地排水 d 壓力檢知裝置或流水檢知裝置應正常地動作 e 應能適當發出警報，並在防災中心等經常有人駐守之場所，標示放水樓層及放水區域
		使用開放式撒水頭者　啓動性能等　由手動啓動裝置啓動	操作開放手動式開關閥	
		樓層別	為預動式依規定使其動作	——
		使用密閉式撒水頭者　啓動性能	開放末端查驗閥	a 如使用重力水箱及壓力水箱者，應由流水檢知裝置或壓力檢知裝置動作，適當發出所規定之警報 b 如使用消防幫浦，由流水檢知裝置或啓動用水壓開關裝置動作，啓動加壓送水裝置 c 應適當發出所規定之警報 d 如為乾式或預動式者應1分鐘以內放水 e 應能在防災中心等經常有人駐守之場所，標示放水樓層及放水區域
		使用密閉式撒水頭者　放水壓力（kgf/cm²）	在末端查驗閥測定放水壓力及放水量	a 放水壓力應在 1 kgf/cm² 以上 10 kgf/cm² 以下，放水量應在 80 L/min 以上 b 放水量依下列公式而算出： $Q = K\sqrt{P}$ Q：放水量（L/min） P：放水壓力（kgf/cm²） K：係數
		使用密閉式撒水頭者　放水量（L/min）		

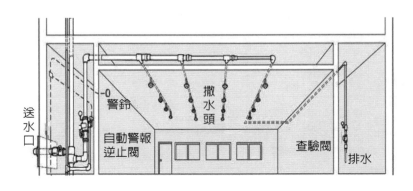

送水口　警鈴　撒水頭　自動警報逆止閥　查驗閥　排水

自動撒水設備性能測試

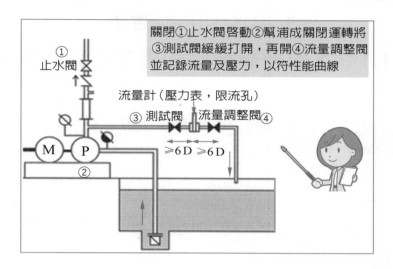

關閉①止水閥啓動②幫浦成關閉運轉將③測試閥緩緩打開，再開④流量調整閥並記錄流量及壓力，以符性能曲線

	測試項目		測試方法	判定要領
綜合試驗	放水試驗	補助撒水栓 放水壓力	使用放水壓力預設為最低處所之補助撒水栓時，測定瞄子前端之放水壓力及放水量	a 瞄子前端放水壓力應在 2.5 kgf/cm² 以上 10 kgf/cm² 以下，放水量應在 60 L/min 以上 b 放水量依下列公式算出： $Q = KD^2\sqrt{P}$ Q：放水量（L/min） D：瞄子口徑（mm） K：依型式指定之係數 P：放水壓力（kgf/cm²） c 以直線放水狀態測定，放水壓力及放水量應適當正常
		放水量		
	補助撒水栓操作性試驗		進行消防水帶延長及收納操作	a 應以 1 人即可輕易操作 b 消防水帶應可輕易地延長及收藏並加以收納
	緊急電源切換試驗	發電機設備	在常用電源放水試驗的最終階段，於電源切換裝置一次側切斷常用電源	a 至電壓確立為止所需之時間應適當正常 b 運轉中幫浦等應無異常 c 放水壓力及放水量應適當正常
		蓄電池設備		a 電壓應適當正常地確立 b 運轉中幫浦等應無異常 c 放水壓力及放水量應適當正常

第4章之1 水道連結型自動撒水設備 （2019.08.20新增）

4-4-1.1 水道連結型自動撒水設備外觀試驗 （一）

測試項目			測試方法	判定要領
外觀試驗	水源	水源種類、構造	以目視確認水源之狀況	應適當正常
		水量		應確保規定以上之水量
		給水裝置		應適當正常
		耐震措施		應採取防止因地震而產生變形、損傷之措施
	增壓供水裝置（限有裝設者）	設置場所	以目視確認設置場所之狀況	a 檢修應便利 b 應為無受火災等災害損害之虞的處所
		型式	以目視確認增壓供水裝置之狀況	a 應使用取得經濟部標準檢驗局商品檢驗標識之產品 b 最大流量、最高揚程及輸入功率等型式，應符合取得經濟部標準檢驗局商品檢驗通過之規格
	配管、配件及閥類	設置狀況	以目視確認設置狀況	a 應無損傷、變形等，並適當正常地設置 b 民生水箱共用式室內水平配管應避免傾斜 c 使用合成樹脂管或自來水用戶內水設備標準規範之聚乙烯塑膠管、聚氯乙烯塑膠管、聚乙烯夾鋁塑膠管、內襯聚乙烯之聚氯乙烯塑膠管、丙烯腈-丁二烯-苯乙烯（ABS）塑膠管、聚丁烯塑膠管、玻璃纖維強化塑膠管，其立管應設於防火構造之管道間，垂直及水平配管應敷設於耐燃材料內保護
		材質	以目視確認配管等	a 民生水箱共用式連結撒水頭之配管材質應符合自來水配管之相關規定 b 獨立水箱式配管材質應符合下列規定之一： 　(a) 應符合 CNS 6445、4626、6331 或具同等以上強度、耐腐蝕性及耐熱性者，或採用經中央主管機關認可具氣密性、強度、耐腐蝕性、耐候性及耐熱性等性能之合成樹脂管 　(b) 自來水用戶用水設備標準規定之聚乙烯塑膠管、聚氯乙烯塑膠管、聚乙烯夾鋁塑膠管、內襯聚乙烯之聚氯乙烯塑膠管、丙烯腈-丁二烯-苯乙烯（ABS）塑膠管、聚丁烯塑膠管、玻璃纖維強化塑膠管、碳鋼鋼管、鎳鉻鐵合金管、不銹鋼管或鋼管 c 設置於高層建築物之配管管材應符合建築技術規則規定 d 配管材質適用範圍依下列各圖粗斜線辦理，圖例 A、B 係指既有自來水管線所分接增設之管線；圖例 C、D 及圖例 E 係指消防水箱二次側起至末端所有配管

圖例 A

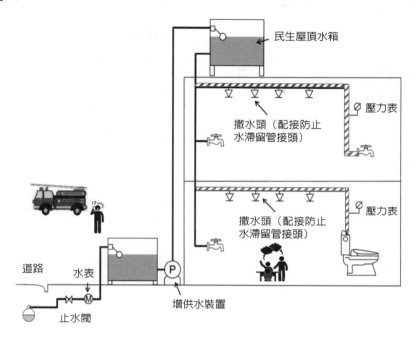

民生屋頂水箱

壓力表

撒水頭（配接防止
水滯留管接頭）

撒水頭（配接防止
水滯留管接頭）

壓力表

道路　　水表

增供水裝置

止水閥

圖例 B

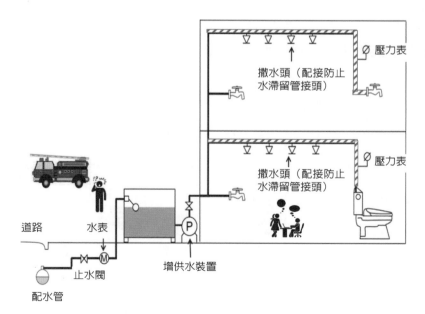

壓力表

撒水頭（配接防止
水滯留管接頭）

撒水頭（配接防止
水滯留管接頭）

壓力表

道路　　水表

增供水裝置

止水閥

配水管

4-4-1.2 水道連結型自動撒水設備外觀試驗（二）

	測試項目		測試方法	判定要領
外觀試驗	配管、配件及閥類	防蝕等其他措施	以目視確認配管等之設置狀況	a 屋外或潮濕場所露出之金屬配管須施以防銹塗裝等防蝕措施，配管材質採不銹鋼鋼管不在此限 b 民生水箱共用式應配接防止水滯留之管接頭，配管末端連結水龍頭或馬桶水箱等日常生活用水設施，俾使配管內水源流動不滯留，並配置壓力表
	撒水頭	配置	以目視確認水道連結型撒水頭之設置狀況	a 應適當正常，且無未警戒之部分 b 撒水頭周圍應無妨礙熱感知及撒水分布之物
		裝置方向		應適當正常
		標示溫度		應配合設置場所
		構造、性能		應為認可品
	末端查驗閥（限採用獨立水箱式）	設置場所	以目視確認設置場所之狀況	應設置在放水壓力預測為最低之配管部分
		構造	以目視確認查驗閥之狀況	一次側應設壓力表，二次側應設有與撒水頭同等放水性能之限流孔
		標示	以目視確認標示之狀況	應在附近明顯易見之處所，標示「末端查驗閥」字樣
	使用標示		以目視確認標示之狀況	應無汙損、不明顯部分

水道連結型自動撒水設備動作相關系統流程

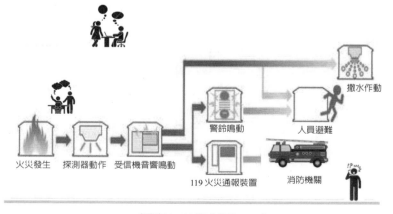

撒水作動

警鈴鳴動　　　人員避難

火災發生　探測器動作　受信機音響鳴動

119 火災通報裝置　　消防機關

（日本 Sanki 株式會社 2019）

圖例 C

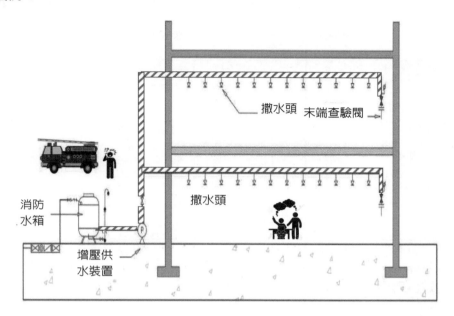

水道連結型自動撒水設備施工過程圖

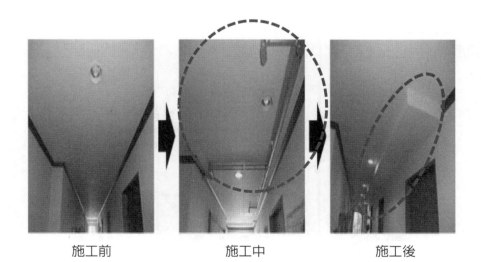

施工前　　　　　　施工中　　　　　　施工後

（日本シー・ビー・シー株式會社 2019）

4-4-1.3 水道連結型自動撒水設備生性能及綜合試驗

測試項目			測試方法	判定要領
性能試驗	水箱	動作試驗 給水裝置動作狀況	打開排水閥，將水箱內的水排出	給水裝置應開始動作、給水
	增壓供水裝置（限有裝設者）	增壓供水裝置動作狀況	打開水龍頭或末端查驗閥，降低配管內的壓力	增壓供水裝置動作應開始動作。
綜合試驗	放水試驗	放水壓力（kgf/cm²）	在末端查驗閥（壓力錶）測定放水壓力及放水量	a 放水壓力應在 0.5 kgf/cm²（0.05 MPa）以上，放水量應在 30 L/min 以上。 b 放水量依下列公式而算出： $Q = K\sqrt{P}$ Q：放水量（L/min） P：放水壓力（kgf/cm²） K：係數

壓力單位轉換

$$F = ma \rightarrow N = kg \times m/s^2 \rightarrow 1kgf = 1kg \times 9.8m/s^2 = 9.8N$$
$$1Pa = 1N/m^2 = (1/9.8) \, kg/m^2 = (1/9.8) \times (1/10000) \, kg/cm^2 = (約)10^{-5} \, kg/cm^2$$
$$1MPa = 10^6 \, Pa = 10 \, kg/cm^2$$

圖例 D

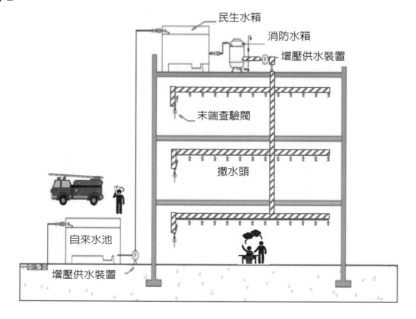

民生水箱
消防水箱
增壓供水裝置
末端查驗閥
撒水頭
自來水池
增壓供水裝置

圖例 E

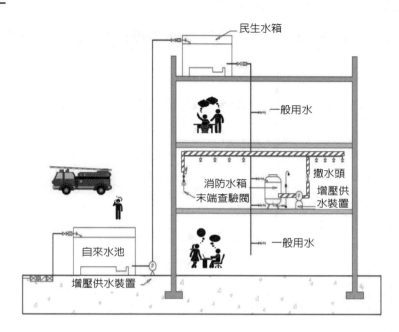

防止水滯留管接頭

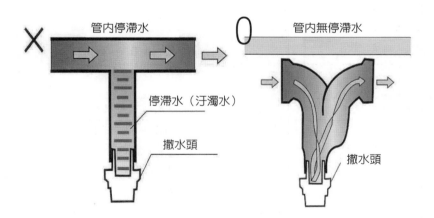

第5章　水霧滅火設備

4-5.1　水霧滅火設備測試報告書外觀試驗（一）

測試項目			測試方法	判定要領
外觀試驗	水源	水源種類、構造	以目視確認水源之狀況	應適當正常
		水量		應確保規定以上之水量
		吸水障礙防止措施		應採取防止之措施
		給水裝置		應適當正常
		耐震措施		應採取防止因地震而產生變形、損傷之措施
	加壓送水裝置	設置場所	目視確認設置場所之狀況	a 檢修應便利 b 應為無受火災等災害損害之虞的處所
		重力水箱　構造	以目視確認機器等之狀況	應適當正常
		重力水箱　內容積、落差		應符合所規定之內容積及落差
		重力水箱　配管、閥類		a 應設有水位計、排水管、溢水用排水管、補給水管及人孔之裝置 b 補給水管上應設置逆止閥及止水閥 c 排水管上應設置止水閥
		重力水箱　水位計		a 指示值應適當正常 b 應無變形、損傷等
		壓力水箱　種類、構造	以目視確認機器等之狀況	應符合 CNS 9788 壓力容器（通則），並依勞動部相關檢查規定辦理
		壓力水箱　內容積、有效壓力		水量應在內容積的 2/3 以下，並具有所規定之壓力
		壓力水箱　自動加壓裝置		應能防止壓力之自然降低
		壓力水箱　配管、閥類		a 應設有壓力表、水位計、排水管、補給水管、給氣管及人孔之裝置 b 補給水管上應設置逆止閥及止水閥 c 排水管上應設置止水閥
		壓力水箱　水位計、壓力表		a 指示應適當正常 b 應無變形、損傷等
	消防幫浦	幫浦、電動機　設置狀況	以目視確認機器等之狀況	應具有充分強度，牢固安裝在底座上
		幫浦、電動機　接地工程		應依屋內線路裝置規則等相關規定進行接地工事
		幫浦、電動機　配線		應適當正常

水霧滅火設備外觀試驗

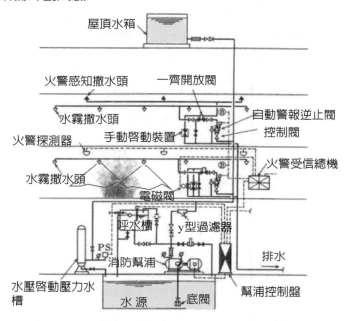

		測試項目		測試方法	判定要領
外觀試驗	加壓送水裝置	消防幫浦	幫浦、電動機 潤滑油	以目視確認機器等之狀況	a 應為規定量 b 無油構造者，其構造應適當正常
			防止水溫上升之排放裝置 配管、閥類	以目視確認機器等之狀況	a 配管應從設於呼水管逆止閥幫浦側或幫浦出水側之逆止閥的一次側接出 b 配管上應設置限流孔等 c 配管口徑應為 15 A 以上 d 止水閥應設置在防止水溫上升用之排放配管的中間
			限流孔		最小流量口徑應為 3 mm 以上
			設在中繼幫浦之排放配管、排放裝置		a 如為排放配管，應在配管高度和 1 次幫浦之額定全揚程的和以下 b 如為排放裝置，設定壓力應在超過中繼幫浦之押入壓力以上，在中繼幫浦押入壓力和中繼幫浦額定全揚程之和以下
			性能試驗裝置配管、閥類	目視確認機器等之狀況	a 應從設於幫浦出水側之逆止閥的一次側分歧接出 b 應設置使幫浦加上額定負荷之流量調整閥、流量計等

4-5.2 水霧滅火設備測試報告書外觀試驗（二）

測試項目				測試方法	判定要領
外觀試驗	加壓送水裝置	消防幫浦	呼水裝置 材質	以目視確認機器等之狀況	a 應使用鋼板並施予有效防鏽處理，或使用具有防火能力之塑膠槽 b 應設置在無受火災等災害損害之虞的處所
			水量		應確保在 100 L 以上之水量
			溢水用排水管		口徑應為 50 A 以上
			呼水管		a 口徑應為 25 A 以上 b 從逆止閥中心線至呼水槽底面的垂直距離在 1 m 以下時，口徑應為 40 A 以上
			補給水管		a 口徑應為 15 A 以上 b 應能從自來水管、屋頂水箱等經由球塞自動給水
			減水警報裝置		發信部應為浮筒開關或電極棒
			控制裝置 設置場所	以目視確認機器等之狀況	幫浦室等應設在無受火災等災害損害之虞的處所
			控制盤		a 應為以鋼板等具耐熱性之不燃材料製作的專用品 b 如兼用為外箱時，為避免受到因其他回路及其回路事故之影響，應以不燃材料做區劃 c 有腐蝕之虞的材料，應施以防蝕處理
			預備品		應備有備用品、線路圖、操作說明書等
			接地工程		應依屋內線路裝置規則等相關規定進行接地工事
			壓力表、連成計 設置位置	以目視確認機器等之狀況	在出水側應適當正常地安裝壓力表，在吸入側應適當正常地安裝連成計（如為沉水幫浦，則在出水側安裝壓力表或連成計）
			性能		————
		減壓措置		目視確認減壓措施之狀況	應採取防止噴頭之放射壓力超過該噴頭性能範圍之上限值的措施
		耐震措施		以目視確認耐震措施之狀況	應採取防止因地震而產生變形、損傷等之措施
	啓動裝置	直接操作部		目視確認機器設置之狀況	可直接操作之啓動裝置應設置在該電動機之控制盤
		啓動用水壓開關裝置	啓動用壓力槽	以目視確認機器之狀況	應符合 CNS 9788 壓力容器（通則），並依勞動部相關檢查規定辦理
			水槽容量		應為 100 L 以上

水霧滅火設備火災動作流程

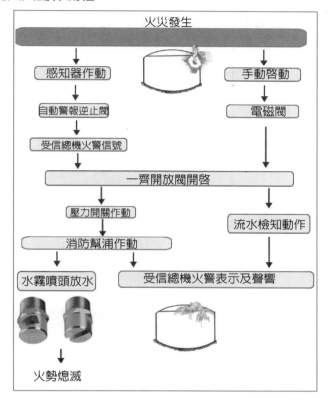

		測試項目		測試方法	判定要領
外觀試驗	啟動裝置	啟動用水壓開關裝置	配管、閥類	以目視確認機器之狀況	a 應和設於幫浦出水側之逆止閥的二次側配管，以口徑 25 A 以上之配管連結，並在中途設止水閥 b 在啟動用壓力槽或其附近應設置壓力表、啟動用水壓開關及試驗幫浦啟動用之排水閥
		自動啟動裝置	密閉式撒水頭	以目視確認機器之狀況	應能有效感知火災
			自動火災感知裝置		應依火警自動警報設備之規定
		手動啟動裝置	設置場所	以目視確認機器之狀況	應設置於該區域在火災時容易接近之處所
			設置高度		應設置於距離樓地板面之高度在 0.8 m 以上 1.5 m 以下的處所
			構造		應易於操作
			標示		應在附近明顯易見之處所，標示其為啟動操作部
		流水檢知裝置		以目視確認機器之狀況	應可發出警報

4-5.3 水霧滅火設備測試報告書外觀試驗（三）

測試項目			測試方法	判定要領
外觀試驗	配管	設置狀況	以目視確認設置狀況	應無損傷、變形等，並適當正常地設置
		配管	以目視確認機器之狀況。	配管應符合 CNS 6445、CNS 4626 或具有同等以上之強度、耐蝕性及耐熱性者
		閥類		a 材質應符合 CNS 2472、CNS 7147、CNS 4125、CNS 3270 或具有同等以上之強度、耐蝕性及耐熱性者 b 出水側主配管安裝有開關閥時，應標示開關位置 c 如為開關閥或止水閥，應以不易磨滅之方法，標示開關方向；如為逆止閥，應以不易磨滅之方法，標示流動方向
		吸水管		a 應為各幫浦所專用 b 過濾裝置應適當正常地設置
		底閥		a 底閥應設置在適當正常之位置 b 應設有過濾裝置且繫以鍊條、鋼索等用人工可以操作之構造 c 主要部分之材質應符合 CNS 2472、CNS 8499 及 CNS 4125 或具有同等以上之強度、耐蝕性者
		防蝕措施	以目視確認防蝕措施之狀況	乾式流水檢知裝置及一齊開放閥的二次側配管應施以鍍鋅等防蝕處理
		耐震措施	以目視確認耐震措施之狀況	應採取防止因地震而產生變形、損傷等之措施
	電源	常用電源	以目視確認電源之狀況	a 應為專用回路 b 電源容量應適當正常
		緊急電源的種類	確認緊急電源之種類	應為發電機設備或蓄電池設備，其供電容量應供其有效動作 30 分鐘以上
	水霧噴頭	設置方法 / 配置	以目視確認機器之設置狀況	a 配置應適當正常，且無未警戒部分 b 應配合設置場所
		水霧噴頭	以目視確認機器之狀況。	限流孔面積、形狀等應適當正常
		自動火災感知裝置		應依火警自動警報設備之規定設置
	制水閥（控制閥）	設置場所	目視確認設置場所等之狀況	a 應設置在檢修便利且無受火災等災害損害之虞處所 b 應設置在放水區域或各樓層
		設置高度	以目視確認設置狀況	應設置於距離樓地板面高度在 0.8 m 以上 1.5 m 以下的處所
		構造	以目視確認機器之狀況	應採取無法任意關閉的措施
		標示	以目視確認標示之狀況	應在附近明顯易見之處所，設置其為水霧滅火設備之控制閥及經常開放狀態的標示

呼水裝置外觀試驗

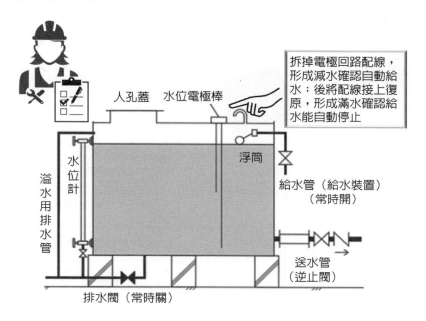

拆掉電極回路配線，形成減水確認自動給水；後將配線接上復原，形成滿水確認給水能自動停止

人孔蓋　水位電極棒

浮筒

給水管（給水裝置）（常時開）

水位計

溢水用排水管

送水管（逆止閥）

排水閥（常時關）

水霧滅火設備：自動警報逆止閥性能檢查

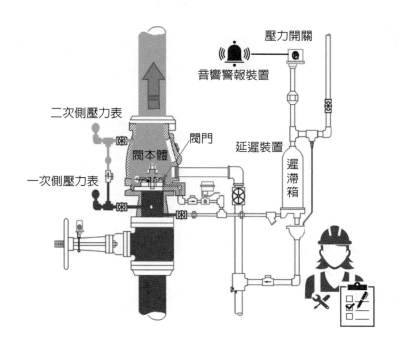

壓力開關

音響警報裝置

二次側壓力表

閥門

延遲裝置

閥本體

遲滯箱

一次側壓力表

4-5.4 水霧滅火設備測試報告書外觀試驗（四）

測試項目			測試方法	判定要領
外觀試驗	自動警報逆止閥	設置場所	以目視確認設置場所等之狀況	應設置在檢修便利，且無受火災等災害損害之虞的處所
		種類、口徑	以目視確認機器之狀況	應適當正常
		減壓警報		如為需要在流水檢知裝置之二次側做壓力設定之設備，應設置當二次側壓力在該流水檢知裝置之壓力設定值以下時，可自動發出警報之裝置
		構造、性能		應適當正常。另自動警報逆止閥應為認可品
	一齊開放閥	啓動操作部 設置場所	以目視確認設置場所等之狀況	應設置在火災時易於接近之位置
		啓動操作部 設置高度		應設置於距離樓地板面高度在 0.8 m 以上 1.5 m 以下的處所
		動作試驗裝置	以目視確認機器之狀況	應設置進行動作試驗之裝置
		構造、性能		應為認可品。
	自動警報裝置	音響警報裝置	以目視確認設置狀況	應有效設置在各樓層或各放水區域
		火災表示裝置		應設置在防災中心等經常有人駐守之場所
	排水設備	地板面坡度		在車輛停駐場所的樓地板面，應有面向排水溝，約 2% 以上的坡度
		排水溝、集水管		排水溝每 40 m 以內之長度，應設置 1 個集水管，並與滅火坑相連結。
		滅火坑 構造		應設有油水分離裝置
		滅火坑 設置位置		應設置在無受火災影響之場所
		地區境界堤高度		應為 10 cm 以上

排水設備外觀檢查

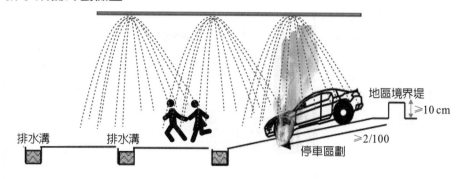

排水溝　　排水溝　　　　　　　　　　　　　停車區劃　　　　≥2/100

地區境界堤　≥10 cm

室內停車空間水霧滅火設備

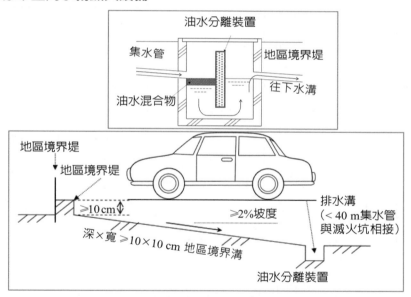

（地區境界堤如同公共危險物品之防液堤，在製造處理場所境界堤≥15 cm）

水霧滅火設備測試報告書性能試驗

測試項目				測試方法	判定要領
性能試驗	加壓送水裝置	重力水箱	動作試驗　給水裝置動作狀況	打開排水閥，將水箱內的水排出	給水裝置應開始動作、給水
			靜水壓測定	從重力水箱測定在最高位及最低位之一齊開放閥或手動式開放閥二次側配管止水閥位置的靜水壓	應在設計之壓力值範圍以上
		壓力水箱	動作試驗　給水裝置動作狀況	打開排水閥，將水箱內的水排出	給水裝置應開始動作、給水

4-5.5 水霧滅火設備測試報告書性能試驗（一）

測試項目				測試方法	判定要領
性能試驗	加壓送水裝置	壓力水箱	動作試驗 自動加壓裝置動作狀況	打開排水閥，降低壓力水箱內的壓力	自動加壓裝置應開始動作
			靜水壓測定	從壓力水箱測定在最高位及最低位之一齊開放閥或手動式開放閥二次側配管止水閥位置的靜水壓	應在設計之壓力值範圍以上
		消防幫浦	呼水裝置動作試驗 減水警報裝置動作狀況	關閉自動給水裝置之閥，打開呼水槽之排水閥排水	應在呼水槽之水量減至 1/2 前確實地動作
			自動給水裝置動作狀況	打開呼水槽之排水閥排水	自動給水裝置應開始動作
			由呼水槽補給水狀況	打開幫浦之漏斗、排氣閥	應可從呼水槽給水
			控制裝置試驗 啓動、停止操作時狀況	啓動幫浦之後再停止	a 啓動、停止之按鈕開關等應確實地動作 b 表示啓動之表示燈應亮或閃爍 c 開閉器之開關應可由電源表示燈等之標示來確認 d 幫浦之關閉、額定負荷運轉時電壓或電流值應適當正常
			電源切換時運轉狀況	啓動幫浦之後切斷常用電源，之後再恢復常用電源	應在常用電源切斷後及恢復後，不需啓動操作，幫浦即可繼續運轉
			啓動裝置試驗 幫浦啓動狀況	從控制盤直接啓動或遠隔操作、火警探測器之動作等使幫浦啓動	幫浦啓動、停止及啓動表示燈之亮燈或閃爍應確實
			啓動表示亮燈狀況		
			啓動用水壓開關裝置動作壓力	打開啓動用壓力槽之排水閥，測定啓動用水壓開關裝置之設定動作壓力（重複進行本試驗 3 次）	動作壓力應在設定動作壓力值的 ±0.5 kgf/cm² 以內。

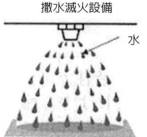

水霧滅火設備　　　　　　　　撒水滅火設備

霧狀微粒子　　　　水

水蒸氣

消防幫浦防止水溫上升裝置

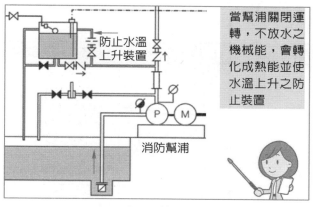

防止水溫
上升裝置

當幫浦關閉運
轉，不放水之
機械能，會轉
化成熱能並使
水溫上升之防
止裝置

消防幫浦

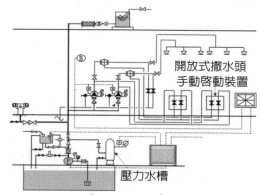

開放式撒水頭
手動啟動裝置

壓力水槽

測試項目					測試方法	判定要領
性能試驗	加壓送水裝置	消防幫浦	幫浦試驗	運轉狀況	啟動幫浦	a 電動機及幫浦的運轉應順利 b 電動機應無明顯發熱及異常聲音 c 電動機的啟動性能應確實 d 幫浦底部應無明顯之漏水 e 壓力表及連成計之指示壓力值應適當正常 f 配管應無漏水、龜裂等，底閥應適當正常地動作

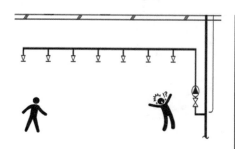

NFPA 13 根據撒水頭「標準型、牆壁
型（Sidewall）、大範圍型（Extended
Coverage）、大水滴型（Large Drop）、
貨架型（In-Rack）、快速動作型（Early
Suppression Fast-Response）」，以場所 4
種等級及建築構造防火時效，來決定每一
撒水頭防護面積與間距。

4-5.6 水霧滅火設備測試報告書性能試驗（二）

測試項目				測試方法	測定要領
性能試驗	加壓送水裝置	消防幫浦	幫浦試驗 — 全閉運轉時狀況 — 全閉揚程	關閉幫浦出水側之止水閥，測定全閉揚程、電壓及電流 註：作為中繼幫浦使用者，製作揚程－出水量之合成特性並確認其特性	全閉揚程應在額定負荷運轉時之測得揚程（如為中繼幫浦，則係合成特性值）的140% 以下
			幫浦試驗 — 全閉運轉時狀況 — 電壓電流	————	電壓值及電流值應適當正常
			幫浦試驗 — 額定負荷運轉狀況 — 額定揚程	幫浦調整成額定負荷運轉，測定測得揚程、電壓及電流。	測得揚程應在該幫浦所標示揚程（如為中繼幫浦，則係合成特性值）的100% 以上110% 以下
			幫浦試驗 — 額定負荷運轉狀況 — 電壓電流	————	電壓值及電流值應適當正常
			＊防止水溫上升排放裝置試驗	將幫浦做全閉運轉，測定排放管之排放水量	排放水量應在下列公式求出量以上： $$q = \frac{LsC}{60\Delta t}$$ q ：排放水量（L/min） Ls：幫浦全閉運轉時之輸出功率（kW） C ：860 kcal（每 1 kW 水之發熱量） Δt：30°C（幫浦內部之水溫上升限度）
			＊幫浦性能試驗裝置試驗	啟動幫浦，依消防幫浦加壓送水裝置等及配管摩擦損失計算基準規定之方法測定在額定出水點之出水量，同時讀取當時流量計之標示值	依消防幫浦加壓送水裝置等及配管摩擦損失計算基準規定之方法求出水量之值和流量計表示值的差，應在該流量計使用範圍之最大刻度的 ±3% 以內
		配管耐壓試驗		對配管施以加壓送水裝置之關閉壓力 1.5 倍以上的水壓	配管、配管接頭、閥類應無龜裂、變形、漏水等

註：消防幫浦如係經內政部審核認可通過之認可品者，得免除「＊」部分之試驗。

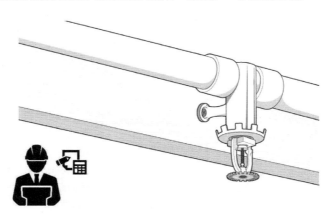

水霧滅火設備測試報告書性能試驗

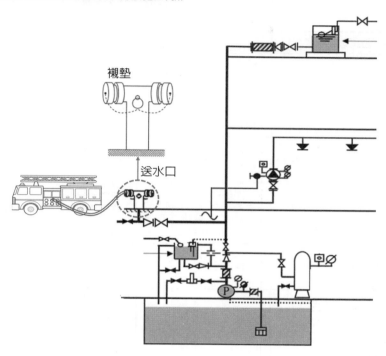

測試項目		測試方法	判定要領
性能試驗	手動啟動裝置試驗	操作設置在各放水區域之手動啟動裝置，確認其性能	動作及性能應適當正常
	自動警報逆止閥、標示等	操作試驗閥，以確認流水檢知裝置或壓力檢知裝置、音響警報裝置及火警表示裝置的動作狀況，並確認放水	a 在火警表示裝置上應適當表示動作之樓層及放水區域 b 流水檢知裝置或壓力檢知裝置之動作應適當正常 c 音響警報裝置之動作及警報之報知應適當正常

末端查驗閥

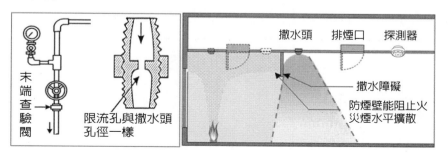

4-5.7 水霧滅火設備測試報告書綜合試驗

測試項目			測試方法	判定要領
綜合試驗	放射試驗	放射區域	在全部之放射區域進行。另外,在任何放射區域,於預設放射壓力最低之噴頭及放射壓力最高之噴頭的一次側,均應安裝壓力表	————
		啓動性能等	由自動火災感知裝置啓動	應依所規定之方法使其動作	a 一齊開放閥應可正常地動作,或手動式開放閥可正常地操作 b 加壓送水裝置應確實地動作 c 壓力檢知裝置或流水檢知裝置應正常地動作 d 應能適當發出警報,並在防災中心等經常有人駐守之場所,標示放水樓層及區域
			由手動啓動裝置啓動	打開啓動操作部(係指手動式開放閥,如為設於遠隔啓動操作部分者,包括該操作部)	
		水霧噴頭放射狀況		以目視確認	a 應從噴頭正常地放射 b 防護對象物應在噴頭之有效防護空間內

		放射壓力(kgf/cm²)	最高	測定放射壓力及放射量	放射壓力及放射量應在所設置噴頭之使用範圍內。另放射量依下列公式算出:
					$Q = K\sqrt{P}$
					  Q:放射量(L/min)
					  P:放射壓力(kgf/cm²)
					  K:係數

			最低		
		放射量(L/min)			
		排水設備	地區境界堤狀態	以目視確認	所放射之水,應不致從地區境界堤溢出
			滅火坑水位		應在設計值之範圍內
			排水狀況		應能無礙地進行
	緊急電源切換試驗	發電機設備		在常用電源放水試驗的最終階段,於電源切換裝置一次側切斷常用電源	a 至電壓確立為止所需之時間應適當正常 b 運轉中幫浦等應無異常 c 放水壓力及放水量應適當正常
		蓄電池設備			a 電壓應確認適當正常 b 運轉中幫浦等應無異常 c 放水壓力及放水量應適當正常

水霧噴頭種類及原理

紊流式	高壓水至噴頭內部擴大區劃空間垂直角大灣流時，形成紊流動態水粒流，高壓撞擊斜度限流孔，引流擴大水霧粒子流	
迴水板式	高壓水至噴頭內部直流，高速直接撞擊斜度外齒形迴水板，引流擴大水霧粒子流	
螺旋式	高壓水至噴頭內部螺旋室時，產生高速螺旋水流撞擊斜度限流孔，引流擴大水霧粒子流	

自動撒水設備與被動式防火之等價替代	
撒水與室內裝修之替代	≥ 11F 供乙丙丁類符合施工編 88 條 室內裝修得不受限制
撒水與防火區劃之替代	複合用途供乙丙丁類有防火區劃，開口面積 < 8 m² ≥ 11F 供乙丙丁類有防火區劃面積 < 200 m² 設有自動滅火設備者防火區劃面積得加倍
撒水與防火設備之替代	複合用途供乙丙丁類開口部為防火設備 ≥ 11F 供乙丙丁類開口部為防火設備

第6章　泡沫滅火設備

4-6.1　泡沫滅火設備測試報告書外觀試驗（一）

測試項目				測試方法	判定要領
外觀試驗	水源	水源種類、構造		以目視確認水源之狀況	應適當正常
		水量			應確保規定以上之水量
		吸水障礙防止措施			應採取防止之措施
		給水裝置			應適當正常
		耐震措施			應採取防止因地震而產生變形、損傷之措施
	加壓送水裝置	設置場所		目視確認設置場所之狀況	a 檢修應便利 b 應為無受火災等災害損害之虞的處所
		重力水箱	構造	以目視確認機器等之狀況。	應適當正常
			內容積、落差		應符合所規定之內容積及落差
			配管、閥類		a 應設有水位計、排水管、溢水用排水管、補給水管及人孔之裝置 b 補給水管上應設置逆止閥及止水閥 c 排水管上應設置止水閥
			水位計		a 指示值應適當正常 b 應無變形、損傷等
		壓力水箱	種類、構造		應符合 CNS 9788 壓力容器（通則），並依勞動部相關檢查規定辦理
			內容積、有效壓力		水量應在內容積的 2/3 以下，並具有所規定之壓力
			自動加壓裝置		應能防止壓力自然降低。
			配管、閥類		a 應設有壓力表、水位計、排水管、補給水管、給氣管及人孔之裝置 b 補給水管上應設置逆止閥及止水閥 c 排水管上應設置止水閥
			水位計、壓力表		a 指示應適當正常 b 應無變形、損傷等
		消防幫浦	幫浦、電動機	設置狀況	應具有充分強度，牢固安裝在底座上
				接地工程	應依屋內線路裝置規則等相關規定進行接地工程
				配線	應適當正常

泡沫滅火設備

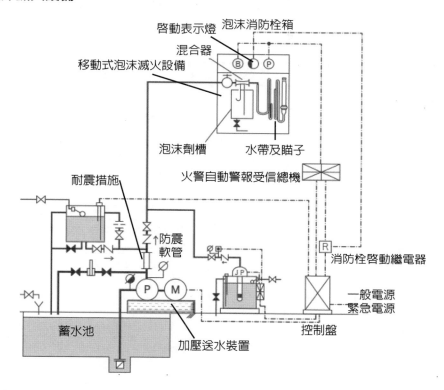

		測試項目		測試方法	判定要領
外觀試驗	加壓送水裝置	消防幫浦	幫浦電動機	潤滑油	確認機器等之狀況	a 應為規定量 b 如為無油構造者，其構造應適當正常
			防止水溫上升用之排放裝置	配管、閥類	以目視確認機器等之狀況	a 配管應從設於呼水管逆止閥幫浦側或幫浦出水側之逆止閥的一次側接出 b 配管上應設置限流孔等 c 配管口徑應為 15 A 以上 d 止水閥應設置在防止水溫上升用之排放配管的中間
				限流孔		最小流量口徑應為 3 mm 以上
			性能試驗裝置配管、閥類		目視確認機器等之狀況	a 應從設於幫浦出水側之逆止閥的一次側分歧接出 b 應設置使幫浦加上額定負荷之流量調整閥、流量計等
			呼水裝置	材質	以目視確認機器等之狀況	a 應使用鋼板並施予有效防鏽處理，或使用具有防火能力之塑膠槽 b 應設置在無受火災等災害損害之虞的處所
				水量		應確保在 100 L 以上之水量

4-6.2 泡沫滅火設備測試報告書外觀試驗（二）

測試項目				測試方法	判定要領
外觀試驗	加壓送水裝置	消防幫浦	呼水裝置 溢水用排水管		以目視確認機器等之狀況	口徑應為 50 A 以上
			呼水管			a 口徑應為 25 A 以上 b 從逆止閥中心線至呼水槽底面的垂直距離在 1 m 以下時，口徑應為 40 A 以上
			補給水管			a 口徑應為 15 A 以上 b 應能從自來水管、屋頂水箱等經由球塞自動給水
			減水警報裝置			發信部應為浮筒開關或電極棒
			控制裝置 設置場所			幫浦室等應設在無受火災等災害損害之虞的處所
			控制盤			a 應為以鋼板等具耐熱性之不燃材料製作的專用品 b 如兼用為外箱時，為避免受到因其他回路及其他回路事故之影響，應以不燃材料做區劃 c 有腐蝕之虞的材料，應施以防蝕處理
			預備品			應備有備用品、線路圖、操作說明書等
			接地工程			應依屋內線路裝置規則等相關規定進行接地工事
			壓力表連成計 設置位置			在出水側應適當正常地安裝壓力表，在吸入側應適當正常地安裝連成計（如為沉水幫浦，則在出水側安裝壓力表或連成計）
			性能			—————
		減壓措施			以目視確認減壓措施之狀況	a 應採取防止泡沫放出口之放射壓力或瞄子前端之放射壓力超過該泡沫放出口或瞄子性能範圍之上限值的措施 b 如使用減壓閥等減壓裝置者，應避免因該裝置故障對送水造成妨礙
		耐震措施			以目視確認機器之狀況	應採取防止因地震而產生變形、損傷等之措施
	啓動裝置	直接操作部				可直接操作之啓動裝置應設置在該電動機之控制盤

消防幫浦起動方式

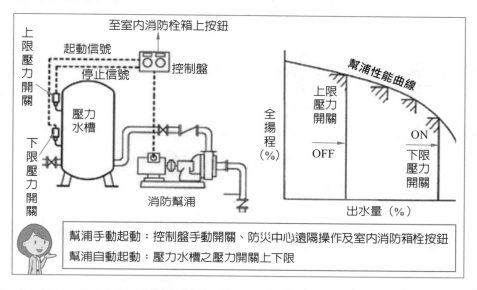

		測試項目	測試方法	判定要領
外觀試驗	啓動裝置	啓動用水壓開關裝置 — 啓動用壓力槽	以目視確認機器之狀況	應符合 CNS 9788 壓力容器（通則），並依勞動部相關檢查規定辦理
		啓動用水壓開關裝置 — 水槽容量		應為 100 L 以上
		啓動用水壓開關裝置 — 配管、閥類		a 應和設於幫浦出水側之逆止閥的二次側配管，以口徑 25 A 以上之配管連結，並在中途設止水閥 b 在啓動用壓力槽或其附近應設置壓力表、啓動用水壓開關及試驗幫浦啓動用之排水閥
		自動啓動裝置 — 密閉式撒水頭	以目視確認機器之設置狀況	應能有效感知火災
		自動啓動裝置 — 自動火災感知裝置		應依火警自動警報設備之規定設置
		手動啓動裝置 — 設置場所	以目視確認機器之設置狀況	應設置於該區域在火災時容易接近之處所。
		手動啓動裝置 — 設置高度		應設置於距離樓地板面高度在 0.8 m 以上 1.5 m 以下處所
		手動啓動裝置 — 構造		應易於操作
		手動啓動裝置 — 標示		應在附近明顯易見之處所，標示其為啓動操作部
	自動警報逆止閥		以目視確認機器之設置狀況	應可發出警報

4-6.3 泡沫滅火設備測試報告書外觀試驗（三）

測試項目			測試方法	判定要領
外觀試驗	配管、閥類	設置狀況	以目視確認設置狀況	應無損傷、變形等並適當正常地設置
		配管	以目視確認機器之設置狀況	配管應符合 CNS 6445、CNS 4626 或具有同等以上之強度、耐蝕性及耐熱性者
		閥類		a 材質應為符合 CNS 2472、CNS 7147、CNS 4125、CNS 3270 或具有同等以上之強度、耐蝕性及耐熱性者 b 出水側主配管安裝有開關閥時，應標示開關位置 c 如為開關閥或止水閥，應以不易磨滅之方式，標示開關方向；如為逆止閥，應以不易磨滅之方法，標示流動方向
		吸水管		a 應為各幫浦所專用 b 過濾裝置應適當正常地設置
		底閥		a 底閥應設置在適當正常之位置 b 應設有過濾裝置且繫以鍊條、鋼索等用人工可以操作之構造 c 主要部分之材質應為符合 CNS 2472、CNS 8499 及 CNS 4125 或具有同等以上之強度、耐蝕性者
		防蝕措施	以目視確認防蝕措施狀況	乾式流水檢知裝置及一齊開放閥的二次側配管應施以鍍鋅等防蝕處理
		耐震措施	以目視確認耐震措施狀況	應採取防止因地震而產生變形、損傷等之措施
	電源	常用電源	以目視確認電源之狀況	a 應為專用回路 b 電源容量應適當正常
		緊急電源種類	確認緊急電源之種類	應為發電機設備或蓄電池設備，其供電容量應供其有效動作 30 分鐘以上
	放射區域數及設定狀況	樓層	以目視確認設定狀況	配置應適當正常，無未警戒部分
		放射區域數		
		發泡方式（高發泡、低發泡）		
		設定狀況		

泡沫滅火設備（壓入式）

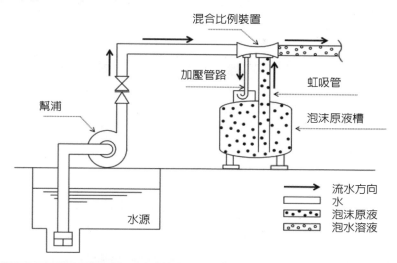

	測試項目		測試方法	判定要領
外觀試驗	泡沫放出口	設置方法（配置）	以目視確認機器之設置狀況	a 使用低發泡者，應無未警戒部分，並避免放射分布障礙 b 使用高發泡者，應適當正常設置在比防護對象物最高點還高的位置 c 如為局部放射方式者，在相互鄰接之防護對象物有延燒之虞時，應就延燒範圍內之防護對象物適當正常地設置
		設置方法（裝置方向）		應和配管確實地接續
		泡沫噴頭	以目視確認機器之狀況	應為適當正常之裝置，並為認可品
		高發泡放出口		應為適當正常之裝置
	制水閥	設置場所	以目視確認設置場所等之狀況	a 應設置在檢修便利，且無受火災等災害損害之虞的處所 b 應設置在放水區域或各樓層
		設置高度	以目視確認設置狀況	應設置於距離樓地板面高度在 0.8 m 以上 1.5 m 以下處所

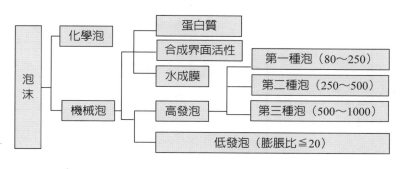

4-6.4 泡沫滅火設備測試報告書外觀試驗（四）

測試項目			測試方法	判定要領
外觀試驗	制水閥	構造	以目視確認機器之狀況	應採取無法任意關閉的措施
		標示	以目視確認標示之狀況	應在附近明顯易見處設置其為泡沫滅火設備之控制閥及經常開放狀態的標示
	自動警報逆止閥	設置場所	以目視確認設置場所等之狀況。	應設置在檢修便利，且無受火災等災害損害之虞的處所
		種類、口徑	以目視確認機器之狀況	應適當正常
		減壓警報		如為需要在自動警報逆止閥之二次側做壓力設定之設備，應設置當二次側壓力在該自動警報逆止閥之壓力設定值以下時，可自動發出警報之裝置
		構造、性能		應適當正常，並應為認可品
	一齊開放閥	啟動操作部 設置場所	以目視確認設置場所等之狀況	應設置在火災時易於接近之位置
		啟動操作部 設置高度		應設置於距離樓地板面高度在 0.8 m 以上 1.5 m 以下處所
		動作試驗裝置	以目視確認機器之狀況。	應設置進行動作試驗之裝置
		構造、性能		應為認可品
	自動警報裝置	音響警報裝置	以目視確認機器之設置狀況	應有效設置在各樓層或各放水區域
		火災表示裝置		應設置在防災中心等經常有人駐守之場所
	防護區域開口部（限高發泡）	開口部之措施	以目視確認開口部之狀況。	在防護區域上部以外有開口部時，應設置自動關閉裝置
		不設自動關閉裝置之開口部		開口部應在泡沫水溶液補充洩漏量設定之開口面積以下
		開口部之構造		開口部等應無使放射泡沫流出防護區劃以外之虞
	儲存槽等	儲存槽 設置場所	以目視確認設置場所等之狀況	a 應為火災時無受延燒之虞的場所 b 應為不使泡沫滅火藥劑性質變質之虞的場所
		滅火藥劑之適合性		應適當正常
		儲存量		應為規定量以上

泡沫滅火設備：一齊開放閥（含電磁閥）

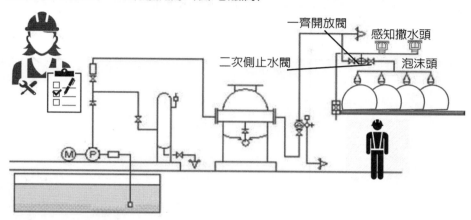

泡沫滅火設備種類

泡沫滅火設備	固定式	泡沫放出口	儲槽使用，自配管送出泡沫混合液於放出口吸入空氣而發泡之方式
		泡沫噴頭	火災時接近困難，自配管送出泡沫混合液，於泡沫噴頭吸入空氣而發泡之方式
	移動式	泡沫消防栓	火災時容易接近滅火，自配管送出泡沫混合液於泡沫瞄子吸入空氣而發泡之方式
		補助泡沫消防栓	固定式泡沫之補助性設置，發泡方式與泡沫消防栓同
	泡沫射水槍		設置於閃火點＜40℃之室外儲槽或岸邊之注入口，得遠端操作，發泡方式與泡沫消防栓同

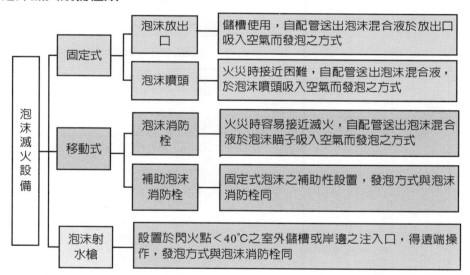

泡沫滅火原理與泡沫放出口

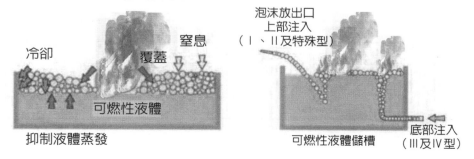

4-6.5 泡沫滅火設備測試報告書外觀試驗 （五）

測試項目			測試方法	判定要領
外觀試驗	儲存槽等	儲存槽 壓力表指示	以目視確認設置場所等之狀況	如平常在加壓狀態下者，壓力表的指示應適當正常
		混合裝置 設置場所		應為火災時無受延燒之虞的場所
		混合方式		應適當正常
		泡沫滅火藥劑 種類	確認泡沫滅火藥劑	應使用所規定之種類
		性能		應為認可品
		耐震措施	目視確認耐震措施之狀況	應採取防止因地震而產生變形、損傷之措施
	泡沫消防栓等	泡沫消防栓 設置場所	以目視確認設置狀況	防護對象物任一點水帶接頭之水平距離，應在 15 m 以下範圍內
		周圍狀況、操作性		應設置在操作容易且無障礙物之場所
		開關閥設置高度		水帶接續口及開關閥應設置在距離樓地板面高度 1.5 m 以下位置
		水帶接續口		水帶接頭應為快速接頭式或螺牙式，口徑 38 A 或 50 A
		泡沫消防栓箱 周圍狀況		應確保不會對箱門開關及放射操作等造成妨礙之寬度
		設置狀況		a 安裝應牢固 b 泡沫放射器具、水帶接續口、開關等應妥善收納
		材質		a 應以鋼材等不燃材料作成 b 應無變形、損傷等
		標示燈		應設置於明顯易見處
		標示		箱表面應標示「移動式泡沫滅火設備」字樣
		水帶、瞄子 水帶	以目視確認機器之狀況	口徑為 38 A 或 50 A，具備所需之長度、數量
		水帶接續口		應符合水帶之口徑
		瞄子		應適當正常
		結合狀態		應可確實地安裝或拆卸，在使用容易之狀態，無變形、損傷、堵塞
		收納狀態		應避免扭曲、糾結，並整齊地收納

泡沫滅火設備

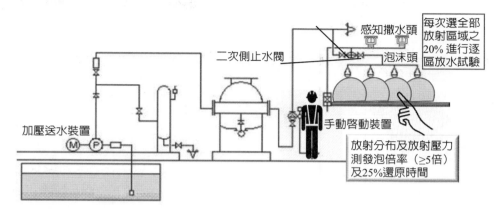

泡沫滅火設備性能試驗

測試項目				測試方法	判定要領
性能試驗	加壓送水裝置	重力水箱	動作試驗 給水裝置動作狀況	打開排水閥，將水箱內的水排出	給水裝置應開始動作、給水
			靜水壓測定	從重力水箱測定在最高位及最低位之一齊開放閥或手動式開放閥二次側配管止水閥位置的靜水壓	應在設計之壓力值以上
		壓力水箱	動作試驗 給水裝置動作狀況	打開排水閥，將水箱內的水排出	給水裝置應開始動作、給水
			自動加壓裝置動作狀況	打開排水閥，降低壓力水箱內的壓力	自動加壓裝置應開始動作
			靜水壓測定	從壓力水箱測定在最高位及最低位之一齊開放閥或手動式開放閥二次側配管止水閥位置的靜水壓	應在設計之壓力值以上
		消防幫浦	呼水裝置動作試驗 減水警報裝置動作狀況	關閉自動給水裝置之閥，打開呼水槽之排水閥排水	應在呼水槽之水量減至 1/2 前確實地動作
			自動給水裝置動作狀況	打開呼水槽之排水閥排水	自動給水裝置應開始動作

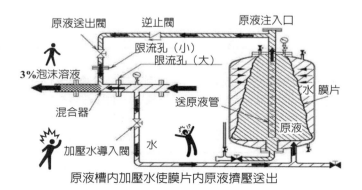

原液槽內加壓水使膜片內原液擠壓送出

4-6.6 泡沫滅火設備測試報告書性能試驗（一）

測試項目				測試方法		判定要領
性能試驗	加壓送水裝置	消防幫浦	呼水裝置動作試驗	由呼水槽補給水狀況	打開幫浦之漏斗、排氣閥	應可從呼水槽給水
			控制裝置試驗	啓動、停止操作時狀況	啓動幫浦之後再停止	a 啓動、停止之按鈕開關等應確實地動作 b 表示啓動表示燈應亮燈或閃爍 c 開閉器之開關應可由電源表示燈等之標示來確認 d 幫浦之關閉、額定負荷運轉時之電壓或電流值應適當、正常
				電源切換運轉狀況	啓動幫浦之後切斷常用電源後再恢復常用電源	應在常用電源切斷後及恢復後，不需啓動操作，幫浦即可繼續運轉
			啓動裝置試驗	幫浦啓動狀況	從控制盤直接啓動或遠隔操作、火警探測器之動作等使幫浦啓動	幫浦啓動及停止應確實
				啓動表示亮燈狀況	啓動幫浦時，確認啓動表示燈的亮燈狀況	啓動表示燈應亮燈或閃爍
				啓動用水壓開關裝置動作壓力	打開啓動用壓力槽之排水閥，測定啓動用水壓開關裝置之設定動作壓力（重複進行本試驗3次）	動作壓力應在設定動作壓力值的 ±0.5 kgf/cm² 以內
			幫浦試驗	運轉狀況	啓動幫浦	a 電動機及幫浦的運轉應順利 b 電動機應無明顯發熱及異常聲音 c 電動機的啓動性能應確實 d 幫浦底部應無明顯之漏水 e 壓力表及連成計壓力適當正常 f 配管應無漏水、龜裂等，底閥應適當正常地動作

移動式都會要求水壓大一點，如泡沫壓力要求 3.5 kg/cm²，這是考量油類火災輻射熱大，人員難以驅近，而可遠距離射水。另一方面是必須有足夠放水量，避免人員進行時遭火勢所困。

消防幫浦

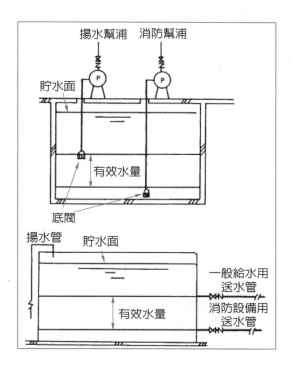

測試項目					測試方法	判定要領
性能試驗	加壓送水裝置	消防幫浦	幫浦試驗	全閉運轉時狀況 全閉揚程	關閉幫浦出水側之止水閥，測定全閉揚程、電壓及電流 註：作為中繼幫浦使用者，製作揚程－出水量之合成特性並確認其特性	全閉揚程應在額定負荷運轉時之測得揚程（如為中繼幫浦，則係合成特性值）的 140% 以下
				電壓電流	──────	電壓值及電流值應適當正常
				額定負荷運轉時狀況 額定揚程	幫浦調整成額定負荷運轉，測定測得揚程、電壓及電流 註：作為中繼幫浦使用者，製作揚程－出水量之合成特性並確認其特性。	測得揚程應在該幫浦所標示揚程（如為中繼幫浦，則係合成特性值）的 100% 以上 110% 以下
				電壓電流	──────	電壓值及電流值應適當正常

4-6.7 泡沫滅火設備測試報告書性能試驗（二）

測試項目			測試方法	判定基準
性能試驗	加壓送水裝置	消防幫浦	＊防止水溫上升排放裝置試驗	關閉幫浦，測定排放管之排放水量	排放水量應在下列公式求出量以上： $q = \dfrac{LsC}{60\Delta t}$ q：排放水量（L/min） Ls：幫浦全閉運轉時之輸出功率（kW） C：860 kcal（每 1 Kw 水之發熱量） Δt：30℃（幫浦內部之水溫上升限度）
			＊幫浦性能試驗裝置試驗	啟動幫浦，依消防幫浦加壓送水裝置等及配管摩擦損失計算基準規定之方法測定在額定出水點之出水量，同時讀取當時流量計之標示值	依消防幫浦加壓送水裝置等及配管摩擦損失計算基準規定之方法求出出水量之值和流量計表示值的差，應在該流量計使用範圍最大刻度的 ±3% 以內
	配管耐壓試驗			配管以加壓送水裝置關閉壓力 1.5 倍以上水壓	配管、配管接頭、閥類應無龜裂、變形、漏水等
	手動啟動裝置試驗			操作設置在各放水區域之手動啟動裝置，確認其性能	動作及性能應適當正常
	自動警報逆止閥、表示等			操作試驗閥，確認自動警報逆止閥或壓力檢知裝置、音響警報裝置及火警標示裝置的動作狀況，並確認放射	a 在火警表示裝置上應適當標示設置樓層或放射區域 b 自動警報逆止閥或壓力檢知裝置之動作應適當正常 c 音響警報裝置之動作及警報報知適當正常

註：消防幫浦如係經內政部審核認可通過之認可品者，得免除「＊」部分之試驗。

泡沫滅火設備測試報告書綜合試驗

測試項目				測試方法	判定要領
綜合試驗	泡沫放射試驗（使用低發泡者）	固定式	放射區域	就預設放射壓力最低處的泡沫消防栓實施。最多應在同一樓層二處泡沫消防栓實施	———
			由自動火災感知裝置啟動	應依所規定之方法使其動作	a 一齊開放閥應可正常地動作，或手動式開放閥可正常地操作 b 加壓送水裝置應確實地動作 c 壓力檢知裝置或自動警報逆止閥應正常地動作 d 應能適當發出警報，並在防災中心等經常有人駐守之場所，標示放射樓層或放射區域

加壓送水裝置

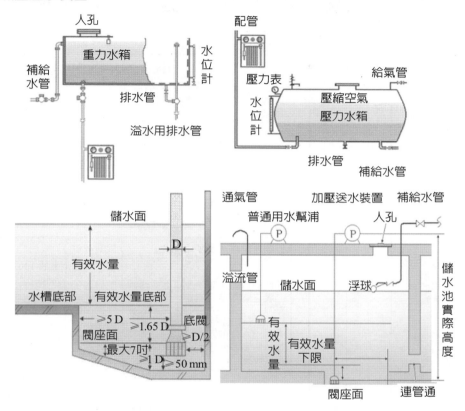

		測試項目	測試方法	判定要領
綜合試驗	泡沫放射試驗（使用低發泡者）	固定式 由手動啟動裝置啟動	打開啟動操作部（係指手動式開放閥，如為設於遠隔啟動操作部分者，包括該操作部）	a 一齊開放閥應可正常地動作，或手動式開放閥可正常地操作 b 加壓送水裝置應確實地動作 c 壓力檢知裝置或自動警報逆止閥正常動作 d 應能適當發出警報，並在防災中心等經常有人駐守場所，標示放射樓層或放射區域
		泡沫噴頭放射狀況	以目視確認	a 應從噴頭正常地放射 b 防護對象物應在噴頭之有效防護空間內
		放射壓力（kgf/cm²） 最高 最低	測定放射壓力	放射壓力應在所設置泡沫放射口使用範圍內
		稀釋容量濃度（%）	測定在一定時間內放射之水量及泡沫滅火藥劑量	泡沫滅火藥劑之稀釋濃度，如為 3% 型者，應在 3～4% 之範圍內；如為 6% 型者，應在 6～8% 之範圍內

4-6.8 泡沫滅火設備測試報告書綜合試驗

測試項目			測試方法		判定要領		
綜合試驗	泡沫放射試驗（使用低發泡者）	固定式	發泡倍率（倍）	依使用泡沫滅火藥劑種類，參照泡沫噴頭認可基準規定之方法進行試驗	發泡倍率應在 5 倍以上		
			25% 還原時間（sec）		如為蛋白泡沫滅火藥劑及水成膜泡沫滅火藥劑，應為 60 秒以上；如為合成界面活性劑泡沫滅火藥劑，則應為 30 秒以上		
		移動式	放射區域	就預設放射壓力最低處的泡沫消防栓實施。最多應就同一樓層二處泡沫消防栓實施	———		
			放射狀況	以目視確認	a 應從泡沫瞄子正常地放射 b 防護對象物應在泡沫瞄子之有效防護空間內		
			放射量測定｜放射壓力	拉開各所規定長度之水帶，確認維持其可達長度 打開開關閥，藉附壓力表之管路接頭測定壓力	從各個泡沫瞄子之泡沫水溶液放射量	設置在供汽車修理、停車空間等部分	應為 100 L/min 以上
			放射量測定｜放射量	從該泡沫瞄子之壓力－出水量的關係圖等，測定泡沫水溶液之放射量		設置在其他防護對象物部分	應為 200 L/min 以上
			稀釋容量濃度	測定在一定時間內放射之水量及泡沫滅火藥劑量	泡沫滅火藥劑之稀釋濃度，如為 3% 型者，應在 3～4% 之範圍內；如為 6% 型者，應在 6～% 之範圍內		
			發泡倍率	依使用泡沫滅火藥劑種類所規定之方法進行試驗	發泡倍率應在 5 倍以上		
			25% 還原時間		如為蛋白泡沫滅火藥劑及水成膜泡沫滅火藥劑，應為 60 秒以上；如為合成界面活性劑泡沫滅火藥劑，則應為 30 秒以上		
	泡沫放射試驗（使用高發泡者）		放射區域	不論使用何種加壓送水裝置，均就各個放射區域進行。另外，設置在預設放射壓力最低之放射區域及放射壓力最高之區域的高發泡放出口一次側，應安裝壓力表	———		

25% 還原時間

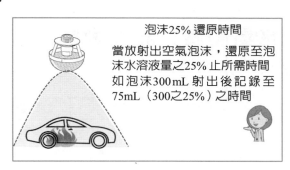

泡沫25% 還原時間

當放射出空氣泡沫，還原至泡沫水溶液量之25% 止所需時間如泡沫300 mL 射出後記錄至75mL（300之25%）之時間

測試項目			測試方法	判定要領
綜合試驗	泡沫放射試驗（使用高發泡者）	啟動性能等 — 自動火災感知裝置啟動	應依所規定之方法使其動作	a 一齊開放閥應可正常地動作，或手動式開放閥可正常地操作 b 加壓送水裝置應確實地動作 c 壓力檢知裝置或自動警報逆止閥應正常地動作 d 應能適當發出警報，並在防災中心等經常有人駐守之場所，標示放射樓層或放射區域
		啟動性能等 — 手動啟動裝置啟動	打開啟動操作部（係指手動式開放閥，如為設於遠隔啟動操作部分者，包括該操作部）	
		自動關閉裝置動作狀況	以目視確認	應確實地啟動且關閉自動關閉裝置
		放射狀況		a 應從高發泡放出口正常地放射 b 防護對象物應包含在高發泡放出口之有效防護空間內
		由放出停止裝置之停止狀況	在確認加壓送水裝置之啟動及自動關閉裝置之動作後，操作該裝置使動作停止	應確實地停止
		放射壓力測定（kgf/cm²）	測定放射壓力	放射壓力應在所設置之高發泡放出口的使用範圍內
	緊急電源切換試驗	發電機設備	在常用電源放射試驗的最終階段，於電源切換裝置一次側切斷常用電源	a 電壓確定為止所需時間應適當、正常 b 運轉中幫浦等應無異常 c 放射壓力應適當、正常
		蓄電池設備		a 電壓應適當正常 b 運轉中幫浦等應無異常 c 放射壓力應適當正常

第7章　惰性氣體滅火設備

4-7.1　惰性氣體滅火設備測試報告書外觀試驗（一）

測試項目				測試方法	判定要領
外觀試驗	控制裝置		設置場所	以目視確認設置場所等狀況	a 應設置在儲存容器設置場所、防災中心等易於檢查之場所 b 應為無受火災等災害損害之虞的處所 c 應牢固地設置，不致因地震等而傾倒
			表示燈、開關	以目視確認機器等之狀況	應設置確認電源之表示燈、復舊開關
			防護措施		多接點繼電器上應採取防止撞擊、塵埃之適當防護措施
			遲延裝置		a 滅火藥劑採二氧化碳之全區放射方式者，應設置從啟動裝置動作至放出之時間在 20 秒以上的遲延裝置 b 滅火藥劑採其他惰性氣體之全區放射方式者，應設置配合防護區域使用型態，遲延時間設定在 20 秒以下之遲延裝置。但防護區域常時無人者，不在此限
			自動、手動啟動切換裝置		a 應設置自動、手動之切換表示 b 切換應以鑰匙等才能操作
	電源		常用電源	以目視確認電源之狀況	a 應為專用回路 b 電源容量應適當正常
			緊急電源種類	確認緊急電源之種類	應為發電機設備或蓄電池設備，其容量能使該設備有效動作 1 小時以上
	啟動裝置	手動啟動裝置	設置場所等 設置場所	以目視確認設置場所等之狀況	應設在防護區域出入口附近，能看清防護區域內部，且在火災時易於操作，操作後能立即退避之處所
			設置位置		每一防護區域或防護對象應裝設一套
			設置高度		操作部應設在距樓地板面高度 0.8 m 以上 1.5 m 以下之位置
			設備標示		應在附近明顯易見處所，設置該設備「手動啟動裝置」之標示
			操作標示		在啟動裝置或其附近，應標示防護區域名稱、操作方法及安全上應注意事項等
			塗色等	以目視確認機器之狀況	外殼應漆紅色，無明顯損傷，且門扉之開閉應能確實
			防護措施		箱門應進行封印
			表示燈		以電力啟動者應設置電源表示燈

二氧化碳滅火設備外觀檢查

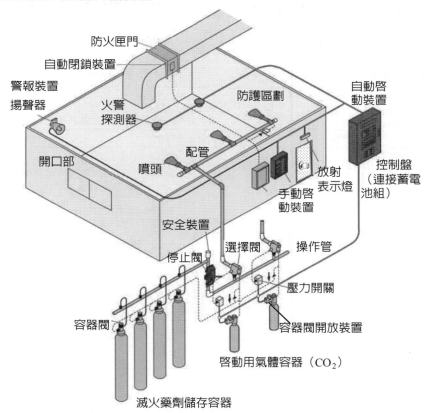

防火匣門
自動閉鎖裝置
警報裝置揚聲器
火警探測器
防護區劃
自動啓動裝置
開口部
配管
噴頭
放射表示燈
控制盤（連接蓄電池組）
手動啓動裝置
安全裝置
停止閥
選擇閥
操作管
壓力開關
容器閥
容器閥開放裝置
啓動用氣體容器（CO_2）
滅火藥劑儲存容器

測試項目			測試方法	判定要領
外觀試驗	啓動裝置	自動啓動裝置 設置場所	以目視確認設置場所等之狀況	a 應設置在儲存容器設置場所、防災中心等易於檢查之場所 b 應設置在無受火災等災害損害之虞的處所
		構造、性能	以目視確認機器之狀況	a 應設置電源表示燈、自動及手動切換表示燈 b 自動、手動切換，應以拉桿或鑰匙操作，始能切換
		探測器		a 應依火警自動警報設備之規定設置 b 應設置 2 個以上探測器回路
	警報裝置	設置位置	以目視確認設置位置之狀況	其設置應可將警報有效地通知各防護區域
		警報方式	以目視確認機器之狀況	全區放射者，應設音響警報及警示燈等聽視覺警示裝置。除平時無人駐守之防護對象外，該音響警報應採用人語發音
		構造、性能		應適當正常
	儲存滅火藥劑量		以目視確認滅火藥劑之狀況	使用之滅火藥劑應在規定量以上

4-7.2 惰性氣體滅火設備測試報告書外觀試驗（二）

		測試項目		測試方法	判定要領
外觀試驗	儲存容器等	設置場所等	設置場所	以目視確認設置場所等之狀況	a 應為防護區域外之場所 b 應為溫度變化少之場所 c 應為不受日光直射及雨淋之場所
			標示		應設置標示
		儲存容器		以目視確認機器之狀況	應依勞動部所定相關規定
		充填比等			a 滅火藥劑採二氧化碳者：高壓式充填比為 1.5 以上 1.9 以下；低壓式充填比為 1.1 以上 1.4 以下 b 滅火藥劑採 IG-01、IG-541、IG55 或 IG-100，溫度 35℃時，充填壓力應在 300 kgf/cm² （30.0 MPa）以下
		容器閥			儲存容器之容器閥應符合 CNS 10848、10849 或同等以上標準之規定，但採二氧化碳低壓式者，不在此限
		容器閥開放裝置			容器閥開放裝置應牢固地安裝在容器閥上
		安全裝置、破壞板			應符合 CNS 11176 或同等以上標準之規定
		設置狀況		以目視確認設置狀況	應無變形、損傷、腐蝕等，且接續確實
		配管管路			集合管、導管、分歧管等配管及閥類之配管管路應適當正常
		閉止閥（限二氧化碳滅火設備）	設置場所	以目視確認設置狀況	應設置在防護區域外之適當場所
			標示		在閉止閥或其附近，應標示「閉止閥」字樣並設有常時開、檢修時閉之適當標示
			配管、配線接續部		應接續確實
			構造		a 手動操作或遠隔操作時，應能開或閉 b 遠隔操作者，應能手動操作 c 應設有向外部發出開及閉信號之開關
		構造、材質		以目視確認機器之狀況	a 鋼管應為符合 CNS 4626 或具同等以上強度之無縫鋼管，施以鍍鋅等防蝕處理，並符合下列規定： ①採二氧化碳高壓式或其他，管號 Sch80 以上 ②採二氧化碳低壓式者，管號 Sch40 以上 b 銅管應為符合 CNS 5127 或具同等以上強度者，且符合下列規定： ①採二氧化碳高壓式或其他惰性氣體者，應具 165 kgf/cm² 以上之耐壓性能 ②採二氧化碳低壓式者，應具 37.5 kgf/cm² 以上之耐壓性能

容器閥（應用於各種滅火設備）

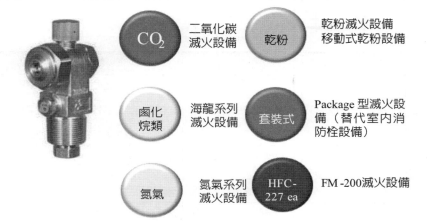

CO_2	二氧化碳滅火設備	乾粉	乾粉滅火設備移動式乾粉設備
鹵化烷類	海龍系列滅火設備	套裝式	Package 型滅火設備（替代室內消防栓設備）
氮氣	氮氣系列滅火設備	HFC-227 ea	FM-200滅火設備

	測試項目		測試方法	判定要領
外觀試驗	配管、閥類	構造、材質	以目視確認機器之狀況	c 配管接頭應符合下列規定，且施以適當之防蝕處理： ①採二氧化碳高壓式或其他惰性氣體者，應具 165 kgf/cm² 以上之耐壓性能 ②採二氧化碳低壓式者，應具 37.5 kgf/cm² 以上之耐壓性能 d 最低配管與最高配管間，落差應在 50 m 以下
		口徑、使用數	以目視確認設置狀況	配管、配管接頭及閥類之口徑、使用個數等，應依照設計
		安全裝置		如設有選擇閥，從儲存容器至選擇閥之配管間，應設置安全裝置
	選擇閥	設置場所等　設置場所	以目視確認設置場所等之狀況	應設置在防護區域外之適當場所
		標示		應標示「選擇閥」字樣及所屬防護區域或防護對象
		導管接續部	以目視確認機器之狀況	啟動用導管之接續部應無龜裂、變形等，且接續牢靠
		構造		應適當正常
	啟動用氣體容器	設置場所	以目視確認設置場所等之狀況	a 應為防護區域外之場所 b 應為溫度變化少之場所 c 應為不受日光直射及雨淋之場所
		構造、性能	以目視確認機器之狀況	a 內容積應為 1 L 以上 b 二氧化碳量應為 0.6 kg 以上 c 充填比應為 1.5 以上

4-7.3 惰性氣體滅火設備測試報告書外觀試驗（三）

測試項目		測試方法	判定要領
外觀試驗	啟動用氣體容器、 構造、性能	以目視確認機器之狀況	d 容器閥應應符合 CNS 11176 或同等以上標準之規定 e 啟動用氣體容器經內政部認可者，不受上開 a 至 d 之限制 f 應依行政院勞工委員會所定相關規定
	噴頭 設置位置	目視確認設置位置之狀況	應能有效滅火
	噴頭 構造、性能	以目視確認機器之狀況	應適當正常
	噴頭、皮管 設置位置	以目視確認設置位置之狀況	採移動放射方式者，皮管接頭至防護對象任一部分之水平距離應在 15 m 以下
	噴頭、皮管 構造、性能	以目視確認機器之狀況	皮管、噴嘴及管盤應符合 CNS 11177 之規定
	防護區域等 防護區域		防護區域之規模、位置等應適當
	防護區域等 開口部自動關閉措施	以目視確認設置狀況	a 滅火藥劑採二氧化碳者，其開口部有保安顧慮，或位於距樓地板高度 2/3 以下部分，有滅火藥劑流出，導致滅火效果減低之虞者，應設置自動關閉裝置 b 滅火藥劑採其他惰性氣體者，其開口部應設置放射時自動關閉之裝置
	防護區域等 追加滅火藥劑開口部面積（限二氧化碳滅火設備）	以目視確認開口部之狀況	因開口部而需要追加滅火藥劑量者，該開口面積應在所定面積以下
	防護區域等 滅火藥劑流失防止措施	以目視確認門扉等之狀況	門扉等構造應為所放射之滅火藥劑明顯無流至防護區域外之虞者
	防護區域等 開口部位置	以目視確認開口部之狀況	開口部不得設在面向樓梯間、緊急用升降機間等場所
	防護區域等 滅火藥劑排出措施	以目視確認排放措施之狀況	應採取使放出之滅火藥劑排放至安全場所之措施
	防護區域等 壓力上升防止措施	以目視確認設置狀況	IG-01、IG-541、IG55 或 IG-100 全區放射者，應採防止該防護區域內壓力上升之措施
	耐震措施	以目視確認耐震措施之狀況	儲存容器、啟動用氣體容器及配管等，應採取防止因地震而產生變形、損傷之措施

CO$_2$ 噴頭與鋼瓶儲存室

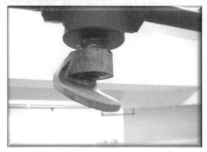

二氧化碳全區放射區域圖

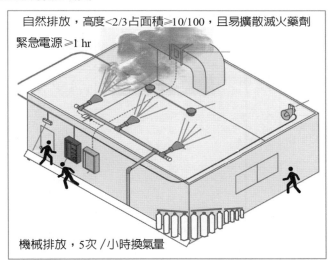

自然排放，高度<2/3占面積≥10/100，且易擴散滅火藥劑

緊急電源≥1 hr

機械排放，5次／小時換氣量

選擇閥相關裝置

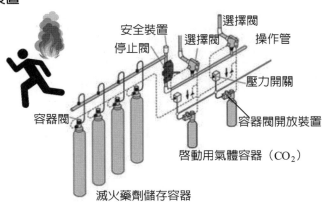

選擇閥

安全裝置

停止閥

選擇閥

操作管

壓力開關

容器閥

容器閥開放裝置

啓動用氣體容器（CO$_2$）

滅火藥劑儲存容器

4-7.4　惰性氣體滅火設備測試報告書性能試驗（一）

測試項目					測試方法	判定要領
性能試驗	動作試驗		選擇閥動作試驗		解開各系統在儲存容器周圍之導管，如為電力啓動者，應操作啓動裝置；如為氣壓啓動者，則應使用試驗用氣體，確認各個動作狀況	自動及手動之動作應確實
			閉止閥動作試驗（限二氧化碳滅火設備）		手動操作閉止閥使其閉，確認其動作狀況。遠隔操作閉止閥者，以遠隔操作使其閉，確認其動作狀況	控制盤及手動啓動裝置（操作箱）之閉止表示燈應亮燈或閃爍。亮燈者，音響警報裝置亦應動作
		控制裝置試驗	容器閥開放裝置動作試驗		將容器閥開放裝置從啓動用氣體容器取下，操作手動啓動裝置或控制盤；如為自動啓動裝置，則使探測器動作。確認各該裝置之動作狀況，測定、記錄遲延時間，並做自動及手動切換試驗。	撞針應無變形、損傷等，且確實地動作
				遲延時間		遲延裝置應依設定時間動作
				緊急停止裝置動作狀況		在遲延裝置之設定時間內操作緊急用停止開關時，放出機關應停止
				音響警報先行動作狀況		放出用開關、拉栓等應在音響警報裝置動作、操作後，才能操作
				自動、手動切換動作狀況		切換開關應為專用，且切換應能確實執行
			異常信號試驗	短路試驗	解開各系統在儲存容器周邊之導管，並在控制盤或操作箱輸出入端子，以試驗用電源進行下列測試：①使放射啓動信號線與電源線短路，確認動作②使放射啓動信號線與表示燈用信號線短路，確認動作	a 放射啓動回路不得動作 b 應有回路短路或回路異常之顯示，且音響警報不得動作
			異常信號試驗	接地試驗	解開各系統在儲存容器周邊之導管，使控制盤或操作箱之音響警報啓動信號線、放射停止信號線、電源線及容器閥開放裝置啓動用信號線等（已接地之電源線除外）分別接地，確認動作狀況	應有回路接地或回路異常之顯示，且音響警報不得動作

選擇閥

（氣動式）

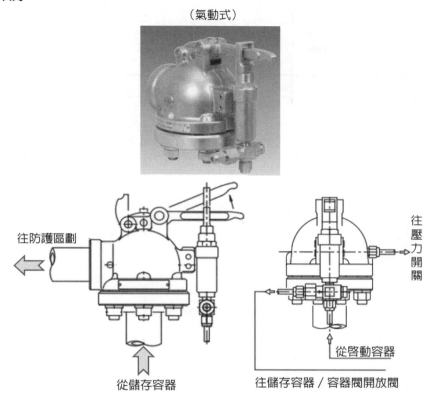

往防護區劃

從儲存容器

往壓力開關

從啓動容器

往儲存容器／容器閥開放閥

手動啓動裝置

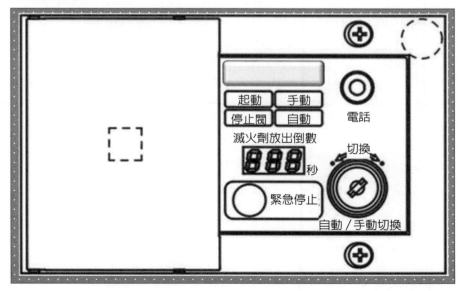

起動　手動
停止閥　自動

電話

滅火劑放出倒數

888 秒

緊急停止

切換

自動／手動切換

4-7.5 惰性氣體滅火設備測試報告書性能試驗（二）

測試項目			測試方法	判定要領
性能試驗	動作試驗	音響警報裝置試驗 — 啓動裝置動作狀況	如為手動啓動裝置，應操作該裝置，確認其動作狀況 如為自動啓動裝置，應以符合火警自動警報設備探測器動作試驗之測試方法，確認其動作狀況	應由手動或自動啓動裝置之操作或動作即自動發出警報
		音響警報裝置試驗 — 警報鳴動狀況		只要未操作手動啓動裝置或控制盤之緊急停止裝置或復舊開關，警報即應在一定時間內繼續鳴動
		音響警報裝置試驗 — 音量		音量應在防護區域內任一點均能加以確認
		音響警報裝置試驗 — 音聲警報裝置動作狀況		應可在警鈴或蜂鳴器鳴動後，以人語發音發出警報
		音響警報裝置試驗 — 自動警報動作狀況		即使已操作手動啓動裝置之緊急停止開關或控制盤之復舊開關，如火警自動警報設備之探測器動作時，仍應自動發出警報
		附屬裝置連動試驗 — 動作狀況	如為電力啓動者，應操作啓動裝置；如為氣壓啓動者，應以試驗用氣體，確認換氣裝置之停止、防火捲門之自動關閉機關的動作狀況	應在設定時間內確實地動作
		附屬裝置連動試驗 — 復歸操作狀況		應可從防護區域外容易地進行復舊操作
		滅火藥劑排出試驗	啓動排放裝置	排放裝置應正常地動作
		放射表示燈試驗	使壓力開關動作，以確認該區域之表示燈的亮燈狀況	設置在防護區域出入口等之放射表示燈應確實地亮燈或閃爍
		自動冷凍機試驗 — 啓動狀況	操作自動冷凍機之電動機，依安裝在儲存容器之溫度計、壓力表等，確認自動冷凍機之啓動及停止時的動作狀況，並測定電流值及溫度、壓力	啓動、運轉應順利
		自動冷凍機試驗 — 電流		電動機在運轉時之電流值應在規定值以內
		自動冷凍機試驗 — 溫度、壓力		電動機在啓動及停止時之溫度或壓力應在規定值以內

揚聲器

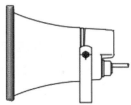

控制裝置

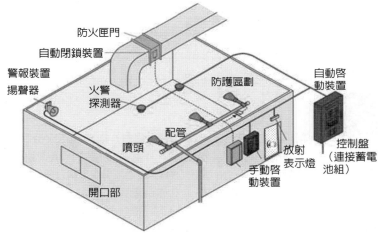

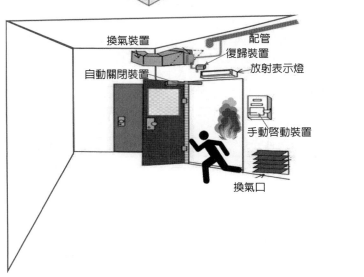

4-7.6 惰性氣體滅火設備測試報告書綜合試驗

		測試項目	測試方法	判定要領
綜合動作試驗	綜合試驗	選擇閥動作狀況、放出管路	在各防護區域操作啓動裝置，放射試驗用氣體，確認通氣及各構件之狀況試驗用氣體應使用氮氣或空氣，施加與該設備之使用壓力相同的壓力。所需試驗用氣體量，依放射區域應設滅火藥劑量之10%核算	控制該防護區域之選擇閥應確實動作，從噴頭放射試驗用氣體的放出管路應無誤
		通氣狀況		因試驗用氣體的放射，通氣應確實
		氣密狀況		集合管、導管等各配管部分及閥類應無外漏之情形
		警報裝置動作狀況		音響警報裝置之鳴動及警示燈之警示效果應確實
		放射表示燈亮燈狀況		在該區域之放射表示燈應亮燈或閃爍
		附屬裝置動作狀況		附屬裝置、自動關閉裝置之動作、換氣裝置之停止等應確實

　　　　　　　　惰性滅火設備係以稀釋（俗稱窒息）氧氣為滅火機制之 IG-01、IG-541、IG-55、IG-100、氮氣滅火設備而言，不包含海龍替代滅火設備中，以抑制連鎖反應之滅火藥劑而言，如 FM-200（HFC-227）、FE-13（HFC-23）、FK-5-1-12（Novec-1230）等鹵化烴滅火設備；上述自動滅火設備，應就個案設計逐案提送內政部消防技術審議委員會審議。在日本將惰性滅火設備與二氧化碳滅火設備併稱為不活性氣體滅火設備。

海龍替代滅火藥劑自動滅火設備，主要由氣體管路系統與自動偵測控制系統兩部分組成。氣體管路系統由藥劑儲存鋼瓶、釋放閥、管路、噴頭等組成，用於儲存、傳送滅火藥劑，以達到提供滅火藥劑之作用；自動偵測控制系統由控制盤、探測器、警報裝置（手動／自動啓動）裝置等組成，用於自動偵測、通報、手動或自動釋放高壓藥劑氣體，達到滅火之功能。

二氧化碳放射方式比較

放射方式	噴頭	放射壓力	放射時間	適用對象
全區式	均勻擴散	高壓式 $\geq 14 \, kg/cm^2$ 低壓式 $\geq 9 \, kg/cm^2$	電信室及總機室 ≤ 3.5 min 其他 ≤ 1 min	主要為電信機械室、總機室等電纜線捆形成深層火災，及精密儀器等區劃空間不大，進行整體防護
局部式	涵蓋對象表面及可燃物不得飛散		≤ 30 sec	空間內可燃物不會形成深層火災、區劃空間大等個別機組防護
移動式	人為移動水平距離 ≤ 15 m	放射量 $\geq 60 \, kg/min(20℃)$	$\geq 1.5 min\left(\dfrac{90 \, kg}{60 \, kg/min}\right)$	開口面積 $\geq 15\%$ 者，每水平距離 ≤ 15 m 進行人為移動式防護。

二氧化碳滅火設備動作流程

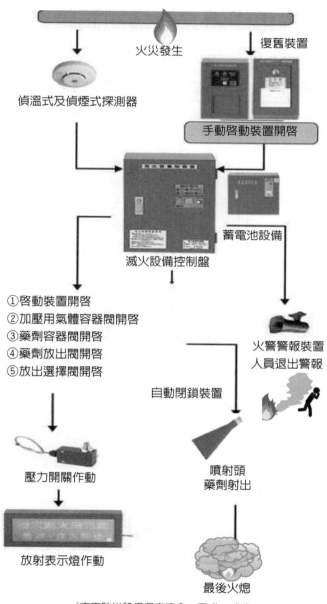

火災發生

復舊裝置

偵溫式及偵煙式探測器

手動啟動裝置開啟

滅火設備控制盤

蓄電池設備

①啟動裝置開啟
②加壓用氣體容器閥開啟
③藥劑容器閥開啟
④藥劑放出閥開啟
⑤放出選擇閥開啟

火警警報裝置
人員退出警報

自動閉鎖裝置

壓力開關作動

噴射頭
藥劑射出

放射表示燈作動

最後火熄

（東京防災設備保守協會，平成 28 年）

第7章之1　鹵化烴滅火設備
4-7.1.1　鹵化烴滅火設備測試報告書外觀試驗（一）

測試項目				測試方法	判定要領
外觀試驗	控制裝置	設置場所		以目視確認設置場所等之狀況	a 應設置在儲存容器設置場所、防災中心等易於檢查之場所 b 應為無受火災等災害損害之虞之處所 c 應牢固地設置，不致因地震等而傾倒
		表示燈、開關		以目視確認機器等之狀況	應設置確認電源之表示燈、復舊開關
		防護措施			多接點繼電器上應採取防止撞擊、塵埃適當防護措施
		遲延裝置			採全區放射方式者，應設置配合防護區域使用型態，遲延時間設定在 20 秒以下之遲延裝置。但防護區域常時無人者，不在此限
		自動、手動啟動切換裝置			a 應設置自動、手動之切換表示 b 切換應以鑰匙等才能操作
	電源	常用電源		以目視確認電源狀況	a 應為專用回路 b 電源容量應適當正常
		緊急電源種類		確認緊急電源之種類	應為發電機設備或蓄電池設備，其容量能使該設備有效動作 1 小時以上。
	啟動裝置	手動啟動裝置	設置場所等	設置場所	以目視確認設置場所等之狀況	應設在防護區域出入口附近，能看清防護區域內部，且在火災時易於操作，操作後能立即退避之處所
				設置位置		每一防護區域或防護對象應裝設一套
				設置高度		操作部應設在距樓地板面高度 0.8 m 以上 1.5 m 以下之位置
				設備標示		應在附近明顯易見處所，設置該設備「手動啟動裝置」之標示
				操作標示		在啟動裝置或其近旁，應標示防護區域名稱、操作方法及安全上應注意事項等
			塗色等		以目視確認機器之狀況	外殼應漆紅色，無明顯損傷，且門扉之開閉應能確實。
			防護措施			箱門應進行封印
			表示燈			以電力啟動者應設置電源表示燈
		自動啟動裝置	設置場所		以目視確認設置場所等之狀況	a 應設置在儲存容器設置場所、防災中心等易於檢查之場所 b 應設置在無受火災等災害損害之虞的處所
			構造、性能		以目視確認機器狀況	a 應設電源表示燈、自動及手動切換表示燈 b 自動、手動切換，應以拉桿或鑰匙操作，始能切換

開口部自動關閉裝置

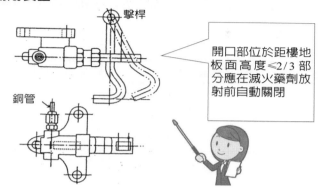

開口部位於距樓地板面高度≤2/3部分應在滅火藥劑放射前自動關閉

擊桿

銅管

緊急電源

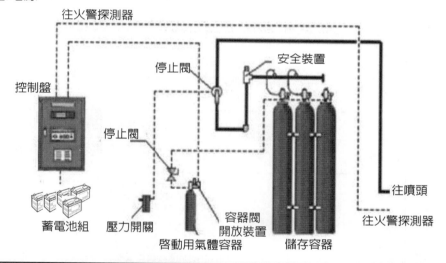

往火警探測器

控制盤

停止閥

安全裝置

停止閥

往噴頭

蓄電池組　壓力開關

啟動用氣體容器

容器閥開放裝置

儲存容器

往火警探測器

測試項目			測試方法	判定要領
外觀試驗	啟動裝置	自動啟動裝置　探測器	以目視確認機器之狀況	a 應依火警自動警報設備之規定設置 b 應設置 2 個以上探測器回路
	警報裝置	設置位置	以目視確認設置位置之狀況	其設置應可將警報有效地通知各防護區域
		警報方式	以目視確認機器之狀況	全區放射者，應設音響警報及警示燈等聽視覺警示裝置。除平時無人駐守之防護對象外，該音響警報應採用人語發音
		構造、性能		應適當正常
	儲存滅火藥劑量		以目視確認滅火藥劑之狀況	使用之滅火藥劑應在規定量以上

4-7.1.2 鹵化烴滅火設備測試報告書外觀試驗（二）

測試項目			測試方法	判定要領
外觀試驗	儲存容器等	設置場所等 設置場所	以目視確認設置場所等之狀況	a 應為防護區域外之場所 b 應為溫度變化少之場所 c 應為不受日光直射及雨淋之場所
		標示		應設置標示
		儲存容器	以目視確認機器之狀況	應依勞動部所定相關規定
		充填比等		充填比或充填密度（Fill Density）應依經內政部消防技術審議委員會認可之檢測機構之認可值
		容器閥		儲存容器之容器閥應符合 CNS 10848、10849 或同等以上標準之規定
		容器閥開放裝置		容器閥開放裝置應牢固地安裝在容器閥上
		安全裝置、破壞板		應符合 CNS 11176 或同等以上標準之規定
	配管、閥類	設置狀況	目視確認設置狀況	應無變形、損傷、腐蝕等，且接續確實
		配管管路		集合管、導管、分歧管等配管及閥類之配管管路應適當正常
		構造、材質	以目視確認機器之狀況	a 鋼管應為符合 CNS 4626 或具同等以上強度之無縫鋼管，施以鍍鋅等防蝕處理，並符合下列規定： ①採 HFC-23 者，管號 Sch80 以上 ②採 HFC-227ea、FC-3-1-10、HCFC Blend A、FK-5-1-12 者，管號 Sch40 以上 b 銅管應符合 CNS 5127 或具同等以上強度 c 配管接頭應具鋼管或銅管同等以上強度，並施以適當之防蝕處理
		口徑、使用數	目視確認設置狀況	配管、配管接頭及閥類之口徑、使用個數等，應依照設計
		安全裝置		如設有選擇閥，從儲存容器至選擇閥之配管間，應設置安全裝置
	選擇閥	設置場所等 設置場所	以目視確認設置場所等之狀況	應設置在防護區域外之適當場所
		標示		應標明「選擇閥」字樣及所屬防護區域或防護對象
		導管接續部	以目視確認機器之狀況	啟動用導管之接續部應無龜裂、變形等，且接續牢靠
		構造		應適當正常

配管閥類

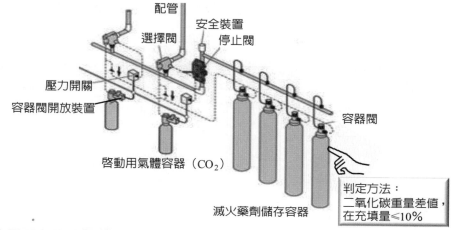

判定方法：
二氧化碳重量差值，
在充填量≤10%

容器閥開放裝置種類

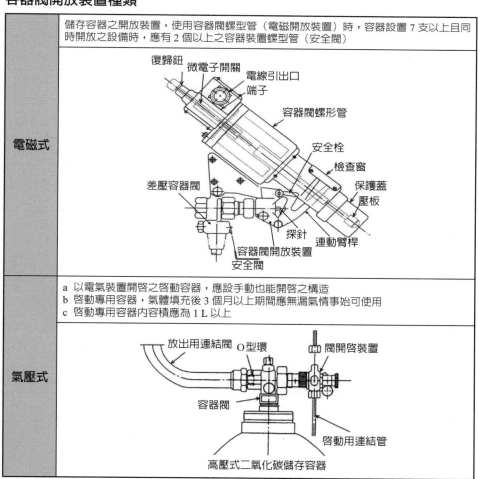

電磁式	儲存容器之開放裝置，使用容器閥螺型管（電磁開放裝置）時，容器設置 7 支以上且同時開放之設備時，應有 2 個以上之容器裝置螺型管（安全閥） （圖：復歸鈕、微電子開關、電線引出口、端子、容器閥螺形管、安全栓、檢查窗、保護蓋、壓板、差壓容器閥、探針、連動臂桿、容器閥開放裝置、安全閥）
氣壓式	a 以電氣裝置開啓之啓動容器，應設手動也能開啓之構造 b 啓動專用容器，氣體填充後 3 個月以上期間應無漏氣情事始可使用 c 啓動專用容器內容積應為 1 L 以上 （圖：放出用連結閥、O型環、閥開啓裝置、容器閥、啓動用連結管、高壓式二氧化碳儲存容器）

4-7.1.3 鹵化烴滅火設備測試報告書外觀試驗（三）

測試項目			測試方法	判定要領
外觀試驗	啓動用氣體容器	設置場所	以目視確認設置場所等之狀況	a 應為防護區域外之場所 b 應為溫度變化少之場所 c 應為不受日光直射及雨淋之場所
		構造、性能	以目視確認機器之狀況	a 內容積應為 1 L 以上 b 二氧化碳量應為 0.6 kg 以上 c 充填比應為 1.5 以上 d 容器閥應符合 CNS 11176 或同等以上標準之規定 e 啓動用氣體容器經內政部認可者，不受上開 a 至 d 之限制 f 應依勞動部所定相關規定
	噴頭	設置位置	以目視確認設置位置之狀況	應能有效滅火
		構造、性能	以目視確認機器之狀況	應適當正常
	噴頭、皮管	設置位置	以目視確認設置位置之狀況	採移動放射方式者，皮管接頭至防護對象任一部分之水平距離應在 15 m 以下
		構造、性能	以目視確認機器之狀況	皮管、噴嘴及管盤應符合 CNS 11177 之規定
	防護區域等	防護區域	以目視確認設置狀況	防護區域之規模、位置等應適當
		開口部自動關閉措施		開口部應設置放射時自動關閉之裝置
		滅火藥劑流失防止措施	以目視確認門扉等之狀況	門扉等構造應為所放射之滅火藥劑明顯無流至防護區域外之虞者
		開口部位置	以目視確認開口部之狀況	開口部不得設在面向樓梯間、緊急用升降機間等場所
		滅火藥劑排出措施	以目視確認排放措施之狀況	應採取使放出之滅火藥劑排放至安全場所之措施
		壓力上升防止措施	以目視確認設置狀況	應採防止該防護區域內壓上升之措施
	耐震措施		以目視確認耐震措施之狀況	儲存容器、啓動用氣體容器及配管等，應採取防止因地震而產生變形、損傷之措施

啓動用氣體容器

噴頭外觀

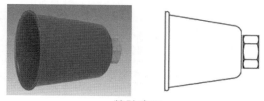

牆壁噴頭

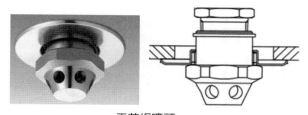

天花板噴頭

容器閥

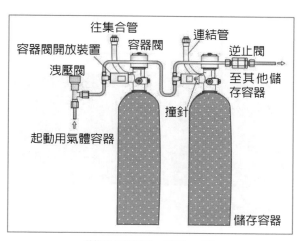

（埼玉市消防局，平成 28 年）

4-7.1.4 鹵化烴滅火設備測試報告書性能試驗

測試項目					測試方法	判定要領
性能試驗	動作試驗		選擇閥動作試驗		解開各系統在儲存容器周圍之導管，如為電力啟動者，應操作啟動裝置；如為氣壓啟動者，則應使用試驗用氣體，以確認各個動作狀況	自動及手動之動作應確實
		控制裝置試驗	容器閥開放裝置動作試驗		將容器閥開放裝置從啟動用氣體容器取下，操作手動啟動裝置或控制盤；如為自動啟動裝置，則使探測器動作。確認各該裝置之動作狀況，測定、記錄遲延時間，並做自動及手動切換試驗	撞針應無變形、損傷等，且確實地動作
				遲延時間		遲延裝置應依設定時間動作
				緊急停止裝置動作狀況		在遲延裝置之設定時間內操作緊急用停止開關時，放出機關應停止
				音響警報先行動作狀況		放出用開關、拉栓等應在音響警報裝置動作、操作後，才能操作
				自動、手動切換動作狀況		切換開關應為專用，且切換應能確實執行
			異常信號試驗	短路試驗	解開各系統在儲存容器周邊之導管，並在控制盤或操作箱輸出入端子，以試驗用電源進行下列測試： ①使放射啟動信號線與電源線短路，確認動作狀況 ②使放射啟動信號線與表示燈用信號線短路，確認動作狀況	a 放射啟動回路不得動作 b 應有回路短路或回路異常之顯示，且音響警報不得動作
				接地試驗	解開各系統在儲存容器周邊之導管，使控制盤或操作箱之音響警報啟動信號線、放射停止信號線、電源線及容器閥開放裝置啟動用信號線等（已接地之電源線除外）分別接地，確認動作狀況	應有回路接地或回路異常之顯示，且音響警報不得動作

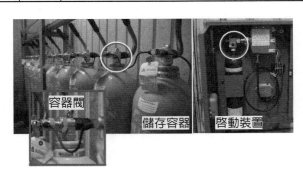

容器閥　儲存容器　啟動裝置

選擇閥

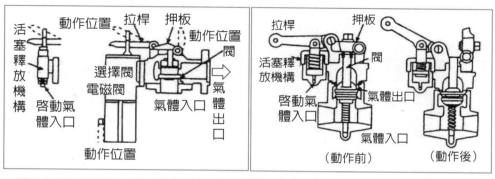

（圖左）電氣式選擇閥，（圖右）氣壓式選擇閥（危險物設施基準指南，平成 7 年）

操作管

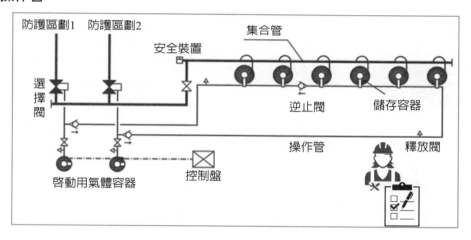

測試項目			測試方法	判定要領
性能試驗	動作試驗	音響警報裝置試驗	啓動裝置動作狀況	如為手動啓動裝置，應操作該裝置，確認其動作狀況 如為自動啓動裝置，應以符合火警自動警報設備探測器動作試驗之測試方法，確認其動作狀況	應由手動或自動啓動裝置之操作或動作即自動發出警報
			警報鳴動狀況		只要未操作手動啓動裝置或控制盤之緊急停止裝置或復舊開關，警報即應在一定時間內繼續鳴動
			音量		音量應在防護區域內任一點均能加以確認
			音聲警報裝置動作狀況		應可在警鈴或蜂鳴器鳴動後，以人語發音發出警報

4-7.1.5 鹵化烴滅火設備測試報告書性能及綜合試驗

測試項目			測試方法	判定要領
性能試驗	動作試驗	音響警報裝置試驗 自動警報動作狀況	如為手動啓動裝置，應操作該裝置，確認其動作狀況 如為自動啓動裝置，應以符合火警自動警報設備探測器動作試驗之測試方法，確認其動作狀況	即使已操作手動啓動裝置之緊急停止開關或控制盤之復舊開關，如火警自動警報設備之探測器動作時，仍應自動發出警報
		附屬裝置連動試驗 動作狀況	如為電力啓動者，應操作啓動裝置；如為氣壓啓動者，應以試驗用氣體，確認換氣裝置之停止、防火捲門之自動關閉機關的動作狀況	應在設定時間內確實地動作
		復歸操作狀況		應可從防護區域外容易地進行復舊操作
		滅火藥劑排出試驗	啓動排放裝置	排放裝置應正常地動作
		放射表示燈試驗	使壓力開關動作，以確認該區域之表示燈的亮燈狀況	設置在防護區域出入口等之放射表示燈應確實地亮燈或閃爍

綜合試驗

測試項目			測試方法	判定要領
綜合試驗	綜合動作試驗	選擇閥動作狀況、放出管路	在各防護區域操作啓動裝置，放射試驗用氣體，確認通氣及各構件之狀況 試驗用氣體應使用氮氣或空氣，施加與該設備之使用壓力相同的壓力。所需試驗用氣體量，依放射區域應設滅火藥劑量之 10% 核算	控制該防護區域之選擇閥應確實動作，從噴頭放射試驗用氣體的放出管路應無誤
		通氣狀況		因試驗用氣體的放射，通氣應確實
		氣密狀況		集合管、導管等各配管部分及閥類應無外漏之情形
		警報裝置動作狀況		音響警報裝置之鳴動及警示燈之警示效果應確實
		放射表示燈亮燈狀況		在該區域之放射表示燈應亮燈或閃爍
		附屬裝置動作狀況		附屬裝置、自動關閉裝置之動作、換氣裝置之停止等應確實

全區放射方式

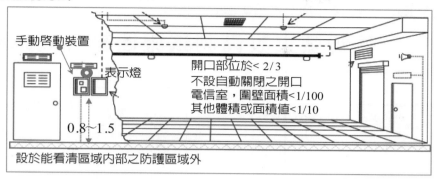

手動啓動裝置
表示燈

開口部位於< 2/3
不設自動關閉之開口
電信室，圍壁面積<1/100
其他體積或面積值<1/10

0.8~1.5

設於能看清區域內部之防護區域外

選擇閥與安全閥

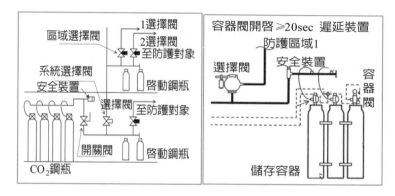

區域選擇閥
1選擇閥
2選擇閥
至防護對象

系統選擇閥
安全裝置
啓動鋼瓶

選擇閥 至防護對象

開關閥 啓動鋼瓶

CO_2鋼瓶

容器閥開啓≧20sec 遲延裝置
防護區域1
選擇閥 安全裝置
容器閥

儲存容器

安全裝置

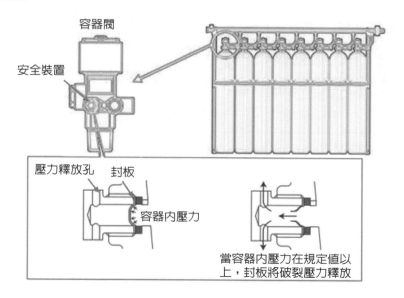

容器閥

安全裝置

壓力釋放孔 封板

容器內壓力

當容器內壓力在規定值以
上，封板將破裂壓力釋放

第8章　乾粉滅火設備

4-8.1　乾粉滅火設備測試報告書外觀試驗（一）

<table>
<tr><th colspan="4">測試項目</th><th>測試方法</th><th>判定要領</th></tr>
<tr><td rowspan="20">外觀試驗</td><td rowspan="5">控制裝置</td><td colspan="2">設置場所等</td><td>以目視確認設置場所等之狀況</td><td>a 應設置在儲存容器設置場所、防災中心等易於檢查之場所
b 應為無受火災等災害損害之虞之處所
c 應牢固地設置，不致因地震等而傾倒</td></tr>
<tr><td colspan="2">標示燈、開關</td><td rowspan="4">以目視確認機器等之狀況</td><td>應設置確認電源之表示燈、復舊開關</td></tr>
<tr><td colspan="2">防護措施</td><td>多接點繼電器上應採取防止撞擊、塵埃之適當防護措施</td></tr>
<tr><td colspan="2">遲延裝置</td><td>如為全區放射方式者，應設置從啟動裝置動作至乾粉放出之時間在 20 秒以上的遲延裝置</td></tr>
<tr><td colspan="2">自動、手動啟動切換裝置</td><td>a 應設置自動、手動之切換表示
b 切換應以拉桿或鑰匙等才能操作</td></tr>
<tr><td rowspan="2">電源</td><td colspan="2">常用電源</td><td>以目視確認電源之狀況</td><td>a 應為專用回路
b 電源容量應適當正常</td></tr>
<tr><td colspan="2">緊急電源種類</td><td>確認緊急電源之種類</td><td>應為發電機設備或蓄電池設備，其容量能使該設備有效動作 1 小時以上</td></tr>
<tr><td rowspan="7">啟動裝置</td><td rowspan="5">手動啟動裝置</td><td rowspan="5">設置場所等</td><td rowspan="5"></td><td></td></tr>
</table>

<table>
<tr><th colspan="2"></th><th>以目視確認設置場所等之狀況</th><th></th></tr>
<tr><td>設置場所</td><td></td><td></td><td>應設在防護區域出入口附近，能看清防護區域內部，且在火災時易於操作，操作後能立即退避之處所</td></tr>
<tr><td>設計位置</td><td></td><td></td><td>每一防護區域或防護對象應裝設一套</td></tr>
<tr><td>設置高度</td><td></td><td></td><td>操作部應設在距樓地板面高度 0.8 m 以上 1.5 m 以下之位置</td></tr>
<tr><td>設備表示</td><td></td><td></td><td>應在附近明顯易見之處所，設置「手動啟動裝置」之標示</td></tr>
<tr><td>操作表示</td><td></td><td></td><td>在啟動裝置或其近旁，應標示防護區域之名稱、操作方法及安全上注意事項等</td></tr>
<tr><td>防護措施</td><td></td><td rowspan="2">以目視確認機器之狀況</td><td>箱門應進行封印</td></tr>
<tr><td>表示燈</td><td></td><td></td><td>電力啟動者應設置電源表示燈</td></tr>
</table>

乾粉滅火設備控制裝置

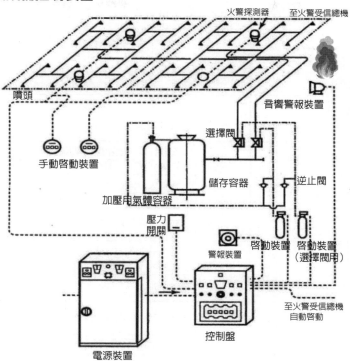

乾粉滅火設備儲存容器

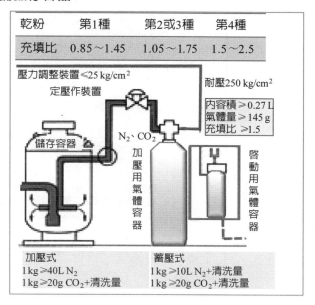

4-8.2 乾粉滅火設備測試報告書外觀試驗（二）

測試項目				測試方法	判定要領
外觀試驗	啟動裝置	自動啟動裝置	設置場所	以目視確認設置場所等之狀況	a 應設置在儲存容器設置場所、防災中心等易於檢查之場所 b 應設置在無受火災等災害損害之虞的處所
			構造、性能	以目視確認機器之狀況	a 應設置電源表示燈自動及手動切換表示燈 b 自動手動之切換，應以拉桿或鑰匙等才能操作
			探測器		a 應依火警自動警報設備之規定設置 b 應設置 2 個以上探測器回路
	警報裝置		設置位置	以目視確認設置位置之狀況	其設置應可將警報有效地通知各防護區域
			警報方式	以目視確認機器之狀況	設在全區放射方式者，除平時無人駐守之防護對象外，應採用人語發音
			構造、性能		應適當正常
	儲存滅火藥劑			以目視確認滅火藥劑之狀況	應使用所規定之滅火藥劑，且在規定量以上
	儲存容器等	設置場所等	設置場所	以目視確認設置場所等之狀況	a 應為防護區域外之場所 b 應為溫度變化少之場所 c 應為不受日光直射及雨淋之場所
			標識		應設有標示
		機器	蓄壓式	儲存容器	以目視確認機器之狀況	應符合 CNS 9788 壓力容器（通則），並依勞動部相關檢查規定辦理。
				容器閥		內壓在 10 kgf/cm^2 以上者，應設符合 CNS 10848 及 CNS 10849 之容器閥
				容器閥開放裝置		容器閥開放裝置應牢固地安裝在容器閥上
			加壓式	儲存槽		應符合 CNS 9788 壓力容器（通則），並依勞動部相關檢查規定辦理
				定壓動作裝置		a 應設置在各儲存槽 b 儲存槽壓力達設定壓力時，放出閥應可開啟

乾粉滅火設備外觀試驗

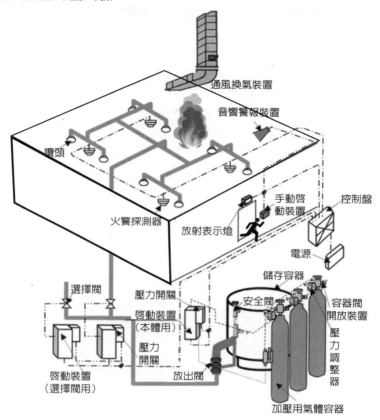

通風換氣裝置

音響警報裝置

噴頭

火警探測器

放射表示燈

手動啓動裝置

控制盤

電源

選擇閥

壓力開關

啓動裝置（本體用）

壓力開關

啓動裝置（選擇閥用）

放出閥

儲存容器

安全閥

容器閥開放裝置

壓力調整器

加壓用氣體容器

乾粉滅火設備局部應用方式

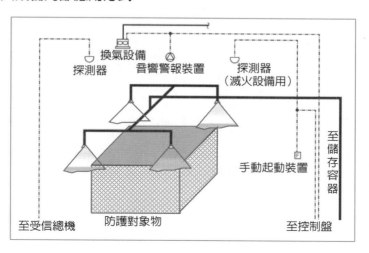

換氣設備

探測器

音響警報裝置

探測器（滅火設備用）

至儲存容器

手動起動裝置

至受信總機

防護對象物

至控制盤

4-8.3 乾粉滅火設備測試報告書外觀試驗（三）

測試項目			測試方法	判定要領
外觀試驗	儲存容器等	機器 充填比	以目視確認機器之狀況	a 如為第 1 種乾粉，應在 0.85 以上 1.45 以下 b 如為第 2 種乾粉或第 3 種乾粉，應在 1.05 以上 1.75 以下 c 如為第 4 種乾粉，應在 1.50 以上 2.50 以下
		機器 安全裝置		應符合 CNS 11176 之規定
		耐震措施	以目視確認耐震措施之狀況	應採取防止因地震而產生變形、損傷之措施
	配管、閥類	設置狀況	以目視確認設置狀況	應無變形、損傷、腐蝕等，且接續確實
		配管管路		集合管、導管、分歧管等配管及閥類之配管管路應適當正常
		構造、材質	以目視確認機器之狀況	a 鋼管應符合 CNS 6445（但蓄壓式如壓力超過 25 kgf/cm² 在 42 kgf/cm² 以下，應符合 CNS 4626 之無縫鋼管管號 Sch 40）並施以鍍鋅等防蝕處理 b 銅管應符合 CNS 5127，並應能承受調整壓力或最高使用壓力 1.5 倍之壓力 c 閥類應符合國家標準之規定且施以防蝕處理，或具有同等以上強度、耐蝕性及耐熱性者
		口徑、使用數	以目視確認設置狀況	配管、配管接頭及閥類之口徑、使用個數等，應依規定設計
		安全裝置		如設有選擇閥，從儲存容器至選擇閥之配管間，應設置安全裝置
		耐震措施	以目視確認耐震措施之狀況	應採取防止因地震而產生變形、損傷之措施
	選擇閥	設置場所等 設置場所	以目視確認設置場所等狀況	應設置在防護區域外之適當場所
		設置場所等 標示		應標明「選擇閥」字樣及所屬防護區域或防護對象
		導管接續部	以目視確認機器之狀況	啟動用導管之接續部應無龜裂、變形等，且接續牢靠
		構造		應適當正常
	啟動用氣體容器	設置場所	以目視確認設置場所等之狀況	a 應為防護區域外之場所 b 應為溫度變化少之場所 c 應為不受日光直射及雨淋之場所

乾粉滅火設備外觀試驗

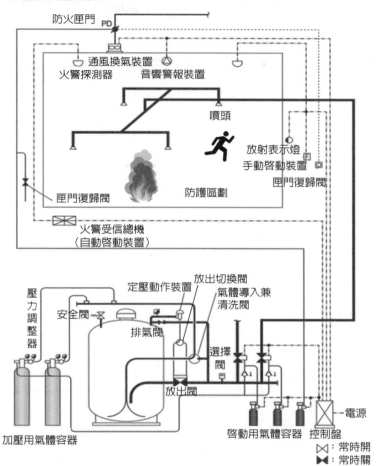

警報裝置

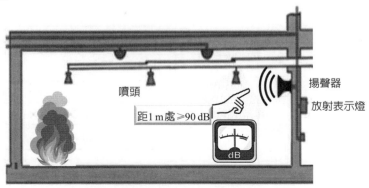

4-8.4 乾粉滅火設備測試報告書外觀試驗（四）

測試項目			測試方法	判定要領
外觀試驗	啓動用氣體	構造、性能	以目視確認機器之狀況	a 內容積應為 0.27 L 以上 b 二氧化碳量應為 145 g 以上 c 充填比應為 1.5 以上 d 容器閥應符合 CNS 11176 之規定 e 應符合 CNS 9788 壓力容器（通則），並依勞動部相關檢查規定辦理
	噴頭	設置位置	以目視確認設置位置之狀況	應能有效滅火
		構造、性能	以目視確認機器之狀況	應適當正常
	瞄子、皮管	設置位置	以目視確認設置位置之狀況	應設置在至皮管接頭之水平距離為 15 m 以下的範圍內
		構造、性能	以目視確認機器之狀況	皮管、噴嘴及管盤應符合 CNS 11177 之規定
	防護區域等	防護區域	以目視確認設置狀況	防護區域、防護空間之規模、位置等應適當
		開口部自動關閉措施		在距樓地板面高度為樓高 2/3 以下位置之開口部，因放射滅火藥劑流出，導致有減低滅火效果之虞者，應設置自動關閉裝置
		追加滅火劑之開口部面積	以目視確認開口部之狀況	因開口部而需要追加滅火藥劑量之部分開口面積，應為規定面積以下
		滅火藥劑流失防止措施	以目視確認門扉等之狀況	門扉等構造應為所放射之滅火藥劑明顯無流至防護區域外之虞者
	加壓用氣體容器	設置場所	以目視確認設置場所等之狀況	a 應為防護區域外之場所 b 應為溫度變化少之場所 c 應為不受日光直射及雨淋之場所
		加壓容器	以目視確認機器之狀況	應確實地固定在安置架上，如有氣壓開關者，開關應在正常位置
		容器閥		應符合 CNS 11176 之規定
		容器閥開放裝置		應牢固地安裝在容器閥上
		耐震措施		應採取防止因地震而產生變形、損傷之措施
	加壓用氣體	種類	以目視確認加壓用氣體之狀況	氣體之種類應適當、正確
		氣體量		氣體量應為規定量以上

乾粉儲存容器與定壓動作裝置

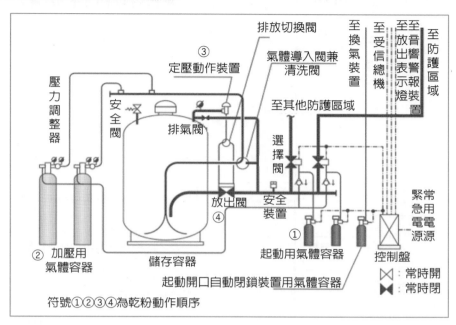

警報裝置等

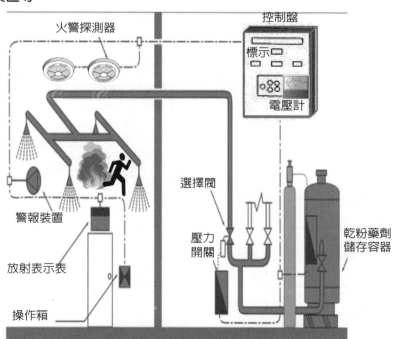

4-8.5 乾粉滅火設備測試報告書性能試驗

		測試項目		測試方法	判定要領
性能試驗	動作試驗	防護區域		———	———
		選擇閥動作試驗		解開各系統在儲存容器周圍之導管，如為電力啓動者，應操作啓動裝置；如為氣壓啓動者，則應使用試驗用氣體，以確認各個動作狀況	自動及手動之動作應確實
		容器閥開放裝置動作試驗		將容器閥開放裝置從啓動用氣體容器取下，操作手動啓動裝置或控制盤。如為自動啓動裝置，則使探測器動作，以確認該等裝置的動作狀況；並應做自動及手動之切換試驗	撞針應無變形、損傷等，且確實地動作
		控制裝置試驗	遲延時間		遲延裝置應依設定時間動作
			緊急停止裝置動作狀況		在遲延裝置之設定時間內操作緊急用停止開關時，放出機關應停止
			音響警報先行動作狀況		啓動裝置開關、拉桿等應在音響警報裝置動作後，始能操作
			自動、手動切換動作狀況		切換開關應為專用，且切換應能確實執行
		音響警報裝置試驗	由啓動裝置動作狀況	如為依手動啓動裝置者，應操作手動啓動裝置，確認動作狀況。如為依自動啓動裝置者，應以符合火警自動警報設備探測器動作試驗之測試方法，確認動作狀況	應由手動或自動啓動裝置之操作或動作即自動發出警報
			警報鳴動狀況		只要未操作手動啓動裝置或控制盤之緊急停止裝置或復舊開關，警報應在一定時間內繼續鳴動
			音量		音量應在防護區域內任一點均能加以確認
			音聲警報裝置動作狀況		應可在警鈴或蜂鳴器鳴動後，能以人語發音發出警報者
			自動警報動作狀況		即使已操作手動啓動裝置之緊急停止開關或控制盤之復舊開關，如火警自動警報設備之探測器動作時，仍應自動發出警報
		附屬裝置連動試驗	動作狀況	如為電力啓動者，應操作啓動裝置；如為氣壓啓動者，應以試驗用氣體，確認換氣裝置之停止、防火鐵捲門之自動關閉機關的動作狀況	應在設定時間內確實地動作
			復歸操作狀況		應可從防護區域外容易進行復舊操作

配管檢查

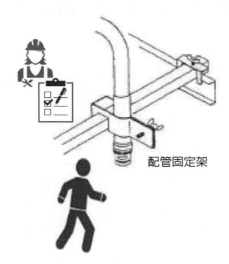

配管固定架

啓動裝置

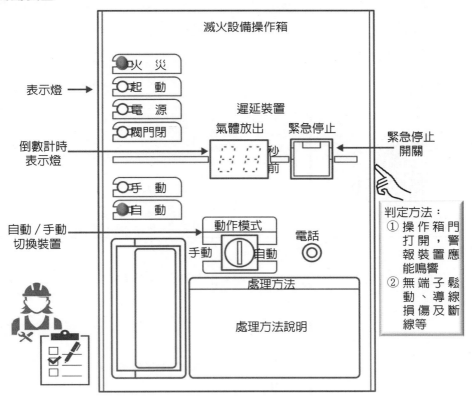

滅火設備操作箱

表示燈 →

- 火　災
- 起　動
- 電　源
- 閥門閉

遲延裝置

氣體放出　緊急停止

倒數計時
表示燈 →

秒前

緊急停止
開關

- 手　動
- 自　動

自動 / 手動
切換裝置

動作模式

手動　自動

電話

處理方法

處理方法說明

判定方法：
① 操作箱門打開，警報裝置應能鳴響
② 無端子鬆動、導線損傷及斷線等

4-8.6 乾粉滅火設備測試報告書性能及綜合試驗

測試項目			測試方法	判定要領
性能試驗	動作試驗	定壓動作裝置試驗 動作壓力（kgf/cm²）	將壓力表接在儲存槽後，以試驗用氣體加壓儲存槽，至定壓動作裝置動作，同時記錄壓力值及至動作為止所需時間	定壓動作裝置之動作壓力應適當正常
		動作時間（sec）		至定壓動作裝置開始動作為止所需之時間應適當正常
		放射表示燈試驗	使壓力開關動作等，以確認該區域表示燈的亮燈狀況	設置在防護區域出入口等之放射表示燈應確實地亮燈或閃爍
		壓力調整裝置試驗	關閉壓力調整器之二次側後，使加壓氣體容器之容器閥動作開啟，確認動作狀況	壓力調整性能及壓力調整值應適當正常
		清洗裝置試驗	操作清潔裝置，放出試驗用氣體	氣體斷線應確實

綜合試驗

測試項目			測試方法	判定要領
綜合試驗	綜合動作試驗	選擇閥動作狀況、放出管路	在各防護區域操作啟動裝置，放射試驗用氣體，確認通氣及各構件之狀況 試驗用氣體應使用氮氣或空氣，施加與該設備之使用壓力相同的壓力，放射至該設備之儲存容器或儲存槽	控制該防護區域之選擇閥應確實地動作，從噴頭放射試驗用氣體的放出管路應無誤
		通氣狀況		因試驗用氣體的放射，通氣應確實
		氣密狀況		集合管、導管等各配管部分及閥類應無外漏之情形
		區劃別儲存容器開放數		如為選擇儲存容器之個數而放出滅火藥劑者，應開放規定數量之儲存容器
		音響警報裝置動作狀況		音響警報裝置之鳴動應確實
		放射表示燈亮燈狀況		在該區域之放射表示燈應亮燈或閃爍
		附屬裝置動作狀況		附屬裝置、自動關閉裝置之動作、換氣裝置之停止等應確實

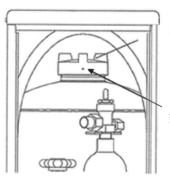

移動式乾粉內壓排氣

鋼瓶內壓排氣孔

移動式乾粉滅火設備

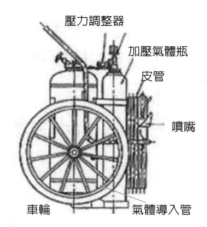

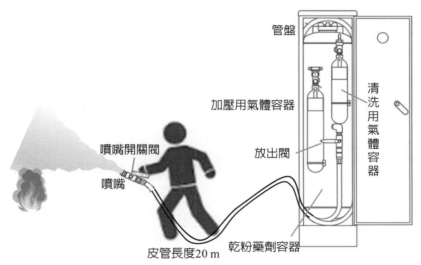

容器閥

（日本 NITTAN，2018）

第9章　火警自動警報設備

4-9.1　火警自動警報設備測試報告書外觀試驗（一）（2019.08.20修正）

<table>
<tr><th colspan="3">測試項目</th><th>測試方法</th><th>判定要領</th></tr>
<tr>
<td rowspan="11">外觀試驗</td>
<td>火警分區</td>
<td colspan="2">火警分區設定</td>
<td rowspan="1">以目視確認火警分區之狀況</td>
<td>
a 每一火警分區不得超過一樓層。但 1 個火警分區之面積在 500 m² 以下，且該火警分區跨越 2 個樓層時，不在此限
b 1 個火警分區之面積應在 600 m² 以下。如由主要出入口或直通樓梯出入口能直接觀察該樓層任一角落時，得增為 1,000 m² 以下
c 每一分區之任一邊長不得超過 50 m。但裝設光電式分離型探測器時，其邊長得在 100 m 以下
</td>
</tr>
<tr>
<td rowspan="10">受信總機</td>
<td rowspan="3">設置場所等</td>
<td>設置場所</td>
<td rowspan="3">以目視確認設置場所等之狀況</td>
<td>
a 應設置在防災中心等經常有人駐守之場所
b 應設置在無因溫度、溼度、撞擊、振動等而影響機器性能之場所
c 應設置在機器無受損傷之虞的場所
</td>
</tr>
<tr>
<td>周圍狀況、操作性</td>
<td>
a 應設在操作或檢修實施上不會造成妨礙之位置，且保有操作等所需空間
b 應設置在不會因直射日光、外光、照明等而影響表示燈亮燈之位置
</td>
</tr>
<tr>
<td>設置狀況</td>
<td>應牢固地設置，避免因地震等而傾倒</td>
</tr>
<tr>
<td colspan="2" rowspan="2">構造、性能</td>
<td rowspan="2">以目視確認機器之狀況</td>
<td>
a 應經內政部登錄機構認可並附加標示
b 機器各部分應無變形、損傷等
c 充電部如有被人從外部輕易觸摸之虞，應加以保護
d 保險絲等之容量應適當正常，且其安裝不致輕易鬆脫
e 如設有接地端子者，應予適當接地
</td>
</tr>
<tr>
<td>
a 電源監視裝置應正常
b 操作開關應在距樓地板高度 0.8 m（如採坐式操作者，則為 0.6 m）以上 1.5 m 以下，可容易操作之處，無損傷、鬆脫等，停止點應明確
c 各種表示燈之亮燈狀態應正常，且燈光應可從前面距離 3 m 之位置明確識別
</td>
</tr>
<tr>
<td colspan="2">操作部</td>
<td></td>
<td></td>
</tr>
</table>

手動報警機之法定名稱，目前已改為火警發信機。當人員發現火災，按下即發出音響，不需蓄積時間。而附設緊急電話插座（僅能使用 P 型一級，二級是無此插孔），係現場能與總機對話火煙發展狀況。發信機一般設置於走廊、樓梯間和出入口，但樓梯或管道間之火警分區得免設，未解其理由。

受信總機外觀試驗

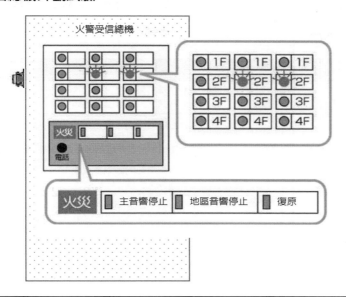

設置場所
1. 應設置在防災中心等經常有人駐守之場所。
2. 應設置在無因溫度、溼度、撞擊、振動等而影響機器性能之場所。
3. 應設置在機器無受損傷之虞的場所。

受信總機

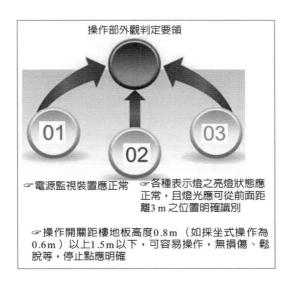

4-9.2 火警自動警報設備測試報告書外觀試驗（二）

		測試項目	測試方法	判定要領
外觀試驗	受信總機	操作部	以目視確認機器之狀況	d 表示裝置上應以不易磨滅方法標示，並適當表示火警分區之名稱
		預備品	以目視確認備用品等之狀況	a 應備有識別火警分區一覽圖、配線圖、編碼表、備用品等 b 如具自動試驗性能者，應備有系統控制圖
	中繼器	設置場所	以目視確認設置場所等之狀況	a 應設置在無因溫度、溼度、撞擊、振動等而影響機器性能之場所 b 應在操作上或檢修實施上不會造成妨礙之位置，且確保操作等所需之空間 c 應設置在機器無受損傷之虞的場所
		構造、性能	以目視確認機器之狀況	a 機器各部分應無變形、損傷等 b 充電部如有被人從外部輕易觸摸之虞，應加以保護 c 保險絲等之容量應適當正常，且其安裝不致輕易鬆脫 d 如設有接地端子者，應予以適當接地
		預備品	以目視確認備用品等之狀況	a 應備有識別火警分區一覽圖、配線圖、備用品等 b 如具自動試驗性能者，應備有系統控制圖
	電源	常用電源	以目視確認電源之狀況	a 應為專用回路 b 電源容量應適當正常
		緊急電源種類	確認緊急電源之種類	應為蓄電池設備，其容量能使其有效動作 10 分鐘以上
	探測器	警戒狀況、設置狀況、構造、性能	差動式偵限型	以目視確認設置狀況	a 探測器下端應在裝置面下方 30 cm 範圍 b 應設在距離牆上出風口 1.5 m 以上之位置 c 探測器之裝置不得傾斜成 45 度以上 d 如具有定溫式之性能者，應裝設在平時之最高周圍溫度，比補償式偵限型探測器之標稱定溫點或其他具有定溫式性能探測器之標稱動作溫度低攝氏 20 度以上處。但具 2 種以上標稱動作溫度者，應設在平時之最高周圍溫度比最低標稱動作溫度低攝氏 20 度以上處
			定溫式偵限型		
			補償式偵限型		
			熱複合式偵限型		
			熱類比式偵限型		

探測器於小區劃空間應設在出入口附近，是因此種居室煙流易蓄積往較大容積流向。距離牆壁或樑 ≥ 60cm，這是當火災熱空氣上升後會將原本的空氣逐漸擠壓於角落地帶，造成反動力效應，致探測器感應遲滯現象。而管道間煙流升至頂部後濃度最大。

中繼器外觀試驗

構造性能

①機器各部分應無變形、損傷等

②充電部如有被人從外部輕易觸摸之虞，應加以保護

③保險絲等之容量應適當正常，且其安裝不致輕易鬆脫施

④如設有接地端子者，應予以適當接地

蓄電池外觀試驗

測試項目		測試方法	判定要領
電源	常用電源	以目視確認電源之狀況	a 應為專用回路 b 電源容量應適當正常
	緊急電源種類	確認緊急電源之種類	應為蓄電池設備，其容量能使其有效動作 10 分鐘以上

4-9.3 火警自動警報設備測試報告書外觀試驗（三）

測試項目			測試方法	判定要領
外觀試驗	探測器	定溫式感知線型	以目視確認設置狀況	a 感知線應設置在裝置面下方 0.3 m 以內之位置 b 應設置在周圍溫度低於標稱動作溫度 20 度以上場所 c 感知線之安裝在直線部分以每 0.5 m（如有下垂之虞時，則為 0.35 m）以內之間隔固定；在彎曲部分以每 0.1 m 以內之間隔固定 d 感知線之彎曲半徑應在 0.05 m 以上 e 感知線之接續，應使用端子接線
	警戒狀況、設置狀況、構造、性能	差動式分布型（空氣管式）		a 空氣管應設在裝置面下方 0.3 m 以內，距離裝置面之各邊 1.5 m 以內之位置 b 空氣管之相互間隔，如主要結構為防火構造者，應在 9 m（如為其他結構者，則為 6 m）以下。但感知區域之規模或形狀，可有效感知火災之發生時，不在此限 c 任一感知區域之空氣管露出長度，應在 20 m 以上 d 任一接續於檢出部之空氣管長，應在 100 m 以下 e 檢出部不得前後傾斜 5 度以上 f 不同檢出部空氣管平行時，其相互間隔應在 1.5 m 以內 g 空氣管在直線部分以 0.35 m 以內之間隔固定；在接續或彎曲部分以 5 cm 以內之間隔固定 h 空氣管之彎曲半徑應在 5 mm 以上，且無破損等 i 安裝於纖維板、耐火板上時，應能充分獲得熱效果而設置在外 j 空氣管應使用接續管（Sleeve）接續，並予焊接，且接續部分應施以防蝕之塗裝等 k 如傾斜達 3/10 以上之天花板，空氣管之間隔，在其頂部應以密集方式，在下方則應以疏鬆方式設置 l 空氣管貫穿牆壁部分應設置保護管、軸套（Bushing）等
		差動式分布型式（熱電偶式）		a 熱電偶部應設置在裝置面下方 0.3 m 以內 b 任一感知區域之熱電偶部的接續個數，應為 4 個以上 c 接續在任一檢出部之熱電偶部的個數，應為 20 個以下 d 檢出部不得傾斜 5 度以上 e 熱電偶部和電線之接續，係在壓著接續後，以塑膠套管等被覆壓著部確實地接續 f 對熱電偶部之極性應無誤接 g 固定配線之固定，不得固定在熱電偶部

漏電火災警報設備於日本警報設備為法定消防設備；但消防署並未列入，反而出現在國內建築技術規則之第十一章地下建築物所規定漏電自動警報設備。

差動式分布型（空氣管式）外觀試驗

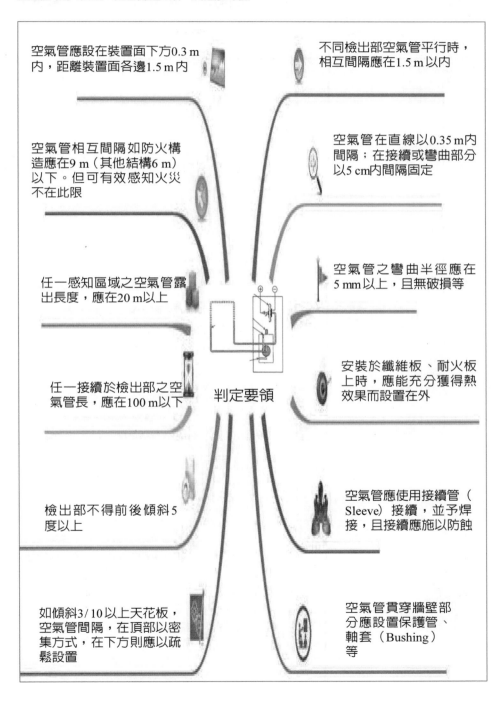

空氣管應設在裝置面下方0.3 m 內，距離裝置面各邊1.5 m內

不同檢出部空氣管平行時，相互間隔應在1.5 m以內

空氣管相互間隔如防火構造應在9 m（其他結構6 m）以下。但可有效感知火災不在此限

空氣管在直線以0.35 m內間隔；在接續或彎曲部分以5 cm內間隔固定

任一感知區域之空氣管露出長度，應在20 m以上

空氣管之彎曲半徑應在5 mm以上，且無破損等

任一接續於檢出部之空氣管長，應在100 m以下

判定要領

安裝於纖維板、耐火板上時，應能充分獲得熱效果而設置在外

檢出部不得前後傾斜5度以上

空氣管應使用接續管（Sleeve）接續，並予焊接，且接續應施以防蝕

如傾斜3/10以上天花板，空氣管間隔，在頂部以密集方式，在下方則應以疏鬆設置

空氣管貫穿牆壁部分應設置保護管、軸套（Bushing）等

4-9.4 火警自動警報設備測試報告書外觀試驗（四）

測試項目				測試方法	判定要領
外觀試驗	探測器	警戒狀況、設置狀況、構造、性能	差動式分布型（熱半導體式）		a 感熱部下端應設置在裝置面下方 0.3 m 以內 b 任一感知區域之感熱部的接續個數，應為 2 個（裝置面高度未滿 8 m 時，則為 1 個）以上 c 接續在任一檢出部之感熱部的個數，應為 2 個以上 15 個以下 d 檢出部不得傾斜 5 度以上 e 感熱部和檢出部之接續應以直列接續 f 對感熱部之極性應無誤接
			偵煙式探測器（光電式分離式型比式除外） 離子比式限型 光電比式限型	以目視確認設置狀況	a 探測器下端應設置在裝置面下方 0.6 m 以內 b 應設置在距離牆壁或樑 0.6 m 以上之位置。但走廊等寬度未滿 1.2 m 時，應設置在中心部 c 如為天花板高度未滿 2.3 m 之居室或未滿 40 m² 之居室，應設置在入口附近 d 如為天花板附近有排氣口或回風口之居室，應設置在該排氣口或回風口周圍 1.0 m 範圍；如為有換氣口等出風口之居室，應設置在距離該出風口 1.5 m 以上之位置 e 不得傾斜 45 度以上 f 除走廊、通道、樓梯及坡道以外，應在每一感知區域設置探測器 g 設於走廊及通道時，步行距離應在 30 m（如為第 3 種探測器，則為 20 m）以下。但下列情形，得免設： 　① 未和樓梯相接之 10 m 以下的走廊或通道 　② 至樓梯之步行距離在 10 m 以下的走廊或通道 　③ 開放式的走廊或通道 h 設於樓梯或坡道時，垂直距離每 15 m（如為第 3 種探測器，則為 10 m）應設置 1 個以上。但在開放式的樓梯上，得免設 i 升降機坑道及管道間（管道截面積在 1 m² 以上者），其最上部應設置 1 個以上。但下列情形，得免設： 　① 在升降路頂部設有升降機機械室，且升降路與機械室間有開口時，應設於機械室，升降路頂部得免設 　② 通風管或其他類似場所，為二層樓以下，且有完整的水平區劃時 　③ 和開放式走廊等相接之升降機升降路等

依靈敏度試驗，差動式侷限型於 1 種平均 10℃/min 升溫 < 4.5 分鐘動作，於 2 種則 15℃/min 升溫 < 4.5 分鐘。補償式侷限型於 1 種自平均 10℃/min 升溫 < 4.5 分鐘且標稱溫度低 10℃至高 10℃內動作，於 2 種則 15℃/min 升溫 < 4.5 分鐘且標稱溫度低 10℃至高 10℃內動作。定溫式侷限型於標稱動作溫度 125% 時，於特種 < 40 秒動作、1 種 < 120 秒及 2 種 < 300 秒。

偵煙探測器等外觀判定要領

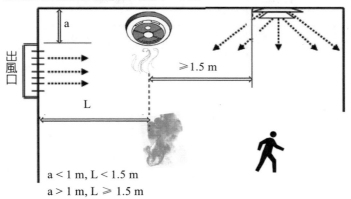

（偵煙式探測器排氣口或回風口＜1 m）

出風口

a

≥1.5 m

L

a＜1 m, L＜1.5 m
a＞1 m, L ≥ 1.5 m

（火焰式、差動式分布型、光電式分離型探測器除外）

判定要領
偵煙式探測器（光電式分離型及類比式除外）： 離子類比式侷限型 光電類比式侷限型 如為天花板附近有排氣口或回風口之居室，應設置在該排氣口或回風口周圍 1.0 m 範圍；如為有換氣口等出風口之居室，應設置在距離該出風口 1.5 m 以上之位置。

探測器設置位置

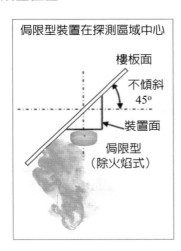

偵限型裝置在探測區域中心

樓板面

不傾斜
45°

裝置面

偵限型
（除火焰式）

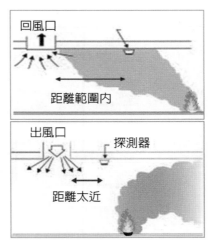

回風口

距離範圍內

出風口　探測器

距離太近

4-9.5 火警自動警報設備測試報告書外觀試驗（五）

測試項目			測試方法	判定要領
外觀試驗	探測器	警戒狀況、設置狀況、構造、性能		
		熱煙複合式侷限型	以目視確認設置狀況	a 探測器下端應設置在裝置面下方 0.3 m 以內 b 應設置在距離牆壁或樑 0.6 m 以上之位置 c 如為天花板高度未滿 2.3 m 之居室或未滿 40 m² 之居室，應設置在入口附近 d 如為天花板附近有排氣口或回風口之居室，應設置在該排氣口或回風口周圍 1.0 m 範圍；如為有換氣口等出風口之居室，應設置在距離該出風口 1.5 m 以上之位置 e 不得傾斜 45 度以上 f 除走廊、通道、樓梯及坡道以外，應在每一感知區域設置。此時應依安裝高度等之感知面積較大者之面積，核算探測器個數 g 設於走廊及通道時，步行距離應在 30 m（如為第 3 種探測器，則為 20 m）以下
		光電式分離型及光電類比式分離型		a 探測器之受光面應設在無日光照射之處 b 應設在與探測器光軸平行牆壁距離 60 cm 以上之位置 c 探測器之受光器及送光器，應設在距其背部牆壁 1 m 範圍內 d 應設在天花板等高度 20 m 以下之場所 e 探測器之光軸高度，應在天花板等高度 80% 以上之位置。 f 探測器之光軸長度，不得大於該探測器之標稱監視距離，且在 100 m 以下 g 探測器之光軸與警戒區任一點之水準距離，不得大於 7 m
		火焰式探測器		a 探測器應設置在天花板等或牆壁上 b 探測器應設置在依牆壁區劃之各區域，從距該區域之樓地板面高度在 1.2 m 以下的空間各部分，至該探測器之距離在標稱監視距離的範圍內 c 應防止因障礙物等而無法有效感知火災發生 d 探測器應設置在不受日光照射之位置。但為防止發生感知障礙而設有遮光板等時，不在此限

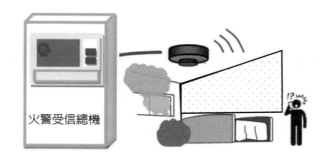

火警受信總機

光電式分離型探測器裝設

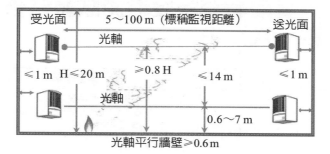

火焰式探測器裝設

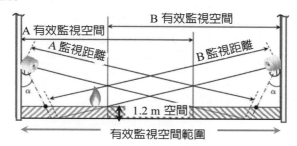

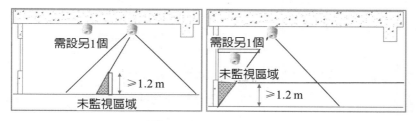

火焰式探測器（日本消防設備基準）

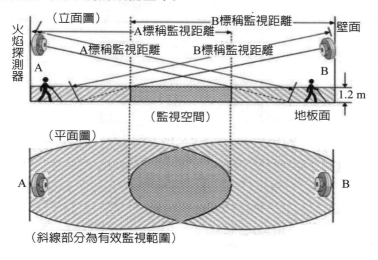

4-9.6 火警自動警報設備測試報告書外觀試驗（六）

測試項目			測試方法	判定要領
外觀試驗	手動報警機	設置場所	以目視確認設置狀況	a 應設置於明顯易見且操作容易之場所 b 按鈕開關之位置應設在距離地板面 1.2 m 以上 1.5 m 以下 c 每一火警分區應設置 1 個 d 應無妨礙操作之障礙物 e 如設於有腐蝕性氣體滯留之虞的場所，應採取適當之防護措施 f 裝置於屋外者，應具防水性能
		構造、性能	以目視確認機器之狀況	a 應無變形、損傷、腐蝕等 b 伴隨消防栓箱等箱門開關，可動配線等應採取防止因開關而妨礙性能之措施
	標示燈	設置場所	以目視確認設置場所等之狀況	a 應設置在手動報警機之附近 b 應設置在人明顯易見之位置 c 如設於有腐蝕性氣體滯留之虞的場所，應採取適當之防護措施 d 裝置於屋外者，應具防水性能 e 標示燈與裝置面成 15 度角，在 10 m 距離內需無遮視物且明顯易見
		構造	以目視確認機器之狀況	a 燈光應為紅色 b 應無變形、損傷、腐蝕等
	地區音響裝置	設置場所	以目視確認設置場所等之狀況	a 應設置在無妨礙音響效果之位置 b 從設置樓各部分至任一地區音響裝置之水準距離在 25 m 以下的範圍內 c 如設於有腐蝕性氣體滯留之虞的場所，應採取適當之防護措施 d 如設於有可燃性氣體發生或滯留之虞的場所，應為防爆構造者 e 如設於會受雨水等影響之場所，應採取適當之防護措施
		構造	以目視確認機器之狀況	應無變形、損傷、腐蝕等

手動報警機

偵煙式探測器裝設（光電式分離型除外）

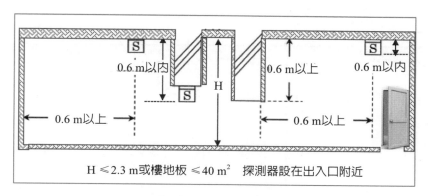

H ≤2.3 m或樓地板 ≤40 m²　探測器設在出入口附近

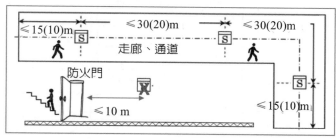

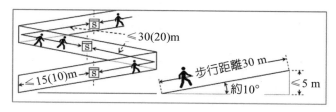

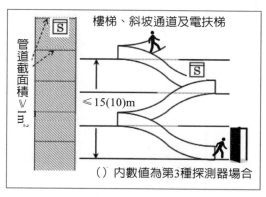

（）內數值為第3種探測器場合

4-9.7 火警自動警報設備測試報告書性能試驗（一）

	測試項目		測試方法	判定要領
性能試驗	配線	公用線試驗	關於各個受信總機之公用線，拆下公用線，依受信總機回路斷線試驗，以試驗用測定器等確認斷線之火警分區數	公用線供應之分區數不得超過 7 個
		＊串接配線試驗	關於依下表所規定火警分區數之任意試驗回路數，在確認該試驗回路之探測器為輸送配線後，拆下探測器之一線，使該回路末端之發信機動作 火警分區 / 試驗回路數 10 以下 / 1 11 以上 50 以下 / 2 51 以上 / 3	a 探測器之配線應為輸送配線 b 受信總機之回路應無火災表示
	受信總機	＊火災表示試驗 火災表示狀況	依所規定操作方法操作火警表示試驗開關，就各回路進行（保持性能 P 型三級及 GP 型三級除外）	火災表示、保持性能應正常
		二信號式機能	①依所規定操作方法操作火警表示試驗開關，就各回路進行 ②在接收第一信號時使發信機動作	a 第一信號時，地區表示裝置及主音響裝置或副音響裝置應鳴動；第二信號時，火警燈應亮燈，地區音響裝置應鳴動 b 使發信機動作時，應立即進行火警表示
		蓄積式機能	①依所規定操作方法操作火警標示試驗開關，就各回路進行 ②在蓄積時間中使發信機動作	a 應在設定時間內進行火警表示 b 使發信機動作時，應自動解除蓄積性能，進行火警表示
		＊注意表示試驗 注意表示狀況	依所規定操作方法操作注意標示試驗開關等，就各回路進行	注意表示應正常

註：具定期自動測試機能之受信總機，只要確認測試紀錄紙有無異常紀錄，得免除「＊」部分之試驗。

無線火警探測器

二信號式受信總機

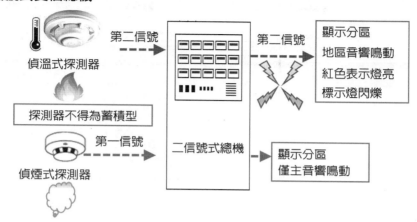

偵溫式探測器 　第二信號 →　第二信號 →　顯示分區
地區音響鳴動
紅色表示燈亮
標示燈閃爍

探測器不得為蓄積型

偵煙式探測器 　第一信號 →　二信號式總機 →　顯示分區
僅主音響鳴動

蓄積型受信總機

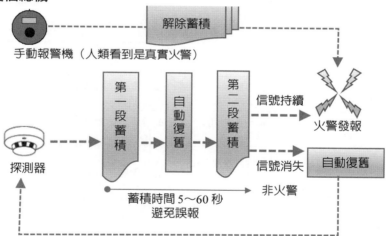

手動報警機（人類看到是真實火警）　解除蓄積

探測器 →　第一段蓄積 →　自動復舊 →　第二段蓄積 →　信號持續 →　火警發報

信號消失 →　自動復舊

蓄積時間 5～60 秒
避免誤報　非火警

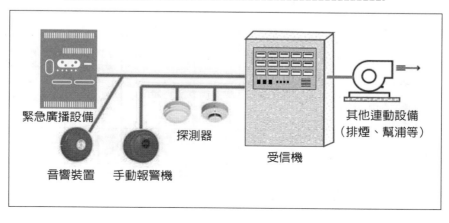

緊急廣播設備

音響裝置　手動報警機　探測器　受信機　其他連動設備
（排煙、幫浦等）

4-9.8 火警自動警報設備測試報告書性能試驗（二）

<table>
<tr><th colspan="3">測試項目</th><th>測試方法</th><th>判定要領</th></tr>
<tr><td rowspan="20">性能試驗</td><td rowspan="15">受信總機</td><td colspan="2">＊回路斷線試驗</td><td>操作斷線試驗開關、回路選擇開關等，就各回路逐一測試。但如為自動監視回路斷線狀況者，得拆下任一探測回路等，使其在斷線狀態</td><td>a 試驗用測定器等之指示值應適當正常
b 應發出斷線警報</td></tr>
<tr><td rowspan="2">＊同時動作試驗</td><td>使用常用電源時</td><td>將任意 5 回路（如為不足 5 回路之受信總機，則為全部回路）設定在火警動作狀態</td><td rowspan="2">受信總機、主音響裝置、地區音響裝置、附屬裝置等性能應無異常，適當地繼續火警動作狀態</td></tr>
<tr><td>使用預備電源時</td><td>將任意 2 回路（如為只有 1 回路之受信總機，則為 1 回路）設定在火警動作狀態</td></tr>
<tr><td rowspan="2">＊預備電源試驗</td><td>電源自動切換機能</td><td>進行主電源之切斷及回復</td><td>電源之自動切換性能應正常</td></tr>
<tr><td>端子電壓、容量</td><td>操作備用電源試驗開關</td><td>應有所規定之電壓值及容量</td></tr>
<tr><td>＊緊急電源試驗</td><td>電源自動切換機能</td><td>進行主電源之切斷及回復</td><td>電源之自動切換性能應正常</td></tr>
<tr><td rowspan="3">附屬裝置試驗</td><td>火災表示狀況</td><td rowspan="3">使附屬裝置動作或在動作狀態下，依火警標示試驗及注意標示試驗之測試方法進行</td><td rowspan="3">a 附屬裝置對受信總機之性能應不會造成有害之影響
b 接續綜合操作盤者，受信總機信號應移報至綜合操作盤</td></tr>
<tr><td>二信號式</td></tr>
<tr><td>蓄積式</td></tr>
<tr><td rowspan="2">相互動作試驗
（防護對象物設有 2 個以上受信總機）</td><td>相互通話狀況</td><td>在設有受信總機之場所間，進行相互通話</td><td>應可同時相互通話</td></tr>
<tr><td>地區音響裝置鳴動狀況</td><td>依所規定操作方法操作各受信總機之火警標示試驗開關</td><td>不論從任何受信總機，地區音響裝置應正常地鳴動</td></tr>
<tr><td rowspan="5">中繼器</td><td colspan="2">＊回路斷線試驗</td><td>操作斷線試驗開關、回路選擇開關等，就各回路進行</td><td>試驗用測定器等之指示值應適當正常</td></tr>
<tr><td rowspan="2">＊預備電源試驗</td><td>電源自動切換機能</td><td>進行主電源之切斷及回復</td><td>電源之自動切換性能應正常</td></tr>
<tr><td>端子電壓、容量</td><td>操作備用電源試驗開關</td><td>應有所規定之電壓值及容量</td></tr>
</table>

受信總機性能試驗

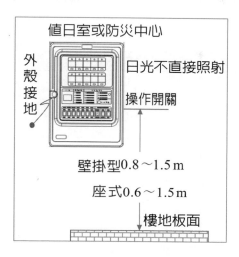

測試項目		測試方法	判定要領
*同時動作試驗	使用常用電源時	將任意 5 回路（如為不足 5 回路之受信總機，則為全部回路）設定在火警動作狀態	受信總機、主音響裝置、地區音響裝置、附屬裝置等性能應無異常，適當地繼續火警動作狀態
	使用預備電源時	將任意 2 回路（如為只有 1 回路之受信總機，則為 1 回路）設定在火警動作狀態	
*預備電源試驗	電源自動切換機能	進行主電源之切斷及回復	電源之自動切換性能應正常
	端子電壓、容量	操作備用電源試驗開關	應有所規定之電壓值及容量
*緊急電源試驗	電源自動切換機能	進行主電源之切斷及回復	電源之自動切換性能應正常

註：具定期自動測試機能之受信總機，只要確認測試紀錄紙有無異常紀錄，得免除「＊」部分之試驗。

差動式分布型熱電偶式探測器

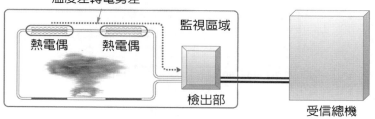

4-9.9 火警自動警報設備測試報告書性能試驗（三）

	測試項目		測試方法	判定要領
性能試驗	差動式分布型（空氣管式）	*火災動作試驗	將空氣注入試驗器（以下簡稱「測試幫浦」）接在檢出部之試驗孔上，再將試驗旋塞對合動作試驗位置，以測試幫浦注入相當於探測器動作空氣壓（空氣膨脹壓力）之空氣量，測定自該時點至接點閉合為止之時間	空氣注入後至接點閉合為止之時間，應在該檢出部所標示之範圍內
		動作持續試驗	測定在動作試驗中，探測器開始動作之後至接點開放為止之時間	接點閉合後至接點開放為止之時間，應在該檢出部所標示之範圍內
		流通試驗	將流體壓力表接在檢出部之試驗孔或空氣管之一端，再將試驗旋塞對合流通試驗位置，以接續在另端之測試幫浦注入空氣，使流體壓力表的水位上升至約 100 mm，然後停止水位 接著以試驗旋塞等打開送氣口，測定上升水位降至 1/2 為止之時間 另外如流體壓力表的水位不停止者，由於空氣管有外漏之虞，應中止試驗，進行檢修	上升水位降至 1/2 為止之時間，應在依空氣管長度之下圖 1 數值的範圍內
		接點水高試驗	將流體壓力表及測試幫浦接在檢出部之試驗孔或空氣管之一端，再將試驗旋塞對合接點水高試驗位置，緩緩注入空氣，測定接點閉合時之水位	接點閉合時之水位應在各檢出部所標示之值的範圍內
	差動式分布型（熱電偶式）	*動作試驗	將試驗插頭插進檢出部，把電壓附加在檢出部，測定動作時之電壓	動作時之電壓應在各檢出部所標示之值的範圍內
		回路合成阻抗試驗	將試驗器插頭插進檢出部，測定熱電偶回路之合成阻抗值	合成阻抗值應為各檢出部所標示之值以下

註：具定期自動測試機能之受信總機，只要確認測試紀錄紙有無異常紀錄，得免除「＊」部分之試驗。

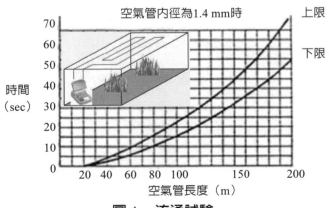

圖1　流通試驗

差動式分布型（空氣管式與熱電偶式）

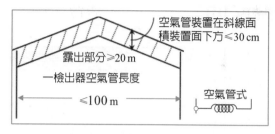

空氣管裝置在斜線面
積裝置面下方≤30 cm

露出部分≥20 m

一檢出器空氣管長度

≤100 m

空氣管式

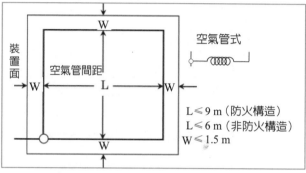

裝置面

空氣管式

空氣管間距

L

W

L≤9 m（防火構造）
L≤6 m（非防火構造）
W≤1.5 m

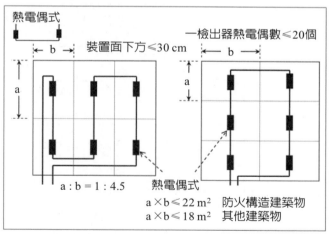

熱電偶式

一檢出器熱電偶數≤20個

裝置面下方≤30 cm

b

b

a

a

a：b＝1：4.5

熱電偶式

a×b≤22 m² 防火構造建築物
a×b≤18 m² 其他建築物

空氣管依測試規格需 ≥ 20m，以具廣範圍偵熱效果（<100m），
如空間未達 20m 即以繞行裝置。而熱電偶式至少 4 個是能較佳
正確效果，於防火構造建築物，每一探測範圍 ≤ 22m²，如非防
火構造則每一個 ≤ 18m²。

4-9.10 火警自動警報設備測試報告書性能試驗（四）

<table>
<tr><th colspan="2">測試項目</th><th>測試方法</th><th>判定要領</th></tr>
<tr><td rowspan="12">性能試驗</td><td rowspan="2">差動式分布型（熱半導體式）</td><td>* 動作試驗</td><td>將試驗器插頭插進檢出部，把電壓附加在檢出部，測定動作時電壓。但如安裝位置高度未滿 8 m 者，得依差動式侷限型動作試驗測試方法規定</td><td>動作時之電壓應在各檢出部所標示之值的範圍內。但依差動式侷限型之試驗規定者，應依該判定基準之規定</td></tr>
<tr><td>回路合成阻抗試驗</td><td>將試驗器插頭插進檢出部，測定熱半導體回路之合成阻抗值</td><td>合成阻抗值應在各檢出部所標示之值以下</td></tr>
<tr><td rowspan="2">定溫式感知線型</td><td>動作試驗</td><td>使回路末端之回路試驗器動作</td><td>受信總機應為火警標示</td></tr>
<tr><td>回路合成阻抗試驗</td><td>測定探測器回路配線和感知線之合成阻抗值</td><td>合成阻抗值應在探測器所標示之值以下</td></tr>
<tr><td rowspan="8">差動式侷限型、補償式侷限型、定溫式侷限型（再用型）、熱類比式侷限型</td><td rowspan="8">* 動作試驗</td><td rowspan="8">以加熱試驗器加熱探測器，測定至探測器動作為止之時間</td><td>探測器之動作時間應在下表所示之值以內：</td></tr>
</table>

動作時間 探測器	探測器種類		
	特種	第 1 種	第 2 種
差動式侷限型、補償式侷限型	－	30 秒	30 秒
定溫式侷限型	40 秒	60 秒	120 秒
熱類比式侷限型	40 秒	－	－

但關於定溫式侷限型探測器或熱類比式侷限型探測器，標稱動作溫度或有關火災標示之設定標示溫度和周圍溫度的差超過 50 度時，得將動作時間設定為 2 倍

註：具定期自動測試機能之受信總機，只要確認測試紀錄紙有無異常紀錄，得免除「＊」部分之試驗。

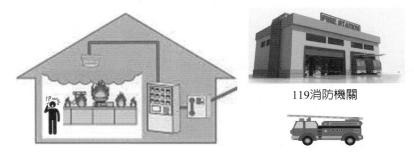

119消防機關

差動式分布型（熱半導體式）

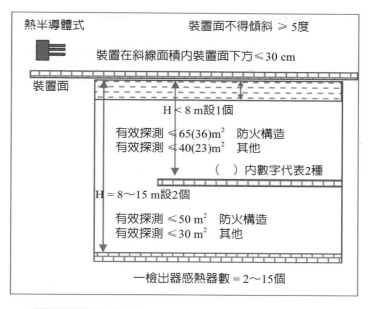

熱半導體式　　　　　　裝置面不得傾斜 ≥ 5度

裝置在斜線面積內裝置面下方 ≤ 30 cm

裝置面

H ≤ 8 m設1個

有效探測 ≤ 65(36)m² 防火構造
有效探測 ≤ 40(23)m² 其他

（　）內數字代表2種

H = 8～15 m設2個

有效探測 ≤ 50 m² 防火構造
有效探測 ≤ 30 m² 其他

一檢出器感熱器數 = 2～15個

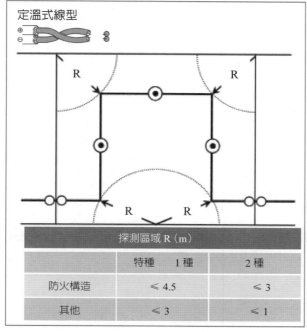

定溫式線型

探測區域 R（m）		
	特種　　1種	2種
防火構造	≤ 4.5	≤ 3
其他	≤ 3	≤ 1

4-9.11 火警自動警報設備測試報告書性能試驗（五）

測試項目		測試方法	判定要領
性能試驗	定溫式偵限型（非再用型） 動作試驗	依所設置探測器個數，就下表抽取個數，以加熱試驗器加熱，測定至探測器動作為止時間 **探測器設置個數 / 抽取個數** 1～10 / 1 11～50 / 2 51～100 / 4 101 以上 / 7	探測器之動作時間應在下表所示值以內： **動作時間 探測器 / 探器器種類 特種 第1種 第2種** 定溫式偵限型 / 40秒 / 60秒 / 120秒 但標稱動作溫度和周圍溫度的差超過50度時，得將動作時間設定為2倍之值
	離子式偵限型、光電式偵限型、離子化類比式偵限型、光電類比式偵限型 ＊動作試驗	以加煙試驗器等對探測器加煙，測定至探測器動作為止之時間	探測器之動作時間應在下表所示值以內： **動作時間 探測器 / 探測器種類 特種 第1種 第2種** 離子式偵限型／光電式偵限型／離子化類比式偵限型／光電類比式偵限型 / 30秒 / 60秒 / 90秒 但如為蓄積型探測器，動作時間應在表列時間加上標稱蓄積時間及5秒後時間以內
	光電式分離型、光電類比式分離型 ＊動作試驗	使用減光罩，測定至探測器動作為止之時間	a 如為非蓄積型者，動作時間應在30秒以內 b 如為蓄積型者，動作時間應在30秒加上標稱蓄積時間及5秒後之時間以內
	火焰型探測器 ＊動作試驗	以適合探測器之試驗器，照射紅外線或紫外線，測定至探測器動作為止之時間	探測器之動作時間應在下表所示之值以內： **動作時間 探測器 / 探測器種類 室內型 室外型 道路型** 火焰型探測器 / 30秒 / 30秒 / 30秒
	地區音響裝置 音響裝置試驗	使探測器或發信機動作。在距離音響裝置（已安裝之狀態）中心1m之位置。使用噪音計（A特性）測定音壓	地區音響裝置應依鳴動方式正常地鳴動。音壓應在90dB以上
	鳴動方式試驗	使探測器或發信機動作，確認地區音響裝置之鳴動方式是否正確	a 地區音響裝置應依鳴動方式（一齊或分區鳴動）正常地鳴動 b 一定時間以內及接受新的火災信號時，地區音響裝置應一齊鳴動

註：具定期自動測試機能之受信總機，只要確認測試紀錄紙有無異常紀錄，得免除「＊」部分之試驗。

定溫式侷限型（非再用型）

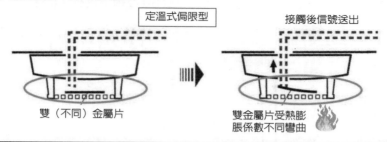

雙（不同）金屬片　　　　　雙金屬片受熱膨脹係數不同彎曲

測試方法	判定要領
依所設置探測器個數，就下表抽取個數，以加熱試驗器加熱，測定至探測器動作為止時間 **探測器設置個數 / 抽取個數** 1〜10 / 1 11〜50 / 2 51〜100 / 4 101 以上 / 7	探測器之動作時間應在下表所示值以內： **動作時間（探測器） / 探器器種類（特種 / 第1種 / 第2種）** 定溫式侷限型 / 40秒 / 60秒 / 120秒 但標稱動作溫度和周圍溫度的差超過 50 度時，得將動作時間設定為 2 倍之值

道路型火焰探測器

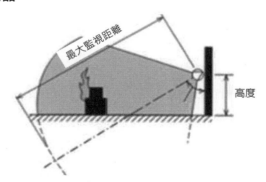

最大監視距離　　高度

火焰式高度約 1 m 最大檢知距離 60 m、視野角 100°

測試項目	測試方法	判定要領
火焰型探測器	*動作試驗	以適合探測器之試驗器，照射紅外線或紫外線，測定至探測器動作為止之時間	探測器之動作時間應在下表所示之值以內： **動作時間（探測器） / 探測器種類（室內型 / 室外型 / 道路型）** 火焰型探測器 / 30秒 / 30秒 / 30秒

第10章　瓦斯漏氣火警自動警報設備

4-10.1　瓦斯漏氣火警自動警報設備測試報告書外觀試驗（一）

測試項目			測試方法	判定要領
外觀試驗	警報分區	警報分區設定	以目視確認火警分區之狀況	a 火警分區不得跨及 2 個以上樓層。但 1 個火警分區之面積在 500 m² 以下，且該火警分區跨及 2 個樓層時，不在此限 b 1 個火警分區之面積應在 600 m² 以下。但如從該火警分區之通道中央可輕易看到標示燈時，得在 1,000 m² 以下
	受信總機	設置場所等	設置場所	以目視確認設置場所等之狀況	a 應設置在防災中心等經常有人駐守之場所 b 應設置在無因溫度、溼度、撞擊、振動等而影響機器性能之虞的場所 c 應設置在機器無受損傷之虞的場所
			周圍狀況、操作性		a 應在操作上或檢修實施上不會造成妨礙之位置，且保有操作等所需之空間 b 應設置在不會因直射日光、外光、照明等而影響標示燈之亮燈的位置
			設置狀況		應牢固地設置，避免因地震等而傾倒
		構造、性能			a 應附有商品檢驗標識 b 在機器各部分應無變形、損傷等 c 充電部有被人從外部輕易觸摸之虞應加以保護 d 保險絲等之容量應適當正常，且其安裝不致輕易鬆脫 e 如設有接地端子者，應予以適當的接地
		操作部		以目視確認機器之狀況	a 電源監視裝置應正常。 b 操作開關應設置在距離樓地板面 0.8 m（如採坐式操作者，則為 0.6 m）以上 1.5 以下之高度，可容易操作之處，無損傷、鬆脫等，停止點應明確 c 各種標示燈之亮燈狀態應正常，且燈光應從前面距離 3 m 之位置即可明確識別 d 在標示裝置上應以不易磨滅之方法且適當地標示火警分區的名稱 e 應區別貫通部（係指供給瓦斯之導管貫通防護對象物外壁的部分）相關火警分區及其他火警分區並加以標示

天然瓦斯用檢知器（天花板型）

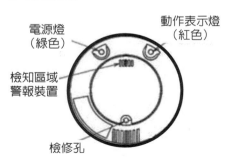

電源燈
（綠色）

動作表示燈
（紅色）

檢知區域
警報裝置

檢修孔

警報分區及受信總機外觀試驗

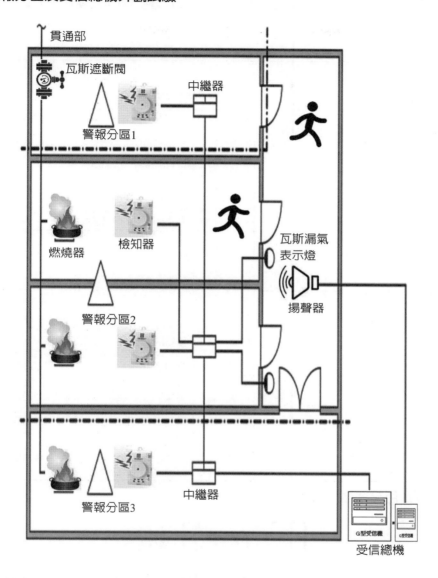

測試項目	測試方法	判定要領
警報分區設定	以目視確認火警分區之狀況	a 火警分區不得跨及 2 個以上樓層。但一警分區在 500 m² 以下，且該分區跨及 2 個樓層時，不在此限。 b 一火警分區在 600 m² 以下。但如從該分區通道中央可輕易看到標示燈時在 1,000 m² 以下

4-10.2 瓦斯漏氣火警自動警報設備測試報告書外觀試驗（二）

<table>
<tr><th colspan="4">測試項目</th><th>測試方法</th><th>判定要領</th></tr>
<tr>
<td rowspan="15">外觀試驗</td>
<td rowspan="4">受信總機</td>
<td>預備品</td><td></td><td></td>
<td>以目視確認備用品等之狀況</td>
<td>應備有備用品、配線圖等</td>
</tr>
<tr>
<td rowspan="8">中繼器</td>
<td>設置場所</td><td></td><td></td>
<td>以目視確認設置場所等之狀況</td>
<td>a 應設置在無因溫度、溼度、撞擊、振動等而影響機器性能之處的場所
b 應在操作上或檢修實施上不會造成妨礙之位置，且保有操作等所需之空間
c 應設置在機器無受損傷之處的場所</td>
</tr>
<tr>
<td>構造、性能</td><td></td><td></td>
<td>以目視確認機器之狀況</td>
<td>a 在機器各部分應無變形、損傷等
b 充電部有被人從外部輕易觸摸之虞，應加以保護
c 保險絲等容量應正常，且其安裝不致輕易鬆脫
d 如設有接地端子者，應予以適當的接地</td>
</tr>
<tr>
<td>預備品</td><td></td><td></td>
<td>以目視確認備用品等之狀況</td>
<td>應備有備用品、配線圖等。</td>
</tr>
<tr>
<td rowspan="2">電源</td>
<td>常用電源</td><td></td><td></td>
<td>以目視確認電源之狀況</td>
<td>a 應為專用回路
b 電源容量應適當正常</td>
</tr>
<tr>
<td>緊急電源</td><td></td><td></td>
<td>確認緊急電源之種類</td>
<td>應為蓄電池設備，其容量應能使二回路有效動作 10 分鐘以上，其他回路能監視 10 分鐘以上</td>
</tr>
<tr>
<td rowspan="2">檢知器</td>
<td>警戒狀況</td><td></td><td></td>
<td></td>
<td>a 火警分區之設定應適當正常，且無未警戒部分
b 應設置在可進行檢修或其他維護管理之場所
c 應設置在出入口附近外部氣流流通以外之場所，無妨礙瓦斯漏氣探測之障礙物，且能有效探測之位置</td>
</tr>
<tr>
<td>設置狀況</td><td>檢知之瓦斯對空氣比重未滿 1 者</td><td></td>
<td>以目視確認設置狀況</td>
<td>a 檢知器下端應設置在天花板等下方 0.3 m 以內之位置
b 應設置在距離換氣口等出風口 1.5 m 以上之位置
c 應設置在距離燃燒器或貫通部之水平距離在 8 m 以內的範圍。但天花板面等因突出 0.6 m 以上之樑而被分隔時，由於該樑之故，應設於燃燒器側或貫通部側
d 天花板面等設有吸氣口時，應設置在和燃燒器間之天花板面等未被突出 0.6 m 以上之梁而被分隔的吸氣口中，距離該燃燒器最近者的附近</td>
</tr>
</table>

天然瓦斯用檢知器（牆壁型）

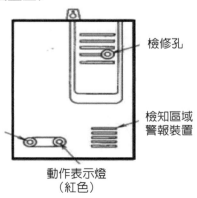

檢修孔

檢知區域警報裝置

動作表示燈
（紅色）

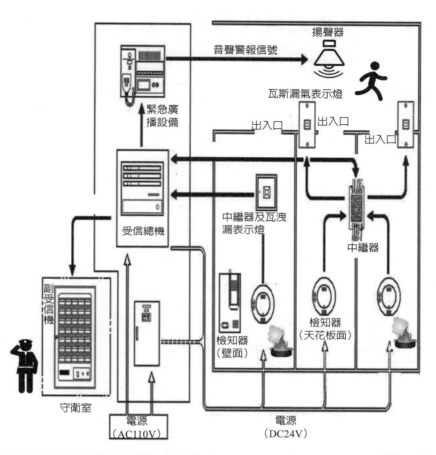

測試項目	測試方法	判定要領
檢知之瓦斯對空氣比重未滿 1 者	以目視確認設置狀況	a 檢知器下端應設在天花板等下方 0.3 m 以內位置 b 應設在距離換氣口等出風口 1.5 m 以上位置 c 應設在距離燃燒器或貫通部之水平距離 8 m 內。但天花板面等因突出 0.6 m 以上樑而被分隔時，由於該樑之故，應設於燃燒器側或貫通部側 d 天花板面等設有吸氣口時，應設置在和燃燒器間之天花板面等未被突出 0.6 m 以上樑被分隔吸氣口中，距離該燃燒器最近者

4-10.3 瓦斯漏氣火警自動警報設備測試報告書外觀試驗（三）

測試項目				測試方法	判定要領
外觀試驗	檢知器	設置狀況	檢知之瓦對空氣比重大於1者	以目視確認設置狀況	a 檢知器上端應設置在地板上方 0.3 m 以內之位置 b 應設置在距離燃燒器或貫通部之水平距離在 4 m 以內的範圍
		構造、性能		以目視確認機器之狀況	a 應附有商品檢驗標識 b 應無變形、損傷等
	警報裝置	音聲警報裝置	擴音機 設置場所	以目視確認設置場所等之狀況	應設置在受信總機之設置場所附近，且無妨礙操作之障礙物
			構造	以目視確認機器之狀況	應無變形、損傷等
			揚聲器 設置場所	以目視確認設置場所等之狀況	a 應設置在無障礙物妨礙音響效果之位置 b 應設置在各樓，從該樓各部分至任一揚聲器之水平距離在 25 m 以下的範圍內 c 應設置在無因通行、貨物運送而受損傷之虞的位置 d 如設置在會受雨水、腐蝕氣體等影響之場所，應採取適當之防護措施
			構造	以目視確認機器之狀況	應無變形、損傷等
		瓦斯漏氣表示燈	設置場所	以目視確認設置場所等之狀況	a 距樓地板面之高度應在 4.5 m 以下 b 設有檢知器之居室面向通路時，應設於該面向通路部分之出入口附近。但在一警報分區僅一室時得免設 c 應設置在無因通行、貨物運送等而受損傷之虞的位置 d 如設置在會受雨水、腐蝕氣體等影響之場所，應採取適當之防護措施 e 應為黃色燈
			構造	以目視確認機器之狀況	應無變形、損傷等

液化瓦斯用檢知器（牆壁型）

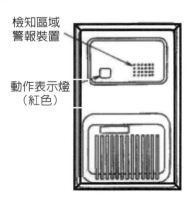

檢知區域
警報裝置

動作表示燈
（紅色）

瓦斯漏氣表示燈設置場所判定要領

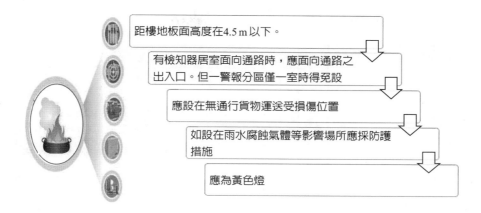

距樓地板面高度在4.5 m以下。

有檢知器居室面向通路時，應面向通路之出入口。但一警報分區僅一室時得免設

應設在無通行貨物運送受損傷位置

如設在雨水腐蝕氣體等影響場所應採防護措施

應為黃色燈

揚聲器設置場所判定要領

應設在無障礙物妨礙音響效果位置

應設置在各樓，從該樓各部分至任一揚聲器距離在25 m以下範圍

應設在無因通行、貨物運送等受損傷位置

設在雨水腐蝕氣體等場所應採防護措施

配線性能試驗

火警分區數	試驗回路數
≤ 10	1
11～50	2
≥ 51	3

4-10.4 瓦斯漏氣火警自動警報設備測試報告書性能試驗（一）

測試項目				測試方法	判定要領
外觀試驗	警報裝置	檢知區域警報裝置	設置場所	以目視確認設置場所等之狀況	a 應設置在無妨礙音響效果之位置 b 如設置在會受雨水、腐蝕氣體等影響之場所，應採取適當之防護措施 c 檢知器所能檢知瓦斯漏氣之區域內，該檢知器動作時，該區域內之檢知區域警報裝置應能發出警報音響，其音壓在距 1 公尺處應有 70 分貝以上。但檢知器具有發出警報功能，且設於機械室等常時無人場所及瓦斯導管貫穿牆壁處者，不在此限 d 應設置在無因通行、貨物運送等而受損傷之虞的位置
			構造	以目視確認機器狀況	應無變形、損傷等

性能試驗

測試項目			測試方法	判定要領
性能試驗	配線		串接配線試驗〔以平常回路式之檢知器（一回路之接續個數有 2 個以上者）回路為限〕	依下表規定火警分區數之任意試驗回路數，在確認該試驗回路檢知器之任一檢知器為輸送配線後，拆下檢知器之一線，使該回路末端之發信機、檢知器等動作： | 火警分區數	試驗回路數
---	---
≦ 10	1
11～50	2
≧ 51	3		a 檢知器之配線應為輸送配線 b 受信總機之回路應無瓦斯漏氣表示
	受信總機	瓦斯漏氣表示試驗	瓦斯漏氣燈	依所規定操作方法操作瓦斯漏氣表示試驗開關，就各回路逐一測試	瓦斯漏氣表示應正常。另外，如有保持性能及標準遲延時間者，這些性能應正常
			地區表示裝置動作狀況		
			主音響裝置鳴動狀況		
			試驗中其他回路動作狀況	在瓦斯漏氣表示試驗中，使其他任意之回路動作	試驗中回路及任意動作回路瓦斯漏氣表示正常
		回路導通試驗	回路斷線狀況	操作斷線試驗開關、回路選擇開關等，就各回路進行。	試驗用測定器等之指示值應適當正常
			試驗中其他回路動作狀況（以有試驗裝置者為限）	在回路斷線試驗中，使其他任意之回路動作	任意動作回路之瓦斯漏氣表示應正常

受信總機性能試驗

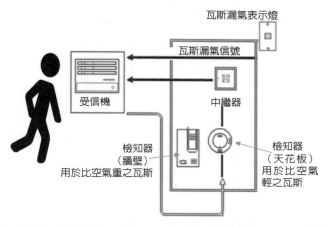

	測試項目	測試方法	判定要領
回路導通試驗	回路斷線狀況	操作斷線試驗開關、回路選擇開關等，就各回路進行	試驗用測定器等之指示值應適當正常
	試驗中其他回路動作狀況（以有試驗裝置者為限）	在回路斷線試驗中，使其他任意之回路動作	任意動作回路之瓦斯漏氣表示應正常

受信總機性能試驗

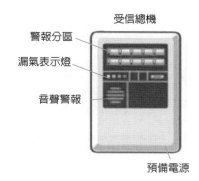

測試項目	測試方法	判定要領
附屬裝置試驗	使附屬裝置動作或在動作狀態下，依瓦斯漏氣表示試驗之測試方法進行	a 附屬裝置對受信總機之性能應不會造成有害之影響 b 對接續綜合操作盤者，受信總機之信號應移報至綜合操作盤

4-10.5 瓦斯漏氣火警自動警報設備測試報告書性能試驗（二）

測試項目			測試方法	判定要領
性能試驗	受信總機	同時動作試驗	將任意 2 回路之檢知器同時設定在瓦斯漏氣動作狀態	瓦斯漏氣表示狀態應繼續
		預備電源試驗 電源自動切換機能	進行主電源之切斷及回復	電源之自動切換性能、電壓值及容量應正常
		預備電源試驗 端子電壓、容量	操作備用電源試驗開關	應有所規定之電壓值及容量
		緊急電源試驗 電源自動切換機能	進行主電源之切斷及回復	電源之自動切換性能、電壓值及容量應正常
		故障表示試驗 對中繼器之外部負荷電力供給回路之保險絲斷線狀況	拆下品或中斷斷路器（Breaker）	故障標示燈及音響裝置應自動地動作
		故障表示試驗 由其他中繼器之主電源供給者，其電源中斷狀況	中斷主電源之斷路器等	
		故障表示試驗 檢知器電源遮斷狀況（以具有電源中斷表示裝置者為限）	中斷檢知器之電源	應能做檢知器電源中斷之標示等
		附屬裝置試驗	使附屬裝置動作或在動作狀態下，依瓦斯漏氣表示試驗之測試方法進行	a 附屬裝置對受信總機之性能應不會造成有害之影響 b 對接續綜合操作盤者，受信總機之信號應移報至綜合操作盤
		相互動作試驗（防護對象物上設有 2 個以上受信總機者） 相互通話狀況	在設有受信總機之場所間進行相互通話	應可同時相互通話
		相互動作試驗（防護對象物上設有 2 個以上受信總機者） 音響警報裝置鳴動狀況	將各受信總機之瓦斯漏氣表示試驗開關倒向試驗側，再操作回路選擇開關等而進行	不論從任何受信總機，音響警報裝置應正常地鳴動
	中繼器	回路斷線試驗	操作斷線試驗開關、回路選擇開關等，就各回路進行	試驗用測定器等之指示值應適當正常

受信總機性能試驗

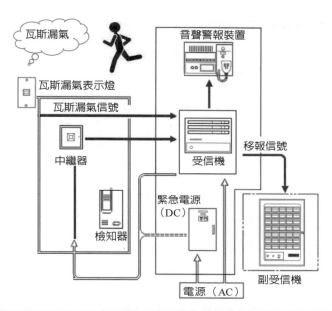

測試項目		測試方法	判定要領
相互動作試驗（防護對象物上設有 2 個以上受信總機者）	相互通話狀況	在設有受信總機之場所間進行相互通話	應可同時相互通話
	音響警報裝置鳴動狀況	將各受信總機之瓦斯漏氣表示試驗開關倒向試驗側，再操作回路選擇開關等而進行	不論從任何受信總機，音響警報裝置應正常地鳴動

警報裝置性能試驗

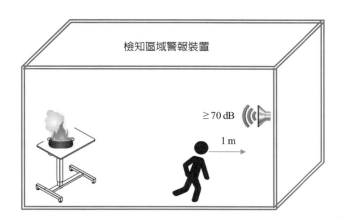

4-10.6 瓦斯漏氣火警自動警報設備測試報告書性能試驗（三）

	測試項目	測試方法	判定要領
性能試驗	檢知器動作試驗	以加瓦斯試驗器將試驗瓦斯加進檢知器，測定至瓦斯漏氣表示為止之時間	a 檢知器應正常地動作 b 至瓦斯漏氣表示為止之時間應符合以下其中1項： ① 依檢知器動作標示燈確認檢知器之瓦斯漏氣動作者，從動作確認燈亮燈至瓦斯漏氣燈亮燈之時間，應在60秒（如使用中繼器者，則為65秒）以內 ② 依中繼器之確認燈或檢知區域警報裝置之動作，確認檢知器之瓦斯漏氣動作者，從檢知區域警報裝置之動作或中繼器之動作確認燈亮燈至瓦斯漏氣燈亮燈之時間，應在60秒（如使用中繼器者，則為65秒）以內 ③ 如為上述以外者，至瓦斯漏氣表示之時間，應在80秒（如使用中繼器者，則為85秒）以內
	警報裝置 音聲警報裝置	依所規定之方法使其動作	應可明確地和其他警報音或噪音區分，同時如設有2個以上受信總機時，不論從任何場所均能動作
	警報裝置 瓦斯漏氣表示燈	進行檢知器之動作試驗而確認	應可確認檢知器動作之場所，其亮度應在表示燈前方3 m處能明確識別，並於附近標明「瓦斯漏氣表示燈」字樣
	檢知區域警報裝置（dB）	在距離警報裝置中心1 m之位置，使用噪音計（A特性）測定音壓	音壓應在70 dB以上

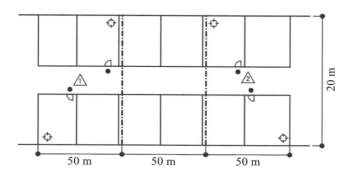

◇ ：瓦斯燃燒器具
● ：瓦斯漏氣表示燈
△ ：檢知區域編號
–··– ：警戒區域境界線

20 m

50 m　　50 m　　50 m

檢知器動作試驗

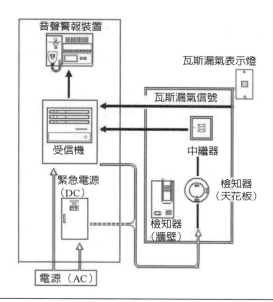

至瓦斯漏氣表示為止之時間應符合以下其中 1 項：

1. 依檢知器動作標示燈確認檢知器之瓦斯漏氣動作者，從動作確認燈亮燈至瓦斯漏氣燈亮燈之時間，應在 60 秒（如使用中繼器者，則為 65 秒）以內。
2. 依中繼器之確認燈或檢知區域警報裝置之動作，確認檢知器之瓦斯漏氣動作者，從檢知區域警報裝置之動作或中繼器之動作確認燈亮燈至瓦斯漏氣燈亮燈之時間，應在 60 秒（如使用中繼器者，則為 65 秒）以內。
3. 如為上述以外者，至瓦斯漏氣表示之時間，應在 80 秒（如使用中繼器者，則為 85 秒）以內。

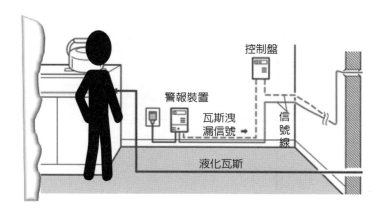

第11章　緊急廣播設備

4-11.1　緊急廣播設備測試報告書外觀試驗（一）

測試項目		測試方法	判定要領
外觀試驗	**擴音機、操作裝置、遠隔操作器** 設置場所	以目視確認設置場所等之狀況	a 操作裝置或遠隔操作裝置其中之一，應設置在值日室（防災中心）等經常有人駐守之場所。但和啓動裝置形成一體之操作裝置，依啓動裝置之設置規定設置 b 應設置在無因溫度、溼度、撞擊、振動等而影響機器性能之場所 c 應設置在機器無受損傷之虞之場所
	周圍狀況、操作性		a 應設在操作上或檢修實施上不會造成妨礙之位置，且確保操作等所需之空間 b 應設置在不會因直射日光、外光、照明等而影響表示燈之位置
	設置狀況	以目視確認設置狀況	應牢固地設置，避免因地震等而傾倒
	構造、性能	以目視確認機器之狀況	a 應為認可品 b 應無變形、損傷等 c 充電部有被人從外部輕易觸摸之虞，應加以保護 d 保險絲等的容量應適當正常，且其安裝不致輕易鬆脫
	操作部	以目視確認機器之設置狀況	a 電源監視裝置應適當正常 b 操作開關應設在距離樓地板面高度 0.8 m（如採坐式操作者，則為 0.6 m）與 1.5 m 之間且可容易操作之處，無磨損、搖晃等，停止點應明確 c 各種表示燈之亮燈狀態應正常，可從前面距離 3 m 之位置，明確辨識其亮燈狀態 d 在表示裝置上應以不易磨滅之方法適當標示警報區域之名稱
	預備品	以目視確認備用品等之狀況	應備有備用品、線路圖等
	電源 常用電源	以目視確認電源之狀況	a 應為專用回路 b 電源容量應適當正常
	緊急電源種類	目視確認緊急電源種類	應為蓄電池設備，其容量應使其有效動作 10 分鐘以上

緊急廣播設備啓動及操作裝置

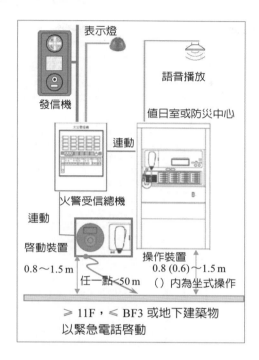

音量調整器三線式配線

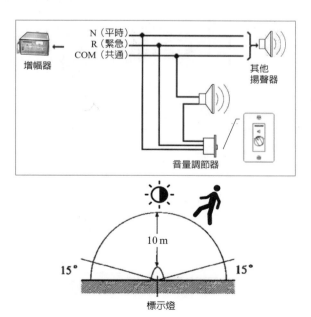

4-11.2 緊急廣播設備測試報告書外觀試驗（二）

測試項目			測試方法	判定要領
外觀試驗	啟動裝置、緊急電話	設置場所	以目視確認設置場所等之狀況	a 應設置在明顯易見，且操作容易之場所 b 應設置在各樓層，從各樓層任一點之啟動裝置之步行距離應在 50 m 以下 c 如設於有受雨水、腐蝕性氣體等影響之虞的場所，應採取適當之防護措施 d 如設於有可燃性氣體、可燃性粉塵等滯留之虞的場所，應使用具防爆構造者 e 應設置在距離樓地板面 0.8 m 以上 1.5 m 以範圍內，且無妨礙操作之障礙物
		構造、性能	以目視確認機器之設置狀況	a 應為認可品 b 設置在按鈕開關前面之保護板不得妨礙操作 c 消防栓箱等附隨箱門開關之可動部分，應採取防止因其開關而對性能造成妨礙之措施 d 應無變形、損傷、腐蝕等
	揚聲器	設置場所	以目視確認設置場所等之狀況	a 應設置在無障礙物妨礙音響效果之場所 b 揚聲器設置在樓梯或斜坡通道以外之場所時，如設於超過 100 m² 之廣播區域者，應為 L 級；如設於 50 m² 以上 100 m² 以下之廣播區域者，應為 L 級或 M 級；如設於 50 m² 以下之廣播區域者，應為 L 級、M 級或 S 級 c 揚聲器設置在樓梯或斜坡通道以外之場所時，應設置在各廣播區域，且從該廣播區域任一點至揚聲器之水準距離在 10 m 以內範圍 但居室樓樓地板面積在 6 m² 或由居室往樓地板面之主要走廊及通道樓地板面積在 6 m² 以下，其他非居室部分樓地板面積在 30 m² 以下，且該區域與相鄰接區域揚聲器之水平距離相距 8 m 以下時，得免設 d 揚聲器設置在樓梯或斜坡通道時，至少每 15 m 之垂直距離，應設 1 個以上 L 級者 e 應設置在不會因通行、貨物搬運等而受損傷之位置 f 如設置於有受雨水、腐蝕氣體等影響之場所，應採取適當之防護措施
		構造	以目視確認機器狀況	a 應為認可品 b 應無變形、損傷、腐蝕等

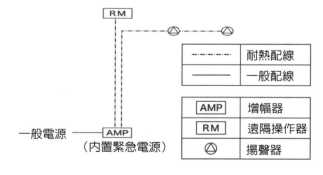

揚聲器外觀判定要領

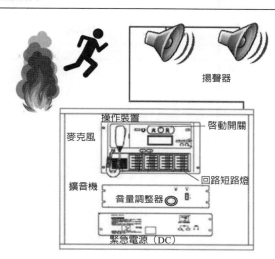

1. 應設置在無障礙物妨礙音響效果之場所。
2. 揚聲器設置在樓梯或斜坡通道以外之場所時，如設於超過 100 m² 之廣播區域者，應為 L 級；如設於 50 m² 以上 100 m² 以下之廣播區域者，應為 L 級或 M 級；如設於 50 m² 以下之廣播區域者，應為 L 級、M 級或 S 級。
3. 揚聲器設置在樓梯或斜坡通道以外之場所時，應設置在各廣播區域，且從該廣播區域任一點至揚聲器之水準距離在 10 m 以內範圍。
4. 但居室樓梯地板面積在 6 m² 或由居室通往樓地板面之主要走廊及通道樓地板面積在 6 m² 以下，其他非居室部分樓地板面積在 30 m² 以下，且該區域與相鄰接區域揚聲器之水平距離相距 8 m 以下時，得免設。
5. 揚聲器設置在樓梯或斜坡通道時，至少每 15 m 之垂直距離，應設 1 個以上 L 級者。
6. 應設置在不會因通行、貨物搬運等而受損傷之位置。
7. 如設置於有受雨水、腐蝕氣體等影響之場所，應採取適當之防護措施。

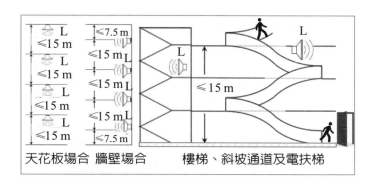

天花板場合　牆壁場合　　樓梯、斜坡通道及電扶梯

4-11.3 緊急廣播設備測試報告書性能試驗（一）

測試項目		測試方法	判定要領
性能試驗	擴音機、操作裝置、遠隔操作裝置及複合裝置	回路選擇試驗	操作選擇開關等，使啓動裝置動作	a 應在選擇之樓層（系統），使警報音鳴動（包括音聲警報之廣播）。另操作一齊動作開關時，應全棟鳴動 b 如為廣播設備，探測器發報廣播、火災廣播及非火災警報廣播等應可由簡單操作即能廣播
		啓動裝置試驗	廣播設備：使各啓動裝置（包括火警自動警報設備）依各樓層（系統）動作	廣播設備： a 操作後 10 秒以內自動地根據鳴動區分，進行探測器發報廣播，同時火警燈、發信處所之樓別動作表示燈、火警樓表示燈及監視擴音器等應正常地動作 進行探測器發報廣播後，依以下操作進行火警廣播： 從發信機或緊急電話之啓動 如為依各探測器可區分火警信號之火警自動警報設備，第 1 個發報探測器以外之探測器動作 緊急啓動開關或火警廣播開關之啓動 廣播設備設定時間之經過 b 只要未以手動回復啓動裝置及廣播設備，動作狀態即應繼續 c 同時使 2 個以上任意不同樓層之啓動裝置動作時，性能應無異常 d 以麥克風進行廣播時，應能自動停止音聲警報音
			緊急電話（以廣播設備為限）：藉由火警自動警報設備之發信機或緊急電話啓動，同時如為緊急電話，應確認和操作部之通話狀態	緊急電話（以廣播設備為限）： a 操作後 10 秒以內自動根據鳴動區分，進行探測器發報廣播，同時火警燈、發信處所之樓別動作表示燈、火警樓層表示燈及監視揚聲器等應正常地動作。另外，進行探測器發報廣播後，應自動進行火警廣播。 b 只要未以手動回復啓動裝置及廣播設備，動作狀態即應繼續 c 同時使 2 個以上任意不同樓層之啓動裝置動作時，性能應無異常 d 緊急電話和操作部相互之間應能同時通話。另即使操作有二回路以上之緊急電話，在操作部應可做選擇，同時在回路中斷之緊急電話，應有語音播放

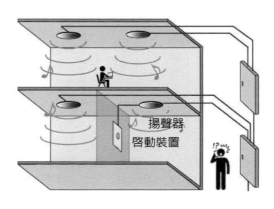

揚聲器
啓動裝置

遠隔操作啓動裝置性能試驗判定要領

廣播設備：
1. 操作後 10 秒以內自動地根據鳴動區分，進行探測器發報廣播，同時火警燈、發信處所之樓別動作表示燈、火警樓表示燈及監視擴音器等應正常地動作。
   進行探測器發報廣播後，依以下操作進行火警廣播：
   (1) 從發信機或緊急電話之啓動。
   (2) 如為依各探測器可區分火警信號之火警自動警報設備，第 1 個發報探測器以外之探測器動作。
   (3) 緊急啓動開關或火警廣播開關之啓動。
   (4) 廣播設備設定時間之經過。
2. 只要未以手動回復啓動裝置及廣播設備，動作狀態即應繼續。
3. 同時使 2 個以上任意不同樓層之啓動裝置動作時，性能應無異常。
4. 以麥克風進行廣播時，應能自動停止音聲警報音。

緊急廣播設備劃設廣播分區

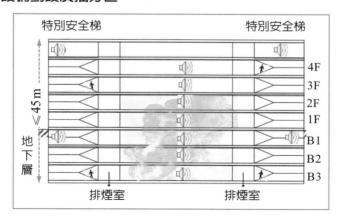

4-11.4 緊急廣播設備測試報告書性能試驗（二）

測試項目			測試方法	判定要領
性能試驗	擴音機、操作裝置、遠隔操作裝置及複合裝置	音響裝置試驗（dB） 揚聲器	在依額定輸出使音聲警報音之第二信號鳴動的狀態下，於距離音響裝置中心 1 m 之位置，使用噪音計（A 特性）測定音壓	揚聲器之音壓，L 級應為 92 dB 以上，M 級應為 87 dB 以上，S 級應為 84 dB 以上
		回路短路試驗	在依額定輸出使音聲警報音之第二信號鳴動的狀態下，使任意輸出回路短路時，確認不會對其他回路產生性能障礙	短路輸出回路以外的輸出回路廣播應正常，同時確認係哪一個輸出回路發生短路
		緊急電源試驗（以內藏者為限） 電源自動切換機能	進行主電源之切斷及回復	電源自動切換性能應正常
		端子電壓、容量	依電池試驗所規定之操作進行	應具有所規定之電壓值及容量
		一般廣播停止試驗（以廣播設備為限）	緊急廣播設備與其他廣播設備共用時，對於需要廣播之樓層或全部樓層，中斷其他一般廣播，並確認緊急廣播是否可有效播放	進行緊急廣播時，除了於需要廣播之樓層或全部樓層以外所使用之廣播，應在進行緊急廣播之區域自動中斷

探測區域（日本消防設備基準）

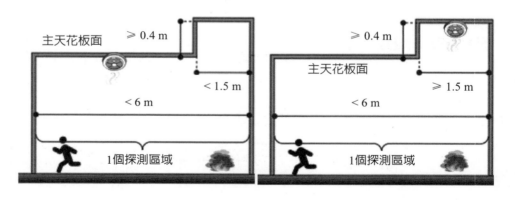

緊急廣播設備裝置規定

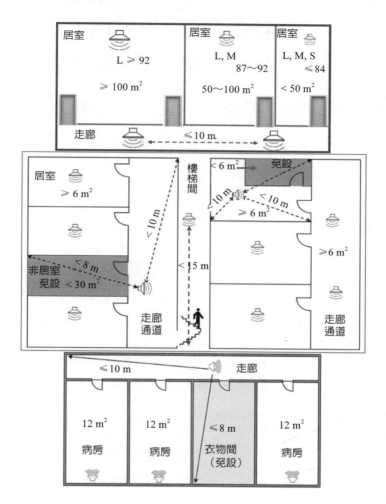

廣播分區設定（7 區）

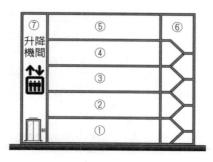

第11章之1　119火災通報裝置 （2019.08.20新增）

4-11-1.1　119火災通報裝置外觀試驗

<table>
<tr><th colspan="4">測試項目</th><th>測試方法</th><th>判定要領</th></tr>
<tr>
<td rowspan="26">外觀試驗</td>
<td rowspan="26">119火災通報裝置</td>
<td rowspan="13">本體</td>
<td rowspan="3">設置場所等</td>
<td>設置場所</td>
<td rowspan="3">以目視確認設置場所等之狀況</td>
<td>a 應設置在防災中心等經常有人駐守之場所
b 應設置在無因溫度、濕度、撞擊、振動等而影響機器性能之場所
c 應設置在機器無受損傷之虞的場所</td>
</tr>
<tr><td>周圍狀況、操作性</td><td>應設在操作或檢修實施上不會造成妨礙之位置，且保有操作等所需空間</td></tr>
<tr><td>設置狀況</td><td>應設置後不肇致功能受到影響</td></tr>
<tr>
<td colspan="2">構造、性能</td>
<td rowspan="2">以目視確認機器之狀況</td>
<td>a 應經內政部登錄機構認可並附加標示
b 手動啓動裝置，有防止誤動作措施
c 機器各部分無損傷、變形
d 電源監視裝置正常
e 電話回路確實連接
f 保險絲等之容量應適當正常，且其安裝不致輕易鬆脫
g 如設有接地端子者，應予適當接地</td>
</tr>
<tr><td colspan="2">操作方法等</td><td>各操作部分名稱、內容、操作方法概要及注意事項應於本體上之明顯易見處，以不易磨滅之方法標示</td></tr>
<tr><td colspan="2">預備品</td><td>以目視確認備用品等狀況</td><td>應備有簡明清晰之安裝、接線、操作說明、檢查及測試程序與步驟等之操作說明書及備用品等</td></tr>
<tr>
<td rowspan="3">電源</td>
<td colspan="2">常用電源</td>
<td rowspan="3">以目視確認電源之狀況</td>
<td>電源容量應適當正常</td>
</tr>
<tr><td rowspan="2">預備電源</td><td>種類</td><td>為密閉型蓄電池</td></tr>
<tr><td>設置狀況</td><td>a 配線設置無鬆脫情形
b 蓄電池無變形、損壞、腐蝕等現象
c 其容量能使其持續 60 分鐘待機狀態後，保有 10 分鐘以上可進行火災通報</td></tr>
<tr>
<td rowspan="13">限有遠端啓動裝置者</td>
<td rowspan="13">設置場所</td>
<td colspan="2">設置場所</td>
<td rowspan="3">以目視確認設置場所等之狀況</td>
<td>a 應設置在無因溫度、濕度、撞擊、振動等而影響機器性能之場所
b 應設置在機器無受損傷之虞的場所</td>
</tr>
<tr><td colspan="2">周圍狀況、操作性</td><td>應設在操作或檢修實施上不會造成妨礙之位置，且保有操作等所需空間</td></tr>
<tr><td colspan="2">設置狀況</td><td>應設置後不肇致功能故障</td></tr>
<tr>
<td colspan="2">構造、性能</td>
<td rowspan="2">以目視確認機器之狀況</td>
<td>a 手動啓動裝置，應有防止誤動作措施
b 機器各部分應無損傷、變形
c 配線等應確實連接
d 保險絲等之容量應適當正常，且其安裝不致輕易鬆脫
e 如設有接地端子者，應予適當接地
f 應不得設置對功能會產生有害影響之處的附屬裝置</td>
</tr>
<tr><td colspan="2">操作方法等</td><td>a 應無變形、損壞、腐蝕等情形
b 操作部分名稱、內容、操作方法概要及注意事項應於本體上之明顯易見處，以不易磨滅之方法標示</td></tr>
</table>

119 火災通報裝置

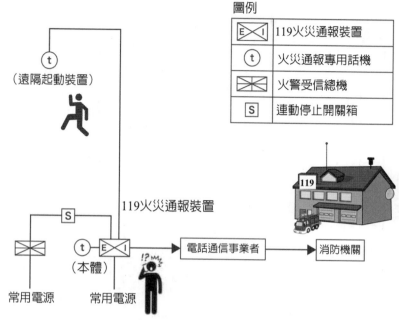

（埼玉市消防局，平成28年）

119 火災通報裝置連接點

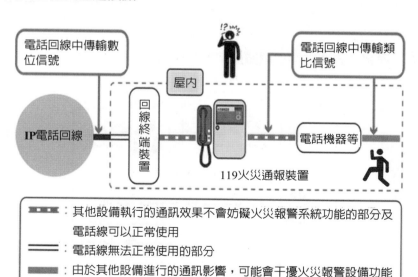

（埼玉市消防局，平成28年）

4-11-1.2 119火災通報裝置性能試驗（一）

測試項目				測試方法	判定要領
性能試驗	119火災通報裝置	通報試驗	啟動機能	手動啟動裝置	操作手動啟動裝置，以119火災通報裝置試驗機（以下稱試驗機）之消防機關側電話機確認啟動信號送出	119火災通報裝置（以下稱通報裝置）動作時，以中文字幕或國語音效顯示
				連動啟動（限與火警自動警報設備連動者）	使與火警自動警報設備的探測器作動時連動啟動，以試驗機的消防機關側電話機確認啟動信號送出	通報裝置動作時，應以中文字幕或國語音效顯示
				遠端啟動裝置	操作手動啟動裝置，以試驗機之消防機關側電話機確認啟動信號送出	通報裝置動作時，以中文字幕或國語音效顯示
				*優先通報機能	將連接通報裝置的電話回路以試驗機等方式成為通話狀態，操作手動啟動裝置或連動啟動（限與火警自動警報設備連動者），確認啟動狀態	由接續通報裝置的電話回路應正常送出蓄積語音，該電話回路連接的電話機有使用中時，應能強制切斷，優先送出蓄積語音
				*通報自始播放機能	操作手動啟動裝置或連動啟動（限與火警自動警報設備連動者），以試驗機之消防機關側電話機應答，確認通報開始狀況	蓄積語音需為自始撥放或一區段的蓄積語音需完整、明瞭及清晰
				*手動啟動裝置優先機能（限與火警自動警報設備連動者）	連動啟動使蓄積語音送出時，操作手動啟動裝置後確認狀況	因連動啟動將一區段蓄積語音送出後，再操作手動啟動裝置，應能再送出蓄積語音

註：1. 119火災通報裝置係經內政部登錄機構認可通過之認可品，可免除「＊」部分之試驗。
　　2. 一區段之蓄積語音係指完整之報案語音訊息。

119火災通報裝置連動停止開關配線方式例

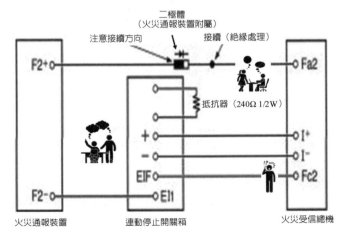

（引用パナソニック株式會社連動停止開關說明書 2019）

119 火災通報裝置

（東京消防廳，令和元年）

用語定義
1. 119 火災通報裝置（以下簡稱火災通報裝置）：指火災發生時，藉由操作手動啓動裝置，透過公眾電話交換網路與消防機關連通，以蓄積語音進行通報，並可執行通話之裝置。 2. 手動啓動裝置：指火災通報專用之按鈕、通話裝置及遠端啓動裝置等。 3. 蓄積語音：以預先錄製之語音傳達訊息。 4. 通報信號音：火災通報裝置發出信號之音響。
注意事項
1. 火災通報裝置應設於值日室等經常有人之處所。但設有防災中心時，應設於該中心。 2. 火災通報裝置之操作部（手動啓動裝置、監控部、發報顯示及緊急送收話器）與控制部分離者，應設在便於維護操作處所。 3. 設置遠端啓動裝置時，應設有可與設置火災通報裝置場所通話之設備。 4. 手動啓動裝置之操作開關距離樓地板面之高度，在 0.8～1.5 m。 5. 火災通報裝置附近，應設置送、收話器，並與其他內線電話明確區分。 6. 火災通報裝置應避免傾斜裝置，並採取有效防震措施。
蓄積語音規定
1. 由通報信號音與自動語音所組成。 2. 自動語音應符合下列規定： 　(1) 透過操作手動啓動裝置，其自動語音訊息應包括火災表示、建築物所在地址、建築物名稱及聯絡電話等相關內容。 　(2) 透過連動啓動功能，其自動語音訊息應表示火警自動警報設備啓動、建築物所在地址、建築物名稱及聯絡電話等相關內容。 3. 蓄積語音訊息應儲存於適當之記憶體中。

4-11-1.3　119火災通報裝置性能試驗（二）

測試項目				測試方法	判定要領
性能試驗	119火災通報裝置	通報試驗	蓄積語音訊息	操作手動啓動裝置或連動啓動（限與火警自動警報設備連動者），確認蓄積語音訊息	*a. 蓄積語音應在發出撥號信號並偵測應答後自動送出。 b. 蓄積語音訊息應符合下列規定： 　*(a) 由通報信號音及自動語音所組成。 　(b) 通報信號音及自動語音，依其啓動方式應分別符合下列規定。 1. 手動啓動裝置部分： 　*(1) 通報信號音：為單音，且連續 3 音並重複 2 次。 　(2) 自動語音訊息應包含火災表示、建築物所在地址、建築物名稱及聯絡電話等相關內容。 2. 連動啓動部分： 　*(1) 通報信號音：為單音，且連續 2 音並重複 2 次。 　(2) 自動語音訊息應表示火警自動警報設備啓動、建築物所在地址、建築物名稱及連絡電話等相關內容。 　*(c) 每一區段之蓄積語音應在 30 秒內。 　(d) 自動語音訊息的內容應清楚明瞭且為電子迴路所合成之女聲發音。 　*(e) 蓄積語音訊息應儲存於適當之記憶體中。
			再撥號機能	使試驗機之消防機關側電話機於通話狀態，操作手動啓動裝置或連動啓動（限與火警自動警報設備連動者），確認啓動狀況	應能自動再撥號
		*通話試驗	通話機能	蓄積語音送出後之回鈴應答狀況	操作手動啓動裝置或連動啓動（限與火警自動警報設備連動者），俟一區段之蓄積語音送出並完成通話後，自動開放 10 秒時間的電話回路，從試驗機消防機關側送出回鈴信號，確認應答狀態	可正確偵測回鈴信號，確認信號時可以音效表示，通報裝置側的電話機回鈴時，其與試驗機之消防機關側電話機間應可相互通話

註：1. 119 火災通報裝置係經內政部登錄機構認可通過之認可品，可免除「＊」部分之試驗。
　　2. 一區段之蓄積語音係指完整之報案語音訊息。

119 火災通報裝置整體通報流程

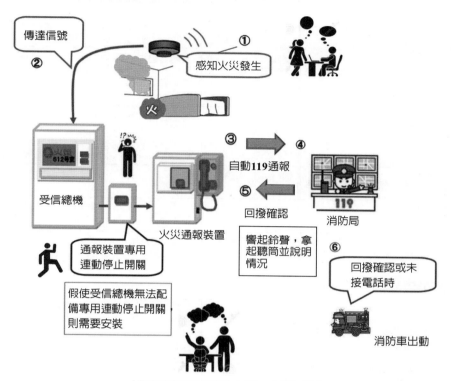

（參考宇流麻市消防本部，令和元年）

119 火災通報裝置語音試驗

蓄積語音訊息試驗	1. 透過操作手動啓動裝置，其通報信號音之基本頻率約為 800 Hz±3% 之單音，連續 3 音並重複 2 次。 2. 透過連動啓動功能，其通報信號音之基本頻率為 440 Hz 以上之單音，連續 2 音並重複 2 次（第二音的頻率約為第一音頻率的六分之五）。 3. 自動語音訊息的內容應清楚明瞭且為電子迴路所合成之女聲發音。 4. 每一區段之蓄積語音應在 30 秒以內，蓄積語音訊息應於模擬消防機關應答時即行開始。
蓄積語音等訊息送出試驗	在揚聲器前方 50 公分位置確認模擬電話迴路送出時的撥號信號音、蓄積語音訊息及回鈴信號音。測試時聲音應明瞭且清晰。

4-11-1.4　119火災通報裝置性能試驗（三）

測試項目				測試方法	判定要領
性能試驗	119火災通報裝置	* 通話試驗	通話機能 不應答時的繼續通報狀態	操作手動啓動裝置或連動啓動（限與火警自動警報設備連動者），確認消防機關側保持不應答時，確認一區段之蓄積語音的送出狀態	從通報裝置應繼續送出蓄積語音
			切換狀況	操作手動啓動裝置或連動啓動（限與火警自動警報設備連動者），於蓄積語音通訊中時，藉由手動操作切換電話回路為送話機側狀況	以手動操作使蓄積語音通報停止，在試驗機的消防機關側電話機間應可相互通話
		電源試驗	電源自動切換機能	進行主電源切斷及回復	電源之自動切換性能應正常
			電壓	操作備用電源試驗開關	應有所規定之電壓值及容量

註：1. 119火災通報裝置係經內政部登錄機構認可通過之認可品，可免除「＊」部分之試驗。
　　2. 一區段之蓄積語音係指完整之報案語音訊息。

通話功能及回鈴應答試驗

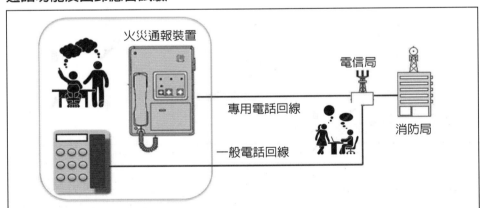

1. 每一區段之蓄積語音訊息應持續重複送出，直到模擬消防機關操作送出回鈴信號。
2. 模擬消防機關操作送出回鈴信號時，需可正確偵測回鈴信號，確認受信時可以音效表示。測試時可聽到回鈴信號之顯示。
3. 確認對於前項之確認回鈴的應答，應可進行清晰通話。
4. 10秒內未收到回鈴信號，應可重複進行撥號。
5. 在蓄積語音訊息送出時，以手動操作，確認可迅速切換到通話狀態，並可清晰通話。

119 火災通報裝置性能試驗

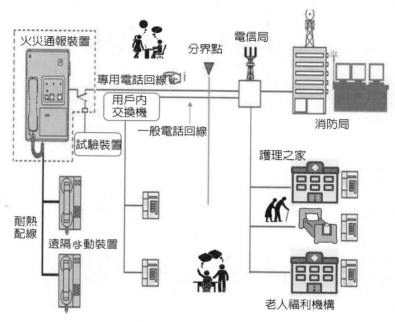

（福岡市消防局，平成26年）

通話機能試驗

測試項目	測試方法	判定要領
蓄積語音送出後之回鈴應答狀況	操作手動啟動裝置或連動啟動（限與火警自動警報設備連動者），俟一區段之蓄積語音送出並完成通話後，自動開放 10 秒時間的電話回路，從試驗機消防機關側送出回鈴信號，確認應答狀態	可正確偵測回鈴信號，確認信號時可以音效表示，通報裝置側的電話機回鈴時，其與試驗機之消防機關側電話機間應可相互通話
不應答時的繼續通報狀態	操作手動啟動裝置或連動啟動（限與火警自動警報設備連動者），確認消防機關側保持不應答時，確認一區段之蓄積語音的送出狀態	從通報裝置應繼續送出蓄積語音
切換狀況	操作手動啟動裝置或連動啟動（限與火警自動警報設備連動者），於蓄積語音通訊中時，藉由手動操作切換電話回路為送話機側狀況	以手動操作使蓄積語音通報停止，在試驗機的消防機關側電話機間應可相互通話

第12章　避難器具

4-12.1　避難器具測試報告書外觀試驗

<table>
<tr><th colspan="2">測試項目</th><th>測試方法</th><th>判定要領</th></tr>
<tr><td rowspan="23">外觀試驗</td><td rowspan="6">設置場所等</td></tr>
<tr><td>避難器具種類</td><td rowspan="6">以目視確認設置場所等之狀況</td><td rowspan="6">a 關於樓梯、出入口或其他相關避難設施之關聯，應在適當之位置
b 應設置在容易接近，且無礙避難器具使用之空間，有安全構造之開口部
c 應與設置在其他樓層避難器具間相互無妨礙
d 至樓地板面或其他著地點之下降空間，應無妨礙避難之障礙物
e 避難器具之著地點附近，應確保無礙著地之下降空地空間，且通向安全的道路或廣場</td></tr>
<tr><td>開口部大小
長×寬×腰高（cm）</td></tr>
<tr><td>設置狀況</td></tr>
<tr><td>有無障礙物</td></tr>
<tr><td>下降空間確保</td></tr>
<tr><td>著地點狀況</td></tr>
<tr><td colspan="2">構造、性能</td><td>以目視確認機器之狀況</td><td>a 避難器具本體應無變形、損傷、生鏽、腐蝕等
b 金屬製避難梯或緩降機，應為認可品
c 避難層、緩降機或避難繩索應具有因應防護對象物設置樓層所需之長度
d 避難橋應有充分的掛架長度
e 直降式救助袋下部出口部分距離樓地板面之高度，應配合器具之種類及長度
f 斜降式救助袋伸展時對水平樓地板面，應有大約45度之長度，且在著地點設有固定環</td></tr>
<tr><td colspan="2">裝置部</td><td>以目視確認設置狀況</td><td>應為柱、地板、樑或其他結構上堅固之部分，或者經堅固補強之部分</td></tr>
<tr><td colspan="2">裝置器具</td><td>以目視確認設置場所等之狀況</td><td>a 應無對結構造成龜裂、糾結、彎曲等情形
b 接合部分使用之螺帽應無鬆脫或有鬆脫之虞
c 應施以防鏽、防蝕等措施
d 應無危害使用者之虞</td></tr>
<tr><td colspan="2">固定部材料</td><td>以目視確認設置狀況</td><td>a 螺栓等固定部的材料應適合建築物固定部分之結構，且牢固地安裝
b 如設有固定基座者，應依避難器具之尺寸、形狀及重量等設置</td></tr>
</table>

金屬製避難梯設置例

避難器具測試報告書外觀試驗

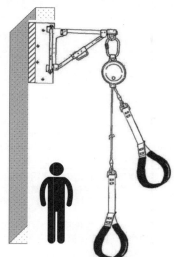

測試項目	測試方法		判定要領
外觀試驗	收納	以目視確認設置狀況	a 應確保容易使用之狀態 b 收納方法應配合設置場所，並確保器具通風性 c 如為纖維製器具，不得直接接觸樓地板面，且無受雨水、鼠類等侵入之虞
	標示		應於避難器具附近明顯易見處，標示避難器具之設置位置、使用方法及設置指標

外形：板面文字色彩能識別

周圍無視覺辨識障礙
指標周圍無遮蔽物
具識別之採光

4-12.2　避難器具測試報告書性能試驗

測試項目		測試方法	判定要領
性能試驗	荷重試驗	支固器具（需完全伸展並於架設完成之狀態）應依以下方法施加荷重，確認支固器具及固定部分的狀況： a 對支固器具和避難器具的連結部分應以垂直方向施加荷重。但如為斜降式救助袋，則應對下降方向予以施加荷重 b 關於載重之大小，如為救助袋，應為 300 kg 以上；如為緩降機（多人數用以外者），為 195 kg 以上；如為其他種類，則應有合適之載重	a 支固器具之固定部分應不會產生龜裂、固定螺栓之損傷、拉出等 b 支固器具應不會產生破斷、龜裂、妨礙耐力之鬆弛等 c 支固器具構造上重要部分的繩索、鏈條等，應不會產生妨礙耐力之鬆弛等
	拉拔強度試驗	固定架或支固器具使用螺栓固定時，使用測定螺栓等拉出力之器具，對該螺栓等施加相當於設計拉拔荷重之試驗荷重（1 個螺栓之荷重），以確認該螺栓對拉出之耐力 如使用扭力扳手作為測定拉拔荷重之器具時，鎖緊扭力和設計拉拔荷重（試驗荷重）之關係如下： $$T = 0.24DN$$ T：鎖緊扭力（kgf·cm） D：螺栓直徑（cm） N：試驗荷重（設計拉拔荷重）（kgf）	螺栓等之固定部分應不會產生龜裂、螺栓之損傷、拉出等

金屬製避難梯設置例

荷重試驗

關於載重之大小，如為救助袋，應為 300 kg 以上；如為緩降機（多人數用以外者），為 195 kg 以上；如為其他種類，則應有合適之載重。

拉拔強度試驗

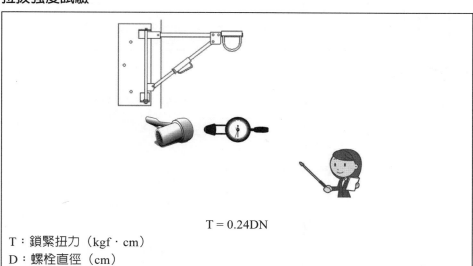

$$T = 0.24DN$$

T：鎖緊扭力（kgf・cm）
D：螺栓直徑（cm）
N：試驗荷重（設計拉拔荷重）（kgf）

第13章 標示設備

4-13.1 標示設備測試報告書外觀試驗（一）

測試項目			測試方法	判定要領
外觀試驗	出口標示燈	設置場所等	以目視確認設置場所等之狀況	a 應設置在通往戶外之防火門、通往安全梯及排煙室之防火門、通往另一防火區劃之防火門、居室通往走廊或通道之出入口等。但自居室任一點能直接觀察識別其主要出入口，且與主要出入口之步行距離，在避難層（無開口樓層除外）為 20 m 以下者；在避難層以外之樓層（地下層、無開口樓層除外）為 10 m 以下者，得免設 b 應設置在出入口上方，距離樓地板面高度在 1.5 m 以上 c 應設置在不會妨礙避難及通行之場所 d 應正常且牢固地安裝
		外形尺寸	以目視確認機器之狀況	a 設置在通往戶外之防火門、通往安全梯及排煙室之防火門上方之出口標示燈，供各類場所消防安全設備設置標準第 12 條第 2 款第 1 目、第 5 款第 3 目場所使用者，應為大型。供設置標準第 12 條第 1 款及 5 款第 1 目場所使用，總樓地板面積 1,000 m² 以上者，應使用大型；總樓地板面積未滿 1,000 m² 者，應使用中型或大型 b 設置在通往另一防火區劃之防火門、居室通往走廊或通道出入口上方之出口標示燈，供設置標準第 12 條第 2 款第 1 目及 5 款第 3 目場所使用者，應使用中型或大型。供設置標準第 12 條第 1 款及 5 款第 1 目場所使用，總樓地板面積 1,000 m² 以上者，應使用中型或大型 c 前述以外場所之出口標示燈，應就大型、中型或小型擇一設置
		標示面		a 以綠色為底用白色表示「緊急出口」字樣 b 但設在避難路徑途中者則用白色為底，綠色文字 c 標示面應無器具內部配線的陰影

出口標示燈設置場所

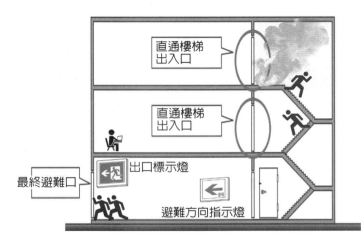

標示設備測試報告書外觀試驗

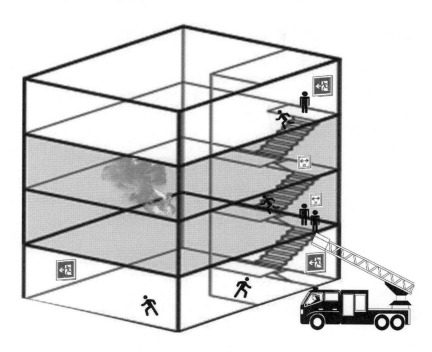

測試項目			測試方法	判定要領
外觀試驗	避難方向指示燈	室內指示燈	設置場所等 以目視確認設置場所等之狀況	a 從居室通道各部分至任一通道指示燈之步行距離，需在 10 m 以下。但自居室任一點能直接觀察識別其主要出入口，且與主要出入口之步行距離在 20 m 以下者（供設置標準第 12 條第 1 款及第 5 款第 1 目使用場所），或步行距離在 30 公尺以下者（供前述以外使用場所），得免設（地下層、無開口樓層除外） b 需設置在不會妨礙通行之場所 c 需正常且牢固地安裝 d 設置在樓地板面之物品需不致因載重而破損
			外形尺寸 以目視確認機器之狀況	a 設置在供設置標準第 12 條第 2 款第 1 目及第 5 款第 3 目或第 12 條第 1 款及第 5 款第 1 目場所該層樓地板面積在 1,000 m² 以上者，應為中型或大型 b 前述以外場所之室內指示燈，應就大型、中型或小型擇一設置

4-13.2　標示設備測試報告書外觀試驗（二）

測試項目			測試方法	判定要領
外觀試驗	避難方向指示燈	室內指示燈 標示面	以目視確認機器之狀況	a 標示面之底色應為白色 b 標示面之符號、圖型及文字顏色應為綠色，且易於識別 c 標示面應無器具內部配線的陰影
		走廊指示燈 設置場所	以目視確認設置場所等之狀況	a 應設置在距離樓地板面高度 1 m 以下之處所 b 從走廊任一點至指示燈之步行距離，應在 10 m 以下 c 應設置在不會妨礙通行之場所 d 安裝在牆面之指示燈，從牆壁面至指示燈標示面之距離，大型應在 3 cm 以上 10 cm 以下，中型應在 2 cm 以上 8 cm 以下，小型應在 2 cm 以上 6 cm 以下 e 應正常且牢固地安裝
		外形尺寸	以目視確認機器之狀況	a 設置在供設置標準第 12 條第 2 款第 1 目及第 5 款第 3 目或第 12 條第 1 款第 5 款第 1 目場所該層樓地板面積在 1,000 m² 以上者應為大型或中型 b 在其他場所走廊指示燈，應為大型、中型或小型
		標示面		a 標示面之底色應為白色 b 標示面圖形符號及文字顏色應為綠色且易於識別 c 標示面應無器具內部配線的陰影
		樓梯指示燈 設置場所	以目視確認設置場所等之狀況	a 應設置在面向階梯之室內部分或牆壁等 b 應設置在不會妨礙通行之場所 c 應能有效照明階梯通路及樓梯平臺
		客席指示燈		a 應設置在劇場等座位之部分 b 應能有效地照明通路部分
	避難指標	設在避難出口 設置場所	以目視確認設置場所等之狀況。	a 設於出入口時，裝設高度應距樓地板面 1.5 m 以下 b 各類場所自居室任一點能直接觀察識別其主要出入口，且與主要出入口之步行距離在 30 m 以下者，得免設（地下層及無開口樓層除外） c 應設於易見且採光良好處 d 應正常且牢固地安裝 e 周圍不得設有影響其視線之裝潢及廣告招排等

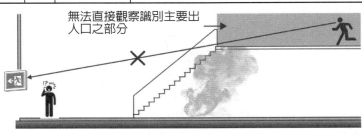

無法直接觀察識別主要出入口之部分

0.4 m 以上樑

無法直接觀察識別主要出入口之部分

避難方向指示燈外觀試驗

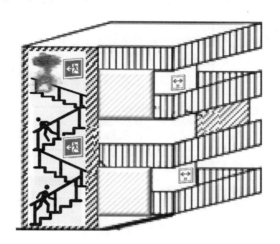

測試項目			測試方法	判定要領
外觀試驗	避難指標	設在避難出口 外形尺寸	以目視確認機器之狀況	標示面之大小，長邊應在 36 cm 以上，短邊應在 12 cm 以上
		設在避難出口 標示面		a 標示面之底色應為綠色 b 標示面之圖形、符號及文字顏色應為白色，且易於識別
		設在通路 設置場所	以目視確認設置場所等之狀況	a 設於走廊或通道時，自走廊或通道任一點至指標之步行距離不得大於 7.5 m b 應優先設於走廊或通道之轉彎處 c 應正常且牢固地安裝 d 周圍不得設置影響其視線裝潢及廣告招牌等
		設在通路 外形尺寸	以目視確認機器之狀況	標示面之大小，長邊應在 30 cm 以上，短邊應在 10 cm 以上
		設在通路 標示面		a 標示面之底色應為白色 b 標示面之圖形、符號及文字顏色應為綠色，且易於識別
	電源	常用電源	以目視確認電源之狀況	a 應為專用回路 b 電源容量應適當正常
		緊急電源 種類	以目視確認緊急電源之種類	應為蓄電池設備，其容量應能使其有效動作 20 分鐘以上
		緊急電源 設置狀況（限內藏型）	以目視確認設置狀況	a 配線應確實 b 蓄電池本體應無變形、損傷等

4-13.3 標示設備測試報告書性能試驗

測試項目			測試方法	判定要領
性能試驗	電源自動切換試驗		由器具之開關切斷常用電源	應能切換為緊急點亮燈
	切換動作試驗	減光型 減光機能	由出口標示燈及避難方向指示燈用信號設置，進行以下之切換動作： ①由點檢切換開關輸送減光信號 ②進行火警自動警報設備火警表示試驗 註：本試驗之點檢結束後，必須由回復開關重新設定信號裝置	a 應能減光點燈切換 b 信號裝置應連動，應能從減光點燈切換成正常點燈
		消燈方式 消燈機能	由出口標示燈及避難方向指示燈用信號設置，進行以下之動作： ①由手動開關輸送熄燈信號 ②依和照明器具及上鎖連動閃爍器、光電管閃爍器之連動而進行熄燈 ③在熄燈狀態下，插入合併開關 ④進行火警自動警報設備之火警表試驗 註：本試驗之點檢結束後，必須由回復開關重新設定信號裝置	a 應熄燈 b 連動應確實地熄燈 c 應一齊亮燈 d 信號裝置應連動，從熄燈切換成正常亮燈
		點滅型 點滅機能	①依信號裝置檢修開關，使其做閃爍動作 ②在火警自動警報設備之火警表示試驗，使信號裝置連動而做閃爍動作 ③有點檢開關時，個別依點檢開關進行閃爍動作的切換。但未在每個器具設置閃爍點檢開關時，僅依①進行試驗 註：本試驗之檢修結束後，必須由回復開關重新設定信號裝置	a 應確實開始閃爍動作 b 應確實地切換
		內照點滅型 點滅機能	①依點檢開關切換成緊急亮燈，在此狀態下，依閃爍點檢開關使其閃爍亮燈 ②在常用亮燈狀態下，依閃爍點檢開關使常用電源閃爍亮燈 ③在火警自動警報設備之火警表示試驗，使信號裝置連動而做閃爍亮燈 註：本試驗之點檢結束後，必須由回復開關重新設定信號裝置	a 應確實開始閃爍動作 b 應確實地切換

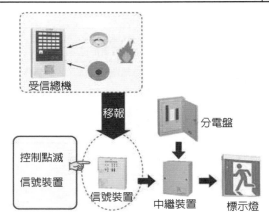

點滅切換動作試驗

	測試項目		測試方法	判定要領
性能試驗	切換動作試驗	附誘導音裝置	誘導音機能	①依信號裝置點檢開關之音聲、閃爍信號，使其做誘導音及閃爍動作 ②進行火警自動警報設備之火警表示試驗 ③器具有點檢開關時，個別依點檢開關進行誘導音動作的切換。但未在每個器具設置點檢開關時，僅依①進行試驗 註：本試驗之點檢修結束後，必須由回復開關重新設定信號裝置	a 應確實地開始誘導音及閃爍動作 b 信號裝置應連動，開始誘導音之動作 c 應確實地切換
	連動停止試驗	附誘導音裝置	與火警自動警報設備之連動停止	依動作試驗使誘導音動作後，從設於樓梯間之停止專用偵煙式探測器或樓梯間之警報區域進行火警表示，使誘導音停止	誘導音應停止
			與緊急廣播之連動停止	如為具有和緊急廣播設備連動停止性能之設備，在使誘導音動作的狀態下，按下緊急廣播設備之麥克風開關，而使誘導音連動停止	

第14章　緊急照明設備
4-14.1　緊急照明設備測試報告書外觀試驗

測試項目			測試方法	判定要領
外觀試驗	白熾燈型	設置場所	以目視確認設置場所等之狀況	a 應無設置數量不足之情形 b 應無因建築物內部裝修，致設置位置不適當，而產生照明障礙 c 燈具周圍如有隔間牆、風管、導管等時，應無造成照明上之障礙 d 燈具周圍應無雜亂物品、廣告板或告示板等遮蔽物。
		表示面	以目視確認機器之狀況	應無變形、損傷、脫落或顯著污損之情形，且於正常之裝置狀態
	日光燈型	設置場所	以目視確認設置場所等之狀況	a 應無設置數量不足之情形 b 應無因建築物內部裝修，致設置位置不適當，而產生照明障礙 c 燈具周圍如有隔間牆、風管、導管等時，應無造成照明上之障礙 d 燈具周圍應無雜亂物品、廣告板或告示板等遮蔽物
		表示面	以目視確認機器之狀況	應無變形、損傷、脫落或顯著污損之情形，且於正常之裝置狀態
	水銀燈型	設置場所	以目視確認設置場所等之狀況	a 應無設置數量不足之情形 b 應無因建築物內部裝修，致設置位置不適當，而產生照明障礙 c 燈具周圍如有隔間牆、風管、導管等時，應無造成照明上之障礙 d 燈具周圍應無雜亂物品、廣告板或告示板等遮蔽物
		表示面	以目視確認機器之狀況	應無變形、損傷、脫落或顯著污損之情形，且於正常之裝置狀態
	光源	白熾燈型 日光燈型 水銀燈型	以目視確認光源之狀況	a 應能正常亮燈 b 應無熄燈或閃爍之現象
	電源	常用電源	以目視確認電源之狀況	a 應為專用回路 b 電源容量應適當正常

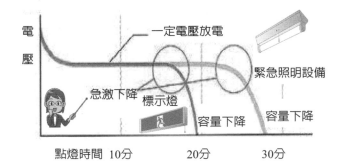

緊急照明設備測試報告書外觀試驗

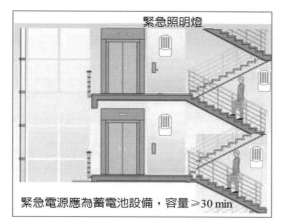

緊急照明燈

緊急電源應為蓄電池設備，容量≥30 min

測試項目			測試方法		判定要領
外觀試驗	電源	緊急電源	種類	以目視確認緊急電源之種類	應為蓄電池設備，其容量應能使其持續動作 30 分鐘以上
			設置狀況（限內藏型）	以目視確認設置狀況	a 配線應確實 b 蓄電池本體應無變形、損傷等

緊急照明燈種類

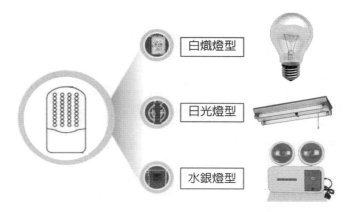

白熾燈型

日光燈型

水銀燈型

4-14.2　緊急照明設備測試報告書性能試驗

測試項目			測試方法	判定要領
性能試驗	水平面照度測試	白熾燈型	切換為緊急電源狀態亮燈,經過 30 分鐘後,使用低照度測定用光電管照度計測試,確認緊急照明燈之照度有無達到法規所規定之值	於地下建築物之地下通道,緊急照明燈在樓地板面之水平面照度應達十勒克斯(lux)以上;其他場所應達到一勒克斯(lux)以上(日光燈型應達二勒克斯以上)。但在走廊曲折處,應增設緊急照明設備
		日光燈型		
		水銀燈型		
	電源自動切換試驗		由器具之開關切斷常用電源	應能切換為緊急亮燈

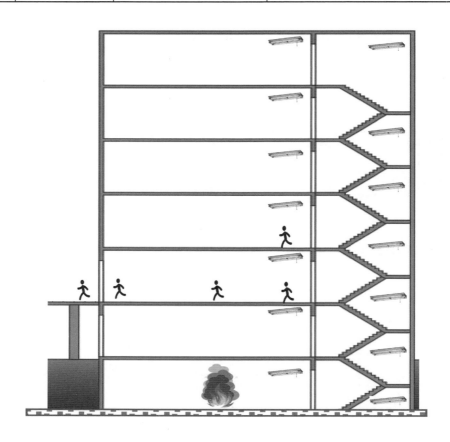

緊急照明設備測試報告書性能試驗

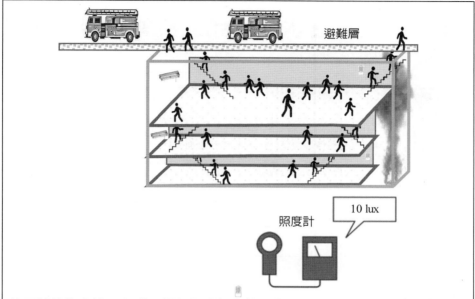

地下建築物之地下通道，緊急照明燈在樓地板面之水平面照度應達十勒克斯（lux）以上；其他場所應達到一勒克斯（lux）以上（日光燈型應達二勒克斯以上）。但在走廊曲折處，應增設緊急照明設備。

水平面照度測試

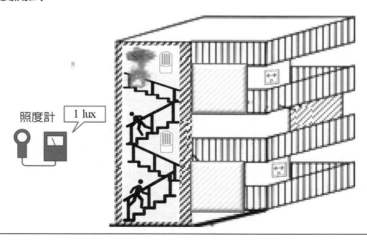

測試方法：
切換為緊急電源狀態亮燈，經過 30 分鍾後，使用低照度測定用光電管照度計測試，確認緊急照明燈之照度有無達到法規所規定之值。

第15章　連結送水管設備

4-15.1　連結送水管設備測試報告書外觀試驗（一）

<table>
<tr><th colspan="3">測試項目</th><th>測試方法</th><th>判定要領</th></tr>
<tr><td rowspan="23">外觀試驗</td><td rowspan="8">送水口</td><td rowspan="3">設置場所等</td><td>設置場所</td><td rowspan="3">以目視確認設置場所等之狀況</td><td>a 應設置在消防車易於接近，且無送水障礙處
b 應為專用</td></tr>
<tr><td>設置高度</td><td>應設置在距基地地面高度 0.5 m 以上 1 m 以下</td></tr>
<tr><td>標示</td><td>應在附近明顯易見之處所，標示「連結送水管送水口」字樣</td></tr>
<tr><td rowspan="3">送水口</td><td rowspan="3"></td><td rowspan="3">以目視確認機器等之狀況</td><td rowspan="3">a 應接裝口徑 65 A 之陰式快速接頭口
b 送水口之數量不得少於立管數，且為雙口型
c 應無變形、損傷、堵塞等，並以防護器具做有效保護</td></tr>
<tr></tr>
<tr></tr>
<tr><td rowspan="2">逆止閥</td><td rowspan="2"></td><td rowspan="2">a 送水口應在其附近便於檢查確認處設置逆止閥及止水閥
b 如為乾式送水口，應在配管最下端處設置排水閥</td></tr>
<tr></tr>
<tr><td rowspan="15">出水口等</td><td rowspan="5">出水口</td><td>設置場所</td><td rowspan="5">以目視確認設置場所等之狀況</td><td>a 應設在建築物第三層以上各層樓梯間或緊急用升降機間等（含各該處 5 m 以內之場所），消防人員易於施行救火之位置
b 從各層任一點至出水口之水平距離應在 50 m 以下</td></tr>
<tr><td>周圍狀況、操作性</td><td>應無使用上之障礙物</td></tr>
<tr><td>設置高度</td><td>應設置在距樓地板面高度 0.5 m 以上 1 m 以下之位置</td></tr>
<tr><td>構造</td><td>a 應接裝口徑 65 A 之快速接頭
b 出水口應為雙口型，但設置於第十層以下之樓層，得為單口型
c 應無變形、損傷、堵塞等</td></tr>
<tr><td>標示</td><td>應在明顯易見之處所，標示「出水口」字樣，每字不得小於 20 cm²</td></tr>
<tr><td rowspan="5">水帶箱</td><td>設置場所</td><td rowspan="5">以目視確認設置場所等之狀況</td><td>應設置於十一層以上樓層、距出水口 5 m 之範圍內</td></tr>
<tr><td>設置狀況</td><td>a 應安裝牢固
b 應可收納出水口、放水用器具、水帶接續口、開關閥等</td></tr>
<tr><td>周圍狀況</td><td>箱門在使用時應容易開關，並可確保打開 180 度之範圍</td></tr>
<tr><td>材質</td><td>a 應以鋼板等不燃材料製成
b 應無變形、損傷等</td></tr>
<tr><td>標示</td><td>應在明顯易見之處所，標明「水帶箱」字樣，每字不得小於 20 cm²</td></tr>
<tr><td rowspan="3">水帶、瞄子</td><td>水帶</td><td rowspan="3">目視確認機器等狀況</td><td>口徑應為 65 A，並應具備所需之長度、數量</td></tr>
<tr><td>瞄子</td><td>a 應具備所需之數量
b 應無變形、損傷、堵塞等</td></tr>
</table>

連結送水管設備試驗

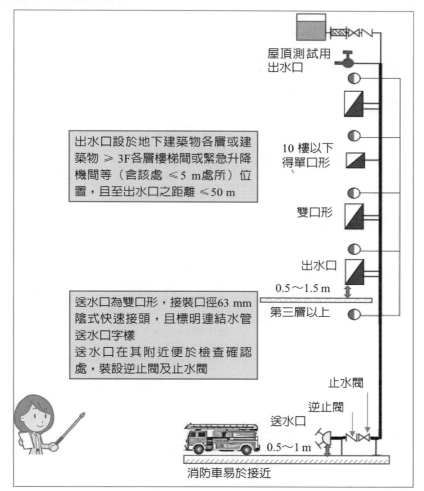

屋頂測試用
出水口

出水口設於地下建築物各層或建築物 ≥ 3F各層樓梯間或緊急升降機間等（含該處 ≤5 m處所）位置，且至出水口之距離 ≤50 m

10 樓以下
得單口形

雙口形

出水口

0.5～1.5 m

第三層以上

送水口為雙口形，接裝口徑63 mm陰式快速接頭，且標明連結水管送水口字樣
送水口在其附近便於檢查確認處，裝設逆止閥及止水閥

止水閥

逆止閥

送水口

0.5～1 m

消防車易於接近

測試項目			測試方法	判定要領
外觀試驗	出水口等	水帶、瞄子	結合狀態	目視確認機器等之狀況	a 應可確實地安裝、拆卸 b 應在使用容易之狀態，無變形、損傷、堵塞等
	加壓送水裝置	設置場所		以目視確認設置場所之狀況	a 檢修應便利 b 應設置在無受火災等災害損害之虞的處所
		幫浦、電動機	設置狀況	以目視確認機器等之狀況	應具有充分的強度，牢固地安裝在底座上
			接地工程		應依屋內線路裝置規則等相關規定進行接地工事
			配線		應適當正常

4-15.2 連結送水管設備測試報告書外觀試驗（二）

<table>
<tr><th colspan="3">測試項目</th><th>測試方法</th><th>判定要領</th></tr>
<tr>
<td rowspan="25">外觀試驗</td>
<td rowspan="24">加壓送水裝置</td>
<td rowspan="2" colspan="2">幫浦、電動機　潤滑油</td>
<td rowspan="2">以目視確認機器等之狀況</td>
<td>a 應為規定量
b 如為無油構造者，其構造應適當正常</td>
</tr>
<tr><td></td></tr>
<tr>
<td rowspan="4">防止水溫上升用之排放裝置</td>
<td>配管</td>
<td rowspan="4">以目視確認機器等之狀況</td>
<td>a 配管應從設於幫浦出水側逆止閥之一次側接出
b 配管上應設置限流孔等
c 配管口徑應為 15 A 以上
d 止水閥應設置在防止水溫上升用之排放配管上</td>
</tr>
<tr>
<td>限流孔</td>
<td>最小流過口徑應為 3 mm 以上</td>
</tr>
<tr>
<td>設在中繼幫浦之排放配管、排放裝置</td>
<td>a 如為排放配管，配管高度應為 1 次幫浦之額定全揚程以上
b 如為排放裝置，設定壓力應在超過中繼幫浦之押入壓力以上，在中繼幫浦押入壓力和中繼幫浦額定全揚程之和以下</td>
</tr>
<tr><td></td><td></td></tr>
<tr>
<td colspan="2">性能試驗裝置配管、閥類</td>
<td>以目視確認設置狀況</td>
<td>a 應從設於幫浦出水側逆止閥之一次側分歧接出
b 應設置使幫浦加上額定負荷之流量調整閥、流量計等</td>
</tr>
<tr>
<td rowspan="6">呼水裝置</td>
<td>材質</td>
<td rowspan="6">以目視確認機器等之狀況</td>
<td>a 應使用鋼板並施予有效防鏽處理，或使用具有防火能力之塑膠槽
b 應設置在無受火災等災害損害之虞的處所</td>
</tr>
<tr>
<td>水量</td>
<td>應確保在 100 L 以上之水量</td>
</tr>
<tr>
<td>溢水用排水管</td>
<td>口徑應為 50 A 以上</td>
</tr>
<tr>
<td>呼水管</td>
<td>a 口徑應為 25 A 以上
b 從逆止閥中心線至呼水槽底面的垂直距離在 1 m 以下時，口徑應為 40 A 以上</td>
</tr>
<tr>
<td>補給水管</td>
<td>a 口徑應為 15 A 以上
b 應能從自來水管、屋頂水箱等經由球塞自動給水</td>
</tr>
<tr>
<td>減水警報裝置</td>
<td>發信部應為浮筒開關或電極棒</td>
</tr>
<tr>
<td rowspan="4">控制裝置</td>
<td>設置場所</td>
<td rowspan="4">以目視確認機器等之狀況</td>
<td>幫浦室等應設在無受火災等災害損害之虞的處所</td>
</tr>
<tr>
<td>控制盤</td>
<td>a 應為以鋼板等具耐熱性之不燃材料製作的專用品
b 如兼用為外箱時，為避免受到因其他回路及其他回路事故之影響，應以不燃材料做區劃
c 有腐蝕之虞的材料，應施以防蝕處理</td>
</tr>
<tr>
<td>預備品</td>
<td>應備有備用品、線路圖、操作說明書等</td>
</tr>
<tr>
<td>接地工程</td>
<td>應依屋內線路裝置規則等相關規定進行接地工事</td>
</tr>
</table>

呼水裝置外觀試驗

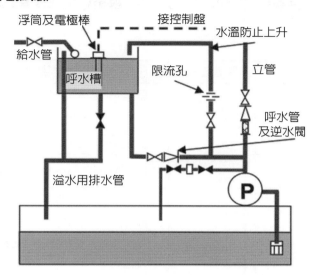

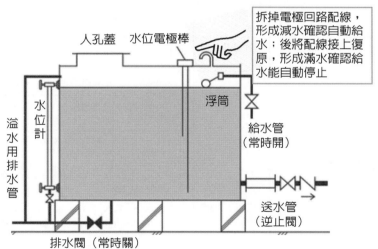

	測試項目		測試方法	判定要領
外觀試驗	加壓送水裝置 壓力表、連成計	設置位置	以目視確認機器等之狀	在出水側應適當正常地安裝壓力表，在吸水側應適當正常地安裝連成計
		性能		———————
	耐震措施		以目視確認耐震措施之狀況	應採取防止因地震而產生變形、損傷等之措施

4-15.3 連結送水管設備測試報告書外觀試驗（三）

測試項目			測試方法	判定要領
外觀試驗	啟動裝置	直接操作部 設置場所	以目視確認設置場所等之狀況	a 可直接操作之啟動裝置應設置在該電動機之控制盤 b 設有綜合操作盤時，該綜合操作盤上亦應設有啟動裝置 c 應無妨礙操作之障礙物
		直接操作部 表示	以目視確認標示之狀況	應適當地設置其為結送水管之啟動裝置的標示
		遠隔操作部 設置場所	以目視確認設置場所等之狀況	a 可做遠隔操作之啟動裝置，應設置在送水口附近或防災中心 b 應無妨礙操作之障礙物
		遠隔操作部 構造	以目視確認機器等之狀況	a 如使用按鈕者，應設置透明保護板 b 如設於有雨水侵入之虞之場所者，應採取有效之防護措施
		遠隔操作部 表示	以目視確認標示之狀況	在保護板或其附近，應標示按鈕之操作方法
	配管、閥類	設置狀況	以目視確認設置狀況	應無損傷、變形等，且適當地設置
		配管	以目視確認機器等之狀況	a 應為專用，立管管徑應為 100 A 以上 b 但建築物高度在 50 m 以下時，得與室內消防栓共用立管，其管徑應在 100 mm 以上，支管管徑應在 65 mm 以上
		材質		配管應符合 CNS 6445、CNS 4626 或具有同等以上之強度、耐蝕性及耐熱性者，但送水設計壓力逾每平方公分 10 kg 時，應使用符合 CNS 4626 管號 Sch40 以上或具有同等以上強度、耐腐蝕性及耐熱性之配管
		閥類		a 材質應符合 CNS 2472、CNS 7147、CNS 4125、CNS 3270 或具有同等以上之強度、耐蝕性及耐熱性者 b 出水側主配管安裝有開關閥時，應標示開關位置 c 如為開關閥或止水閥，應以不易磨滅之方法，標示開關方向；如為逆止閥，應以不易磨滅之方法，標示流動方向 d 加壓送水裝置之出水側配管應設置逆止閥及止水閥；吸入側配管應設置止水閥
		吸水管		應為各幫浦所專用

啟動裝置外觀試驗

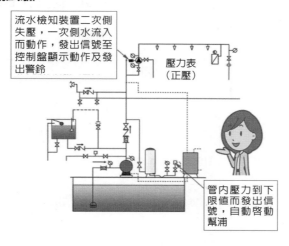

流水檢知裝置二次側失壓，一次側水流入而動作，發出信號至控制盤顯示動作及發出警鈴

壓力表（正壓）

管內壓力到下限值而發出信號，自動啟動幫浦

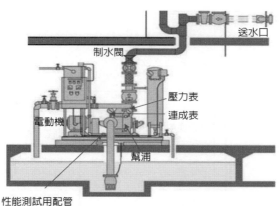

送水口

制水閥

壓力表
連成表

電動機

幫浦

性能測試用配管

測試項目			測試方法	判定要領
外觀試驗	配管、閥類	耐震措施	以目視確認耐震措施之狀況	應採取防止因地震而產生變形、損傷等之措施
	電源	常用電源	以目視確認電源之狀況	a 應為專用回路 b 電源容量應適當正常
		緊急電源種類	確認緊急電源之種類	應為發電機設備或蓄電池設備
	高架、中間水槽	構造	以目視確認設置狀況	應適當正常
		水量	以目視確認水量狀況	應確保規定水量以上
		給水裝置	以目視確認機器等狀況	應適當正常
		耐震措施	以目視確認耐震措施狀況	應採取防止因地震而產生變形、損傷之措施

4-15.4 連結送水管設備測試報告書性能試驗（一）

測試項目			測試方法	判定要領
性能試驗	加壓送水裝置試驗	呼水裝置動作試驗	減水警報裝置動作狀況	關閉自動給水裝置之閥，打開呼水槽之排水閥排水	應在呼水槽之水量減至 1/2 前確實地動作
			自動給水裝置動作狀況	打開呼水槽之排水閥排水	自動給水裝置應開始動作
			由呼水槽補給水狀況	打開幫浦之漏斗、排氣閥等	應可從呼水槽給水
		控制裝置試驗	啓動、停止操作時狀況	啓動幫浦之後再停止	a 啓動、停止之按鈕開關等應確實地動作 b 表示啓動之表示燈應亮燈或閃爍 c 開閉器之開關應可由電源表示燈等之標示來確認 d 幫浦之關閉、額定負荷運轉時之電壓或電流值應適當正常
			電源切換時之運轉狀況	啓動幫浦之後切斷常用電源，之後再恢復常用電源	應在常用電源切斷後及恢復後，不需啓動操作，幫浦即可繼續運轉
		啓動裝置試驗、啓動表示試驗	幫浦啓動狀況	從控制盤直接啓動或遠隔操作使幫浦啓動	幫浦啓動及停止應確實
			啓動表示亮燈狀況		啓動表示燈之亮燈或閃爍應確實
			運轉狀況	啓動幫浦	a 電動機及幫浦的運轉應順利 b 電動機應無明顯發熱及異常聲音 c 電動機的啓動性能應確實 d 幫浦底部應無明顯之漏水 e 壓力表及連成計之指示壓力值應適當正常 f 配管應無漏水、龜裂等
		幫浦試驗	全閉運轉時狀況 全閉揚程	關上幫浦出水側之止水閥，測定全閉揚程、電壓及電流 註：作為中繼幫浦使用者，製作揚程－出水量之合成特性並確認其特性	a 全閉揚程應在額定負荷運轉時之測得揚程的 140% 以下 b 電壓值及電流值應適當正常
			電壓		
			電流		

加壓送水裝置

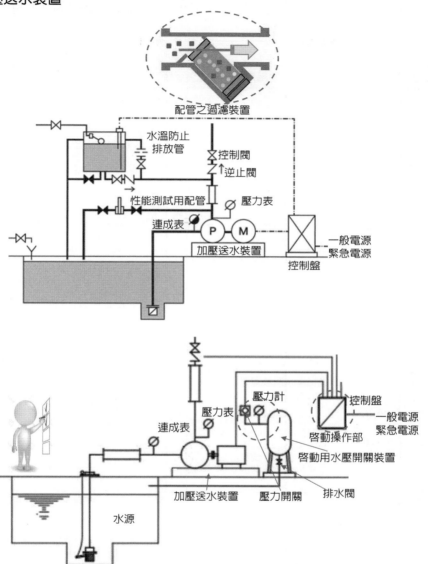

測試項目				測試方法	判定要領
性能試驗	加壓送水裝置	幫浦試驗	額定負荷運轉時狀況	額定揚程	幫浦調整成額定負荷運轉，測定測得揚程、電壓及電流 註：作為中繼幫浦使用者，製作揚程－出水量之合成特性並確認其特性	a 測得揚程應在該幫浦所標示揚程的 100% 以上 110% 以下 b 電壓值及電流值應適當正常
				電壓		
				電流		

4-15.5 連結送水管設備測試報告書性能試驗（二）

測試項目			測試方法	判定要領
性能試驗	加壓送水裝置	＊防止水溫上升排放裝置試驗	將幫浦做全閉運轉，測定排放配管之排放水量	排放水量應在下列公式求出量以上： $q = \dfrac{LsC}{60\Delta t}$ q：排放水量（L/min） Ls：幫浦全閉運轉時之輸出功率（kW） C：860 kcal（每 1 kW 水之發熱量） Δt：30°C（幫浦内部之水溫上升限度）
		＊幫浦性能試驗裝置試驗	啓動幫浦，依消防幫浦加壓送水裝置等及配管摩擦損失計算基準規定之方法測定在額定出水點之出水量，同時讀取當時流量計之標示刻度	依消防幫浦加壓送水裝置等及配管摩擦損失計算基準規定之方法求出水量之值和流量計表示值的差，應在該流量計使用範圍之最大刻度的 ±3% 以内
	配管耐壓試驗	未用加壓送水裝置之配管部分	a 送水口從接近送水口之放水口，依水壓試驗器加壓 b 以設計送水壓力 1.5 倍以上之壓力加壓 c 在任意 2 個放水口安裝壓力表和盲蓋，在開放狀態下測定壓力 註：如設置加壓送水裝置者，應關閉加壓送水裝置一次側之止水閥，而測定壓力	配管、配管接頭、閥類應無龜裂、變形、漏水等
		使用加壓送水裝置之配管部分	a 從加壓送水裝置之出水側附近最低位置的放水口，依水壓試驗器加壓 b 加壓送水裝置之關閉壓力與押入壓力合計之 1.5 倍以上之加壓壓力 c 關閉加壓送水裝置二次側之止水閥，在任意 2 個放水口安裝壓力表和盲蓋，在開放狀態下測定壓力	配管、配管接頭、閥類應無龜裂、變形、漏水等

註：消防幫浦如係經内政部審核認可通過之認可品者，得免除「＊」部分之試驗。

牆壁埋入型

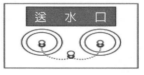

支柱型

幫浦性能測試

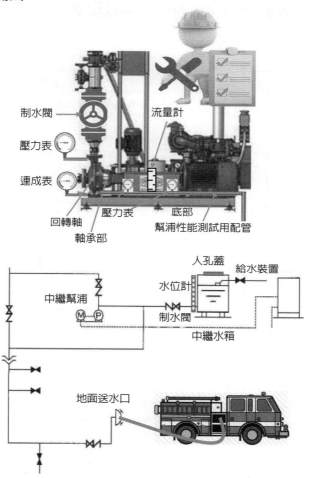

制水閥
流量計
壓力表
連成表
壓力表　底部
回轉軸　幫浦性能測試用配管
軸承部

人孔蓋　給水裝置
水位計
中繼幫浦
制水閥
中繼水箱

地面送水口

配管耐壓試驗

➡ FIRE PROTECTION WATER ➡

符合 ASTM A 53/A 53M（配管用黑化、熱浸鍍鋅、焊接及無縫鋼管）規範之配管，比對其規定內容確具國家標準所定同等以上之強度、耐腐蝕性及耐熱性；另 ASTM A 53/A 53M 規範之 Grade B 配管，亦得視為第 181 條第 2 款但書所定。至該配管之摩擦損失，黑化及熱浸鍍鋅鋼管應比照配管用碳鋼鋼管（符合 CNS 6445 者），焊接及無縫鋼管應比照壓力配管用碳鋼鋼管（符合 CNS 4626 者）。

4-15.6 連結送水管設備測試報告書綜合試驗

測試項目			測試方法	判定要領
綜合試驗	放水試驗	送水壓力	在預設放水壓力變為最低之處所，測定瞄子前端之放水壓力及放水量	a 各瞄子前端之放水壓力應在 6 kgf/cm² 以上。另放水量依下列公式算出：$Q = 0.653\,D^2\sqrt{P}$　Q：放水量（L/min）　D：瞄子口徑（mm）　P：放水壓力（kgf/cm²） b 應以直線放水狀態測定，放水壓力及放水量應適當正常
		放水壓力		
		放水量		
	緊急電源切換試驗	發電機設備	在電源切換裝置一次側切斷常用電源	a 至電壓確立為止所需之時間應適當正常 b 運轉中幫浦等應無異常 c 放水壓力及放水量應適當正常
		蓄電池設備		a 電壓應適當正常地確立 b 運轉中幫浦等應無異常 c 放水壓力及放水量應適當正常

配管口徑與流速關係

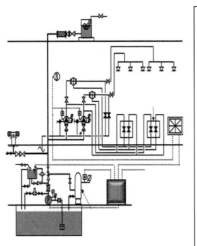

配管口徑與流速

$$Q = A\,V$$

$$V(m/sec) = \frac{Q}{A} = \frac{Q}{\pi\left(\dfrac{d}{2}\right)^2} = \frac{4Q}{\pi\,d^2}$$

$$= \frac{4Q(L/min) \times (1min/60sec) \times 1,000\,cm^3/L \times (1m/100cm)}{\pi\,d^2\,(cm^2)}$$

$$= 0.212\,\frac{Q}{d^2}\quad \left(\frac{L/min}{cm}\right)$$

當流量 130 L/min 如使用配管口徑 100 A（內徑 10.53 cm）與 50 A（內徑 5.29 cm）各得流速各為多少？

100 A 配管　$V = 0.212 \times \dfrac{130}{10.53^2} = 0.25$ (m/sec)

50 A 配管　$V = 0.212 \times \dfrac{130}{5.29^2} = 0.98$ (m/sec)

連結送水管

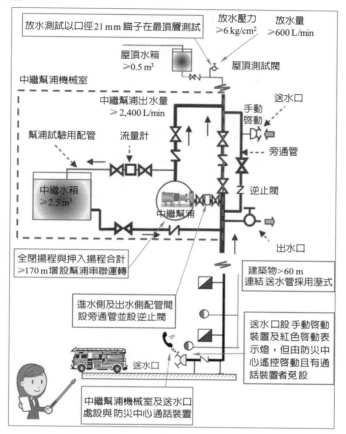

放水測試以口徑21 mm 瞄子在最頂層測試

放水壓力 ≥6 kg/cm²　放水量 ≥600 L/min

屋頂水箱 ≥0.5 m³

屋頂測試閥

中繼幫浦機械室

中繼幫浦出水量 ≥ 2,400 L/min

送水口

手動啓動

幫浦試驗用配管　流量計

旁通管

中繼水箱 ≥2.5 m³

逆止閥

中繼幫浦

全閉揚程與押入揚程合計 ≥170 m增設幫浦串聯運轉

出水口

建築物>60 m 連結送水管採用溼式

進水側及出水側配管間 設旁通管並設逆止閥

送水口設手動啓動裝置及紅色啓動表示燈，但由防災中心遙控啓動且有通話裝置者免設

送水口

中繼幫浦機械室及送水口處設與防災中心通話裝置

緊急電源（蓄電池）檢查

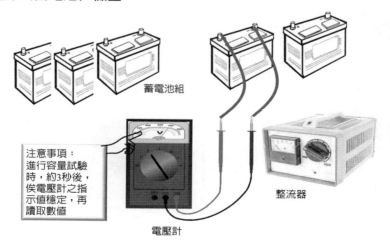

蓄電池組

注意事項：進行容量試驗時，約3秒後，俟電壓計之指示值穩定，再讀取數值

整流器

電壓計

第16章　消防專用蓄水池

4-16.1　消防專用蓄水池測試報告書外觀試驗

	測試項目		測試方法	判定要領
水源	設置場所等	距建築物之水平距離	以目視確認設置場所等之狀況	a 任一消防專用蓄水池至建築物各部分之水平距離應在 100 m 以下的位置 b 應設置在消防車能接近至其 2 m 範圍內,易於抽取之處
		消防車之接近		
	種類、有效水量	種類	以目視確認設置狀況	a 應依種類等適當正常地確保用水。 b 每一消防專用蓄水池有效水量應在 20 m³ 以上 c 有效水量應在距離基地地面下 4.5 m 範圍內之水量部分(地下水池者),但採機械方式引水者,不在此限 d 應採取能吸取全部所需水量的措施
		有效水量(m³)		
		數量		
		有效水量的合計(m³)		
	進水管投入孔	投入孔尺寸	以目視確認設置狀況	a 孔蓋應容易開關 b 應有無礙進水管投入之大小 c 進水管投入孔應標明「消防專用蓄水池」字樣,採水口應標明「採水口」或「消防專用蓄水池採水口」字樣 d 如為和其他設備共用之水池、槽,應採取確保有效水量之措施
		投入孔字樣標示		

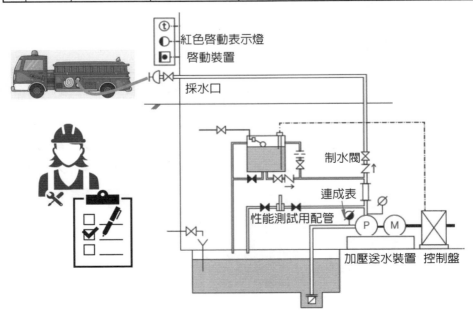

消防專用蓄水池

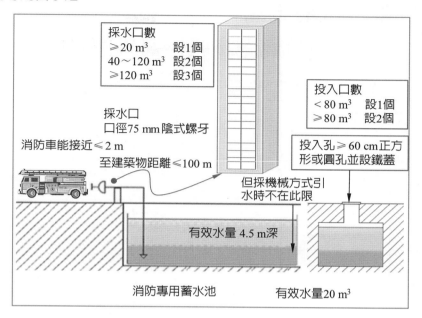

採水口數
≥20 m³　　設1個
40～120 m³　設2個
≥120 m³　　設3個

投入口數
＜80 m³　　設1個
≥80 m³　　設2個

採水口
口徑75 mm 陰式螺牙

投入孔≥60 cm正方形或圓孔並設鐵蓋

消防車能接近≤2 m
至建築物距離≤100 m

但採機械方式引水時不在此限

有效水量 4.5 m深

消防專用蓄水池　　　有效水量20 m³

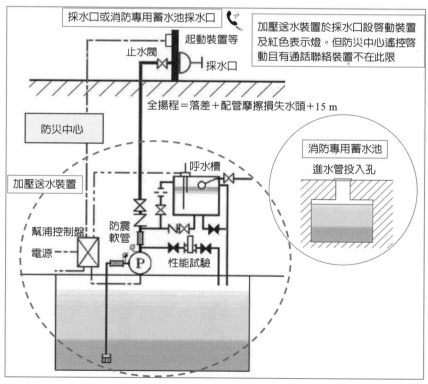

採水口或消防專用蓄水池採水口

加壓送水裝置於採水口設啓動裝置及紅色表示燈。但防災中心遙控啓動且有通話聯絡裝置不在此限

起動裝置等
止水閥
採水口

全揚程＝落差＋配管摩擦損失水頭＋15 m

防災中心

消防專用蓄水池
進水管投入孔

加壓送水裝置

呼水槽

幫浦控制盤
電源
防震軟管
性能試驗

第17章　排煙設備

4-17.1　排煙設備測試報告書外觀試驗

				測試項目	測試方法	判定要領
外觀試驗	排煙機			設置場所	以目視確認設置場所之狀況	應設置在檢修便利，不受火災等災害損害之虞的場所
				設置方法	以目視確認設置方法之狀況	應確實固定在建築物之堅固部分
				構造、材質	以目視確認機器之狀況	排煙機之構造及材質應具有耐熱性
				性能		排煙機應具有適合排煙區劃及風管容積之排煙量
				電動機與排煙機之連結		電動機等和排煙機之連結應為排煙機性能無降低之虞的構造
	啓動裝置	自動啓動裝置	探測器	設置場所	以目視確認設置場所等之狀況	應設置在檢修便利，能有效探測煙或熱之場所
				構造、性能		應無變形、損傷等
				配線		探測器端子之接續或結線之接續應確實
			自動控制盤或自動啓動盤			自動控制盤或自動啓動盤應能使排煙機有效動作
		手動啓動裝置	設置場所			應設置在火災時易於操作之場所
			構造			應為可確實操作之構造
			遠隔操作方式			應具有從防災中心等也可操作之裝置
			標示			應在明顯易見之處所標示其為排煙設備手動啓動裝置
	排煙口等	排煙區劃	區劃構成		以目視確認設置狀況	應依規定設計
			構造			
			規模			
			可動式防煙壁			周圍應無障礙物，且設在適當之位置

排煙設備測試報告書外觀試驗

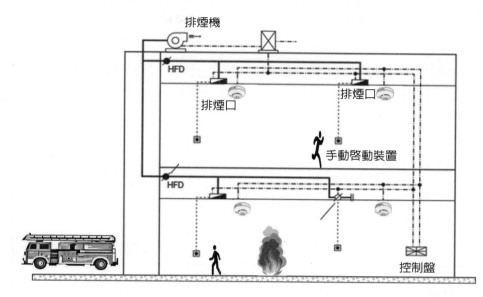

測試項目			測試方法	判定要領
外觀試驗	排煙口等	排煙口 設置位置	以目視確認設置狀況	應設置在可有效將排煙區劃內之煙排出的位置
		周圍狀況		周圍應無障礙物
		開口面積		應具可有效將排煙區劃內之煙排出的開口面積
		與風管接續		應與風管確實接續
		構造、材質		a 應以不燃材料製成 b 應無變形、損傷等
	排煙口		以目視確認設置狀況	a 如為自然排煙，在室內上方應設有適當大小的排煙口 b 排煙口應以不燃材料製成，對避難及滅火活動不會造成妨礙，且設置在無延燒危險性之位置 c 應無妨礙排煙上之障礙物
	風管 設置場所等		以目視確認設置場所等之狀況	a 應設置在火災時無延燒之虞的位置，且未接觸可燃物 b 應牢固地安裝在天花板、地板等

4-17.2 排煙設備測試報告書外觀及性能試驗

測試項目			測試方法	判定要領
外觀試驗	風管	設置方法	以目視確認設置方法之狀況	應以不燃材料製成，接續部應確實地固定
		斷面積		斷面積應根據排煙量
		防火區劃貫通部分	以目視確認設置狀況	貫穿防火構造牆壁或地板之處所，應以不燃材料確實填塞
		閘門		a 檢修口應設置在容易檢修之位置 b 閘門應以不燃材料製成
	電源	常用電源	以目視確認電源之狀況	a 應為專用回路 b 電源之容量應適當正常
		緊急電源種類	以目視確認緊急電源之種類	應為發電機設備或蓄電池設備

性能試驗

測試項目			測試方法	判定要領
性能試驗	排煙區劃		—	—
	自動啓動裝置動作試驗	探測器動作狀況	使和各排煙區劃排煙口連動之探測器動作，以確認排煙機之動作及排煙口之狀態是否適當正常	a 探測器之動作應確實 b 排煙機應與排煙口之開放連動而自動動作 c 排煙機回轉扇之回轉方向應適當正常，回轉應順利 d 排煙機應無異常聲音 e 至排煙口為止之部分（包括接續部）應無空氣外漏，並具有充分的風量
		排煙機動作狀況		
		排煙口狀態		
	手動啓動裝置動作試驗	啓動裝置動作狀況	操作手動啓動箱內之操作桿，打開排煙口，確認排煙機是否動作；使用遠隔操作方式時，應檢視防災中心等之操作及運轉進行之情形	a 應依手動操作確實動作 b 排煙機應與排煙口之開放連動而自動動作 c 應依遠隔操作確實動作

排煙設備測試報告書性能試驗

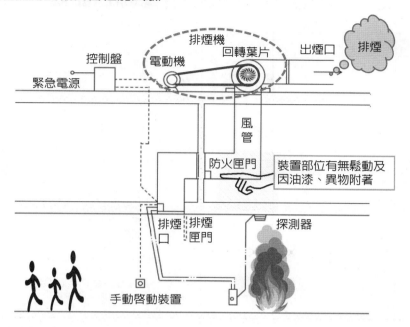

自動啓動裝置動作試驗

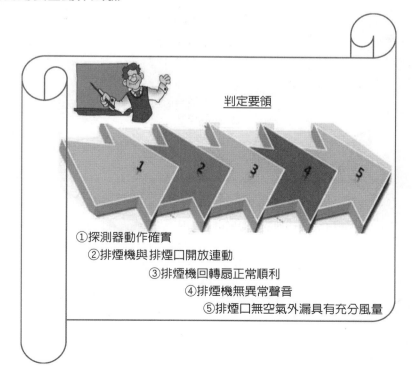

判定要領

①探測器動作確實
　②排煙機與排煙口開放連動
　　③排煙機回轉扇正常順利
　　　④排煙機無異常聲音
　　　　⑤排煙口無空氣外漏具有充分風量

4-17.3 排煙設備測試報告書綜合試驗（一）

	測試項目		測試方法	判定要領
綜合試驗	排煙風量測試	室內排煙	防煙區劃為一區時，該區內各排煙口排煙量之合計，不得小於該防煙區劃面積每 m² 每分鐘 1 m³，且不得小於每分鐘 120 m³。防煙區劃為二區以上時，應開啟最大防煙區劃及其前後防煙區劃之排煙量，合計其排煙量，不得小於該最大防煙區劃面積每 m² 每分鐘 2 m³	a 排煙口之開口面積不得小於防煙區劃面積之 2%，且應以自然方式直接排至戶外。排煙口無法以自然方式直接排至戶外時，應設排煙機 b 排煙機應能隨任一排煙口之開啟而動作，其排煙量不得小於每分鐘 120 m³，且在一防煙區劃時，不得小於該防煙區劃面積每 m² 每分鐘 1 m³，在二區以上之防煙區劃時，應不得小於最大防煙區劃面積每 m² 每分鐘 2 m³。但地下建築物之地下通道，其總排煙量不得小於每分鐘 600 m³
		特別安全梯或緊急升降機間排煙	設置直接開向戶外之窗戶時	a 在排煙時窗戶與煙接觸部分應使用不燃材料 b 窗戶有效開口面積應位於天花板高度二分之一以上之範圍內 c 窗戶之有效開口面積不得小於 2 m²。但特別安全梯排煙室與緊急升降機間兼用時（以下簡稱兼用），不得小於 3 m² d 前目平時關閉之窗戶應設手動開關裝置，其操作部分應設於距離樓地板面 80 cm 以上 150 cm 以下之牆面，並標示簡易之操作方式

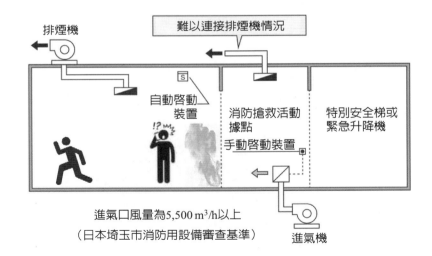

進氣口風量為5,500 m³/h以上
（日本埼玉市消防用設備審查基準）

排煙設備測試報告書綜合試驗

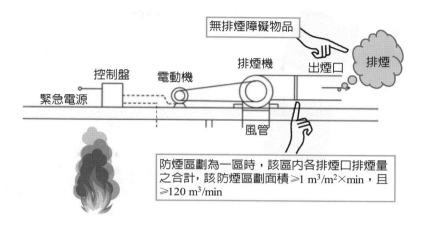

無排煙障礙物品

排煙機

出煙口

排煙

控制盤　電動機

緊急電源

風管

防煙區劃為一區時，該區內各排煙口排煙量之合計，該防煙區劃面積≧1 m³/m²×min，且≧120 m³/min

特別安全梯或緊急升降機間排煙

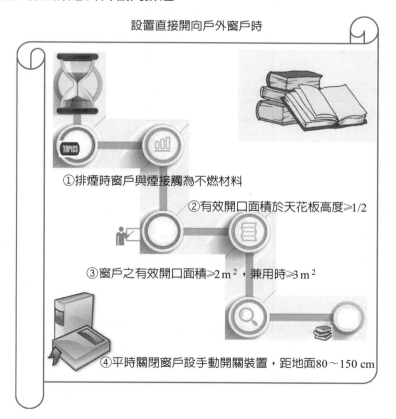

設置直接開向戶外窗戶時

①排煙時窗戶與煙接觸為不燃材料

②有效開口面積於天花板高度≧1/2

③窗戶之有效開口面積≧2 m²，兼用時≧3 m²

④平時關閉窗戶設手動開關裝置，距地面80～150 cm

4-17.4 排煙設備測試報告書綜合試驗（二）

	測試項目	測試方法	判定要領
綜合試驗	排煙風量測試	特別安全梯或緊急升降機間排煙	設置排煙、進風管道時	a 排煙設備之排煙口、排煙管道、進風口、進風管道及其他與煙接觸之部分均應以不燃材料建造 b 排煙口應設於天花板高度 1/2 以上之範圍內，開口面積不得小於 4 m²（兼用時，應為 6 m²），並直接連通排煙管道 c 排煙管道內部斷面積不得小於 6 m²（兼用時，應為 9 m²），且其頂部應直接通向戶外 d 設有排煙量在每秒 4 m³（兼用時，每秒 6 m³）以上，且可隨排煙口開啓而自動啓動之排煙機者，得不受前 2 項之限制 e 進風口應設於天花板高度 1/2 以下之範圍內，開口面積不得小於 1 m²（兼用時，應為 1.5 m²），並直接連通進風管道，管道斷面積不得小於 2 m²（兼用時，應為 3 m²），且直接連通戶外 f 進風口、排煙口應依前款第 4 目設置手動開關裝置及偵探式探測器連動開關裝置，且平時保持關閉狀態，開口葉片之構造應不受開啓時所生氣流之影響而關閉

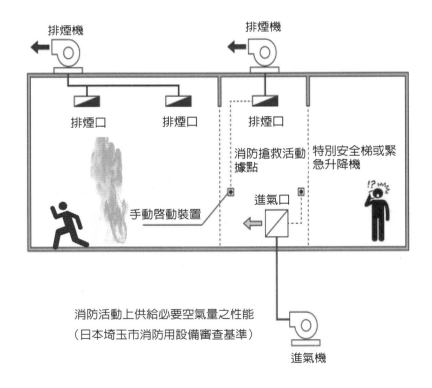

消防活動上供給必要空氣量之性能
（日本埼玉市消防用設備審查基準）

特別安全梯或緊急升降機間排煙測試方法

設置排煙／進風管道時

1　排煙設備之排煙口、排煙管道、進風口、進風管道及其他與煙接觸之部分均應以不燃材料建造

2　排煙口應設於天花板高度≥1/2，開口面積≥4 m²（兼用時6 m²），並直接連通排煙管道

3　排煙管道內部斷面積≥6 m²（兼用時9 m²），且其頂部應直接通向戶外

4　排煙量≥4 m³/s（兼用時6 m³/s），且可隨排煙口開啓而自動啓動排煙機者，得不受前2項之限制

5　進風口≤天花板高度1/2，開口面積≥1 m²（兼用時1.5 m²，管道斷面積≥2 m²（兼用時≥3 m²

6　進風口、排煙口設手動開關裝置及偵煙式探測器連動開關裝置，且保持關閉狀態

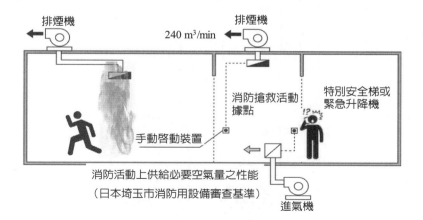

消防活動上供給必要空氣量之性能
（日本埼玉市消防用設備審查基準）

第18章 緊急電源插座

4-18.1 緊急電源插座測試報告書外觀試驗

<table>
<tr><th colspan="2">測試項目</th><th>測試方法</th><th>判定要領</th></tr>
<tr><td rowspan="11">外觀試驗</td><td>設置場所</td><td>以目視確認設置場所等之狀況</td><td>a 應設置在樓梯間、緊急用升降機等（含各該處 5 m 以內之場所）消防人員易於施行救火處
b 每一層任何一處至插座之水平距離應在 50 m 以下</td></tr>
<tr><td>十一層以上</td><td rowspan="4">以目視確認設置狀況</td><td rowspan="4">設置在每一回路之緊急電源插座數量應在 10 以下</td></tr>
<tr><td>地下建築物</td></tr>
<tr><td>設在 1 個樓層之最大個數</td></tr>
<tr><td>設在 1 個專用幹線之最大個數</td></tr>
<tr><td>專用幹線</td><td>以目視確認專用幹線之狀況。</td><td>a 應從主配電盤設專用回路，各樓層至少應設 2 個回路以上之供電線路
b 各樓層之緊急電源插座數量為 1 個以上時，應為一回路
c 專用幹線應可供給單相交流 110 V 之 15 A 以上的電力</td></tr>
<tr><td>設置場所</td><td rowspan="2">以目視確認設置及機器之狀況</td><td rowspan="2">a 在專用幹線之電源側電路，應設置過電流遮斷器，其容量應適當正常
b 從專用幹線至各樓緊急電源插座為止之分歧回路上，應設置開閉器及過電流遮斷器，如為單相交流 110 V 者，應設置 15 A 者（如係配線用遮斷器，則為 20 A）</td></tr>
<tr><td>種類</td></tr>
<tr><td>設置場所</td><td>以目視確認設置場所等之狀況</td><td>a 應設置在距離樓地板面或樓梯面之高度在 1 m 以上 1.5 m 以下的位置
b 周圍應無妨礙消防隊活動的障礙物</td></tr>
</table>

過電流遮斷器 / 保護箱 （左欄項目）

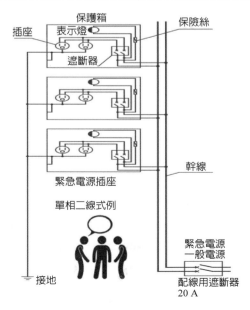

緊急電源插座測試報告書外觀試驗

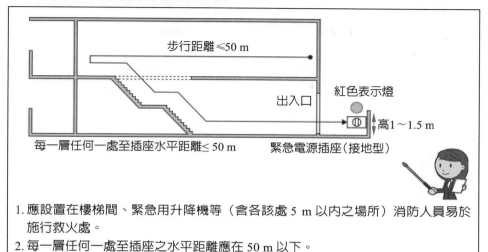

1. 應設置在樓梯間、緊急用升降機等（含各該處 5 m 以內之場所）消防人員易於施行救火處。
2. 每一層任何一處至插座之水平距離應在 50 m 以下。

過電流遮斷器

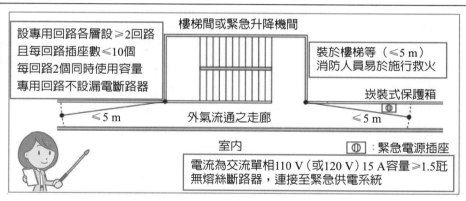

1. 在專用幹線之電源側電路，應設置過電流遮斷器，其容量應適當正常。
2. 從專用幹線至各樓緊急電源插座為止之分歧回路上，應設置開閉器及過電流遮斷器，如為單相交流 110 V 者，應設置 15 A 者（如係配線用遮斷器，則為 20 A）。

4-18.2 緊急電源插座測試報告書外觀及性能試驗

測試項目			測試方法	判定要領
外觀試驗	保護箱	構造	以目視確認機器之狀況	a 應為嵌入式，施予防鏽加工，以厚度 1.6 mm 以上之鋼板製成者 b 保護箱上應設置容易開關之箱門，且內部設有防止插頭脫落之護鉤 c 保護箱蓋應標示「緊急電源插座」字樣，每字不得小於 2 cm²
		接地	以目視確認設置狀況	在保護箱及緊急電源插座插口之接地極，應依屋內線路裝置規則等相關規定，施以接地工事
	電源	常用電源	以目視確認電源之狀況	a 應為專用回路 b 電源容量應適當正常
		緊急電源種類	以目視確認緊急電源之種類	應為發電機設備或蓄電池設備
	表示燈		以目視確認設置狀況	a 保護箱上方應設置紅色表示燈 b 紅色表示燈應牢固地固定在牆壁等

性能試驗

測試項目			測試方法	判定要領
性能試驗	端子電壓試驗	最大	使用電壓計測定電壓	電壓測定值應為額定 110 V
		最小		

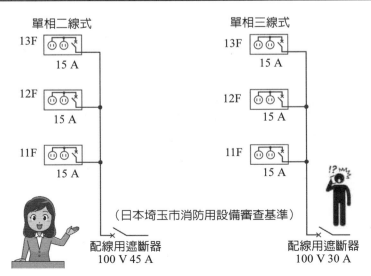

（日本埼玉市消防用設備審查基準）

緊急電源插座測試報告書外觀及性能試驗

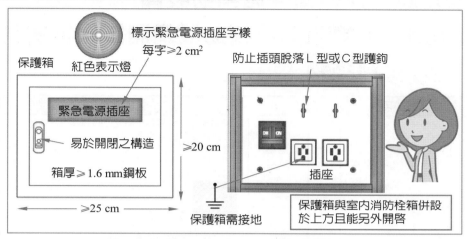

端子電壓試驗，使用電壓計測定電壓，而電壓測定值應為額定 110 V

保護箱判定要領

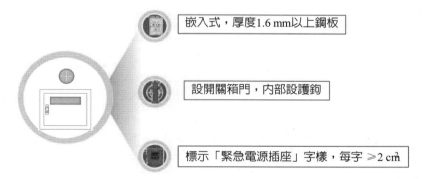

表示燈判定要領

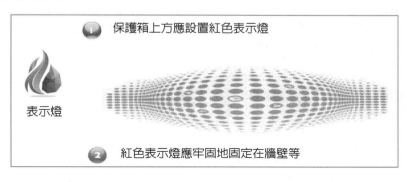

第19章　無線電通信輔助設備

4-19.1　無線電通信輔助設備測試報告書外觀試驗（一）

測試項目			測試方法	判定要領
外觀試驗	使用區分、設備方式		以目視確認使用區分及方式之狀況	a 應為洩波同軸電纜、與洩波同軸電纜接續之天線或與同軸電纜接續之天線 b 應為消防隊專用，但和警用無線電通信或其他用途共用時，應採取防止妨礙消防隊相互間無線電聯絡之措施 c 頻率域帶應為 150 MHz 或消防機關指定之頻率域帶
	無線電接頭	設置場所	以目視確認設置場所等之狀況	a 應設置在樓地板面層，消防人員可方便取用處及值日室或防災中心等平時有人之處所 b 應設置於距樓地板面或基地地面高度在 0.8 m 以上 1.5 m 以下的位置
		保護箱	以目視確認機器之狀況	a 設置之保護箱，應為堅固無法任意開關之構造，並採取防塵及防水措施 b 應施以防鏽處理，厚度在 1.6 mm 以上之鋼板製或具有同等以上強度者 c 保護箱內應收納 2 m 以上具可撓性之接續用射頻電纜 d 在保護箱內明顯易見之位置，應標示有最大容許輸入功率、可使用之頻率域帶及注意事項 e 保護箱箱面應漆紅色，並標明「消防隊專用無線電接頭」字樣
		接頭		a 應設置適當之連接器接頭 b 端子上應設有無反射終端電阻器及護蓋
	增幅器	設置場所	以目視確認設置場所等之狀況	應設置在具防火區劃之防災中心或具防火性能之管道間內
		構造、性能	以目視確認機器之狀況	應適當正常

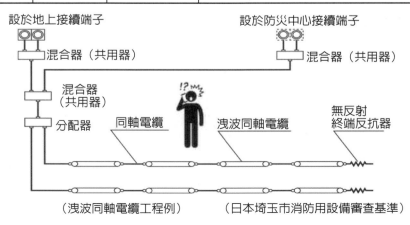

設於地上接續端子

設於防災中心接續端子

混合器（共用器）

混合器（共用器）

混合器（共用器）

分配器　　同軸電纜　　　洩波同軸電纜

無反射終端反抗器

（洩波同軸電纜工程例）　　（日本埼玉市消防用設備審查基準）

保護箱外觀試驗

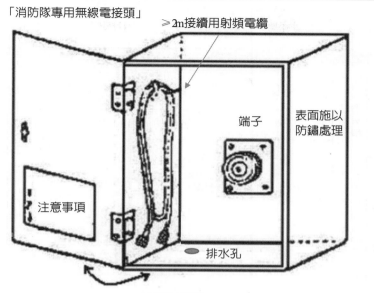

判定要領

1. 保護箱為無法任意開關之構造，並採取防塵及防水措施。
2. 應施以防鏽，厚度 ≥ 1.6 mm 鋼板製者。
3. 保護箱內應收納 2 m 以上具可撓性之接續用射頻電纜。
4. 標示最大容許輸入功率、可使用之頻率域帶及注意事項。
5. 保護箱箱面應漆紅色，並標明「消防隊專用無線電接頭」字樣。

增幅器設置場所

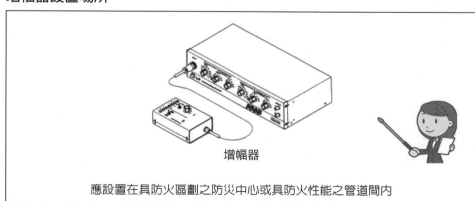

增幅器

應設置在具防火區劃之防災中心或具防火性能之管道間內

4-19.2 無線電通信輔助設備測試報告書外觀試驗（二）

測試項目			測試方法	判定要領
外觀試驗	混合分配器、混合器、分配器、分波器或其他器具	混合分配器 → 設置場所	以目視確認設置場所等之狀況	a 應設置在不會妨礙檢修之位置 b 應設置在以鋼材等不燃材料製造，具有耐熱效果之箱內或場所
		混合分配器 → 插入損失	以目視確認機器之狀況	應使用插入損失較少者
		混合分配器 → 構造、性能		在使用頻率域帶內，應設置電壓駐波比為 1.5 以下者
		混合器 → 設置場所	以目視確認設置場所等之狀況	a 應設置在不會妨礙檢修之位置 b 應設置在以鋼材等不燃材料製造，具有耐熱效果之箱內或場所
		混合器 → 插入損失	以目視確認機器之狀況	應使用插入損失較少者
		混合器 → 構造、性能		在使用頻率域帶內，應設置電壓駐波比為 1.5 以下者
		分配器 → 設置場所	以目視確認設置場所等之狀況	a 應設置在不會妨礙檢修之位置 b 應設置在以鋼材等不燃材料製造，具有耐熱效果之箱內或場所
		分配器 → 插入損失	以目視確認機器之狀況	應使用插入損失較少者
		分配器 → 構造、性能		在使用頻率域帶內，應設置電壓駐波比為 1.5 以下者
		分波器 → 設置場所	以目視確認設置場所等之狀況	a 應設置在不會妨礙檢修之位置 b 應設置在以鋼材等不燃材料製造，具有耐熱效果之箱內或場所
		分波器 → 插入損失	以目視確認機器之狀況	應使用插入損失較少者
		分波器 → 構造、性能		在使用頻率域帶內，應設置電壓駐波比為 1.5 以下者

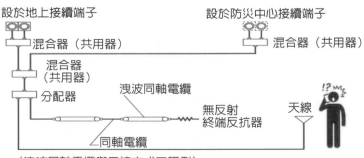

（洩波同軸電纜與天線方式工程例）

分配器外觀試驗

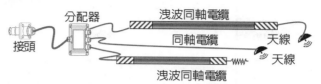

接頭　分配器　洩波同軸電纜　同軸電纜　天線　天線　洩波同軸電纜

測試項目		測試方法	判定要領
分配器	設置場所	以目視確認設置場所等之狀況	a 應設置在不會妨礙檢修之位置 b 應設置在以鋼材等不燃材料製造，具有耐熱效果之箱內或場所
	插入損失	以目視確認機器之狀況	應使用插入損失較少者
	構造、性能		在使用頻率域帶內，應設置電壓駐波比為 1.5 以下者

混合器等外觀試驗判定要領

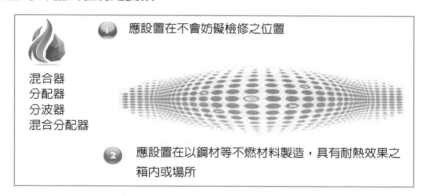

混合器
分配器
分波器
混合分配器

1 應設置在不會妨礙檢修之位置

2 應設置在以鋼材等不燃材料製造，具有耐熱效果之箱內或場所

混合器等外觀試驗構造性能

構造性能

在使用頻率域帶內應設電壓駐波比≤1.5

4-19.3 無線電通信輔助設備測試報告書外觀試驗（三）

測試項目			測試方法	判定要領
外觀試驗	天線、洩波同軸電纜、同軸電纜	電纜	以目視確認機器之狀況	a 應具難燃性，且不會因溫度而致電氣特性劣化者 b 天線應具有耐蝕性 c 連接用之同軸電纜應具有可撓性
		接續		接續部分應使用接栓牢固地加以固定，且採取防溼措施
		天線 構造	————	————
		天線 設置個數	————	————
		洩波同軸電纜 結合損失	————	————
		洩波同軸電纜 使用長	————	————
		洩波同軸電纜 傳送損失	————	————
		同軸電纜 使用長	————	————
		同軸電纜 傳送損失	————	————
	工程方法	設置位置	以目視確認設置位置之狀況	應不會妨礙運行、搬運及避難
		設置方法	以目視確認設置狀況	應以支架接頭等而牢固地加以固定
		接線	以目視確認設置接線之狀況	接線之方法應適當正常
		接續部之防水措施	以目視確認防水措施之狀況	分配器、混合器、分波器或其他類似之器具及洩波同軸電纜等之接續部，應採取適當之防水措施
		耐熱措施	以目視確認耐熱措施之狀況	應採取適當之耐熱措施或具有耐熱性的洩波同軸電纜等
		金屬板等影響之有無	以目視確認設置狀況	應不會因金屬板等而使電波輻射特性降低置

天線、洩波同軸電纜、同軸電纜

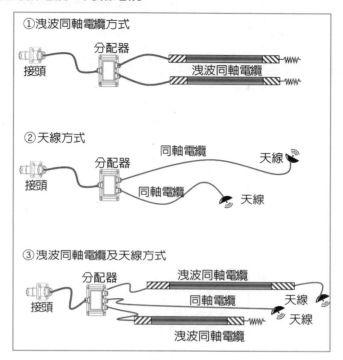

①洩波同軸電纜方式

接頭　分配器　洩波同軸電纜

②天線方式

接頭　分配器　同軸電纜　天線　同軸電纜　天線

③洩波同軸電纜及天線方式

接頭　分配器　洩波同軸電纜　同軸電纜　天線　天線　洩波同軸電纜

電纜判定要領
1. 應具難燃性，且不會因溫度而致電氣特性劣化者。
2. 天線應具有耐蝕性。
3. 連接用之同軸電纜應具有可撓性。

接續部之防水措施

接續用電纜

判定要領：
分配器、混合器、分波器或其他類似之器具及洩波同軸電纜等之接續部，應採取適當之防水措施。

4-19.4 無線電通信輔助設備測試報告書性能試驗

測試項目		測試方法	判定要領
性能試驗	電壓駐波比之測定	將電壓駐波比計及信號發信機接續在無線電機接續端子上,測定電壓駐波比	在使用頻率域帶內,電壓駐波比應為 1.5 以下

性能試驗

在使用頻率域帶內應設電壓駐波比 ≥1.5

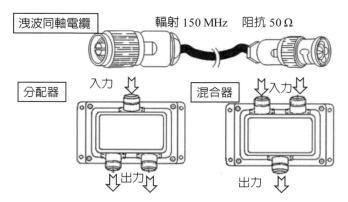

洩波同軸電纜　　輻射 150 MHz　　阻抗 50 Ω

分配器　　入力　　混合器　　入力

出力　　出力

接續端子

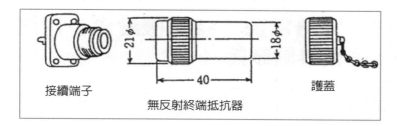

接續端子

無反射終端抵抗器

護蓋

天線

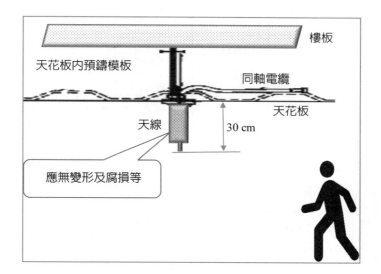

樓板

天花板內預鑄模板

同軸電纜

天花板

天線

30 cm

應無變形及腐損等

接頭

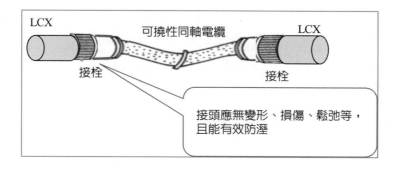

LCX

可撓性同軸電纜

LCX

接栓

接栓

接頭應無變形、損傷、鬆弛等，
且能有效防溼

第20章 緊急電源（發電機設備）

4-20.1 緊急電源（發電機設備）測試報告書外觀試驗（一）

測試項目			測試方法	判定要領
外觀試驗	設置場所等	設置場所	以目視確認設置場所之狀況	a 應設置在檢修（查）便利，且無受火災等災害損害之虞的處所 b 應依下列規定設置： ①應設在以不燃材料區劃之牆壁、柱子、地板及天花板（無天花板之場所，為屋頂），且窗戶及出入口設置甲種或乙種防火門之專用室（以下稱「不燃專用室」） ②經認可之整套式發電機設備應設置在以不燃材料區劃變電設備室、發電設備室、機械室、幫浦室或其他場所（以下稱「機械室等」）或室外、建築物屋頂 ③如設置在室外或主要結構為防火構造之建築物屋頂時，應距離相鄰建築物或工作物（以下簡稱「建築物等」）3 m以上，或者距離該受電設備在 3 m 以下之相鄰建築物等之部分應以不燃材料建造，且於該建築物等之開口部應設置防火門或其他防火設備
		換氣設備	以目視確認構造及機器之狀況	a 應設置通往室外之有效換氣設備 b 排氣風管與散熱器間應加裝防震設備以吸收機組震動
	專用室、機械室等	有效之防火區劃		配線、空調用通風管等貫穿區劃處之孔隙，應以不燃材料做防火上有效的填塞
		防水措施		應無水浸入或浸透之虞之構造
		防止起火、防止擴大延燒		a 不得放置有火災發生之虞的設備或有成為火災擴大要因之虞的可燃物等 b 應無可燃性或腐蝕性蒸氣、氣體或粉塵等發生或滯留之虞
		有無照明設備		應設置檢修（查）及操作上所需之照明設備
		標示		應設置其為發電機設備之標示
	構造、性能		以目視確認機器之狀況	應為認可品

蓄電池與緊急發電機設備併用方式

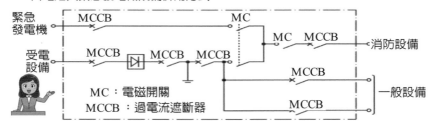

發電機設備設置場所判定要領

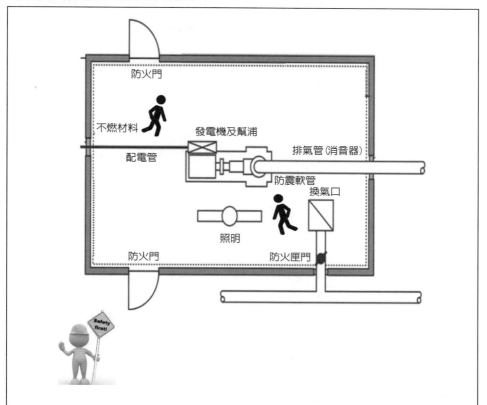

1. 應設置在檢修（查）便利，且無受火災等災害損害之虞的處所。
2. 應依下列規定設置：
   (1) 應設在以不燃材料區劃之牆壁、柱子、地板及天花板（無天花板之場所，為屋頂），且窗戶及出入口設置甲種或乙種防火門之專用室。
   (2) 經認可之整套式發電機設備應設置在以不燃材料區劃變電設備室、發電設備室、機械室、幫浦室或其他場所或室外、建築物屋頂。
   (3) 如設置在室外或主要結構為防火構造之建築物屋頂時，應距離相鄰建築物或工作物 3 m 以上，或者距離該受電設備在 3 m 以下之相鄰建築物等的部分應以不燃材料建造，且於該建築物等之開口部應設置防火門或其他防火設備。

4-20.2　緊急電源（發電機設備）測試報告書外觀試驗（二）

測試項目			測試方法	判定要領
外觀試驗	保有距離		以目視確認設置狀況	設置發電機設備之場所，應依下頁表所列數值以上確保必要之保有距離
	設置方法	分歧方法	以目視確認分歧等之狀況	依下圖所示供給電壓之方法接線，其施工應避免因其他電力回路之開關器或遮斷器而遭切斷
		結線、接續	以目視確認接線、接續之狀況	配線、附屬機器等應確實且無鬆脫地接續
		標示	以目視確認標示之狀況	a 電源切換裝置以後之緊急用配電盤部分上應有回路標示 b 開關器上應有其為消防安全設備等用之標示
		耐震措施	以目視確認耐震措施之狀況	應採取防止因地震而產生變形、損傷等之措施
		發電裝置、控制裝置（高水溫、低油壓、超轉速保護裝置）	以目視確認機器等之狀況	發電裝置、控制裝置應包括有高水溫、低油壓、超轉速保護等裝置
		配線		應符合屋內線路裝置規則等相關法令之設置規定
		引擎排氣管與固定設備連接處有無裝設防震軟管		a 引擎排氣管與固定設備連接處應裝設防震軟管，並加裝消音器 b 排氣管應施以隔熱裝置
		引擎運轉部有無安全護網裝置		引擎運轉部應設有安全護網裝置，四周不得有影響通風之遮蔽物
		控制盤（電壓、電流、頻率表）		a 控制盤上應有電壓、電流、頻率表、冷卻水溫度計、潤滑油壓力計及其他必要儀器等 b 應有自動手動啟動裝置及自動停機之保護裝置

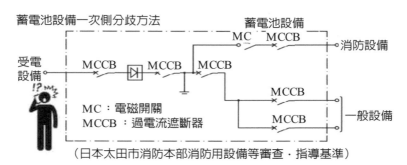

（日本太田市消防本部消防用設備等審查・指導基準）

發電機設備外觀試驗

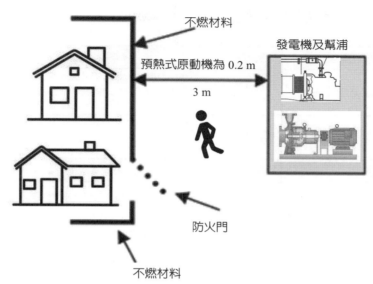

不燃材料
發電機及幫浦
預熱式原動機為 0.2 m
3 m
防火門
不燃材料

發電機設備之保有距離（單位：m）

機器名 \ 應確保保有距離等部分	操作面前面	檢修面	換氣面	其他面	周圍	相互間	相對面 操作面	相對面 檢修面	相對面 換氣面	相對面 其他面	變電設備或發電設備 整套式	變電設備或發電設備 整套式以外	建築物等
整套式	1.0	0.6	0.2	0	/	/					0	1.0	1.0
整套式以外 發電裝置	/	/	/	/	0.6	1.0	1.2	1.0	0.2	0	1.0	/	3.0（註1）
整套式以外 控制裝置	1.0	0.6	0.2	0	/	/	1.2	1.0	0.2	0	1.0	/	3.0（註1）
整套式以外 燃料槽式原動機	/	/	/	/	/	0.6（註2）	/	/	/	/	/	/	/（註3）

註：1. 未滿 3 m 範圍之建築物等以不燃材料，開口部為防火門時，保有距離得在 3 m 以下。
　　2. 如為預熱方式之原動機，應為 0.2 m。但燃料槽和原動機之間設置以不燃材料製成之防火上有效遮蔽物時，不在此限。
　　3. 欄中之 / 表示不適用保有距離之規定者。

4-20.3 緊急電源（發電機設備）測試報告書性能試驗（一）

測試項目			測試方法	判定要領
外觀試驗	設置方法	油箱	以目視確認機器之狀況	a 容量應可供滿載運轉 2 小時之油量 b 應使用不鏽鋼材、標示油箱容量、附裝油面計、進油閥、回油閥

性能試驗

測試項目				測試方法	判定要領
性能試驗	啟動方式	蓄電池設備系統啟動		以蓄電池設備系統測試啟動性能	應可連續供發電機組重複啟動 6 次以上，每次運轉 15 秒以上
		空壓系統啟動		以空壓系統測試啟動性能	應可連續供發電機組重複啟動 6 次以上，每次運轉 15 秒以上
	通風換氣試驗			於發電機運轉時，即啟動通風換氣設備	通風換氣設備之進風、排風管應為專用管道，並能供給發電機持續運轉等所需之空氣量
	*絕緣阻抗試驗	電樞捲線、主回路	高壓	就發電機至變壓器一次側、至切換裝置一次側，或至配電盤主開閉器一次側之電路，以所規定之絕緣阻抗計測定大地間及配線相互間之絕緣阻抗值	測定值應為下表所列之數值：
			低壓		
		激磁繞組			
		控制回路			
		控制回路（自動盤）			
		充電裝置	交流側端子		
			直流側端子		

測定值應為下表所列之數值：

測定處所		絕緣阻抗值	測定器之種類
電樞捲線及主回路	低壓	3 MΩ 以上	500 V 絕緣阻抗計
	高壓	5 MΩ 以上	1,000 V 絕緣阻抗計
激磁繞組		3 MΩ 以上	500 V 絕緣阻抗計
控制回路		1 MΩ 以上	500 V 絕緣阻抗計
控制回路（自動盤）		2 MΩ 以上	500 V 絕緣阻抗計
充電裝置	交流側端子	3 MΩ 以上	500 V 絕緣阻抗計
	直流側端子		

註：消防用發電機設備如係經內政部審核認可通過之認可品者，得免除「＊」部分之試驗。

發電機設備設置場所

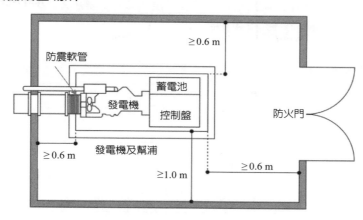

絕緣阻抗試驗

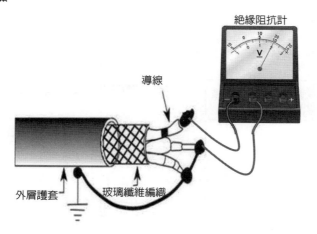

絕緣阻抗試驗判定要領

測定處所		絕緣阻抗值	測定器之種類
電樞捲線及主回路	低壓	3 MΩ 以上	500V 絕緣阻抗計
	高壓	5 MΩ 以上	1,000V 絕緣阻抗計
激磁繞組		3 MΩ 以上	500V 絕緣阻抗計
控制回路		1 MΩ 以上	500V 絕緣阻抗計
控制回路（自動盤）		2 MΩ 以上	500V 絕緣阻抗計
充電裝置	交流側端子	3 MΩ 以上	500V 絕緣阻抗計
	直流側端子		

4-20.4 緊急電源（發電機設備）測試報告書性能試驗（二）

測試項目			測試方法	判定要領
性能試驗	接地阻抗試驗		關於接地極等之接地工事，以接地阻抗計測定接地阻抗值	測定值應符合屋內線路裝置規則等相關規定之數值
	＊絕緣耐力試驗		對高壓電路及接續於該電路之機器，施加最大使用電壓 1.5 倍之電壓 10 分鐘	應可連續承受 10 分鐘
	＊動作試驗	保護裝置動作試驗		
		過電流遮斷器	依模擬試驗裝置或回路確認性能	應正常地動作，遮斷器開放標示、警報及機械自動停止（過電流除外）之動作應依設定值正常地執行
		超速停止裝置		
		斷水或水溫上升停止裝置（水冷式）		
		氣體溫度上升停止裝置（氣渦輪機）		
		減液警報裝置（電氣啟動式）		應正常地動作，在設定值應發出警報
		啟動空氣壓下降警報裝置（空氣啟動式）	降低啟動空氣槽之壓力，確認自動啟動、自動停止之情形	應正常地動作，依設定值發出警報，空氣壓縮機自動啟動、自動停止
		空氣壓自動充氣裝置（空氣啟動式）		
		手動停止裝置	以手動停止裝置使運轉中之引擎停止	應確實地停止，不會再啟動
		切換試驗 啟動試驗	在切換裝置之一次側切斷常用電源，或由做同等動作之回路試驗	a 應正常動作在 40 秒以內電壓確立 b 運轉中應無異常聲音或異常振動
		自動切換試驗（ATS）		a 在 40 秒以內電源切換裝置應切換或送出切換信號 b 運轉中應無異常聲音或異常振動

註：消防用發電機設備如係經內政部審核認可通過之認可品者，得免除「＊」部分之試驗。

接地阻抗試驗

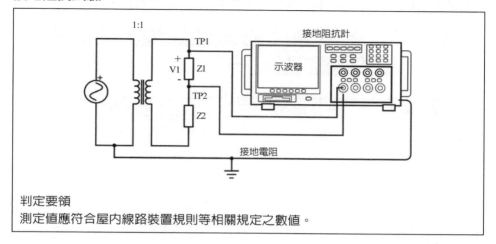

判定要領
測定值應符合屋內線路裝置規則等相關規定之數值。

發電機設備動作試驗

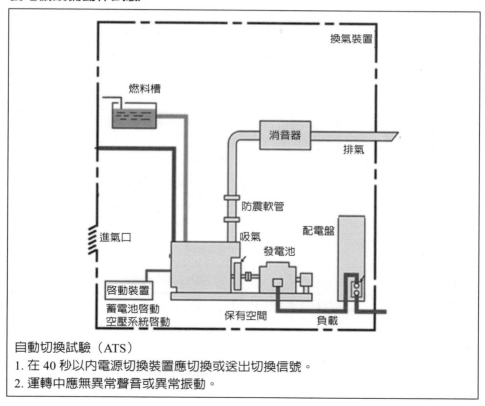

自動切換試驗（ATS）
1. 在 40 秒以內電源切換裝置應切換或送出切換信號。
2. 運轉中應無異常聲音或異常振動。

第21章　緊急電源（蓄電池設備）

4-21.1　緊急電源（蓄電池設備）測試報告書外觀試驗（一）

<table>
<tr><th colspan="3">測試項目</th><th>測試方法</th><th>判定要領</th></tr>
<tr><td rowspan="9">外觀試驗</td><td rowspan="9">設置場所等</td><td>設置場所</td><td>以目視確認設置場所之狀況</td><td>a 應設置在檢修便利，且無受火災災害損害之虞的處所
b 應依下列規定設置：
①應設置在以不燃材料區劃之牆壁、柱子、地板及天花板（無天花板之場所，為屋頂），且窗戶及出入口設置甲種或乙種防火門之專用室（以下簡稱「不燃專用室」）
②經認可之整套式蓄電池設備應設置在以不燃材料區劃之變電設備室、發電設備室、機房、幫浦室或其他類似之場所（以下簡稱「機房等」）或室外、建築物的屋頂
③如設置在室外或主要結構部為防火構造之建築物屋頂時，應距離相鄰建築物或工作物（以下簡稱「建築物等」）3 m 以上，或者距離該受電設備在 3 m 以下之相鄰建築物等的部分應以不燃材料建造，且於該建築物等之開口部應設置防火門或其他防火設備</td></tr>
<tr><td rowspan="7">專用室、機械室等</td><td>換氣設備</td><td rowspan="6">以目視確認構造及機器之狀況</td><td>應設置通往室外之有效換氣設備</td></tr>
<tr><td>有效之防火區劃</td><td>配線、空調用通風管等貫穿區劃處之孔隙，應以不燃材料做防火上有效的填塞</td></tr>
<tr><td>防水措施</td><td>應無水浸入或浸透之虞的構造</td></tr>
<tr><td>防止起火、防止擴大延燒</td><td>a 不得放置有火災發生之虞的設備或有成為火災擴大要因之虞的可燃物等
b 應無可燃性或腐蝕性蒸氣、氣體或粉塵等發生或滯留之虞</td></tr>
<tr><td>有無照明設備</td><td>應設置檢修（查）及操作上所需之照明設備</td></tr>
<tr><td>標示</td><td>應設置其為蓄電池設備之標示</td></tr>
<tr><td colspan="2">構造、性能</td><td>以目視確認機器之狀況</td><td>應為認可品</td></tr>
</table>

蓄電池設備測試報告書外觀試驗

設置場所判定要領

1. 應設置在以不燃材料區劃之牆壁、柱子、地板及天花板（無天花板之場所，為屋頂），且窗戶及出入口設置甲種或乙種防火門之專用室。
2. 經認可之整套式蓄電池設備應設置在以不燃材料區劃之變電設備室、發電設備室、機房、幫浦室或其他類似之場所或室外、建築物的屋頂。
3. 如設置在室外或主要結構部為防火構造之建築物屋頂時，應距離相鄰建築物或工作物 3 m 以上，或者距該該受電設備在 3 m 以下之相鄰建築物等的部分應以不燃材料建造，且於該建築物等之開口部應設置防火門或其他防火設備。

蓄電池設備專用室防止起火及擴大判定要領

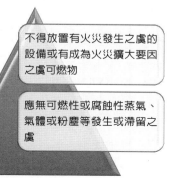

4-21.2　緊急電源（蓄電池設備）測試報告書外觀試驗（二）

測試項目		測試方法	判定要領
外觀試驗	保有距璃	以目視確認設置狀況	設置蓄電池設備之場所，應依下頁表所列數值以上確保必要之保有距離 註：欄中之☆號表示如因設置架臺等使高度超過 1.6 m 時，應相距 1.0 m 以上。欄中之 / 表示不適用保有距離之規定者
	設置方法　分歧方法	以目視確認分歧等之狀況	依附圖所示之方法接線，其施工應避免因其他電力回路之開關器或遮斷器而遭切斷
	結線、接續	以目視確認接線、接續之狀況	配線、附屬機器等應確實且無鬆脫地接續
	標示	以目視確認標示之狀況	開關器上應有其為消防安全設備等用之標示
	耐震措施	以目視確認耐震措施之狀況	應採取防止因地震而產生變形、損傷等之措施
	蓄電池設備、充電裝置	以目視確認機器等之狀況	應符合屋內線路裝置規則等相關法令之設置規定
	配線		

1. 蓄電池設備主開關於一次側分歧方式

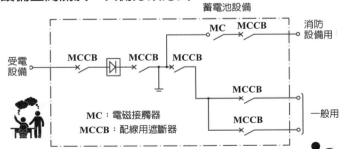

2. 蓄電池設備主開關於二次側分歧方式

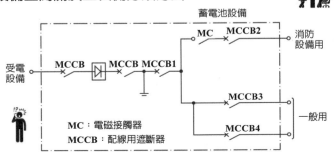

蓄電池設備外觀試驗判定要領

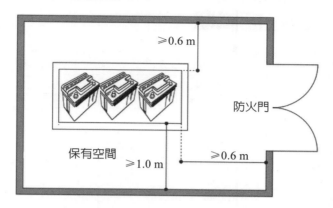

≥0.6 m

防火門

保有空間　≥1.0 m　≥0.6 m

（單位：m）

機器名	應確保保有距離等部分	操作面前面	檢修面	換氣面	其他面	周圍	列相互間	相對面				變電設備或發電設備		建築物等
								操作面	檢修面	換氣面	其他面	整套式	整套式以外	
整套式		1.0	0.6	0.2	0	/	/	1.2	1.0	0.2	0	0	1.0	1.0
整套式以外	蓄電池設備	/	0.6	/	0.1	/	☆ 0.6	/	/	/	/	/	/	/
	充電裝置	1.0	0.6	0.2	0	/	/	/	/	/	/	/	/	/

註：
欄中之☆號表示如因設置架臺等使高度超過 1.6 m 時，應相距 1.0 m 以上。
欄中之 / 表示不適用保有距離之規定者。

減液警報裝置測試方法

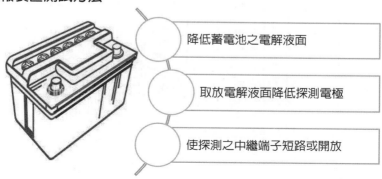

降低蓄電池之電解液面

取放電解液面降低探測電極

使探測之中繼端子短路或開放

4-21.3 緊急電源（蓄電池設備）測試報告書性能試驗

測試項目			測試方法	判定要領
性能試驗	接地阻抗試驗		關於接地極等之接地工事，以接地阻抗計測定接地阻抗值	測定值應符合屋內線路裝置規則等相關規定之數值
	*絕緣阻抗試驗	充電裝置之交流側端子與大地間	以 500 V 絕緣阻抗計，測定充電裝置及逆變換裝置等之交流側端子和大地間（A 和 E），以及直流側端子和大地間（D 和 E）的絕緣阻抗值 絕緣阻抗測定位置之範例	測定值應為 3 MΩ 以上
		變流（逆）裝置之交流側端子與大地間		
		直流側端子與大地間		
	動作試驗	減液警報裝置	依下列方法確認減液警報之性能： ① 降低蓄電池之電解液面 ② 由液面取放電解液面降低探測電極 ③ 使探測之中繼端子短路或開放	應正常地動作，發出音響，紅色標示燈應亮燈
		切換裝置	切斷常用電源，確認切換性能	遮斷器、電磁接觸器、繼電器、標示燈、測定器等應正常地動作

註：蓄電池設備如係經內政部審核認可通過之認可品者，得免除「*」部分之試驗。

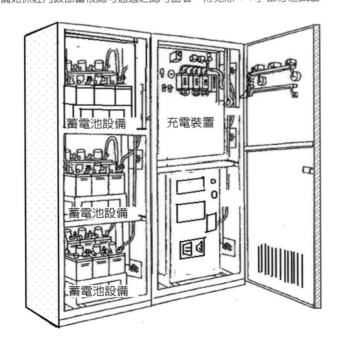

蓄電池設備　充電裝置

蓄電池設備

蓄電池設備

蓄電池設備絕緣阻抗試驗

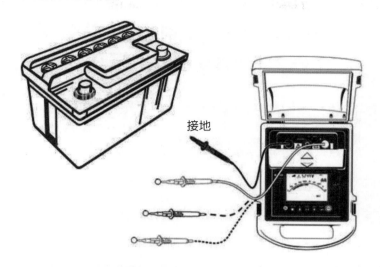

接地

測試項目	測試方法	判定要領
充電裝置之交流側端子與大地間 變流裝置之交流側端子與大地間 直流側端子與大地間	以 500 V 絕緣阻抗計，測定充電裝置及逆變換裝置等之交流側端子和大地間（A 和 E），以及直流側端子和大地間（D 和 E）的絕緣阻抗值（範例如下圖）	測定值應為 3 MΩ以上

絕緣阻抗測定位置之範例

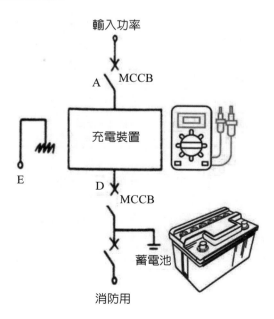

輸入功率

A MCCB

充電裝置

E

D MCCB

蓄電池

消防用

第22章 耐燃耐熱配線

4-22.1 耐燃耐熱配線測試報告書外觀試驗（一）（2019.08.02修正）

測試項目			測試方法	判定要領
外觀試驗	電源回路的開關器、遮斷器等	設置場所	以目視確認設置場所等之狀況	a 應依用戶用電設備裝置規則規定收納在配電盤、分電盤或設置在不燃專用室 b 電動機之手動開閉器（電磁開閉器、金屬箱開閉器、配線用遮斷器等）應設置在從該電動機之設置位置，容易看見之位置
		開關器	以目視確認機器之狀況	a 應為專用 b 開關器上應附有其為消防安全設備等用（如為分歧開關器，則為各消防安全設備等用）之標示
		遮斷器		a 電源回路應未設置接地切斷裝置（漏電遮斷器） b 分歧用電流遮斷器應為專用 c 超過電流遮斷器之額定電流值，應為接續於該超過電流遮斷器之二次側的電線容許電流值以下
	耐燃耐熱保護配線	保護配線之線路	以目視確認設置狀況	耐燃、耐熱保護配線之區分應符合各類場所消防安全設備設置標準第236條之規定。
		電線的種類、大小	以目視確認電線之種類、粗細	a 使用於耐燃、耐熱保護配線之電線種類，應依右表施工方法所列之電線 b 使用於消防安全設備等之回路的電線粗細，應能通過接續於該回路之機器額定電流合計值以上的容許電流
		配線方法	以目視確認配線之狀況	a 依用戶用電設備裝置規則等相關法令確實施工 b 瓦斯漏氣檢知器電源和電源回路之接續如使用電源插座者（以能使受信總機確認檢知器之電力供給停止者為限），應為不易脫落之構造 c 廣播設備之擴音機設有音量調整器時，應為三線式配線
		接續	以目視確認接續之狀況	a 和端子之接續應無鬆脫且確實 b 電線相互間之接續，應以焊接、螺栓、壓附端子等確實地接續 c 應採取所需之保護措施

在消防設備上需耐燃保護配線，一般係直接連接電源之裝置，再者是一旦斷線會嚴重影響系統功用如幫浦、電動機、檢知器等。而耐熱保護配線，一般係由控制盤或總機等控制之回路。一旦斷線會直接影響系統控制作用。

遮斷器外觀試驗判定要領

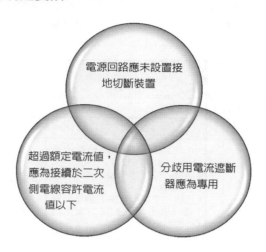

電源回路應未設置接地切斷裝置

超過額定電流值，應為接續於二次側電線容許電流值以下

分歧用電流遮斷器應為專用

耐燃保護配線之施工方法

區分	電線種類	施工方法
耐燃配線	· 600 V 耐熱聚氯乙烯絕緣電線（HIV）（CNS 8379） · 聚四氟乙烯（特夫綸）絕緣電線（CNS 10612） · 聚乙烯（交連聚乙烯）絕緣聚氯乙烯（氯乙烯）被覆耐火電纜（CNS 11359） · 600 V 聚乙烯絕緣電線（IE）（CNS 10314） · 600 V 乙丙烯橡膠（EPR）絕緣電纜（CNS 10599） · 鋼帶鎧裝電纜 · 鉛皮覆電纜（CNS 2146） · 矽橡膠絕緣電線 · 匯流排槽	a 電線應裝於金屬導線管槽內，並埋設於防火構造物之混凝土內，混凝土保護厚度應為 20 公厘以上。但使用不燃材料建造，且符合建築技術規則防火區劃規定之管道間，得免埋設 b 其他經中央消防機關指定之耐燃保護裝置
	耐燃電線 MI 電纜	得按電纜裝設法，直接敷設

配線接續判定要領

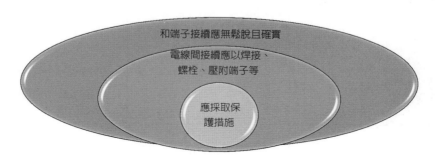

和端子接續應無鬆脫且確實

電線間接續應以焊接、螺栓、壓附端子等

應採取保護措施

4-22.2 耐燃耐熱配線測試報告書外觀試驗（二）

測試項目			測試方法		判定要領

耐燃保護配線之施工方法：

區分	電線種類	施工方法
耐燃配線	·600 V 耐熱聚氯乙烯絕緣電線（HIV）（CNS 8379） ·聚四氟乙烯（特夫綸）絕緣電線（CNS 10612） ·聚乙烯（交連聚乙烯）絕緣聚氯乙烯（氯乙烯）被覆耐火電纜（CNS 11359） ·600 V 聚乙烯絕緣電線（IE）（CNS 10314） ·600 V 乙丙烯橡膠（EPR）絕緣電纜（CNS 10599） ·鋼帶鎧裝電纜 ·鉛皮覆電纜（CNS 2146） ·矽橡膠絕緣電線 ·匯流排槽	a 電線應裝於金屬導線管槽內，並埋設於防火構造物之混凝土內，混凝土保護厚度應為 20 mm 以上。但使用不燃材料建造，且符合建築技術規則防火區劃規定之管道間，得免埋設 b 其他經中央消防機關指定之耐燃保護裝置
	耐燃電纜 MI 電纜	得按電纜裝設法，直接敷設

耐熱保護配線之施工方法：

區分	電線種類	施工方法
耐熱配線	·600 V 耐熱聚氯乙烯絕緣電線（HIV）（CNS 8379） ·聚四氟乙烯（特夫綸）絕緣電線（CNS 10612） ·聚乙烯（交連聚乙烯）絕緣聚氯乙烯（氯乙烯）被覆耐火電纜（CNS 11359） ·600 V 聚乙烯絕緣電線（IE）（CNS 10314） ·600 V 乙丙烯橡膠（EPR）絕緣電纜（CNS 10599） ·鋼帶鎧裝電纜 ·鉛皮覆電纜（CNS 2146） ·矽橡膠絕緣電線 ·匯流排槽	a 電線應裝於金屬導線管槽內裝置 b 其他經中央消防機關指定之耐燃保護裝置
	耐熱電線電纜 耐燃電纜 MI 電纜	得按電纜裝設法，直接敷設

測試項目（由左至右縱書）：外觀試驗、耐燃耐熱保護配線
測試方法：工事方法、目視確認設置狀況以確認

耐熱保護配線之施工方法

金屬管+PVC 105℃絕緣電線

耐熱保護配線

區分	電線種類	施工方法
耐熱配線	・600 V 耐熱聚氯乙烯絕緣電線（HIV）（CNS 8379） ・聚四氟乙烯（特夫綸）絕緣電線（CNS 10612） ・聚乙烯（交連聚乙烯）絕緣聚氯乙烯（氯乙烯）被覆耐火電纜（CNS 11359） ・600 V 聚乙烯絕緣電線（IE）（CNS 10314） ・600 V 乙丙烯橡膠（EPR）絕緣電纜（CNS 10599） ・鋼帶鎧裝電纜 ・鉛皮覆電纜（CNS 2146） ・矽橡膠絕緣電線 ・匯流排槽	a 電線應裝於金屬導線管槽內裝置 b 其他經中央消防機關指定之耐燃保護裝置
	耐熱電線 耐燃電線 MI 電纜	得按電纜裝設法，直接敷設

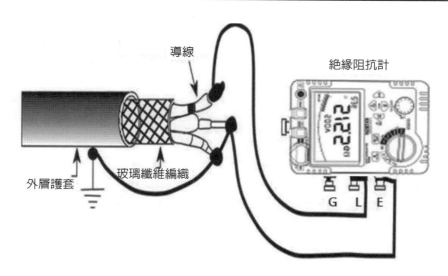

導線

絕緣阻抗計

外層護套

玻璃纖維編織

G L E

4-22.3 耐燃耐熱配線測試報告書外觀試驗（三）

測試項目			測試方法	判定要領
外觀試驗	配線（耐燃配線除外）耐熱保護（火警自動警報設備、瓦斯漏氣火警自動警報設備）	電線的種類、大小	確認電線之種類、粗細	電線之種類及粗細應符合用戶用電設備裝置規則等相關法令規定
		配線方法	以目視確認配線之狀況	a 應依用戶用電設備裝置規則等相關法令規定確實施工 b 除接續於未滿 60 V 之弱電流回路的電線以外，使用於配線之電線和其他電線不得設於同一導管（以具絕緣效力之物區劃時，該區劃之部分視為個別的導管）或分線盒中 c 如為經常開放方式之電路，為能容易明瞭是否斷線，應在回路末端設置終端器等，同時應為輸送配線 d 應未使用下列之回路方式： ① 在接地電極經常流動直流電流之回路方式 ② 如為火警自動警報設備，其探測器、發信機或中繼器之回路和其他設備之回路，共用同一配線之回路方式（不會影響火警信號傳達者除外） ③ 如為瓦斯漏氣火警自動警報設備，共用檢知器所接續之外部配線和往其他設備（不會因接續該設備而影響瓦斯漏氣信號傳達者除外）之外部配線的回路方式
		接續	以目視確認接續之狀況	a 和端子之接續應無鬆脫且確實 b 電線相互間之接續，應以焊接、螺栓、壓附端子等確實地接續
	耐震措施		以目視確認耐震措施之狀況	應採取防止因地震而產生變形、損傷等之措施

日本 3 種耐熱配線

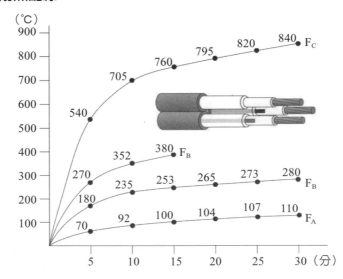

耐燃保護配線之施工方法

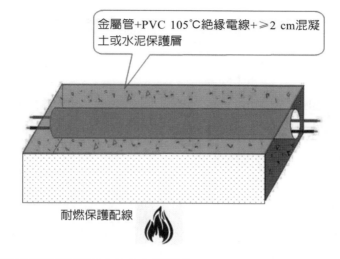

金屬管+PVC 105°C絕緣電線+≥2 cm混凝土或水泥保護層

耐燃保護配線

施工方法
1. 電線應裝於金屬導線管槽內，並埋設於防火構造物之混凝土內，混凝土保護厚度應為 20 mm 以上。但使用不燃材料建造，且符合建築技術規則防火區劃規定之管道間，得免埋設。
2. 其他經中央消防機關指定之耐燃保護裝置。

耐燃耐熱配線外觀試驗

配線方法之判定要領

D Group

C Group

B Group

A Group

④不能在接地電極直流回路方式

③為明瞭斷線應在回路末端設置終端器線

②電線和其他電線不得設於同一導管

①依屋內線路裝置規則施工

4-22.4　耐燃耐熱配線測試報告書性能試驗

測試項目			測試方法	判定要領	
性能試驗	接地阻抗試驗	接地阻抗值	關於接續於電路之機械器具，以接地阻抗計測定接地阻抗值但依用戶用電設備裝置規則等有關法令規定不需接地工事者，或機械器具之金屬體和大地之間為電力性及機械性確實的連絡者，得不測定接地阻抗值	測定值應符合用戶用電設備裝置規則等相關規定之數值	
	絕緣抵抗試驗〔低壓回路（如係交流，為600 V以下；如係直流，為750 V以下）〕	電源回路	關於電源回路、操作回路、表示燈回路、警報回路等之電壓電路，使用絕緣阻抗計測定大地間及配線相互間之絕緣阻抗值。但使用因試驗會有妨礙之虞之電子零件之回路，及配線相互間難以測定之回路，得省略之	測定值應為下表所列之數值以上：	
		操作回路		**區分**	**絕緣阻抗值**
		表示燈回路		300 V以下　對地電壓（在接地式電路，指電線和大地間之電壓；在非接地式電路，指電線間之電壓，以下均同）應為150 V以下	0.1 MΩ
		警報回路			
		探測器回路		其他情形	0.2 MΩ
		附屬裝置回路等		超過300 V者	0.4 MΩ
	絕緣耐力試驗〔高壓回路（超過低壓之電壓）〕		依用戶用電設備裝置規則等有關法令規定之試驗電壓，連續10分鐘施加於電路和大地之間（複芯電纜為芯線相互間及芯線和大地間）	高壓回路應可連續承受10分鐘	

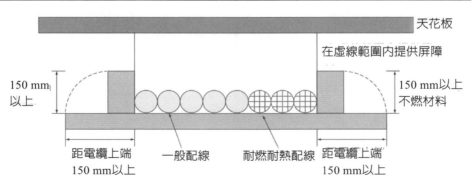

天花板

在虛線範圍內提供屏障

150 mm以上

150 mm以上不燃材料

距電纜上端150 mm以上　一般配線　耐燃耐熱配線　距電纜上端150 mm以上

耐燃耐熱配線測試報告書性能試驗

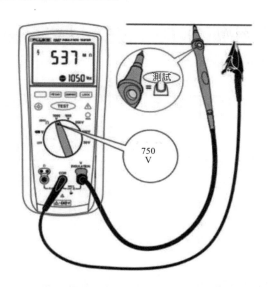

測試項目	測試方法	判定要領		
絕緣抵抗試驗〔低壓回路（如係交流，為600V以下；直流為750V以下）〕	電源回路	測定值應為下表所列之數值以上：		

	區分		絕緣阻抗值
關於電源回路、操作回路、表示燈回路、警報回路等之電壓電路，使用絕緣阻抗計測定大地間及配線相互間之絕緣阻抗值。但會有妨礙及配線相互間難以測定回路得省略	300 V以下	對地電壓（在接地式電路，指電線和大地間之電壓；在非接地式電路，指電線間之電壓）應為150 V以下	0.1 MΩ
		151～300 V	0.2 MΩ
	超過 300 V 者		0.4 MΩ

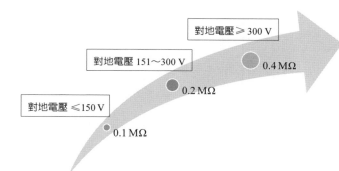

對地電壓 ≥ 300 V

對地電壓 151～300 V   0.4 MΩ

0.2 MΩ

對地電壓 ≤ 150 V

0.1 MΩ

第23章 冷卻撒水設備
4-23.1 冷卻撒水設備測試報告書外觀試驗（一）

測試項目				測試方法	判定要領
外觀試驗	水源	水源種類、構造		以目視確認水源之狀況	應適當正常
		水量			應確保規定以上之水量
		給水裝置			應適當正常
		耐震措施			應採取防止因地震而產生變形、損傷之措施
	加壓送水裝置	設置場所		以目視確認設置場所之狀況	a. 檢修應便利 b. 應為無受火災等災害損害之虞的處所
		消防幫浦	幫浦、電動機（柴油引擎）	設置狀況	以目視確認機器等之狀況	應具有充分強度，牢固安裝在底座上
				接地		應依屋內線路裝置規則等法令進行接地工事
				配線		應適當正常
				潤滑油		a 應為規定量 b 如為無油構造者，其構造應適當正常
			防止水溫上升用之排放裝置	配管、閥類		a 配管應從設於呼水管逆止閥幫浦側或幫浦出水側之逆止閥的一次側接出 b 配管上應設置限流孔等 c 配管口徑應為 15 A 以上 d 止水閥在防止水溫上升排放配管的中間
				限流孔		最小流過口徑應為 3 mm 以上
				設在中繼幫浦之排放配管排放裝置		a 如為排放配管，配管高度應為一次幫浦之額定全揚程以上 b 如為排放裝置，設定壓力應在超過中繼幫浦之押入壓力以上，在中繼幫浦押入壓力和中繼幫浦額定全揚程之和以下
			性能試驗裝置配管、閥類			a 應從幫浦出水側逆止閥的一次側分歧接出 b 應設置使幫浦加上額定負荷之流量調整閥、流量計等
			呼水裝置	材質		a 應使用鋼板並施予有效防鏽處理，或使用具有防火能力之塑膠槽 b 應設置在無受火災等災害損害之虞的處所
				水量		應確保在 100 L 以上之水量
				溢水用排水管		口徑應為 50 A 以上

加壓送水裝置組成與減壓措施

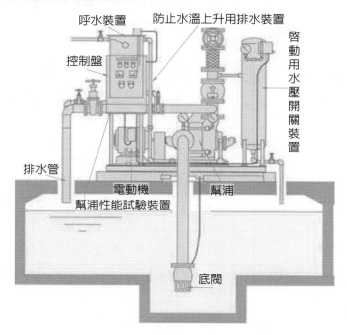

測試項目			測試方法	判定要領
外觀試驗	加壓送水裝置	消防幫浦		
		呼水裝置 呼水管	以目視確認機器等之狀況	a 口徑應為 25 A 以上 b 從逆止閥中心線至呼水槽底面的垂直距離在 1m 以下時，口徑應為 40 A 以上
		呼水裝置 補給水管		a 口徑應為 15 A 以上 b 應能從自來水管、屋頂水箱等經由球塞自動給水
		呼水裝置 減水警報裝置		發信部應為浮筒開關或電極棒
		控制裝置 設置場所	以目視確認機器等之狀況	幫浦室等應設在無受火災等災害損害之虞的處所
		控制裝置 控制盤		a 應為以鋼板等具耐熱性之不燃材料製作的專用品 b 如兼用為外箱時，為避免受到因其他回路及其他回路事故之影響，應以不燃材料做區劃 c 有腐蝕之虞材料，應施以防蝕處理
		控制裝置 預備品		應有備用品、線路圖、操作說明書等
		控制裝置 接地工程		應依屋內線路裝置規則等相關法令規定進行接地工事

4-23.2 冷卻撒水設備測試報告書外觀試驗（二）

測試項目				測試方法	判定要領
外觀試驗	加壓送水裝置	消防幫浦	壓力表、連成計	設置位置	以目視確認機器等之狀況	在出水側應正常地安裝壓力表，在吸入側應正常地安裝連成計（如沉水幫浦，則在出水側安裝壓力表或連成計）
				性能		
		耐震措施			以目視確認耐震措施之狀況	應採取防止因地震而產生變形、損傷等之措施
	冷卻撒水頭				以目視確認冷卻撒水頭之狀況	應無損傷、變形或障礙物阻擋等，並適當正常地設置
	選擇閥或開關閥				以目視確認設置狀況	應設置在無受火災等災害損害之虞的處所
	啟動裝置	直接操作部			以目視確認機器之狀況	可直接操作之啟動裝置應設置在該電動機之控制盤
		遠隔啟動裝置	啟動用壓力槽		以目視確認機器之狀況	應符合 CNS 9788 壓力容器（通則），並依勞動部相關檢查規定辦理
			水槽容量			應為 100 L 以上
			配管、閥類		以目視確認機器之設置狀況	a. 應和設於幫浦出水側之逆止閥的二次側配管，以口徑 25 A 以上之配管連結，並在中途設止水閥 b. 在啟動用壓力槽或其附近應設置壓力表、啟動用水壓開關及試驗幫浦啟動用之排水閥
			水壓開關裝置或流水檢知裝置			應可發出警報
		手動啟動裝置	設置場所		以目視確認機器之設置狀況	應設置於該區域在火災時容易接近之處所
			設置高度			應設置於距離樓地板面之高度在 0.8 m 以上 1.5 m 以下處所
			構造			應易於操作
			標示			應在附近明顯易見之處所，標示其為啟動操作部
	設置狀況				目視確認設置狀況	應無損傷、變形等，並適當正常地設置
	配管				以目視確認機器之設置狀況	配管應符合 CNS 6445、CNS 4626 或具有同等以上之強度、耐蝕性及耐熱性者

消防幫浦

配管之過濾裝置

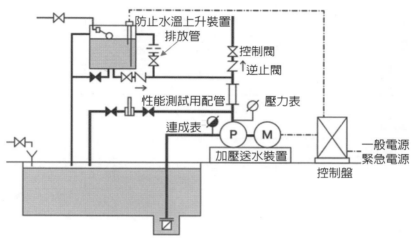

測試項目		測試方法	判定要領
外觀試驗	配管、閥類 閥類	以目視確認設置狀況	a 材質應符合 CNS 2472、CNS 7147、CNS 4125、CNS 3270 或具有同等以上之強度、耐蝕性及耐熱性者 b 出水側主配管安裝有開關閥時，應標示開關位置 c 如為開關閥或止水閥，應以不易磨滅之方法，標示開關方向；如為逆止閥，以不易磨滅之方法，標示流動方向
	吸水管		a 應為各幫浦所專用 b 過濾裝置應適當正常地設置
	底閥		a 底閥應設置在適當正常之位置 b 應設過濾裝置且繫以鍊條、鋼索等人工可以操作之構造 c 主要部分之材質應為符合 CNS 2472、8499 及 4125 或具有同等以上之強度、耐蝕性者
	防蝕措施	確認防蝕措施之狀況	應施以鍍鋅等防蝕處理
	排水措施	確認排水措施之狀況	應採取有效排出措施
	耐震措施	以目視確認耐震措施之狀況	應採取防止因地震而產生變形、損傷等之措施
電源	常用電源	以目視確認電源之狀況	a 應為專用回路 b 電源容量應適當正常

4-23.3 冷卻撒水設備測試報告書外觀及性能試驗（一）

測試項目			測試方法	判定要領
外觀試驗	電源	緊急電源種類	確認緊急電源之種類	應為發電機設備或蓄電池設備，其供電容量應供其有效動作240分鐘以上，但可燃性高壓氣體場所、加氣站、天然氣儲槽及可燃性高壓氣體儲槽之冷卻撒水設備得為30分鐘以上
	制水閥	設置場所	以目視確認設置場所等之狀況	a 應設置在檢修便利，且無受火災等災害損害之虞處所 b 應設置在放水區域或各樓層
		設置高度	確認設置狀況	距離樓地板面高度在0.8 m以上1.5 m以下處所
		構造	確認機器設置之狀況	應採取無法任意關閉的措施
		標示	以目視確認標示之狀況	應在附近明顯易見之處所設置其為自動撒水設備之控制閥及經常開放狀態的標示

性能試驗

測試項目				測試方法	判定要領
性能試驗	加壓送水裝置	消防幫浦	呼水裝置動作試驗	減水警報裝置動作狀況	關閉自動給水裝置之閥，打開呼水槽之排水閥排水	應在呼水槽之水量減至1/2前確實地動作
				自動給水裝置動作狀況	打開呼水槽之排水閥排水	自動給水裝置應開始動作
				由呼水槽補給水狀況	打開幫浦之漏斗、排氣閥	應可從呼水槽給水
			控制裝置試驗	啓動、停止操作時狀況	啓動幫浦之後再停止	a 啓動、停止按鈕開關等應確實地動作 b 表示啓動之表示燈應亮燈或閃爍 c 開閉器開關可由電源表示燈標示確認 d 幫浦之關閉、額定負荷運轉時之電壓或電流值應適當正常
				電源切換時運轉狀況	啓動幫浦後切斷常用電源，之後再恢復常用電源	應在常用電源切斷後及恢復後，不需啓動操作，幫浦即可繼續運轉
			啓動裝置試驗、幫浦啓動表示試驗	幫浦啓動狀況	從控制盤直接手動啓動或遠隔啓動操作使幫浦啓動	幫浦啓動、停止及啓動表示燈之亮燈或閃爍應確實
				啓動表示亮燈狀況		
				啓動用水壓開關裝置動作壓力	打開啓動用壓力槽排水閥，測定設定動作壓力（重複試驗3次）	動作壓力應在設定動作壓力值的 ± 0.5 kgf/cm^2 以內

啓動裝置試驗

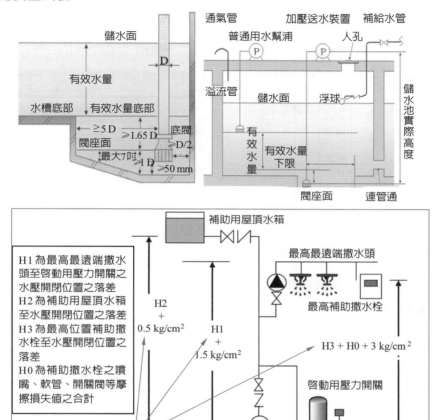

測試項目				測試方法	判定要領
性能試驗	加壓送水裝置	消防幫浦	幫浦試驗	運轉狀況	啓動幫浦	a 電動機及幫浦的運轉應順利 b 電動機應無明顯發熱及異常聲音 c 電動機的啓動性能應確實 d 幫浦底部應無明顯之漏水 e 壓力表及連成計之指示壓力值應適當正常 f 配管應無漏水、龜裂等底閥應正常地動作
				全閉運轉時狀況　全閉揚程	關上幫浦出水側止水閥測定全閉揚程、電壓及電流	全閉揚程應在額定負荷運轉時之測得揚程（如為中繼幫浦，則係合成特性值）的 140% 以下

4-23.4 冷卻撒水設備測試報告書性能試驗（二）

			測試項目			測試方法	判定要領
性能試驗	加壓送水裝置	消防幫浦	幫浦試驗	額定負荷運轉時狀況	電壓電流	——	電壓值及電流值應適當正常
					額定揚程	幫浦調整成額定負荷運轉，測定揚程、電壓及電流	測得揚程應在該幫浦所標示揚程的 100% 以上 110% 以下
					電壓電流	——	電壓值及電流值應適當正常
			＊防止水溫上升排放裝置試驗			關閉幫浦做全閉運轉，測定排放管之排放水量。	排放水量應在下列公式求出量以上。 $q=\dfrac{L_s C}{60\Delta t}$ q：排放水量（L/min） Ls：幫浦全閉運轉時之輸出功率（kW） C：幫浦全閉運轉輸出功率每小時千瓦之發熱量（3.6 MJ/kW、h） Δt：幫浦內部水溫上升 30℃時，每 1 公升水之吸收熱量（125,600 J/l）
			＊幫浦性能試驗裝置試驗			啟動幫浦，依消防幫浦加壓送水裝置等及配管摩擦損失計算基準規定之方法測定在額定出水點之出水量，同時讀取當時流量計之標示值	依消防幫浦加壓送水裝置等及配管摩擦損失計算基準規定之方法求出出水量之值和流量計表示值的差，應在該流量計使用範圍之最大刻度的 ±3% 以內
			水壓開關裝置或流水檢知裝置			操作試驗閥以確認裝置的動作狀況，並確認放射	a 水壓開關裝置或流水檢知裝置之動作應適當正常 b 音響警報裝置之動作及警報之報知應適當正常

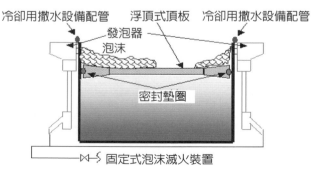

冷卻用撒水設備配管　浮頂式頂板　冷卻用撒水設備配管
發泡器
泡沫
密封墊圈
固定式泡沫滅火裝置

冷卻撒水設備之止水閥、選擇閥、排水閥及過濾器之位置關係

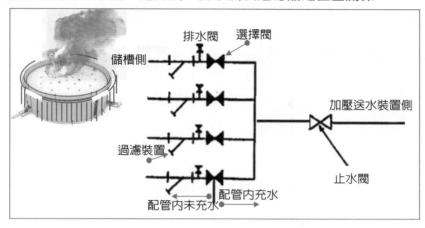

（橫濱市危險物規制事務審查基準，平成 26 年）

冷卻撒水設備測試

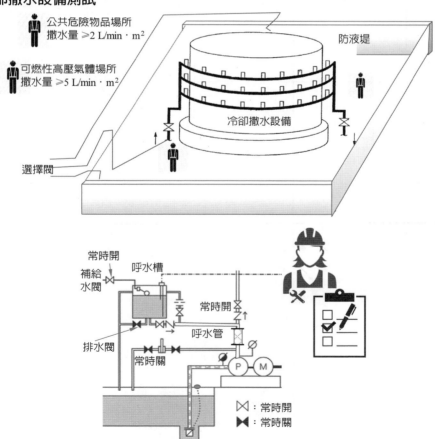

4-23.5 冷卻撒水設備測試報告書綜合試驗

測試項目			測試方法	判定要領
綜合試驗	放水試驗	放水區域別	打開選擇閥或開關閥	放水動作應適當正常
		啓動性能等	操作手動啓動裝置或遠隔啓動裝置，以確認其性能	a 動作及性能應適當正常 b 加壓送水裝置應確實動作 c 應能適當發出警報，並在防災中心等經常有人駐守之場所，標示放水區域
		撒水噴孔或撒水噴頭之撒水量（L/min/m²）	測定放水量	a 可燃性高壓氣體製造場所、加氣站、天然氣儲槽及可燃性高壓氣體儲槽，按防護面積 5 L/min/m² 以上計算 b 可燃性高壓氣體製造場所、加氣站、天然氣儲槽及可燃性高壓氣體儲槽，以厚度 25 mm 以上之岩棉或同等以上防火性能之隔熱材被覆，外側以厚度 0.35 mm 以上符合 CNS 1244 規定之鋅鐵板或具有同等以上強度及防火性能之材料被覆者，按防護面積 2.5 L/min/m² 以上計算 c 室內、室外儲槽儲存閃火點在攝氏 70 度以下之第四類公共危險物品，按防護面積 2 L/min/m² 以上計算
	緊急電源切換試驗	發電機設備	在常用電源放水試驗的最終階段，於電源切換裝置一次側切斷常用電源	a 至電壓確立為止所需之時間應適當正常 b 運轉中幫浦等應無異常 c 放水量應適當正常
		蓄電池設備		a 電壓應適當正常地確立 b 運轉中幫浦等應無異常 c 放水量應適當正常

註：消防幫浦如係經內政部審核認可通過之認可品者，得免除「＊」部分之試驗。

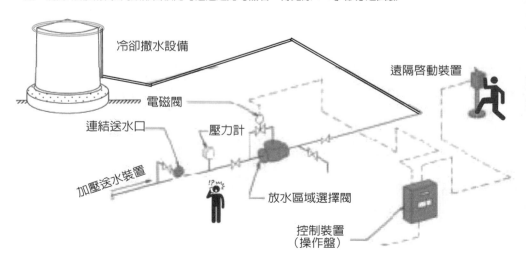

冷卻撒水設備

遠隔啓動裝置

電磁閥

連結送水口

壓力計

加壓送水裝置

放水區域選擇閥

控制裝置（操作盤）

冷卻撒水設備防護面積計算

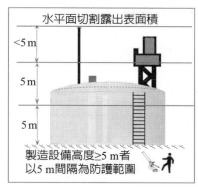

水平面切割露出表面積

<5 m

5 m

5 m

製造設備高度≥5 m者
以5 m間隔為防護範圍

加氣機每臺 3.5 m²

加氣車位每處 2 m²

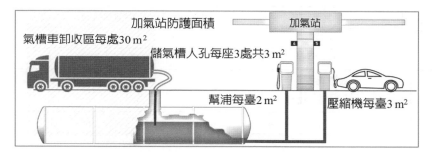

加氣站防護面積　　　　加氣站

氣槽車卸收區每處30 m²

儲氣槽人孔每座3處共3 m²

幫浦每臺2 m²　　　　壓縮機每臺3 m²

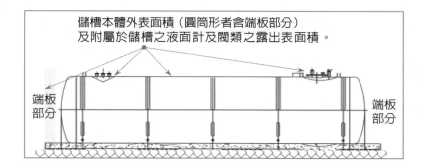

儲槽本體外表面積（圓筒形者含端板部分）
及附屬於儲槽之液面計及閥類之露出表面積。

端板
部分

端板
部分

第24章 射水設備

4-24.1 射水設備測試報告書外觀試驗（一）

測試日期				年 月 日	
測試人員	姓名：			簽章	
			地址：		

用途		構造		
總樓地板面積		樓層數	地上 層 地下 層	
射水設備種類				

試驗項目			種別、容量等內容	結果
外觀試驗	水源	水源種類、構造	——————	
		水量	m^3（長 m，寬 m，有效深度 m）	
		給水裝置	——————	
		耐震措施	有、無	
	加壓送水裝置	設置場所		
		重力水箱　構造		
		重力水箱　內容積、落差	m^3　　　　m	
		重力水箱　配管、閥類	——————	
		重力水箱　水位計	——————	
		壓力水箱　種類、構造		
		壓力水箱　內容積、有效壓力	m^3　　　　kgf/cm^2	
		壓力水箱　自動加壓裝置	有、無	
		壓力水箱　配管、閥類	——————	
		壓力水箱　水位計、壓力表	——————	

			幫浦規格	製造廠	額定出水量	L/min
		消防幫浦	幫浦規格	製造廠	額定全揚程	m
			幫浦規格	型號	製造號碼	
			電動機規格	製造廠	種類　　　型電動機	
			電動機規格	製造廠	額定電壓	V
			電動機規格	型號	額定電流	A
			電動機規格	製造號碼	額定輸出	HP/kW

加壓送水裝置

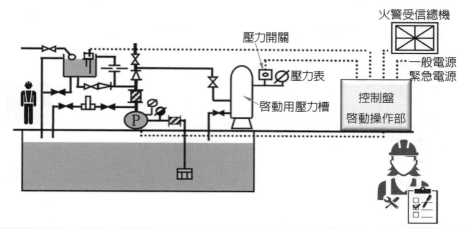

			試驗項目		種類・容量等內容	結果
外觀試驗	加壓送水裝置	消防幫浦	幫浦、電動機	設置狀況	———————	
				接地工程	種接地	
				配線	———————	
				潤滑油	———————	
			防止水溫上升之排放裝置	配管、閥類	管徑　　　　　　　A	
				限流孔	流過口徑　　　　mm	
			性能試驗裝置配管、閥類		———————	
			呼水裝置	材質	鋼板製、合成樹脂製	
				水量	L	
				溢水用排水管	管徑　　　　　　　A	
				呼水管	管徑　　　　　　　A	
				補給水管	管徑　　　　　　　A	
				減水警報裝置	浮球閥、電極	
			控制裝置	設置場所		
				控制盤	———————	
				預備品	———————	
				接地工程	種接地	
			壓力表、連成計	設置位置	———————	
				性能	———————	
			耐震措施		有、無	
	啟動裝置	直接操作部	設置場所		———————	
			標示		———————	
		遠隔操作部	設置場所		———————	

4-24.2　射水設備測試報告書外觀試驗（二）

試驗項目			種類、容量等內容	結果
外觀試驗	啓動裝置	遠隔操作部 構造	————————	
		遠隔操作部 標示	————————	
		啓動表示燈		
		啓動用水壓開關裝置 啓動用壓力	————————	————
		啓動用水壓開關裝置 水槽容量	L	
		啓動用水壓開關裝置 配管、閥類	管徑　　　　　　　A	
	配管、閥類	設置狀況	————————	
		配管	————————	
		閥類	————————	
		吸水管	————————	
		底閥	————————	
		耐震措施	有、無	
	電源	常用電源	V	
		緊急電源種類	發電機設備、蓄電池設備	
	消防栓／射水槍	設置數量	1. 固定式：合計設置數量__個 2. 移動式：合計設置數量__個	
		設置場所		
		周圍狀況、操作性	————————	
		開關閥設置位置	距樓地板面之高度　　m	
		水帶接續口（不含固定射水槍）	距樓地板面之高度　　m	
		開關閥	————————	
		標示	————————	
	室外消防栓箱／移動式射水槍箱	設置場所	————————	
		設置狀況	————————	
		周圍狀況	————————	
		材質	————————	
		標示	————————	
	水帶、瞄子（不含固定式射水槍）	水帶	————————	
		水帶接續口	————————	
		瞄子	mm	
		結合狀態	————————	
		收納狀態	————————	
	減壓措置		————————	

可燃性高壓氣體儲槽之射水設備（固定式射水槍）

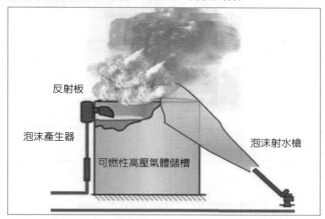

可燃性高壓氣體儲槽之射水設備（室外消防栓）

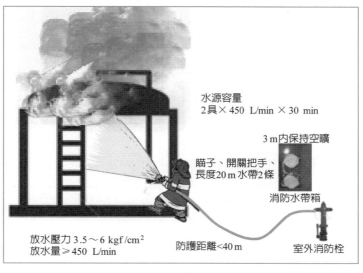

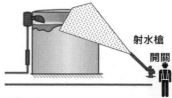

射水設備──射水槍性能檢查

檢查方法	判定方法
用手操作確認開、關操作是否容易	開、關操作應能容易進行

4-24.3 射水設備測試報告書性能試驗

			試驗項目		種類、容量等內容		結果
性能試驗	加壓送水裝置試驗	重力水箱	動作試驗	給水裝置動作狀況	————————		
				靜水壓測定	最低位 m 最高位 m		
		壓力水箱	動作試驗	給水裝置動作狀況	————————		
				自動加壓裝置動作狀況	————————		
				靜水壓測定	最低位 kgf/cm^2 最高位 kgf/cm^2		
		消防幫浦	呼水裝置動作試驗	減水警報裝置動作狀況	距底面之高度 cm		
				自動給水裝置動作狀況			
		消防幫浦	呼水裝置動作試驗	由呼水槽補給水狀況	————————		
			控制裝置試驗	啟動、停止操作時狀況	————————		
				電源切換時運轉狀況	————————		
			啟動裝置試驗、幫浦啟動表示試驗	幫浦啟動狀況	————————		
				啟動表示點燈狀況	————————		
				啟動用水壓開關裝置動作壓力	設定壓力 kgf/cm^2 動作壓力 kgf/cm^2		
			幫浦試驗	運轉狀況			
				全閉運轉時狀況	全閉揚程	m	
					電壓	V	
					電流	A	
				額定負荷運轉時狀況	額定揚程	m	
					電壓	V	
					電流	A	
			＊防止水溫上升排放裝置試驗		排放水量 L/min		
			＊幫浦性能試驗裝置試驗		表示值的差 L		
		配管耐壓試驗			試驗壓力 kgf/cm^2		

射水設備試驗

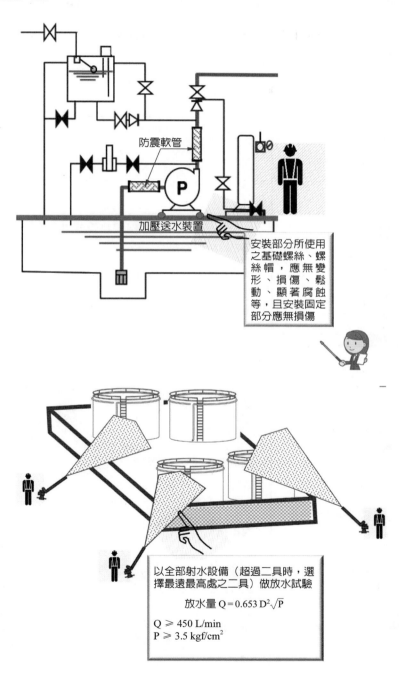

防震軟管

加壓送水裝置

安裝部分所使用之基礎螺絲、螺絲帽，應無變形、損傷、鬆動、顯著腐蝕等，且安裝固定部分應無損傷

以全部射水設備（超過二具時，選擇最遠最高處之二具）做放水試驗

$$放水量\ Q = 0.653\ D^2\sqrt{P}$$

$Q \geqslant 450\ L/min$
$P \geqslant 3.5\ kgf/cm^2$

4-24.4 射水設備測試報告書綜合試驗

			試驗項目		種類、容量等內容		結果
綜合試驗	放水試驗	——	設備編號	放水壓力	放水量		
		同時放水試驗		kgf/cm²	L/min		
				kgf/cm²	L/min		
		個別		kgf/cm²	L/min		
	緊急電源切換試驗			發電機設備	————————		
				蓄電池設備	————————		
備註							

註：1.「種類‧容量等內容」欄位部分之「——」畫線部分免填，其餘欄位則以圈選方式或填入適當內容。

2.測試人員應依本表實施外觀、性能及綜合試驗，測試結果符合規定者於「結果」欄位打「○」，不符合者打「×」，無該項試驗者打「／」。

3.消防幫浦如係經內政部審核認可通過之認可品者，得免除「＊」部分之試驗。

配管閥門類型

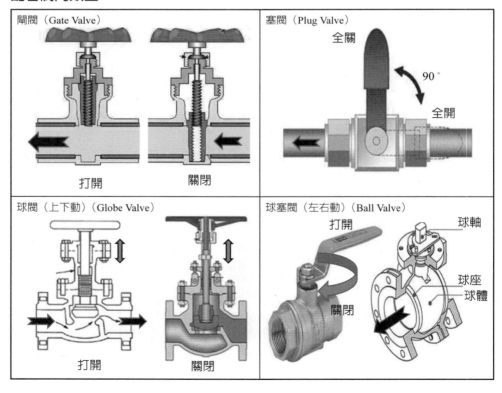

射水設備設置之位置及數量

儲槽表面積每≤50 m² 設1具射水設備
儲槽表面設隔熱措施每≤100 m² 設1具射水設備

厚度≥25 mm岩棉，
外側厚度≥0.35 mm
鋅鐵板被覆者，撒
水量得為≥225L/min

< 40 m

可燃性高壓氣體儲槽

< 40 m

放水壓力≥3.5 kg/cm²
水量2×450 L/min × 30 min

固定式射水槍

固定式射水槍

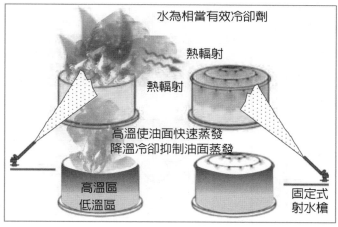

水為相當有效冷卻劑

熱輻射

熱輻射

高溫使油面快速蒸發
降溫冷卻抑制油面蒸發

高溫區
低溫區

固定式
射水槍

閥類

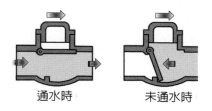

通水時　　　　未通水時

第25章　簡易自動滅火設備

4-25.1　簡易自動滅火設備測試報告書外觀試驗（一）

測試項目			測試方法	判定要領
外觀試驗	控制裝置	設置場所等	以目視確認設置場所等之狀況	a 凡煎炒、滷煮、油炸、烤肉等會生成油煙的爐具及其上方油煙罩、風管應實施保護 b 不同居室之油煙罩不得合併由同一套控制裝置保護 c 應設置在油煙罩附近，不直接受爐火熱源波及，環境溫度在 49℃以下之場所 d 確認控制裝置周圍有無檢查及使用上之障礙，及設置位置是否適當
		裝置本體		a 控制裝置上應標示操作方法及安全上注意事項 b 應牢固地設置，不致因地震等而傾倒 c 本體應標示「廚房簡易自動滅火裝置」之字樣
	電源	常用電源	以目視確認電源之狀況	a 應為專用回路 b 電源容量應適當正常
		緊急電源種類	確認緊急電源之種類	應為發電機設備或蓄電池設備，其容量能使該設備有效動作 1 小時
	手動啟動裝置	設置場所等：設置場所	以目視確認設置場所等之狀況	應裝設在逃生出口路線，火災時能接近操作處
		設置場所等：設置位置		每一防護區域或防護對象應至少裝設一套
		設置場所等：設置高度		操作部應設在距樓地板面高度 0.8 m 以上 1.5 m 以下之位置
		設置場所等：設備表示		本體應標示「手動啟動裝置」之字樣及其操作方法
		設置場所等：操作表示		同一廚房內設置一組以上手動啟動裝置時，應於其旁標示所屬防護區域或防護對象之名稱
		防護措施	以目視確認機器之狀況	確認手動啟動裝置上之封條是否完好
	滅火藥劑		以目視確認滅火藥劑之狀況	依原廠設計手冊，由系統中噴頭數量多寡及噴頭流量點值總和判定鋼瓶藥劑量是否充足

簡易自動滅火設備

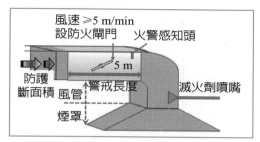

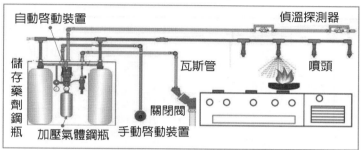

測試項目				測試方法	判定要領
外觀試驗	儲存容器等	設置場所		以目視確認設置場所等之狀況	確認容器裝置在環境溫度 40℃以下之場所
		容器本體	蓄壓式	儲存容器	以目視確認機器之狀況	確認有無變形、鏽蝕、污損及藥劑使用年限等情形。
				容器閥裝置		確認有無變形、損傷、明顯腐蝕等情形
				容器閥開放裝置		容器閥開放裝置應牢固地安裝在容器閥上
				壓力表	以目視確認壓力指示	應無變形、損傷等情形、指針應在綠色指示範圍內
			加壓式	儲存槽	以目視確認機器之狀況	確認有無變形、鏽蝕、汙損及藥劑使用年限等情形
				定壓動作裝置		a 應設置在各儲存槽 b 儲存槽壓力達設定壓力，放出閥應可開啟

4-25.2 簡易自動滅火設備測試報告書外觀試驗（二）

測試項目				測試方法	判定要領
外觀試驗	儲存容器等	容器本體	加壓式	安全措施	以目視確認機器之狀況	洩壓閥放出口應無阻塞之情形
	探測部				以目視探測器外形之狀況	a 各型探測部設置距離應符合其認可之探測範圍 b 確認有無變形、脫落、油垢污損等情形
	瓦斯遮斷閥	設置場所等		設置場所	以目視確認設置場所等之狀況	如設有瓦斯遮斷閥，應為滅火系統專用，並設置在油煙罩附近，不受爐火熱源波及位置，且設置位置、標示及導管接續部應符合下列規定
				設置位置		每一控制裝置應至少設置一只
				標示		應標明「滅火裝置專用瓦斯遮斷閥」字樣及所屬防護區域或防護對象
		導管接續部			以目視確認機器之狀況	導管之接續部應無龜裂、變形、腐蝕等，且無瓦斯洩漏之虞
	配管	設置狀況			以目視確認設置狀況	應無變形、損傷、腐蝕等，且接續確實。
		配管管路			以目視確認設置狀況	a 集合管、導管、分歧管等配管及閥類配管正常 b 管路接續不得使用壓接管件及缺氧膠，應以車牙連結及止洩帶密封方式施作 c 管路穿越油煙罩處其穿孔縫隙，應以金屬接頭或防火材料密封
	配管	構造、材質			以目視確認機器之狀況	藥劑管路及配件需採用不鏽鋼管或黑鐵管；不得使用鍍鋅鋼管
		口徑、使用數			以目視確認設置狀況	配管、管接頭及閥類口徑、使用個數等依規定設計
	噴頭	設置位置			以目視確認設置位置之狀況	a 凡煎炒、滷煮、油炸、烤肉等會生成油煙的各爐具上方均各需設置一只以上噴嘴 b 油煙靜電機的風管前後各需設置一只噴嘴 c 濾網式煙罩內部各風管開口均各需設置一只噴嘴朝排氣方向噴射（水洗式煙罩除外） d 濾網式煙罩，濾網後方每 3 m 水平設一只噴嘴（水洗式煙罩除外） e 噴頭之裝設角度應對準爐具中心或依設備製造原廠規定。

瓦斯遮斷閥設置位置

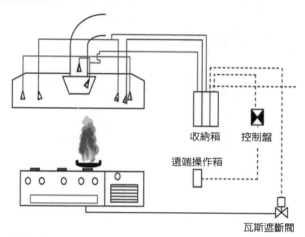

蓄壓式與加壓式藥劑

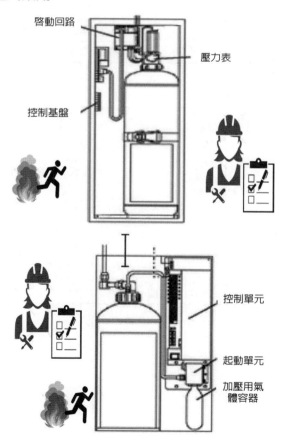

4-25.3 簡易自動滅火設備測試報告書外觀及性能試驗

測試項目			測試方法	判定要領
性能試驗	噴頭	構造、性能	以目視確認機器之狀況	噴嘴孔應有適當保護，以防油垢堵塞
	防護區域		以目視確認設置狀況	滅火裝置安裝平面圖應標示於控制裝置旁，以供比對防護區域、防護對象與原設計是否相符
	加壓（啓動）用氣體容器	設置場所	以目視確認設置場所等之狀況	確認安裝在環境溫度 40℃以下之場所
		加壓容器	以目視確認機器之狀況	應確實地固定在容器閥開放裝置上，容器使用年限不可逾期
		容器閥開放裝置		應無變形、損傷、腐蝕等，且撞針完好
	加壓（啓動）用氣體	種類	以目視確認加壓用氣體之狀況	氣體之種類應適當、正確
		氣體量		氣體量應為規定量以上，必要時需秤重

性能試驗

測試項目			測試方法	判定要領
性能試驗	動作試驗	防護區域	—	
		控制裝置	a 確認已採取安全措施，試驗時藥劑不會被噴出 b 對探測器加熱	a 對探測器加熱達到溫度設定點時，控制裝置應能立即作動 b 瓦斯遮斷閥應能立即關閉，停止瓦斯供應 c 系統啓動訊號應已傳送到火災受信總機 d 水洗式油煙罩，其水洗功能，此時應能自動啓動
		手動啓動裝置試驗	a 確認已採取安全措施，試驗時藥劑不會被噴出 b 操作手動啓動裝置以確認系統的動作	a 控制裝置應能立即作動 b 瓦斯遮斷閥應能立即關閉，停止瓦斯供應 c 系統啓動訊號能傳送到火災受信總機 d 水洗式油煙罩，其水洗功能，此時應能自動啓動 e 使用電力加熱之爐具，此時其電源應能自動斷電

簡易自動滅火設備測試

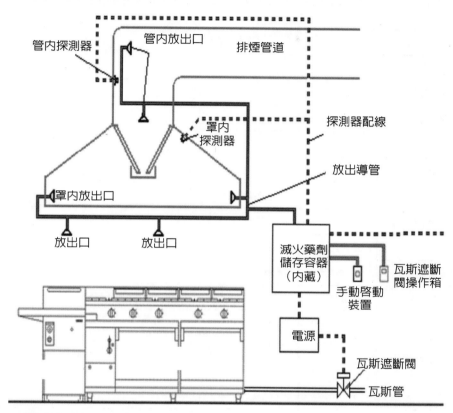

管內探測器　管內放出口　　　排煙管道

探測器配線

罩內探測器

放出導管

罩內放出口

放出口　　　放出口

滅火藥劑儲存容器（內藏）

瓦斯遮斷閥操作箱

手動啓動裝置

電源

瓦斯遮斷閥

瓦斯管

滅火藥劑量臺秤測定

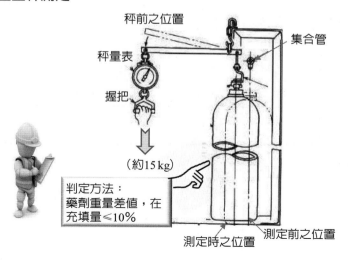

秤前之位置

集合管

秤量表

握把

（約15 kg）

判定方法：
藥劑重量差值，在充填量≤10%

測定時之位置

測定前之位置

4-25.4 簡易自動滅火設備測試概要表

項　目
設置處所	＿＿＿＿樓＿＿＿＿
滅火藥劑	藥劑種類＿＿＿＿
儲存容器	＿＿＿＿kg/瓶 ×＿＿＿＿瓶 ＝＿＿＿＿kg
儲存方式	□加壓式 □蓄壓式
加壓用氣體	□氮氣 □二氧化碳、數量＿＿＿＿L、kg、容器數＿＿＿＿瓶
啟動方式	□手動電氣式 □手動氣壓式 □自動式
啟動用氣體容器	＿＿＿＿L＿＿＿＿支
控制盤	□壁掛型 □直立型 □埋入型 □專用 □兼用
音響警報	□人語發音 □電動警報 □蜂鳴器 □其他 □免設
放射表示燈	設置數量＿＿＿＿處 □專用 □兼用 □其他 □免設
探測部	□探測器型，設置數量＿＿＿＿個 □專用 □兼用 □感知元件型，設置數量＿＿＿＿個 □專用 □兼用 □火焰探測器型，設置數量＿＿＿＿個 □專用 □兼用

組件等之規格	儲存容器	安全裝置＿＿＿＿ □其他 容器閥＿＿＿＿ □其他
	配管材料	配管材質為＿＿＿＿
	接頭閥類	接頭耐壓力＿＿＿＿kgf/cm^2、閥類耐壓力＿＿＿＿kgf/cm^2

噴頭	＿＿＿＿個
瓦斯遮斷閥	＿＿＿＿個 □免設
緊急電源	□發電機設備 □蓄電池設備 □免設（機械式）
備考	

註：1.「□」欄內請以打 v 方式。
　　2.另請檢附通過內政部審核認可之資料。

噴頭等測試

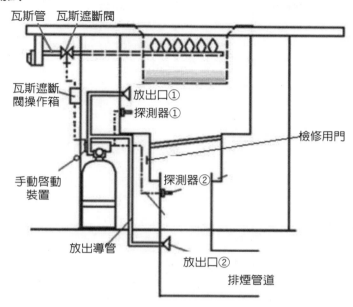

簡易自動滅火設備測試

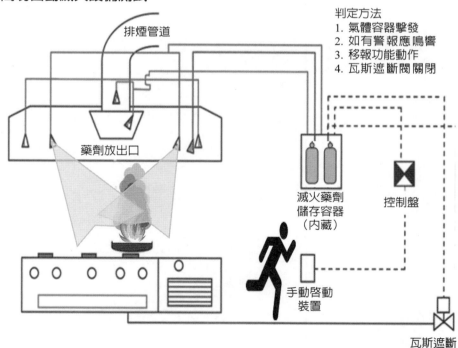

判定方法
1. 氣體容器擊發
2. 如有警報應鳴響
3. 移報功能動作
4. 瓦斯遮斷閥關閉

Note

第五篇
消防設備師士考題詳解

5-1 消防設備師108年水系統

等　　別：高等考試
類　　科：消防設備師
科　　目：水系統消防安全設備
考試時間：2 小時
※ 注意：
1) 禁止使用電子計算器。
2) 不必抄題，作答時請將試題題號及答案依照順序寫在試卷上，於本試題上作答者，不予計分。
3) 請以黑色鋼筆或原子筆在申論試卷上作答。
4) 本科目除專門名詞或數理公式外，應使用本國文字作答。

一、有一 16 層樓高之防火構造辦公建築物，每層樓面積為 70 m（長）×50 m（寬），採用密閉濕式自動撒水設備（使用快速反應型撒水頭）。在不考慮樑柱及隔間條件下，採用正方型配置，則每一樓層至少應配置幾個撒水頭？所需最小水源容量為何？至少應配置幾個送水口？（備註：撒水頭數量以有效防護面積計算）（25 分）

解：

(一) 依第 46 條撒水頭，依下列規定配置：
快速反應型撒水頭（第一種感度），各層任一點至撒水頭之水平距離在 2.3m 以下。但設於防火構造建築物，其水平距離，得增加為 2.6m 以下；撒水頭有效撒水半徑經中央主管機關認可者，其水平距離，得超過 2.6m。
因此，正方型配置 $2.6 \times \sqrt{2} = 3.68$，$\frac{(70-1.84)}{3.68} = 18.52$ 取 19 個，$19 + 1 = 20$（頭尾都有）。

$\frac{(50-1.84)}{3.68} = 13.08$ 取 14 個，$14 + 1 = 15$（頭尾都有）。

$20 \times 15 = 300$ 個

(二) 第 50 條撒水頭之放水量，每分鐘應在 80L（設於高架倉庫者，應為 114L）以上，且放水壓力應在每平方公分 1kg 以上或 0.1 Mpa 以上。
第 57 條自動撒水設備之水源容量，依下列規定設置：使用密閉式一般反應型、快速反應型撒水頭時，應符合下表規定個數繼續放水 20 分鐘之水量。

各類場所	撒水頭個數	
	快速反應型	一般反應型
十一樓以上建築物、地下建築物	十二	十五

因此，12×20 min×80 L/min = 19,200 L

(三) 第 59 條裝置自動撒水之建築物，應於地面層室外臨建築線，消防車容易接近處，設置口徑 63mm 之送水口，並符合下列規定：裝置自動撒水設備之樓層，樓地板面積在 3,000m² 以下，至少設置雙口形送水口一個，並裝接陰式快速接頭，每超過 3,000m²，增設一個。

因此，設置雙口形送水口二個。

二、某一室內停車空間其樓地板面積為 200m²，欲設置水霧滅火設備，試問其最小水源容量為多少？排水設備設置規定為何？（25 分）

解：

(一) 第 63 條放射區域，指一只一齊開放閥啓動放射之區域，每一區域以 50m² 為原則。前項放射區域有二區域以上者，其主管管徑應在一百毫米以上。
第 64 條水霧滅火設備之水源容量，應保持 20m³ 以上。但放射區域在二區域以上者，應保持 40m³ 以上。
因此，最小水源容量為 40m³ 以上。

(二) 第 68 條裝置水霧滅火設備之室內停車空間，其排水設備應符合下列規定：
1. 車輛停駐場所地面作百分之二以上之坡度。
2. 車輛停駐場所，除面臨車道部分外，應設高 10cm 以上之地區境界堤，或深 10cm 寬 10cm 以上之地區境界溝，並與排水溝連通。
3. 滅火坑具備油水分離裝置，並設於火災不易殃及之處所。
4. 車道之中央或二側設置排水溝，排水溝設置集水管，並與滅火坑相連接。
5. 排水溝及集水管之大小及坡度，應具備能將加壓送水裝置之最大能力水量有效排出。

三、有一工廠為混合型工作場所，其性質及面積如下：
(一) 儲存一般可燃性固體物質倉庫高度 5 m，面積 1,200 m²。
(二) 油漆作業場所，面積 600 m²。
(三) 輕工業場所，面積 1,200 m²。
(四) 儲存一般可燃性固體物質倉庫高度 6 m，面積 800 m²。
(五) 儲存微量可燃物之倉庫高度 6 m，面積 3200 m²。
試計算該工廠依規定是否需設置室外消防栓設備？（25 分）

解：

依第 4 條

(一) 高度危險工作場所：儲存一般可燃性固體物質倉庫之高度超過 5.5m 者，或易燃性液體物質之閃火點未超過攝氏 60 度與攝氏溫度為 37.8 度時，其蒸氣壓未超過每平方公分 2.8kg 或 0.28 百萬帕斯卡（以下簡稱 MPa）者，或可燃性高壓氣體製造、儲存、處理場所或石化作業場所，木材加工業作業場所及油漆作業場所等。

(二) 中度危險工作場所：儲存一般可燃性固體物質倉庫之高度未超過 5.5m 者，或易燃性液體物質之閃火點超過攝氏 60 度之作業場所或輕工業場所。

(三) 低度危險工作場所：有可燃性物質存在。但其存量少，延燒範圍小，延燒速度慢，僅形成小型火災者。

依第 16 條下列場所應設置室外消防栓設備：

(一) 高度危險工作場所，其建築物及儲存場所之第一層及第二層樓地板面積合計在 3,000m² 以上者。

(二) 中度危險工作場所，其建築物及儲存場所之第一層及第二層樓地板面積合計在 5,000m² 以上者。

(三) 低度危險工作場所，其建築物及儲存場所之第一層及第二層樓地板面積合計在 10,000m² 以上者。

(四) 如有不同危險程度工作場所未達前三款規定標準，而以各款場所之實際面積為分子，各款規定之面積為分母，分別計算，其比例之總合大於一者。

高度危險工作場所：$\dfrac{600+800}{3,000} = 0.47$

中度危險工作場所：$\dfrac{1,200+1,200}{5,000} = 0.48$

低度危險工作場所：$\dfrac{3,200}{10,000} = 0.32$

因此，$0.47 + 0.48 + 0.32 = 1.27 > 1$（需設置室外消防栓設備）

四、試繪圖說明消防幫浦性能曲線之相關規定及其對應之理由。（25 分）

解：

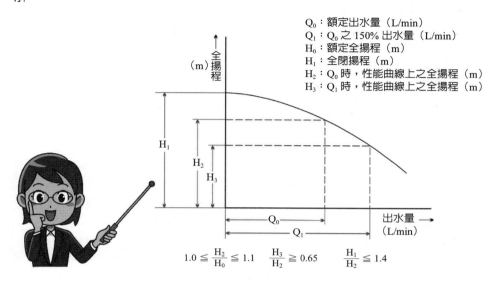

Q_0：額定出水量（L/min）
Q_1：Q_0 之 150% 出水量（L/min）
H_0：額定全揚程（m）
H_1：全閉揚程（m）
H_2：Q_0 時，性能曲線上之全揚程（m）
H_3：Q_1 時，性能曲線上之全揚程（m）

$$1.0 \leq \frac{H_2}{H_0} \leq 1.1 \qquad \frac{H_3}{H_2} \geq 0.65 \qquad \frac{H_1}{H_2} \leq 1.4$$

揚程（H）是指幫浦對液體所提供的有效能量，幫浦揚程與轉速（N）、出水量（Q）等有關；揚程必須克服管路的阻力，使揚程愈高時，出水量將會變少，且揚程必須比預計管路阻力需求高才行。在幫浦性能曲線上，幫浦效率隨出水量增大而上升，達到最大值後隨出水量增加而下降，使幫浦存在一最佳效率之設計點，因此在幫浦最佳效率點，在其相對應下 Q 與 H 成為經濟、效率最高。

因此，全揚程（H）及出水量（Q）幫浦性能應依上圖應符合下列規定。於全揚程及出水量在圖所示性能曲線上，應符合下列 1～3 之規定，並應符合 4～6 所列許可差之規定 (防止水溫上升用排放之水量，不包括在額定出水量內)。

1. 幫浦在額定出水量（Q）時，在其性能曲線上之全揚程應為額定全揚程（H）之 100% 以上、110% 以下；其全揚程必須克服管路的阻力，必須在 100% 以上。

2. 幫浦之出水量（H）在額定出水量之 150% 時，其全揚程（H）應為額定出水量在性能曲線上全揚程之 65% 以上；幫浦效率隨出水量達到最大值後隨出水量增加而下降，使幫浦存在一最佳效率之設計點。

3. 全閉揚程應為額定出水量在性能曲線上全揚程之 140% 以下。

4. 額定出水量時之全揚程應在設計值之＋10%、－0% 內。

5. 額定出水量之 150% 時之全揚程應在設計值之－8% 內。

6. 全閉揚程應在設計值之 ±10% 內。

所以，在幫浦性能曲線上，在 Q 與 H 相對應下之值如上所述，成為幫浦最佳效率點。

5-2 消防設備師108年化學系統

> 一、二氧化碳滅火設備一般不適合使用在平時有特定或不特定人員使用之處所，但在實務上，若參考美國NFPA之規定，有那些例外情形？（25分）

解：

1. 新安裝（New Installations）：如沒合適的滅火劑可用於提供與二氧化碳相當的防火等級，則允許將全區二氧化碳系統安裝在通常有人使用的區劃空間中。
2. 支持文件（Supporting Documentation）：如果確定二氧化碳用於特定應用，設計者／安裝人員應向管轄當局提供支持文件，以核實二氧化碳是最適合應用的滅火劑。
3. 海事應用（Marine Applications）：於船舶使用場合，應允許將手動操作的全區二氧化碳滅火系統，安裝在配備有以下之正常有人使用空間中：
   (1) 依規定設有系統鎖定閥（Lock-out Valves）。
   (2) 依規定設有氣動式預放警報（Pneumatic Predischarge Alarms）和氣動式時間延遲（Pneumatic Time Delays）裝置。例外：對於可能造成時間延遲可能導致人員不可接受的風險，或對關鍵設備造成不可接受的損壞的有人使用危險區域，不需要提供時間延遲。並應作出規定，確保人員在空間內的任何時候，能將二氧化碳系統鎖定。而預放電報警聲響，在有人使用區域地板上1.5m處測量，至少比環境噪聲水平高15 dB或高於最大聲級5 dB，以較大者為準。
   (3) 兩個獨立的手動操作系統與排放控制閥，以驅動所規定二氧化碳系統
   (4) 在現存系統上：在配備有系統鎖定閥、氣動式預放警報和依規定的氣動時間延遲裝置，在正常有人使用空間中，應允許使用現有的全區二氧化碳系統。

> 二、試述海龍替代品之種類及其各分類？（10分）又在選擇海龍替代品時，應該考慮那些因素？（15分）

解：

(一) 海龍替代品之種類及其各分類：

種類	項目	成份或名稱	內容
惰性氣體	IG-541	$N_2$52%、Ar40%、$CO_2$8%	主要使用氮氣（N_2）及氬氣（Ar），降低氧濃度作用。
	IG-01	Ar99.9%	
	IG-55	Ar50%、$N_2$50%	
	IG-100	$N_2$100%	

種類	項目	成份或名稱	內容
鹵化烷化物	FE-13	HFC-23（三氟甲烷 CHF_3）	鹵化烷大多以高壓液化儲存。替代海龍滅火劑將破壞臭氧層之溴（Br_2）拿掉；藉由切斷火焰之連鎖反應，達到滅火之目的
	FE-25	HFC-125（五氟乙烷 C_2HF_5）	
	FM-200	HFC-227（七氟丙烷 C_3HF_7）	
	FK-5-1-12	NOVEC1230（全氟化酮）	
	PFC-410	CEA-410	
	NFAS-III	$CHClF_2$（氟氯碳化物）	

註：海龍替代滅火藥劑經內政部消防技術審議委員會認可 IG-541、FE-13、FE-25、FM-200、FK-5-1-12、PFC-410、NASF-III 等。

(二) 選擇海龍替代品時，應該考慮那些因素：

項目	內容
滅火效能值高	能有效滅火是設備設置之主要目的
人員安全性高	放射時不生毒性，對於放射後藥劑殘留不生損害性
破壞臭氧層指數（ODP）溫室效應值（GWP）低	地球臭氧層破壞，太陽紫外線會使人類皮膚危害
滯留大氣時間（ALT）短	滯留在大氣時間長，藥劑受到紫外線照射分解鹵素原子與臭氧反應，使臭氧分解消失，間接造成地球臭氧層破壞
滅火藥劑穩定性高	滅火藥劑儲存時間久，且不生化學變化之質變特性
設備相容性	系統能取代原設備，以達經濟、安全及有效之目的
易於維修	取得便利且經濟

三、某一室內停車場之長寬高為 20 m×20 m×10 m，無法關閉之開口面積為 20 m^2，如設計全區放射式乾粉滅火設備，請問：
(一) 該場所使用之乾粉種類？（5 分）
(二) 所需滅火藥劑量？（10 分）
(三) 若採用 N_2 加壓式時，所需 N_2 量？（27℃，大氣壓力之表壓力 100kgf/cm^2 下）（10 分）

解：

(一) 第三種乾粉全區放射滅火設備進行防護。
(二) 加壓式第三種乾粉全區放射滅火設備所需乾粉滅火劑量：
　　不設自動關閉裝置之開口部總面積，供電信機械室使用時，應在圍壁面積百分之一以下，其他處所則應在防護區域體積值或圍壁面積值二者中之較小數值 10% 以下。

圍牆面積 = $[(20 \times 20) + (20 \times 10) + (10 \times 20)] \times 2 = 1,600$ m²

防護體積 $V = 20 \times 20 \times 10 = 4,000$ m³

二者中之較小數值 1600，其 10% 為 160，開口部面積為 20m² < 160，故可免自動關閉。

全區放射方式所需滅火藥劑量，依下表計算：

滅火藥劑種類	第一種乾粉（主成分碳酸氫鈉）	第二種乾粉（主成分碳酸氫鉀）	第三種乾粉（主成分磷酸二氫銨）	第四種乾粉（主成分碳酸氫鉀及尿素化合物）
每立方公尺防護區域所需藥劑量（kg/m³）	0.6	0.36	0.36	0.24
每平方公尺開口部所需追加藥劑量（kg/m²）	4.5	2.7	2.7	1.8

因此，藥劑量計算如次

$W = G \times V + g \times A$

$W = 0.36 \times 4,000 + 2.7 \times 20 = 1,494$ kg

第 104 條加壓用氣體使用氮氣時，在溫度攝氏 35 度，大氣壓力（表壓力）每平方公分 0 kg 或 0 MPa 狀態下，每一公斤乾粉藥劑需氮氣 40L 以上。

$1,494$ kg $\times 40$ L/kg $= 59,760$

依波以耳定律 $\dfrac{P_1 \times V_1}{T_1} = \dfrac{P_2 \times V_2}{T_2}$

P_1：絕對壓力 = 錶壓力 (0) + 1.033 kgf/cm²

P_2：絕對壓力 = 錶壓力 (100) + 1.033 kgf/cm²

$\dfrac{1.033 \times 59,760}{(35+273)} = \dfrac{100+1.033}{(27+273)}$

$V_2 = 595$ L

四、全區放射式二氧化碳自動滅火設備放射後，為將放射後之滅火藥劑排放至安全地方，所設之專用排風機每小時具有 6 次換氣量，若放射後之二氧化碳濃度為 43%，則經過 60 分鐘後之二氧化碳濃度為何？（25 分）

解：

CO_2 理論濃度 $\dfrac{x}{V+x} = \dfrac{0.43}{(1+0.43)} = 30\%$

滅火濃度 = 理論濃度 + 20% 安全係數

$30\% \times 1.2 = 36\%$

滅火濃度 $E = e^{\frac{-t}{12}} \, e^c$

當滅火濃度 36%　$t = 0$ 代入

$36\% = e^c$

排放 60 分鐘後，$E = 0.36 \times e^{\frac{-60}{12}} = 0.24\%$

5-3 消防設備師108年警報系統

一、臺灣目前各縣市消防局多有編列預算或透過募款，幫轄內低收入戶或獨居老人安裝住宅用火災警報器（住警器）。試針對住警器之構造功能，申論如何設計安裝，才能符合獨居老人住宿場所之火災安全目標需求？（25分）

解：

(一) 住宅用火災警報器安裝於下列位置：

    1. 寢室、旅館客房或其他供就寢用之居室（以下簡稱寢室）。

    2. 廚房。

    3. 樓梯：

        (1) 有寢室之樓層。但該樓層為避難層者，不在此限。

        (2) 僅避難層有寢室者，通往上層樓梯之最頂層。

(二) 住宅用火災警報器安裝方式

    1. 裝置於天花板或樓板者：

        (1) 警報器下端距離天花板或樓板60cm以內。

        (2) 裝設於距離牆面或樑60cm以上之位置。

    2. 裝置於牆面者，距天花板或樓板下方15cm以上50cm以下。

    3. 距離出風口1.5m以上。

    4. 以裝置於居室中心為原則。

(三) 住宅用火災警報器安裝種類

位置	種類
寢室、樓梯及走廊	離子式、光電式
廚房	定溫式

(四) 住宅用火災警報器使用電池以外之外部電源者，有確保電源正常供給之措施。前項電源和分電盤間之配線，不得設置插座或開關，並符合屋內配線裝置規則規定。

二、火警自動警報設備既要靈敏又要可靠，否則經常誤動作的結果，連動警鈴與廣播的功能就會被相關人員關閉遮斷，一旦真的遭遇火災便會延遲應變而受到重大損失。試問火警自動警報設備火警誤動作的原因有那些？並請申論有那些相因應的防止對策？（25分）

解：
(一) 火警自動警報設備火警誤動作的原因
　　1.人為因素：(1) 人員誤壓火警發信機；(2) 火警誤報後，人員因緊張誤壓火警發信機；(3) 在室內噴灑消毒煙霧等；(4) 在室內拜拜燃燒金紙引火；(5) 在室內吸菸；(6) 在外氣流通場所裝設偵煙探測器導致起霧下雨時誤報；(7) 探測器受陽光照射或電焊干擾；(8) 未選用適合設置場所之探測器。
　　2.環境因素：(1) 建築物屋頂漏水造成誤報；(2) 氣溫變化干擾（熱漲冷縮）；(3) 天氣變化干擾（起霧、下雨）非外氣流通場所；(4) 偵煙探測器靠進燈光吸引昆蟲、蜘蛛結網、灰塵引起；(5) 探測器遭昆蟲、螞蟻、壁虎產卵、便泌等入侵引起故障；(6) 偵煙探測器受灰塵積污引起（含開放通風場所因素）。
　　3.設備因素：(1) 探測器故障引起（出廠 5 年內之產品）；(2) 探測器老舊生鏽引起故障（含探測器電線生銅綠生鏽）；(3) 受信總機故障（含遭雷擊等）；(4) 其他（斷線等）。
(二) 因應的防止對策，分為硬體與軟體兩方面
　　1.硬體方面：
　　　(1) 提升火警探測器的品質，增加耐久與耐用性能。
　　　(2) 加強火警受信總機受外來電壓入侵的防護能力，以及加強火警受信總機受昆蟲入侵的防護能力。
　　　(3) 增加火警受信總機具有讓火災信號即時傳送到負責人的手機通報功能，並且增設監視系統透過網路監看現場狀況。
　　2.軟體方面：
　　　(1) 加強對使用人實施火警受信總機的基本操作教育訓練。必要時用 LINE 等通訊軟體與專業人員做連線即時操作故障排除。
　　　(2) 加強火警自動警報設備施工安裝人員及使用人的訓練：
　　　　A. 人員誤壓火警發信機。
　　　　B. 火警誤報後，人員因緊張誤壓火警發信機。
　　　　C. 在室內噴灑消毒煙霧等。
　　　　D. 在室內拜拜燃燒金紙引火。
　　　　E. 在室內吸菸。
　　　　F. 在外氣流通場所裝設偵煙探測器導致起霧下雨時誤報。
　　　　G. 探測器受陽光照射或電焊干擾。
　　　　H. 未選用適合設置場所之探測器。
　　　(3) 透過環境設施改善：
　　　　A. 建築物屋頂漏水造成誤報。
　　　　B. 氣溫變化干擾（熱漲冷縮）。
　　　　C. 天氣變化干擾（起霧、下雨）非外氣流通場所。
　　　　D. 偵煙探測器靠進燈光吸引昆蟲、蜘蛛結網、灰塵引起。

E. 探測器遭昆蟲、螞蟻、壁虎產卵、便泌等入侵引起故障。

F. 偵煙探測器受灰塵積污引起（含開放通風場所因素）。

（楊忠哲，火警自動警報設備火災誤報分析與防範對策之研究——以臺灣中部地區為例，東南科技大學碩士論文，2018 年）

三、臺灣近年來護理之家夜間火警造成重大死傷災例不少，關鍵原因之一就是通報延遲。請說明何種設計理念可以提升護理之家值班人員，對火警自動警報設備受信總機的親和與操作控制能力？（25 分）

解：

設計 119 火災通報裝置，以現行護理之家大多聘用外籍照護人員，假使在人力配置較少的夜間時段，即可利用 119 火災通報裝置進行火警回報，對於語言不通之外籍看護，能透過 119 裝置之自動／手動報警功能通報消防機關，減少因語言不通所造成的通報困境。119 火災通報裝置為火災發生時，藉由操作手動啟動裝置（指火災通報專用之按鈕、通話裝置及遠端啟動裝置等），透過公眾電話交換網路與消防機關連通，以蓄積語音（指以預先錄製之語音傳達訊息）進行通報，並可執行通話之裝置。適用場所與消防機關據點之距離在 0.5～10 公里。

1. 火災通報裝置應設於值日室等經常有人之處所。
2. 火災通報裝置之操作部（手動啟動裝置、監控部、發報顯示及緊急送收話器）與控制部分離者，應設在便於維護操作處所。
3. 設置遠端啟動裝置時，應設有可與設置火災通報裝置場所通話之設備。
4. 手動啟動裝置之操作開關距離樓地板面之高度，在 0.8m 以上 1.5m 以下。
5. 火災通報裝置附近，應設置送、收話器，並與其他內線電話明確區分。
6. 火災通報裝置應避免傾斜裝置，並採取有效防震措施。
7. 火災通報裝置之通信介面與電磁相容應符合交通部電信總局所訂「公眾交換電話網路終端設備技術規範」，並經審驗合格。

四、火警探測器之 RTI（Response Time Index）定義為何？該數值在火警探測器設計上有何意義？試說明之。（25 分）

解：

（一）$RTI = \tau\sqrt{V} = \left(\dfrac{mc}{hA}\sqrt{v}\right)$

其中 τ：時間常數（sec）；V：空氣流速（m/sec）；m：感熱元件質量（g）；c：感熱元件比熱（kJ/kgK）；h：熱對流傳導係數（kW/m²K）；A：感熱元件曝露在氣流中表面積（m²）

就反應時間指數 RTI 而言，當 RTI 值愈高，熱感元件的反應時間愈長，表示熱感元件的敏感度愈低，以一般探測器而言，因熱敏感度較低，啟動探測偵知速度較慢，當這類探測器動作時，火勢通常已成長至較大的規模，連帶使人員火災應變時間變得相當緊迫，導致人員可能受困。

(二) $\tau = \dfrac{mc}{hA}$，當感熱元件的質量（m）愈大，比熱（c）值愈高，τ 值愈大；當接觸熱流的表面積（A）愈大時，τ 值愈小。此外，τ 值愈大，熱敏感度愈差，反應時間愈長；反之，τ 值愈小，熱敏感度愈佳，反應時間愈短[註1]。

依照美國防火工程協會（SFPE2002）出定溫式探測器或感知撒水頭啓動時間之方程式如次：

$$t_{activation} = \frac{RTI}{\sqrt{u_{jet}}} \ln \frac{T_{jet} - T_a}{T_{jet} - T_{actiation}}$$

RTI ＝ 反應時間指數 $(m\text{-}sec)^{1/2}$；T_{jet} ＝ 天花板噴流溫度（℃）；u_{jet} ＝ 天花板噴流速度（m/sec）；$T_{actiation}$ ＝ 定溫探測器或感知撒水頭啓動溫度（℃）；T_a ＝ 環境初始溫度

因此，於區劃空間天花板（樓板）位置，其氣體層溫度上升是具最明顯的。所以，火警警報、撒水頭及排煙設備，必須儘量靠近於天花板面位置，以實驗指出，天花板噴流最大溫度與速度是在天花板以下天花板高度之 1% 位置；假使距離天花板面過遠，就失去其防護人命安全之意義。

[註1]　滅火系統技術研發之規劃研究（I）水系統啓動機制對建築火災滅火性能之影響評估　鍾基強

5-4 消防設備師108年避難系統

一、長期照顧機構、老人福利機構、護理機構等避難弱勢場所發生火災時，人員避難當以水平避難爲主；依現行消防法規，該類場所符合一定條件下，可免設避難器具，請說明「一定條件」的規定及其原由。（25 分）

解：

第 159 條：各類場所之各樓層符合下列規定之一者，其應設之避難器具得免設：

(一) 各樓層以具 1 小時以上防火時效之牆壁及防火設備分隔爲二個以上之區劃，各區劃均以走廊連接安全梯，或分別連接不同安全梯。

(二) 裝修材料以耐燃一級材料裝修。

(三) 設有火警自動警報設備及自動撒水設備（含同等以上效能之滅火設備）。

針對長照服務機構防火避難安全改善之調查研究，場所如符合「火災居室離室避難；非火災居室初期就地避難」之條件：(1) 居室構造：各居室構造具半小時防火時效以上的防火性能且應具遮煙性，以有效控制火煙的擴散及入侵。(2) 室內裝修材料：天花板及牆面等室內裝修材料符合法規，採難燃一級或二級之材料。(3) 主動式火災控制機制：各居室設有自動撒水系統滅火設備等可有效控制火災成長之設備。），可區隔火煙之侵襲，及配合建築技術規則建築設計施工編第 99 條之 1 第 1 項規定：「供下列各款使用之樓層，除避難層外，各樓層應以具一小時以上防火時效之牆壁及防火設備分隔爲二個以上之區劃，各區劃均應以走廊連接安全梯，或分別連接不同安全梯：一、建築物使用類組 F-2 組之機構、學校。二、建築物使用類組 F-1 或 H-1 組之護理之家、產後護理機構、老人福利機構及住宿型精神復健機構。」應可免設避難器具，爰增訂第 5 款得免設避難器具之場所及其條件。

二、出口標示燈及避難方向指示燈，應保持不熄滅，但在若干條件及場合時，配合其設置場所使用型態採取適當亮燈方式，得予減光或消燈，請說明相關規定。（25 分）

解：

第 146-7 條：出口標示燈及避難方向指示燈，應保持不熄滅。出口標示燈及非設於樓梯或坡道之避難方向指示燈，與火警自動警報設備之探測器連動亮燈，且配合其設置場所使用型態採取適當亮燈方式，並符合下列規定之一者，得予減光或消燈。

(一) 設置場所無人期間。

(二) 設置位置可利用自然採光辨識出入口或避難方向期間。

(三) 設置在因其使用型態而特別需要較暗處所，於使用上較暗期間。

(四) 設置在主要供設置場所管理權人、其雇用之人或其他固定使用之人使用之處所。

設於樓梯或坡道之避難方向指示燈，與火警自動警報設備之探測器連動亮燈，且配合其設置場所使用型態採取適當亮燈方式，並符合前項第 1 款或第 2 款規定者，得予減光或消燈。

> 三、建築物自然排煙設計的原理為何？實務上有那些可能影響排煙效能的因素？依現行消防法規，應用在居室及排煙室之規定為何？（25 分）

解：

(一) 自然排煙設計的原理：煙流動主要來自於空間中不同位置的壓力差，根據柏努力定律，有壓力差就會造成空氣的流動。一旦於火災時，壓力差將隨著火災溫度而倍增。火災煙流動力除來自於火羽流或天花板噴流外，主要來自於火災溫度，於每上升 1℃，空氣膨脹 1/273，這種火災室空氣體積膨脹，使燃燒生成物產生往上特性。又當建築物發生火災時，若任由火繼續燃燒則將產生更多的可燃氣體，居室內的氣壓將會變得更多。火煙氣體之流動，總會從壓力高向壓力低空間；此種壓力高低差異量，決定著流量大小及流動之速度；壓力差異可引起火災氣體和火煙傳播至很長的距離。

(二) 實務上可能影響排煙效能的因素：建築物使用空間內煙流動及蔓延因素如次

自然對流	1. 煙囪效應 2. 通風面積與位置 3. 自然風力 4. 熱膨脹 5. 熱浮力
強制對流	6. 空調系統 7. 電梯活塞效應

(三) 依第 188 條
1. 每層樓地板面積每 500m² 內，以防煙壁區劃。地下建築物之地下通道每 300m² 應以防煙壁區劃。
2. 排煙口設手動開關裝置及探測器連動自動開關裝置；以該等裝置或遠隔操作開關裝置開啟，平時保持關閉狀態，開口葉片之構造應不受開啟時所生氣流之影響而關閉。手動開關裝置用手操作部分應設於距離樓地板面 80cm 以上 150cm 以下之牆面，裝置於天花板時，應設操作垂鍊或垂桿在距離樓地板 180cm 之位置，並標示簡易之操作方式。
3. 排煙口之開口面積在防煙區劃面積之 2% 以上，且以自然方式直接排至戶外。排煙口無法以自然方式直接排至戶外時，應設排煙機。

前項之防煙壁，指以不燃材料建造，自天花板下垂 50 公分以上之垂壁或具有同等以上阻止煙流動構造者。但地下建築物之地下通道，防煙壁應自天花板下垂 80 公分以上。

依第 189 條：特別安全梯或緊急昇降機間排煙室之排煙設備，依下列規定：

1. 設置直接面向戶外之窗戶時，應符合下列規定：
   (1) 在排煙時窗戶與煙接觸部分使用不燃材料。
   (2) 窗戶有效開口面積位於天花板高度二分之一以上之範圍內。
   (3) 窗戶之有效開口面積在 2m² 以上。但特別安全梯排煙室與緊急昇降機間兼用時（以下簡稱兼用），應在 3m² 以上。
   (4) 前目平時關閉之窗戶設手動開關裝置，其操作部分設於距離樓地板面 80cm 以上 150cm 以下之牆面，並標示簡易之操作方式。

2. 設置排煙、進風風管時，應符合下列規定：
   (1) 排煙設備之排煙口、排煙風管、進風口、進風風管及其他與煙接觸部分應使用不燃材料。
   (2) 排煙、進風風管貫穿防火區劃時，應在貫穿處設防火閘門。
   (3) 排煙口位於天花板高度二分之一以上之範圍內，與直接連通戶外之排煙風管連接，該風管並連接排煙機。進風口位於天花板高度二分之一以下之範圍內；其直接面向戶外，開口面積在 1m²（兼用時，為 1.5m²）以上；或與直接連通戶外之進風風管連接，該風管並連接進風機。
   (4) 排煙機、進風機之排煙量、進風量在每秒 4m³（兼用時，每秒 6m³）以上，且可隨排煙口、進風口開啟而自動啟動。
   (5) 進風口、排煙口依前款第四目設手動開關裝置及探測器連動自動開關裝置。
   (6) 排煙口、進風口、排煙機及進風機連接緊急電源，其供電容量應供其有效動作 30 分鐘以上。

> 四、某護理之家位於大樓 7 樓，樓地板面積約 730 m²，有一中央走廊（含護理站、交誼活動空間）面積約 118 m²，兩側有 16 間房間（含病房、盥洗室、其它空間），面積分別為 11m²-53 m²，全部房間隔間均使用耐燃一級材料且高度與樓板密接。依法規該護理之家得否設置排煙設備？又該護理之家欲增設一等待救援空間，有關構造及煙控措施須加以注意事項為何？（25 分）

解：

(一) 第 28 條：應設置排煙設備，供第 12 條第 1 款及第 5 款第 3 目所列場所使用，樓地板面積合計在 500m² 以上。而護理之家位於大樓 7 樓，樓地板面積約 730 m² 應設置排煙設備。

(二) 等待救援空間之規劃中安全是最基礎的條件，宜輔以維生照護醫療功能：
   1. 空間構造：以不燃材料建造，出入口為防火門。
   2. 煙控設計：建議設置遮煙或足夠面積之排煙窗（自然排煙）。
   3. 消防救助可及性：考量有與戶外聯通之窗戶，或消防人員抵達後可自戶外進入救援之空間。
   4. 面積：需足夠容納該區劃之住民。
   5. 等待救援空間建議需輔以之條件和功能：須具備緊急電源與具備供收容人員使用之維生系統。

Note

5-5 消防設備士108年水與化學系統

甲、申論題部分

一、泡沫滅火設備進行綜合檢查時，固定式泡沫滅火設備如採用低發泡水成膜泡沫滅火藥劑，請說明泡沫試料採集方法、發泡倍率及 25% 還原時間之測定方式及合格標準。（25 分）

解：

泡沫試料採集方法	泡沫噴頭之場合	將 1,000 mL 附刻度之量筒二個之泡沫試料採集器置於發泡面積指定位置，至量筒充滿泡沫為止。採集試料，如泡沫盛滿後即按下碼錶讀秒，同時將採集自泡沫頭撤下之泡沫試料移至外部，清除多餘之泡沫及附著在量筒外側與底部之泡沫，對該試料進行分析。
	泡沫瞄子之場合	於發泡落下點之大約中央處放置刻有 1,000 mL 之量筒二個泡沫試料採集器，使量筒充滿泡沫為止。採集試料，如充滿時按下碼錶開始讀秒，並將採集之試料移至外部，除去多餘泡沫以及附著量筒外側或底面之泡沫，而分析該試料。
發泡倍率		發泡倍率係測量在未混入空氣前之泡沫水溶液量與最終發泡量之比率，故應預先測出刻度 1,000 mL 量筒之容器重量，次將泡沫試料測量至公克（g）單位，再利用下列公式計算之。 1,000 mL ÷ 減掉量筒重量之泡沫 重量（g）= 發泡倍率
25% 還原時間		泡沫之 25% 還原時間，係指自所採集之泡沫消泡為泡水溶液量，還原至全部泡沫水溶液量之 25% 所需時間。因其特別著重水之保持能力及泡沫之流動性，故以下列方法測定。 測定還原時間係以測量發泡倍率時所用之試料進行，如將泡沫試料之淨重分為四等份，即可得所含泡水溶液量之 25%（單位 mL），為側得還原至此量所需時間，應先將量筒置於平面上，利用量筒上之刻度觀察泡水溶液還原至 25% 之所需時間。 茲舉一例如下： 假設泡沫試料之淨重為 200 g，1 g 換算為 1 mL，25% 容量值為 200 mL ÷ 4=50（mL）。故測定還原至 50 ml 所需時間，以判定其性能。 茲舉測定之實例如下： 還原之數值記錄如下： 時間（分）　　還原量（mL） 　　0　　　　　　　　0 　　1.0　　　　　　 20 　　2.0　　　　　　 40 　　3.0　　　　　　 60 由此記錄可知 25% 容量（50mL）位於 2 至 3 分鐘之間。即由 （50mL（25% 容量值）– 40mL（經過 2 分鐘還原量值））÷（60mL（經過 3 分鐘時之還原量值）– 40mL（經過 2 分鐘時還原量值））= 0.5 可得 2.5 分鐘之時間，由此判定性能。

二、請說明水道連結型自動撒水設備之適用場所。（10 分）並請比較密閉濕式撒
　　水系統（一般反應型撒水頭）及水道連結型自動撒水設備在放水壓力、每分鐘
　　放水量、水源容量等之異同。（15 分）

解：

(一) 第 17 條下列場所或樓層應設置自動撒水設備：九、供第 12 條第 1 款第 6 目所
　　定榮譽國民之家、長期照顧服務機構（限機構住宿式、社區式之建築物使用類
　　組非屬 H-2 之日間照顧、團體家屋及小規模多機能）、老人福利機構（限長期
　　照護型、養護型、失智照顧型之長期照顧機構、安養機構）、護理機構（限一
　　般護理之家、精神護理之家）、身心障礙福利機構（限照顧植物人、失智症、
　　重癱、長期臥床或身心功能退化者）、護理之家機構使用之場所，樓地板面積
　　在 300m² 以上者。
　　第一項第九款所定場所，其樓地板面積未達 1,000m² 者，得設置水道連結型自
　　動撒水設備。

(二)

撒水頭	一般反應型		水道連結型
放水壓力	1 kg/cm²		0.5 kg/cm²
每分鐘放水量	80 L/min		30 L/min
水源容量	使用密閉式一般反應型應符合下表規定個數繼續放水 20 分鐘之水量。但各類場所實設撒水頭數，較應設水源容量之撒水頭數少時，其水源容量得依實際撒水頭數計算之。 {下列子表}		以四顆水道連結型撒水頭，持續放水 20 分鐘以上計算之 4×30 L/min×20 min = 2,400 L

水源容量欄內子表：

各類場所		一般反應型
≥ 11F 建築物、地下建築物		十五
< 10F 建築物	供第十二條第一款第四目使用及複合用途建築物中供第十二條第一款第四目使用者	十五
	地下層	十五
	其他	十

上述其他：10×80 L/min×20 min = 16,000 L
上述非其他：15×80 L/min×20 min = 24,000 L

乙、測驗題部分

(D) 1. 在應設置室內消防栓設備之場所，但設有室外消防栓設備時，在第一層水平距離 X 公尺以下、第二層步行距離 Y 公尺以下有效滅火範圍內，室內消防栓設備限於第一層、第二層免設。X、Y 分別為何？
  (A) X = 20；Y = 20   (B) X = 20；Y = 40
  (C) X = 40；Y = 20   (D) X = 40；Y = 40

(D) 2. 自動撒水設備竣工時，應做加壓試驗。但密閉乾式管系應併行空氣壓試驗，試驗時，應使空氣壓力達到 X MPa 之標準，其壓力持續 Y 小時，漏氣減壓量應在 ZMPa 以下為合格。X、Y、Z 分別為何？
  (A) X = 2.8；Y = 24；Z = 0.01 (B) X = 2.8；Y = 12；Z = 0.1
  (C) X = 0.28；Y = 12；Z = 0.1 (D) X = 0.28；Y = 24；Z = 0.01

(C) 3. 中央主管機關認定儲存大量可燃物之場所天花板高度超過 X 公尺，或其他場所天花板高度超過 Y 公尺者，應採用放水型撒水頭。X、Y 分別為何？
  (A) X = 5；Y = 10   (B) X = 6；Y = 20
  (C) X = 6；Y = 10   (D) X = 10；Y = 5

(D) 4. 密閉乾式或預動式自動撒水設備，下列設置規定何者正確？
  (A) 密閉乾式或預動式流水檢知裝置一次側之加壓空氣，其空氣壓縮機為專用，並能在 30 分鐘內，加壓達流水檢知裝置二次側配管之設定壓力值
  (B) 流水檢知裝置一次側之減壓警報設於平時有人處
  (C) 撒水頭動作後，流水檢知裝置應在 30 秒內，使撒水頭放水
  (D) 撒水頭使用向上型。但配管能採取有效措施者，不在此限

(A) 5. 開放式自動撒水設備之自動及手動啟動裝置，下列設置規定何者正確？
  (A) 受信總機設在平時有人處，且火災時，能立即操作啟動裝置者，得免設自動啟動裝置
  (B) 感知撒水頭與探測器均動作後，才能啟動一齊開放閥及加壓送水裝置
  (C) 感知撒水頭使用標示溫度在 75 度以下者，每 20 平方公尺設置 1 個
  (D) 感知撒水頭設在裝置面距樓地板面高度 6 公尺以下，且能有效探測火災處

(B) 6. 使用密閉式撒水頭之自動撒水設備末端之查驗閥，下列設置規定何者正確？
  (A) 管徑在 50 毫米以上
  (B) 查驗閥依各流水檢知裝置配管系統配置，並接裝在建築物各層放水壓力最低之最遠支管末端
  (C) 查驗閥之一次側設有與撒水頭同等放水性能之限流孔，二次側設壓力表
  (D) 距離地板面之高度在 1.5 公尺以下，並附有排水管裝置，並標明末端查驗閥字樣

(D) 7. 有關水霧滅火設備，下列設置規定何者錯誤？

(A) 每一水霧噴頭之有效半徑在 2.1 公尺以下

(B) 放射區域，指一只一齊開放閥啓動放射之區域，每一區域以 50 平方公尺爲原則

(C) 放射區域有二區域以上者，其主管管徑應在 100 毫米以上

(D) 水霧滅火設備之水源容量，應保持 5.4 立方公尺以上。但放射區域在二區域以上者，應保持 10.8 立方公尺以上

(C)　8. 移動式泡沫滅火設備之加壓送水裝置使用消防幫浦時，若同一樓層設 3 個泡沫消防栓箱時，其出水量應在每分鐘多少公升以上？

　　　　(A) 70　　　　(B) 130　　　　(C) 260　　　　(D) 390

(D)　9. 依各類場所消防安全設備檢修及申報作業基準，公共危險物品等場所達顯著滅火困難者設置之第一種滅火設備之室內消防栓，其放水壓力應在 X kgf/cm² 以上 Y kgf/cm² 以下。則 X + Y 爲若干？

　　　　(A) 8.5　　　　(B) 8.7　　　　(C) 9.5　　　　(D) 10.5

(C)　10. 依各類場所消防安全設備檢修及申報作業基準，有關室內消防栓設備之第一種消防栓水帶及瞄子檢查方法，製造年份超過 10 年或無法辨識製造年份之水帶，應將消防水帶兩端之快速接頭連接於耐水壓試驗機，施以 X kgf/cm² 以上水壓試驗 Y 分鐘合格，始得繼續使用。則 X + Y 爲若干？

　　　　(A) 9　　　　(B) 11　　　　(C) 12　　　　(D) 17

(D)　11. 依各類場所消防安全設備檢修及申報作業基準，固定式泡沫滅火設備（低發泡）綜合檢查，設置泡沫頭者，每次選擇全部放射區域數之若干 % 以上之放射區域，進行逐區放水試驗，測其放射分布及放射壓力？

　　　　(A) 5　　　　(B) 10　　　　(C) 15　　　　(D) 20

(B)　12. 依各類場所消防安全設備設置標準之規定，有關應設置室外消防栓設備之場所，下列敘述何者正確？

　　　　(A) 高度危險工作場所，其建築物及儲存場所之第 1 層到第 4 層樓地板面積合計在 3,000 平方公尺以上者

　　　　(B) 中度危險工作場所，其建築物及儲存場所之第 1 層及第 2 層樓地板面積合計在 5,000 平方公尺以上者

　　　　(C) 低度危險工作場所，其建築物及儲存場所之總樓地板面積合計在 10,000 平方公尺以上者

　　　　(D) 不論何種危險程度工作場所，其建築物及儲存場所之總樓地板面積合計在 8,000 平方公尺以上者

(D)　13. 某一 15 樓層之建築物，其消防安全設備同時設有第一種室內消防栓及自動撒水設備，其屋頂水箱容量至少應爲下列何者？

　　　　(A) 0.3 m³　　　　(B) 0.5 m³　　　　(C) 1.0 m³　　　　(D) 1.5 m³

(C)　14. 依各類場所消防安全設備設置標準之規定，建築物高度超過 60 公尺者，連結送水管應採用濕式，其中繼幫浦設置規定之敘述何者錯誤？

　　　　(A) 中繼幫浦出水量在每分鐘 2,400 公升以上

(B) 屋頂水箱有 0.5 立方公尺以上容量，中繼水箱有 2.0 立方公尺以上

(C) 全閉揚程與押入揚程合計在 170 公尺以上時，增設幫浦使串聯運轉

(D) 設置中繼幫浦之機械室及連結送水管送水口處，設有能與防災中心通話之裝置

(A) 15. 依各類場所消防安全設備設置標準之規定，室外消防栓於其 I 公尺範圍內附設水帶箱，在 J 公尺以內，保持空曠，不得堆放物品或種植花木。下列 I，J 何者正確？

(A) I = 3，J = 5   (B) I = 4，J = 4

(C) I = 5，J = 3   (D) I = 5，J = 5

(B) 16. 某百貨商場（10 樓以下）內設有一般反應型撒水頭 15 個，試問其消防幫浦最低出水量應為何？

(A) 1,080 L/min   (B) 1,350 L/min

(C) 750 L/min   (D) 900 L/min

(D) 17. 依各類場所消防安全設備設置標準之規定，水霧滅火設備之加壓送水裝置使用消防幫浦時，用於防護電氣設備者，每一個水霧噴頭壓 依規定均應達到多少以上？

(A) 1.7 kgf/cm^2 (B) 2.5 kgf/cm^2

(C) 2.7 kgf/cm^2 (D) 3.5 kgf/cm^2

(C) 18. 依各類場所消防安全設備檢修及申報作業基準，有關室內消防栓設備呼水裝置之減水警報裝置，當水量減少至多少前應發出警報？

(A) 四分之一   (B) 三分之一

(C) 二分之一   (D) 三分之二

(C) 19. 依各類場所消防安全設備設置標準之規定，高發泡放出口在全區放射防護區域內，樓地板面積每多少平方公尺應至少設置 1 個，且能有效放射至該區域，並附設泡沫放出停止裝置？

(A) 100 平方公尺   (B) 300 平方公尺

(C) 500 平方公尺   (D) 1,000 平方公尺

(A) 20. 依各類場所消防安全設備設置標準之規定，公共危險物品室外儲槽場所之冷卻撒水設備如以幫浦方式進行加壓時，實際測得之放射量除以該冷卻撒水噴頭（噴孔）所防護儲槽側壁面積應在多少以上？

(A) 2.0 L/min · m^2 (B) 1.75 L/min · m^2

(C) 1.2 L/min · m^2 (D) 1.0 L/min · m^2

(D) 21. 電動機之使用應符合之相關規定，下列何者錯誤？

(A) 電動機在額定輸出連續運轉 8 小時後，不得發生異狀

(B) 電動機之絕緣電阻應符合用戶用電設備裝置規則之規定

(C) 幫浦在額定負荷狀態下，應能順利啟動

(D) 超過額定輸出之 15% 輸出力運轉 1 小時，仍不致發生障礙，引起過熱現象

（ B ） 22. 有一總機室，設置二氧化碳滅火設備，採全區放射方式，其每立方公尺防護區域所需滅火藥劑量為多少公斤？
（A) 1.5　　　　　(B) 1.2　　　　　(C) 1.0　　　　　(D) 0.9

（ D ） 23. 有一電信機械室，設置二氧化碳滅火設備，採全區放射方式，其所核算之滅火藥劑量應於多少秒內全部放射完畢？
（A) 30　　　　　(B) 60　　　　　(C) 90　　　　　(D) 210

（ C ） 24. 二氧化碳滅火設備使用氣體啟動者，啟動用氣體容器之內容積應有 1 公升以上，其所儲存之二氧化碳重量在 0.6 公斤以上，且其充填比應在多少以上？
（A) 1.1　　　　　(B) 1.4　　　　　(C) 1.5　　　　　(D) 1.9

（ A ） 25. 主成分為碳酸氫鉀及尿素化合物之乾粉滅火藥劑，採全區放射方式時，每立方公尺防護區域所需滅火藥劑量為多少公斤？
（A) 0.24　　　　(B) 0.36　　　　(C) 0.6　　　　　(D) 1.8

（ B ） 26. 依各類場所消防安全設備設置標準之規定，乾粉滅火設備配管及閥類，下列設置規定何者錯誤？
(A) 配管應為專用，其管徑依噴頭流量計算配置
(B) 配管採用銅管配管時，應使用符合 CNS 5127 規定或具有同等以上強度及耐蝕性者，並能承受調整壓力或最高使用壓力的 2.8 倍以上之壓力
(C) 最低配管與最高配管間，落差在 50 公尺以下
(D) 放出閥及加壓用氣體容器閥之手動操作部分設於火災時易於接近且安全之處

（ C ） 27. 依各類場所消防安全設備設置標準之規定，加壓式乾粉滅火設備應設壓力調整裝置，可調整壓力至若干 MPa 以下？
（A) 1.5　　　　　(B) 2　　　　　　(C) 2.5　　　　　(D) 3

（ C ） 28. 依各類場所消防安全設備檢修及申報作業基準，對蓄壓式二氧化碳滅火器及海龍滅火器進行重量檢查時，如失重超過多少 % 以上或壓力表示值在綠色範圍外時，應予以更新？
（A) 3　　　　　　(B) 5　　　　　　(C) 10　　　　　(D) 15

（ C ） 29. 依各類場所消防安全設備檢修及申報作業基準，有關高壓式二氧化碳滅火藥劑儲存容器之滅火藥劑量檢查方法之注意事項中，鈷 60 有效使用年限約為多少年，如已超過時，應即時連絡專業單位處理或更換？
（A) 1　　　　　　(B) 2　　　　　　(C) 3　　　　　　(D) 5

（ A ） 30. 公共危險物品等場所之滅火設備分類，下列敘述何者錯誤？
(A) 二氧化碳滅火設備屬第二種滅火設備
(B) 乾粉滅火設備屬第三種滅火設備
(C) 大型滅火器屬第四種滅火設備
(D) 滅火器屬第五種滅火設備

（ B ） 31. 某鍋爐房樓地板面積為 20m×15m，依法其所需之滅火效能值為何？

(A) 10　　　　(B) 12　　　　(C) 15　　　　(D) 20

（A）32. 有關潔淨藥劑氣體滅火設備滅火藥劑主要成分之敘述，下列何者正確？
(A) HCFC-124 主要成分為 $CHClFCF_3$
(B) HFC-23 主要成分為 $C_2H_3F_3$
(C) FC-3-1-10 主要成分為 C_3HF_7
(D) IG-100 主要成分為 CO_2

（B）33. 下列何者不屬於各類場所消防安全設備設置標準第 8 條所規定的滅火設備？
(A) 滅火器　　　　　　　　　　(B) 消防砂
(C) 簡易自動滅火設備　　　　　(D) 海龍滅火設備

（A）34. 依法令規定在應設水霧、泡沫、乾粉、二氧化碳滅火設備之場所，但外牆開口面積（常時開放部分）達該層樓地板面積百分之多少以上者，上列滅火設備得採移動式設置？
(A) 15　　　　(B) 20　　　　(C) 25　　　　(D) 30

（B）35. 有一室內停車空間，其防護區為 25 m×16 m×4 m，未設自動關閉裝置之開口部面積為 10 m^2，擬設置全區放射式乾粉滅火設備，試問所需法定滅火藥劑量最少為多少公斤？
(A) 580 公斤　　(B) 603 公斤　　(C) 647 公斤　　(D) 720 公斤

（A）36. 依滅火器設置規定，下列何者錯誤？
(A) 電影片映演場所放映室及電氣設備使用之處所，每 200 平方公尺（含未滿）另設一滅火器
(B) 設有滅火器之樓層，自樓面居室任一點至滅火器之步行距離在 20 公尺以下
(C) 固定放置於取用方便之明顯處所，並設有長邊 24 公分以上，短邊 8 公分以上，以紅底白字標明滅火器字樣之標識
(D) 懸掛於牆上或放置滅火器箱中之滅火器，其上端與樓地板面之距離，18 公斤以上者在 1 公尺以下，未滿 18 公斤者在 1.5 公尺以下

（D）37. 第四種乾粉滅火藥劑儲存容器，有關充填比之規定，下列何者正確？
(A) 0.85 以上、1.45 以下　　　(B) 1.05 以上、1.75 以下
(C) 1.1 以上、1.9 以下　　　　(D) 1.5 以上、2.5 以下

（A）38. 依法令規定下列場所何者應設置滅火器？
(A) 樓地板面積為 25 平方公尺的地下建築物
(B) 總樓地板面積為 75 平方公尺的乙類場所
(C) 總樓地板面積為 100 平方公尺的丙類場所
(D) 總樓地板面積為 125 平方公尺的丁類場所

（B）39. 進行滅火器之檢查時，有關一般注意事項，下列何者錯誤？
(A) 塑膠製容器或構件，得以辛那（二甲苯）或汽油等有機溶劑加以清理
(B) 護蓋之開關緊閉時，應使用適當之拆卸扳手或鐵鎚執行

(C) 乾粉滅火器本體容器內壁及構件之清理及保養時，應充分注意防潮

(D) 開啓護蓋或栓塞時，應注意容器內殘壓之排除

(A) 40. 依各類場所消防安全設備檢修及申報作業基準，有關乾粉滅火藥劑判定方法，乾粉藥劑不得有雜質、變質、固化等情形，且以手輕握搓揉，並自地面上高度多少公分處使其落下，應呈粉狀？

(A) 50　　　　　(B) 60　　　　　(C) 80　　　　　(D) 100

5-6 消防設備士108年警報與避難系統

甲、申論題部分

一、近來某工業區生產芳香烴的工廠發生爆炸意外，幾公里以外都能看到大量濃煙及大火，致石化廠安全管理議題再度被社會大眾重視，依據「各類場所消防安全設備設置標準」規定，請詳述該類公共危險物品製造場所符合那些條件時，應設置火警自動警報設備及緊急通報裝置？石化工業等製造場所使用傳統探測器容易誤報，而使得昂貴的自動滅火系統產生不必要的釋放或因疏忽、故障、遲報等導致火災的蔓延擴大，何種類探測警報系統可增加系統可靠的偵測效果及準確度，期能將災害損失減到最低，並請說明其動作原理為何？（25 分）

解：

(一) 第 205 條：下列場所應設置火警自動警報設備：於公共危險物品製造場所及一般處理場所符合下列規定之一者：

1. 總樓地板面積在 500m² 以上者。

2. 室內儲存或處理公共危險物品數量達管制量一百倍以上者。但處理操作溫度未滿攝氏 100 度之高閃火點物品者，不在此限。

3. 建築物除供一般處理場所使用外，尚供其他用途者。但以無開口且具 1 小時以上防火時效之牆壁、樓地板區劃分隔者，不在此限。

前項以外之公共危險物品製造、儲存或處理場所儲存、處理公共危險物品數量達管制量十倍以上者，應設置手動報警設備或具同等功能之緊急通報裝置。但平日無作業人員者，不在此限。

(二) 視覺型火災偵測系統（Video Fire Detection System, VFDS）藉由攝影機或其他相容視訊裝置擷取現場影像，利用電腦即時分析視訊影像，若確認屬火焰或煙霧影像，將發出警報通知監控人員，該警報並可連動自動消防滅火系統以便及時啟動抑制火災。在石化工廠製程區開放空間中，為稀釋外洩之 VOC 防止蒸氣雲形成、避免火災向外擴散延燒、保護結構體、彌補防火區劃不足等，通常設置開放式撒水設備或水霧滅火（或冷卻）設備，而 VFDS 之警報輸出可連動開啟上述消防設備之一齊開放閥（或其警報經監控人員確認後在控制室以遠端遙控方式啟動），使火災事故能立即獲得抑制，使火警偵測及火災抑制功能皆可由監控人員在控制室內辨識與操作。

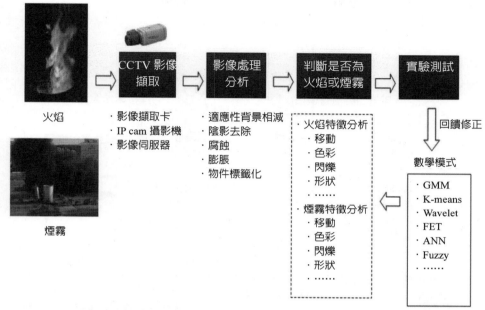

圖　視覺型火災偵測系統動作原理[註2]

二、高層建築物之緊急昇降機間為消防人員搶救時重要路徑之一，不得遭受到濃煙的危害。機間內設置排煙室若採用機械排煙設備，請說明其主要組成構件並繪出其昇位圖例。依據「各類場所消防安全設備設置標準」規定，請試述在煙控設計原則及排煙機檢修作業中「性能檢查」之檢查方法、判定方法與注意事項。（25分）

[註2]　總管理處安衛環中心消防管理處，視覺型火災偵測系統之功能簡介與應用實例，http://www2.fpg.com.tw/html/mgz/Mgz_epaper/143/45-3p94-103.pdf

解：

(一) 主要組成構件並繪出其升位圖例

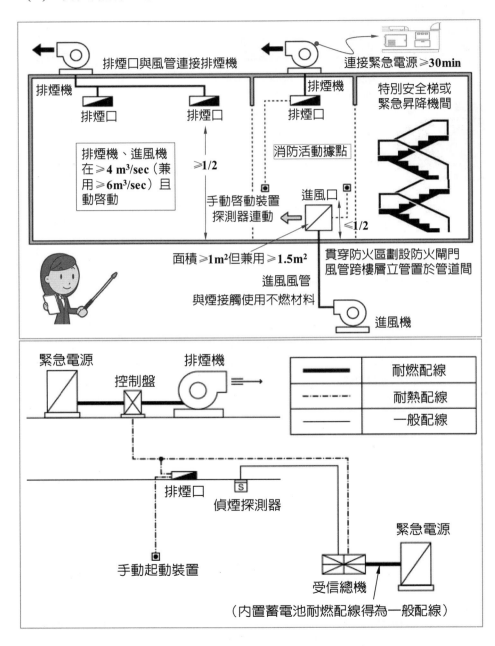

(二) 煙控設計原則

1. 每層樓地板面積每 500m² 內，以防煙壁區劃。於地下建築物之地下通道每 300m² 應以防煙壁區劃。
2. 任一位置至排煙口之水平距離在 30m 以下，排煙口設於天花板或其下方 80cm 範圍內，除直接面向戶外，應與排煙風管連接。
3. 排煙設備之排煙口、風管及其他與煙接觸部分應使用不燃材料。
4. 排煙風管貫穿防火區劃時，應在貫穿處設防火閘門。
5. 排煙口設手動開關裝置及探測器連動自動開關裝置。
6. 排煙口之開口面積在防煙區劃面積之 2% 以上，且以自然方式直接排至戶外。排煙口無法以自然方式直接排至戶外時，應設排煙機。
7. 排煙機之排煙量在每分鐘 120m³ 以上。
8. 連接緊急電源，其供電容量應供其有效動作 30 分鐘以上。

(三) 排煙機性能檢查之檢查方法、判定方法與注意事項

1. 電動機

(1) 檢查方法

A、回轉軸：以手轉動確認是否圓滑轉動。B、軸承部：確認潤滑油有無污損、變質、及達到必要量。C、動力傳達裝置：確認有無變形、損傷，皮帶輪及 v 型皮帶的性能是否正常。D、本體：操作啓動裝置，確認性能動作是否正常。

(2) 判定方法

A、回轉軸：回轉軸應能圓滑轉動。B、軸承部：潤滑油應無污損、變質、異物混入等，並達必要量。C、動力傳動裝置：(A) 皮帶軸及回轉軸應無鬆動，且應無變形、損傷、腐蝕等。(B)V 型皮帶傳動時應無障礙，及應無鬆動、損傷、耗損、油脂附著等。D、本體：應無顯著發熱、異常震動、不規則及不連續雜音，且回轉方向正常。

(3) 注意事項

A、進行測試時，注意對所連動之空調機械所造成之影響。

B、除了進行運轉的性能檢查外，必須將電源切斷。

2. 回轉葉片

(1) 檢查方法

A、回轉軸：確認電動機、排煙機的回轉狀態是否正常。

B、軸承部：確認潤滑油有無污損、變質、並達到必要量。

(2) 判定方法

A、回轉軸：回轉葉片之回轉應能圓滑並向正常方向回轉，且應無異常振動及雜音。

B、軸承部：潤滑油應無污損、變質、並達到必要量。

乙、測驗題部分

（C）1. 某一新建建築物地面六層、地下二層，用途為辦公室，每層樓地板面積為 400 平方公尺，設置火警自動警報系統，假設 1 樓發生火警時，依各類場所消防安全設備設置標準規定，其鳴動方式為何？

(A) 一齊鳴動

(B) 地下層各層及 1 樓鳴動

(C) 地下層各層、1 樓及 2 樓鳴動

(D) 地下層 1 層、1 樓及 2 樓鳴動

（D）2. 某一防火構造建築物，地上 5 層且為無開口樓層，1 至 2 層供辦公室用途使用，3 至 5 層供餐廳用途使用，各樓層樓地板面積皆為 200 平方公尺，依照各類場所消防安全設備設置標準之規定，請問本場所火警自動警報設備之設置情形，下列何者正確？

(A) 僅餐廳用途場所設置　　　　(B) 僅辦公室用途場所設置

(C) 全棟均不須設置　　　　　　(D) 全棟均必須設置

（B）3. 瓦斯漏氣火警自動警報設備進行性能檢查，下列敘述何者正確？

(A) 同一回路檢知器數量有 11 個，選取檢查數量 2 個

(B) 同一回路檢知器數量有 33 個，選取檢查數量 20% 以上

(C) 檢知器之「加瓦斯試驗器」其瓦斯濃度測試值一般是取該瓦斯燃燒下限之 1/8 值

(D) 使用「加瓦斯試驗器」進行瓦斯測試，對空氣比重未滿一者，使用異丁烷進行試驗

（C）4. 探測器應依裝置場所高度選擇探測器種類裝設，下列何者錯誤？

(A) 高度 9 公尺，選用光電式局限型 2 種探測器

(B) 高度 9 公尺，選用離子式局限型 2 種探測器

(C) 高度 18 公尺，選用離子式局限型 2 種探測器

(D) 高度 18 公尺，選用火焰式探測器

（A）5. 感熱式局限型探測器使用加熱試驗器對探測器加熱，依動作時間方法判斷，下列何者符合動作時間之規定？（標稱動作溫度與周圍溫度之差低於 50 度）

(A) 定溫式局限型 2 種，動作時間 100 秒

(B) 定溫式局限型特種，動作時間 50 秒

(C) 差動式局限型 2 種，動作時間 40 秒

(D) 差動式局限型 1 種，動作時間 40 秒

（A）6. 某一廣播區域面積為 150 平方公尺，設有揚聲器，請問距所設揚聲器 1m 處所測得之音壓須達多少以上才符合規定？

(A) 92 dB　　　(B) 87 dB　　　(C) 84 dB　　　(D) 80dB

（B）7. 為提升火災發生時之通報效率，並避免延誤報案致生重大火災事故，各類

場所消防安全設備設置標準於 107 年 10 月 17 日增列下列那一種設備種類？

(A) 119 火警通報裝置設備　　　(B) 119 火災通報裝置設備

(C) 119 火警報知裝置設備　　　(D) 119 火災報知裝置設備

(D)　8. 有關避難器具之外觀試驗，下列何者不屬於外觀試驗？

(A) 裝置器具檢查　　　　　　　(B) 固定部材料檢查

(C) 構造、性能檢查　　　　　　(D) 拉拔強度試驗

(C)　9. 依照各類場所消防安全設備檢修及申報作業基準之規定，某燃燒器具的瓦斯，對空氣比重大於 1 時，其檢知器應設於距瓦斯燃燒器具或瓦斯導管貫穿牆壁處水平距離 A 公尺以內；檢知器上端，應裝設在距樓地板面 B 公分範圍內。請問前述 A、B 為何？

(A) A：8、B：30　　　　　　　(B) A：8、B：60

(C) A：4、B：30　　　　　　　(D) A：4、B：60

(C)　10. 利用加瓦斯試驗器對瓦斯漏氣檢知器進行檢測，其性能判定方法下列何者錯誤？

(A) 中繼器、瓦斯漏氣表示燈及檢知區域警報裝置之動作應正常

(B) 依檢知器動作確認燈確認檢知器之瓦斯漏氣動作者，從動作確認燈亮燈至瓦斯漏氣燈亮燈之時間，應在 60 sec 以內（如使用中繼器者，則為 65 sec 以內）

(C) 依中繼器之動作確認燈或檢知區域警報裝置之動作，確認檢知器之瓦斯漏氣動作者，從檢知區域警報裝置之動作或中繼器之動作確認燈亮燈至瓦斯漏氣燈亮燈之時間，應在 80 sec 以內（如使用中繼器者，則為 85 sec 以內）

(D) 受信總機之瓦斯漏氣燈、主音響裝置之動作及警報分區之表示應正常

(D)　11. 依消防法令規定，觀光旅館、飯店、旅館、招待所（限有寢室客房者）等場所，採膠囊式經營時，須設置火警自動警報設備者，下列何者錯誤？

(A) 旅館內走道每步行距離 15 公尺至少設置 1 個偵煙式探測器

(B) 地區音響裝置之音壓於膠囊型之休眠空間內須達 60 分貝（dB）以上

(C) 每一個膠囊型之休眠空間內均須設置探測器（進出部分為常時開放者不在此限）

(D) 旅館內走道設置偵煙式探測器，且距離盡頭牆壁或出口在 10 公尺以下

(C)　12. 依各類場所消防安全設備設置標準規定，下列危險物品場所何者不須設置火警自動警報設備？

(A) 室內儲存場所管制量 100 倍以上者

(B) 製造場所總樓地板面積 500m² 以上者

(C) 一般處理場所管制量 50 倍以上者

(D) 室內儲槽場所達顯著滅火困難者

(B)　13. 依照各類場所消防安全設備檢修及申報作業基準之規定，會結露之場所適用的探測器為下列何者？

(A) 差動式局限型探測器　　　　(B) 定溫式局限型探測器
(C) 火焰式局限型探測器　　　　(D) 偵煙式局限型探測器

（B）14. 偵煙式局限型探測器裝設於防火構造建築物天花板高度 8 公尺之裝置面時，若樓地板面積為 500 平方公尺，且其天花板中間有一下垂 40 公分的樑隔開，試問至少須設置幾個偵煙式局限型 1 種探測器？
(A) 8　　　　(B) 7　　　　(C) 5　　　　(D) 4

（B）15. 某防火構造建築物，供三溫暖洗澡區使用，面積為 130 m²，天花板高度為 3.6 m，請問下列何者為適當的探測器？
(A) 差動式局限型探測器 1 種　　(B) 定溫式局限型探測器 1 種
(C) 火焰式局限型探測器 1 種　　(D) 偵煙式局限型探測器 1 種

（A）16. 依各類場所消防安全設備設置標準規定，火警自動警報設備之火警發信機（非定址式）與 P 型受信總機，其配線為何種配線？
(A) 一般配線　(B) 耐熱保護　(C) 耐燃保護　(D) 同軸電纜

（D）17. 依各類場所消防安全設備設置標準規定，裝置面高度 10 公尺者，不可選擇下列何種探測器設置？
(A) 火焰式探測器　　　　　　(B) 偵煙式局限型 2 種
(C) 差動式分布型　　　　　　(D) 定溫式局限型特種

（D）18. 依各類場所消防安全設備設置標準第 112 條，有關火警自動警報設備之火警分區劃定規定，下列何者錯誤？
(A) 樓梯或斜坡通道，垂直距離每 45 公尺以下為一火警分區。但其地下層部分應為另一火警分區
(B) 每一火警分區不得超過一樓層，並在樓地板面積 600 平方公尺以下。但上下二層樓地板面積之和在 500 平方公尺以下者，得二層共用一分區
(C) 如由主要出入口或直通樓梯出入口能直接觀察該樓層任一角落時，第一款規定之 600 平方公尺得增為 1,000 平方公尺
(D) 樓梯、斜坡通道、昇降機之昇降路及管道間等場所，在水平距離 55 公尺範圍內，且其頂層相差在二層以下時，得為一火警分區

（D）19. 有關緊急廣播設備之敘述，下列何者錯誤？
(A) 廣播區域在 50 平方公尺以下時，設 L 級、M 級或 S 級揚聲器
(B) 若設有緊急廣播設備時，得免設火警發信機之火警警
(C) 室內安全梯或特別安全梯應垂直距離每 45 公尺單獨設定一廣播分區
(D) 揚聲器裝設於樓梯或斜坡通道時，至少垂直距離每 15 公尺設一個 L 級或 M 級揚聲器

（B）20. 消防安全設備測試報告書測試方法及判定要領中規定，火警自動警報設備外觀試驗，其定溫式感知線型探測器之判定要領中，下列何者正確？
(A) 感知線應設置在裝置面下方 0.4 m 以內
(B) 感知線之彎曲半徑應在 0.05 m 以上
(C) 感知線之安裝在直線部分以每 1 m（如有下垂之虞時，則為 0.5 m）以內

之間隔固定

(D)感知線之安裝在彎曲部分以每 0.5 m 以內之間隔固定

(D) 21. 利用各種減光罩對光電式分離型探測器進行測試，以確認其火災動作試驗、不作動試驗、故障警報試驗並判定是否符合規定，下列方式何者錯誤？

(A)火災動作試驗：將適當感度的減光罩放置於探測器受光部前方 10 cm 範圍內約 15 sec，如果受信總機有火災訊號產生即表示正常

(B)不作動試驗：將適當感度的減光罩放置於探測器受光部前方 10 cm 範圍內約 30 sec，如果受信總機沒有火災訊號產生即表示正常

(C)故障警報試驗：在監視狀態下以 100% 減光罩的感光鏡或感光板的前面放置遮光軸，如在 60 sec 內錯誤警報顯示即表示正常

(D)判定方法：插入減光罩後到動作之時間，應在 60 sec 內，蓄積型者應在 60 sec 加其標稱蓄積時間及 5 sec 之時間內

(A) 22. 特別安全梯的安全梯與緊急昇降機兼用時，其排煙機、進風機之排煙量、進風量須在每秒多少立方公尺以上？

(A)6 　　　　(B)4 　　　　(C)360 　　　　(D)240

(D) 23. 用途為補習班，居室樓地板面積 300 平方公尺，採用有效通風方式檢討，其排煙口設於天花板下方 80 公分內，試問有效通風面積最少須要多少平方公尺以上方可符合規定？

(A)2 　　　　(B)3 　　　　(C)5 　　　　(D)6

(B) 24. 有關無線電通信輔助設備設置規定，下列何者正確？

(A)洩波同軸電纜之標稱阻抗為 50 歐姆，並經耐熱處理

(B)無線電之接頭設於地面之接頭數量，在任一出入口與其他出入口之步行距離大於 300 公尺時，設置 2 個以上

(C)無線電之接頭需裝設於保護箱內，箱內設長度 1.5 公尺以上之射頻電纜

(D)設增輻器時，該增輻器之緊急電源，應使用蓄電池設備，其能量能使其有效動作 20 分鐘以上

(A) 25. 緩降機固定架或支固器具使用錨定螺栓固定時，選用螺紋標稱為 M12×1.75 之螺栓，試問其螺栓埋入混凝土內不含灰漿部分之深度（mm）及轉矩值須為多少（kgf-cm）？

(A)埋入深度 60 （mm）以上，轉矩值 300～450 （kgf-cm）

(B)埋入深度 45 （mm）以上，轉矩值 150～250 （kgf-cm）

(C)埋入深度 70 （mm）以上，轉矩值 600～850 （kgf-cm）

(D)埋入深度 50 （mm）以上，轉矩值 195～300 （kgf-cm）

(B) 26. 有關依各類場所消防安全設備設置標準規定設置之耐燃保護、耐熱保護措施，室內消防栓、室外消防栓、自動撒水、水霧、泡沫、乾粉、二氧化碳滅火設備、連結送水管設備等之配管，於實施施工、加壓試驗及配合建築物樓地板、樑、柱、牆施工須預埋消防管線時，消防專技人員何人應一

併拍照建檔存證以供消防機關查核，消防機關並得視需要隨時派員前往查驗？

(A) 消防安全設備設計人　　　(B) 消防安全設備監造人

(C) 消防安全設備裝置人　　　(D) 消防安全設備檢修人

(A) 27. 緊急照明設備性能試驗之水平面照度測試，切換爲緊急電源狀態亮燈，經過 A 分鐘後，使用 B 測試，確認緊急照明燈之照度有無達到法規所規定之值。請問前述 A、B 爲何？

(A) A：30、B：低照度測定用光電管照度計

(B) A：30、B：減光罩

(C) A：20、B：低照度測定用光電管照度計

(D) A：20、B：減光罩

(A) 28. 依建築技術規則對緊急用昇降機之相關規定，下列何者正確？

(A) 超過 10 層樓之各層樓地板面積之和未達 500 平方公尺者無須設置緊急用昇降機

(B) 整座電梯無須連接至緊急電源

(C) 昇降速度每分鐘不得小於 70 公尺

(D) 每座昇降機間之樓地板面積不得小於 15 平方公尺

(D) 29. 某商場有一樓層，以防煙垂壁區劃爲四區，各區劃樓地板面積分別爲 100 平方公尺、300 平方公尺、250 平方公尺、200 平方公尺，採用機械排煙方式，四區劃僅設置 1 台排煙風機，試問該排煙風機之排煙量每分鐘不得小於多少立方公尺？

(A) 120　　　(B) 400　　　(C) 500　　　(D) 600

(A) 30. 應設排煙設備場所之樑爲裸露式者，交錯之樑形成之各防煙區劃皆應設置排煙口。但其樓地板面積每 500 平方公尺防煙區劃內，防煙壁及排煙口之設置，符合各類場所消防安全設備設置標準第 188 條第 1 項第 3 款規定，並符合下列何者，不在此限？〔A：大樑深度（cm）；B：中樑深度（cm）；X：大樑下加設之垂壁高度（cm），其值得爲 0；A + X：防煙壁下垂高度（cm）。〕

(A) A + X ≧ 50，(A + X) − B ≧ 30

(B) A + X ≧ 60，(A + X) − B ≧ 30

(C) A + X ≧ 50，(A + X) − B ≧ 20

(D) A + X ≧ 60，(A + X) − B ≧ 20

(D) 31. 依各類場所消防安全設備設置標準對於出口標示燈設置之相關規定，下列何者正確？

(A) 車站的出口標示燈應使用 A 級或 B 級且標示面光度應在 20 燭光（cd）以上或具閃滅或音聲引導功能者

(B) 飯店的出口標示燈應使用 A 級或 B 級且標示面光度應在 20 燭光（cd）以上或具閃滅或音聲引導功能者

（C）室內停車場的出口標示燈應使用 A 級或 B 級且標示面光度應在 20 燭光（cd）以上或具閃滅或音聲引導功能者

（D）長期照顧機構的出口標示燈應使用 A 級或 B 級且標示面光度應在 20 燭光（cd）以上並應採具閃滅或兼具音聲引導功能者

（ C ）32. 下列出口標示燈及避難方向指示燈之緊急電源描述何者正確？

（A）出口標示燈使用蓄電池設備，其容量應能使其有效動作 10 分鐘以上

（B）地下建築物，其總樓地板面積在 500 平方公尺以上者，通往直通樓梯之出入口的出口標示燈其容量應能使其有效動作 10 分鐘以上

（C）總樓地板面積在 3 萬平方公尺以上的高層建築物，通往排煙室之出入口的出口標示燈其容量應能使其有效動作 60 分鐘以上

（D）總樓地板面積在 5 萬平方公尺以上的建築物，居室通往走廊之出入口的出口標示燈其容量應能使其有效動作 30 分鐘以上

（ D ）33. 有關 B 級出口標示燈（顯示避難方向符號者）及 B 級避難方向指示燈有效範圍的規定，下列何者正確？

（A）B 級出口標示燈（顯示避難方向符號者）步行距離為 30 公尺

（B）B 級避難方向指示燈步行距離為 20 公尺

（C）有不易看清或識別該燈情形者，避難方向指示燈有效範圍為 15 公尺

（D）有不易看清或識別該燈情形者，出口標示燈有效範圍為 10 公尺

（ C ）34. 依各類場所消防安全設備設置標準之規定，下列何種避難器具的開口面積應為高 60 公分以上，寬 60 公分以上？

（A）緩降機　　　　（B）避難梯　　　　（C）救助袋　　　　（D）滑臺

（ C ）35. 依各類場所消防安全設備設置標準規定，在應設排煙設備之場所，有關其排煙設備設置之描述，下列何者錯誤？

（A）防煙區劃之範圍內，任一位置至排煙口之水平距離在 30 公尺以下

（B）地下建築物之地下通道，其排煙機之總排煙量應在每分鐘 600 立方公尺以上

（C）室內排煙規定排煙機之排煙量應在每分鐘 300 立方公尺以上

（D）地下建築物之地下通道每 300 平方公尺應以防煙壁區劃

（ D ）36. 依各類場所消防安全設備設置標準第 28 條應設置排煙設備之規定，下列何者錯誤？

（A）無開口樓層其樓地板面積 1,000 平方公尺以上者應設排煙設備

（B）餐廳樓地板面積 500 平方公尺以上者應設排煙設備

（C）夜總會的舞臺部分之樓地板面積在 500 平方公尺以上者應設排煙設備

（D）樓地板面積在 300 平方公尺以上之居室，其天花板下方 80 公分範圍內之有效通風面積未達該居室樓地板面積百分之二者，應設排煙設備

（ A ）37. 某機場候機室樓地板面積 300 m^2，自然排煙設備其窗戶都在天花板或其下方 80 公分範圍內，共有 10 扇窗，採正向由上往外推可達 90°，請問每一扇窗面積多大才合格？

(A) 0.6m²   (B) 0.5m²   (C) 0.4m²   (D) 0.3m²

（A）38. 依各類場所消防安全設備設置標準規定，特別安全梯及緊急昇降機間兼用排煙室時排煙閘門面積為 4 m²，忽略溫度的影響，測試點量得的平均風速 V(m/sec) 應為多少以上為合格？

    (A) 1.5 m/sec   (B) 1.4 m/sec   (C) 1.3 m/sec   (D) 1.0 m/sec

（A）39. 依各類場所消防安全設備設置標準規定，下列何種場所不須設置緊急電源插座？

    (A) 依建築技術規則應設置之特別安全梯間

    (B) 11 層以上建築物之各樓層

    (C) 依建築技術規則應設置之緊急昇降機間

    (D) 總樓地板面積在 1,000 平方公尺以上之地下建築物

（D）40. 依各類場所消防安全設備設置標準規定，緊急供電系統之配線的保護下列何者錯誤？

    (A) 排煙設備的緊急電源到排煙口的配線應採耐燃保護

    (B) 無線電通信輔助設備的緊急電源到增幅器的配線應採耐燃保護

    (C) 瓦斯漏氣火警自動警報設備的受信總機到檢知器的配線應採耐燃保護

    (D) 火警自動警報設備的受信總機到定址式探測器的配線應採耐燃保護

5-7 消防設備師107年水系統消防安全設備

一、依據「各類場所消防安全設備設置標準」規定，小規模老人服務機構之水系統滅火設備設計原則為何？為能提升避難弱者生命安全保障，俾利在火災發生初期，採行相關緊急滅火應變作為，減少傷亡風險發生，試比較我國與日本等先進國家對此類場所在規範水系統滅火設備設計規定之差異處，並請說明有那些補強設計原則可讓現場醫護人員（非工務勞安人員）確實有效操作該系統設備？（25分）

解：

(一) 依各類場所消防安全設備設置標準第 17 條供第 12 條第 1 款第 6 目所定長期照顧機構（長期照護型、養護型、失智照顧型）、身心障礙福利機構（限照顧植物人、失智症、重癱、長期臥床或身心功能退化者）、護理之家機構使用之場所，樓地板面積 ≥ 300 m^2 者，應設置自動撒水設備。在設計原則上，於第 46 條撒水頭依下列規定配置，指出第 12 條第 1 款場所之住宿居室、病房及其他類似處所，得採用小區劃型撒水頭（以第 1 種感度為限），任一點至撒水頭之水平距離在 2.6 m 以下，且任一撒水頭之防護面積在 <13 m^2。而前款所列場所之住宿居室等及其走廊、通道與其類似場所，得採用側壁型撒水頭（以第 1 種感度為限），牆面二側至撒水頭之水平距離在 1.8 m 以下，牆壁前方至撒水頭之水平距離在 3.6 m 以下。依據該標準第 50 條撒水頭放水量之規定，小區劃型撒水頭之放水量，每分鐘應在 50 L 以上；第 57 條自動撒水設備水源容量之規定，使用小區劃型撒水頭時，10 層以下樓層在 8 個撒水頭、11 層以上樓層在 12 個撒水頭繼續放水 20 分鐘之水量以上，故設置自動撒水設備水源容量約需 8 至 12 噸。

(二) 日本「消防法施行令」指出，安養及長照服務機構設置使用之場所，總樓地板面積 ≥ 275 m^2 者，應設置自動撒水設備；日本與臺灣皆要求位於樓層數達 11 樓以上之建築物時，皆應設置自動撒水設備。因此，我國與日本在老人服務機構場所設置自動撒水設備規定類似，差異不大。

(三) 在補強設計原則上，在水源容量可能礙於建築物現況，如屋頂水箱或消防專用蓄水池、自動撒水設備之管路施工困難等，而難以設置。因此，可能參考日本於小型老人福利機構等場所設置水道連結型撒水設備，以因應場所火災之發生，提高老人服務機構之自主防災能力。依據 106 年 7 月 4 日內授消字第 1060823004 號令修正發布之「密閉式撒水頭認可基準修正規定」，將原「小流量型撒水頭」用語調整為「水道連結型撒水頭」，其將加壓水分撒於地面及壁面，以符合水道連結型撒水頭之撒水分布試驗規定，並得與自來水配管連接設置者。其最低放水壓力規定為 0.2 kgf/cm^2 或放水量 15 L/min 時之放水壓力二者取最大值，其放水量每分鐘約在 9～51 L 以上。如此，第 57 條自動撒水設備水源容量之規定，10 層以下樓層在 8 個撒水頭、11 層以上樓層在 12 個撒水頭繼續放水 20 分鐘之水量以上，採用水道連結型撒水頭水源容量最小僅約需 1.5～2.2 公噸。以此水源容量，將提高既有安養及長照服務機構設置自動撒水設備之可能性。

(四) 此外，設置第 1 種室內消防栓改為第 2 種室內消栓或是日本保形水帶讓現場醫護人員（非工務勞安人員）確實有效操作該系統設備。

二、水霧滅火設備可撲滅電器類火災之原理為何？水霧噴頭及配管與 190 電壓（KV）高壓電器設備應保持多少毫米（mm）之離開距離？請繪出水霧滅火設備主要設備與系統配件構成之升位圖。（25 分）

解：

(一) 水霧滅火設備可撲滅電器類火災之原理，因為了噴出細小水粒子，必須比撒水頭水壓（1 kg/cm^2）還要高。如果噴出水粒子夠細小，空氣為一不良傳導體，細小水粒子之間存有空氣隔絕，滅火時就能不侷限於 A 類火災，而擴大應用於 C 類火災場所，且水霧不具任何化學毒性。

(二) 為了防護 C 類火災場所，本條所稱「距離」係指電氣絕緣距離，是水霧噴頭及配管與高壓電器設備之帶電導體（不含具有效絕緣保護者）應保持之距離。最低距離間隔是 15 cm，最大間隔是 3.3 m。以變壓器室而言，該防護對象係指變壓器本體，該總面積係指變壓器總面積。於各類場所消防安全設備設置標準第 66 條，水霧噴頭及配管與高壓電器設備應保持之距離，依下表規定：

離開距離（mm）		電壓（KV）
最低	標準	
150	250	7 以下
200	300	10 以下
300	400	20 以下
400	500	30 以下
700	1,000	60 以下
800	1,100	70 以下
1,100	1,500	100 以下
1,500	1,900	140 以下
2,100	2,600	200 以下
2,600	3,300	345 以下

(三) 水霧滅火設備主要設備與系統配件構成之升位圖

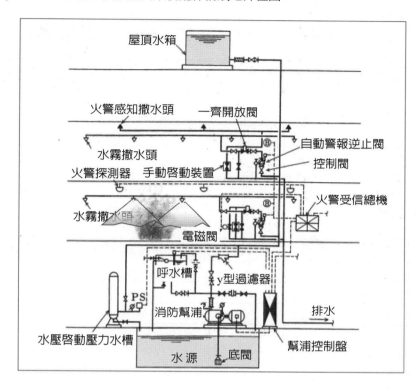

三、有一印刷機房之空間規模為 35 m（長）×25 m（寬）×12 m（高），內有一座
印刷機臺大小為 12 m（長）×8 m（寬）×6 m（高），需設置固定式滅火設備
來防護之，若採用高發泡放出口之泡沫滅火設備及第 1 種膨脹比泡沫，泡沫原
液（使用水成膜泡沫滅火藥劑）濃度為 6%，且其防護區域開口部能在泡沫水
溶液放射前自動關閉，請問至少應設置幾個高發泡放出口？高發泡放出口之泡
沫水溶液放射量為多少？充滿配管之泡沫水溶液量為 0.8 立方公尺（m³），試
計算其所需最小泡沫原液量？其泡沫原液儲槽設置規定為何？（25 分）

解：

(一) 冠泡體積指防護區域自樓地板面至高出防護對象最高點 0.5 m 所圍體積。
防護對象物 35 m × 25 m × 6.5 m = 5,688 m³
高發泡放出口在防護區域內，樓地板面積每 500 m² 至少設置 1 個，且能有效
放射至該區域，並附設泡沫放出停止裝置。
高發泡放出口數 $\dfrac{35 \times 25}{500} = 2$（個）

(二) 防護對象位置距離樓地板面高度，超過 5 m，且使用高發泡放出口時，應為全區放射方式。

高發泡放出口之泡沫水溶液放射量依下表核算：

防護對象	膨脹比種類	冠泡體積 1 m³（L/min）
第 18 條第 8 項場所	（第 1 種）	1.25
	（第 2 種）	0.31
	（第 3 種）	0.18

1.25 L/min m³ × 5,688 m³ = 7,110 L/min

7,110 L/min ÷ 2 = 3,555 L/min

(三) 最小水源容量

膨脹比種類	冠泡體積 × m³ / 每 1 m³ 冠泡體積 = 泡水溶液量
第 1 種	0.04
第 2 種	0.013
第 3 種	0.008

0.04 × 5,688 m³ = 227.5 m³

計算之水溶液量，應加算充滿配管所需之泡沫水溶液量，且應加算總泡沫水溶液量之 20%。

(227.5 m³ + 0.8 m³) × 1.2 = 274 m³

(四) 泡沫原液量

274 × 0.06 = 16.4 m³

(五) 依第 81 條泡沫原液儲槽，依下列規定設置：

　1. 設有便於確認藥劑量之液面計或計量棒。

　2. 平時在加壓狀態者，應附設壓力表。

　3. 設置於溫度攝氏 40 度以下，且無日光曝曬之處。

　4. 採取有效防震措施。

四、某建設公司擬蓋地上四十層地下三層鋼筋混凝土構造之防火建築物一棟，基地土地面積為 2,000 m²，建築物各層面積如下：地下各層樓地板面積各為 1,200 m²（長 50 m × 寬 24 m），高度各為 3.5 m，用途為：停車場、機房；地上第一層至第四十層：各層樓地板面積各為 1000 m²（長 50 m × 寬 20 m），高度各為 4 m，用途各為：辦公室；屋頂突出物樓地板面積為 185 m²，高度為 2.5 m，用途為：電梯機械室。於 2018 年 3 月 10 日向基地管轄之某縣市政府申請「建築物建造執照」，並於 2018 年 5 月 2 日審核通過並核發建照，其設置有消防專用蓄水池及溼式連結送水管，已知：連結送水管使用 150 毫米（mm）管徑，配管摩擦損失水頭為 28.5 m、落差高度為 100 m，試求：
(一) 中繼幫浦設計之目的為何？（5 分）
(二) 中繼幫浦全揚程為多少公尺（m）以上？（5 分）
(三) 中繼幫浦出水量每分鐘為多少公升以上？（2 分）
(四) 中繼幫浦所需屋頂水箱及水源容量為多少立方公尺（m³）以上？（5 分）
(五) 消防專用蓄水池有效水量應為多少立方公尺（m³）以上？其投入孔或採水口設置規定為何？（8 分）

解：

(一) 連結送水管之設置係考量樓層較高之建築物於消防搶救上，假使逐層延著室內梯布置水帶至火災層，耗費體力且耗時，且摩擦損失大，以致不切實際，故設計連結送水管，希望消防車延伸水線能將水儘速送至高層部，以有效射水。但樓層過高時，消防車幫浦加壓有限，為使水線具備一定水壓，以使消防水能射至遠方，故於建築物內設置中繼幫浦，目的是將消防車之用水送至高層搶救位置，所以連結送水管之中繼幫浦之設置位置，應考慮國內消防車之車齡、送水揚程、四周環境、水帶（耐壓）等現實狀況，設置高度原則仍以 60 m 為限，方能確保發揮其功能。且中繼幫浦之全閉揚程與押入揚程合計在 170 m 以上時，應增設幫浦使串聯運轉方能確保發揮其功能，以符合其中繼之意旨。

(二) 中繼幫浦全揚程
全揚程＝消防水帶摩擦損失水頭＋配管摩擦損失水頭＋落差＋放水壓力
依第 184 條規定消防水帶摩擦損失水頭為 4 m。
幫浦全揚程：$H = 4\ m + 28.5\ m + 100\ m + 60\ m = 192.5\ m$
中繼幫浦全閉揚程：$H = 192.5 \times 120\% = 231\ m$

(三) 中繼幫浦出水量
依第 183 條規定中繼幫浦出水量在每分鐘 2,400 L 以上。

(四) 中繼幫浦所需屋頂水箱及水源容量為多少立方公尺（m³）以上？
依第 183 條規定中繼幫浦之屋頂水箱有 0.5 m³ 以上容量，中繼水箱有 2.5 m³ 以上。

(五) 消防專用蓄水池有效水量

依第 185 條：消防專用蓄水池，依下列規定設置：

蓄水池有效水量應符合下列規定設置：

1. 依第 27 條第 1 款及第 3 款設置者，其第一層及第二層樓地板面積合計後，每 7,500m^2（包括未滿）設置 20 m^3 以上。

2. 依第 27 條第 2 款設置者，其總樓地板面積每 12,500m^2（包括未滿）設置 20 m^3 以上。

本棟屬第 27 條第 2 款設置場所，因此總樓地板面積

401,000 + 185 + 12,003 = 43,785 m^2

43,785 ÷ 12,500 = 3.5（包括未滿，故為 4）

20 m^3 × 4 = 80 m^3

(六) 投入孔或採水口設置規定

依第 185 條：依下列規定設置投入孔或採水口。

1. 投入孔為邊長 60 cm 以上之正方形或直徑 60 cm 以上之圓孔，並設鐵蓋保護之。水量未滿 80 cm^3 者，設 1 個以上；80 m^3 以上者，設 2 個以上。

2. 採水口為口徑 75 mm，並接裝陰式螺牙。水量 20 m^3 以上，設 1 個以上；40 m^3 以上至 120 m^3 未滿，設 2 個以上；120 m^3 以上，設 3 個以上。採水口配管口徑至少 80 mm 以上，距離基地地面之高度在 1 m 以下 0.5 m 以上。

前項有效水量，指蓄水池深度在基地地面下 4.5 m 範圍內之水量。但採機械方式引水時，不在此限。

5-8 消防設備師107年化學系統消防安全設備

一、試說明具有 B-6 滅火效能值的手提式滅火器，以第 2 種滅火方式試驗，其滅火效能值該如何進行試驗？其判定方法為何？（25 分）

解：

(一) 第 2 種滅火試驗

1. 對象：適用測試 B 類火災滅火器之滅火效能值。

2. 方式：

(1) 模型應如下圖所示，並於下表所列模型中，採用模型號碼數值 1 以上之 1 個模型來測試。

(2) 滅火動作應於點火 1 分鐘後開始。

(3) 操作滅火器人員得穿著防火衣及面具。實施滅火試驗時，應與油盤保持 1 m 以上距離。

(4) 應在風速 0.5 m/sec 以下之狀態進行，B-20 以上可於室外進行試驗（應在風速 3.0 m/sec 以下之狀態進行）。

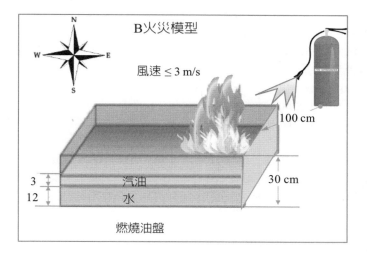

模型號碼	燃燒表面積（m²）	模型一邊之長度 L（cm）	汽油量（L）	滅火效能值
1	0.2	44.7	6	B-1
2	0.4	63.3	12	B-2
3	0.6	77.5	18	B-3

模型號碼	燃燒表面積 (m^2)	模型一邊之長度 L (cm)	汽油量（L）	滅火效能值
4	0.8	89.4	24	B-4
5	1.0	100	30	B-5
6	1.2	109.5	36	B-6

(二) 判定方法：滅火劑噴射完畢後 1 分鐘以內不再復燃者，可判定已完全熄滅。

二、FM-200 為常見的海龍滅火藥劑之替代品，但在設計過程中必須考慮使用空間之人員安全性，試說明在評估人員安全性指標中，何謂 LC_{50}、NOAEL、LOAEL？請寫出 FM-200 在滅火過程中，中斷燃燒產生毒性氫氟酸（HF）的化學反應式為何？（25 分）

解：

(一) LC_{50}、NOAEL、LOAEL
1. LC_{50} 會造成 50% 實驗生物死亡的濃度。
2. NOAEL（No Observed Adverse Effect Level），為無毒性濃度，藥劑對身體不產生明顯影響之最高濃度。
3. LOAEL（Lowest Observed Adverse Effect Level），為毒性最低濃度，藥劑對身體產生明顯影響之最低濃度。

(二) FM-200 在滅火過程中，中斷燃燒產生毒性氫氟酸（HF）化學反應式
1. 目前對 FM-200（HFC-227ea）功能的了解是，其 80% 的滅火效能是透過吸熱達成，20% 則透過直接的化學反應方式（火焰的連鎖反應下，氟的強力反應）。
2. FM200 的滅火機理：FM200 的滅火機理與鹵代烷系列滅火劑的滅火機理相似，屬於化學滅火的範疇，通過滅火劑的熱分解產生含氟的自由基，與燃燒反應過程中產生支鏈反應的 H、OH⁻、O²⁻ 活性自由基發生氣相作用，從而抑制燃燒過程中化學反應來實施滅火。
3. FM-200 滅火原理之反應式
$$HFC\text{-}227ea + M = CF_3CHF + CF_3 + M$$
$$CF_3CHF + M = CHFCF_2 + F + M$$
$$CHFCF_2 + H = CH_2F + CF_2$$
$$CHFCF_2 + O = CHF_2 + CFO$$
$$CHFCF_2 + OH = CF_2CF + H_2O$$
$$CF_3 + H = CF_2 + HF$$
$$CF_2 + H = CF + HF$$
$$CF_2 + OH = CFO + HF$$

$$CFO + M = CO + F + M$$
$$CF + O_2 = CFO + O$$
$$CF + OH = CO + HF$$
$$CHF_2 + H = CHF + HF$$
$$CHF + H = CF + H_2$$
$$CH_2F + H = CH_2* + HF$$

三、依據各類場所消防安全設備檢修及申報作業基準，採移動式的二氧化碳滅火系統，在進行綜合檢查時，試說明其檢查方法、判定方法以及注意事項各為何？（25分）

解：

(一) 移動式檢查方法

1. 進行放射試驗，其所需試驗用氣體量為 5 支噴射瞄子內以該設備一具儲存容器量為之。
2. 檢查後，供藥劑再充填期間所使用之儲存容器替代設備，應準備與放射儲存容器同一型式之產品 1 支。
3. 放射用之儲存容器應處於正常狀態，其他容器，應採取適當塞住其容器閥之措施。
4. 以手動操作拉出皮管，確認放射狀態是否正常。

(二) 判定方法

1. 指定之容器閥開放裝置動作，皮管拉出及瞄子開關閥應無異常之情形，可正常放射二氧化碳。
2. 皮管及皮管連接部分應無二氧化碳之洩漏。

(三) 注意事項

1. 完成檢查後，高壓式者，應將檢查時使用之儲藏容器等換為替代容器，進行再充填。
2. 完成檢查後，應將所有裝置回復定位。

四、某空間欲採用第 3 種乾粉作全區放射滅火系統設計（如下圖），其體積為 200 m³，常開之外牆面積為 8 m²，噴頭藥劑流量為 0.8 kg/sec，放射表壓力為 1 kgf/cm²，大氣壓力為 1 kgf/cm²，試計算乾粉儲存容器之設計壓力、乾粉滅火藥劑量及所需的放射時間各為何？（25分）

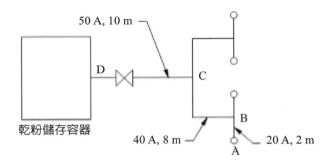

解：

(一) 計算乾粉儲存容器之設計壓力

$$\frac{P}{L} = 0.7 \frac{q^{2.4}}{d^{5.2}}$$

P：配管壓力損失（kg/cm²）
L：等價管長
q：滅火劑流量（kg/sec）
d：配管內徑（cm）

查表

管徑（A）	10	15	20	25	32	40	50	65	80
彎頭	9.1	7.1	5.3	4.2	3.2	2.8	2.2	1.7	1.4
T 型管	27.2	21.4	16.0	12.5	9.7	8.3	6.5	5.1	4.3
容積（L/m）	0.126	0.203	0.367	0.598	1.00	1.36	2.20	3.62	5.11

已知配管管件規格

配管	A-B	B-C	C-D
管徑（A）	20	40	50
管長（m）	2	8	10
彎頭	1	1	4
T 型管	1	1	-
閥門	-	-	1
流量（kg/sec）	3.2	1.6	0.8

檢討等價管長

配管	A-B（20A）	B-C（40A）	C-D（50A）
管長（m）	2	8	10
彎頭	1×5.3	1×2.8	4×2.2
T型管	1×16	1×8.3	-
閥門	-	-	1×14
總等價管長（m）	23.3	19.1	32.8

儲槽設計壓力

A-B 段

$$\frac{P}{L} = 0.7 \frac{q^{2.4}}{d^{5.2}}$$

$$P = 0.31 \times 23.3 \div 7.24$$

B-C 段

$$P = 0.0016 \times 19.1 \div 0.03$$

C-D 段

$$P = 0.000095 \times 32.8 \div 0.003$$

配管系統壓力損失為 $7.24 + 0.03 + 0.003 = 7.273 \ kg/cm^2$

儲槽設計壓力為噴頭放射壓力 + 配管壓力損失 $= 1 + 7.273 = 8.273 \ kg/cm^2$

(二) 最少需要多少乾粉滅火藥劑量

全區放射方式所需滅火藥劑量，依下表計算：

滅火藥劑種類	第1種乾粉（主成分碳酸氫鈉）	第2種乾粉（主成分碳酸氫鉀）	第3種乾粉（主成分磷酸二氫銨）	第4種乾粉（主成分碳酸氫鉀及尿素化合物）
每立方公尺防護區域所需藥劑量（kg/m^2）	0.6	0.36	0.36	0.24
每平方公尺開口部所需追加藥劑量（kg/m^2）	4.5	2.7	2.7	1.8

因此，藥劑量計算如次

$$W = G \times V + g \times A$$
$$W = 0.36 \times 200 + 2.7 \times 8 = 93.6 \text{ kg}$$

(三) 所需的放射時間

$$t = \frac{W}{Q_{噴頭}} = \frac{93.6 \text{ kg}}{0.8 \text{ kg/sec} \times 4 \text{ 個}} = 29.28 < 30 \text{ sec}$$

5-9　消防設備師107年警報系統消防安全設備

一、某飯店有高度 18 公尺的挑高中庭，採用光電式分離型探測器（1 種）產生警報訊號，並連動排煙設備啓動，且總機設有蓄積功能，試問該類型探測器裝置規定？檢修時最長動作時間（秒）？檢修時的檢查方法、判定方法及注意事項為何？（25 分）

解：

(一) 光電式分離型探測器裝置規定

第 123 條：光電式分離型探測器，依下列規定設置：

1. 探測器之受光面設在無日光照射之處。
2. 設在與探測器光軸平行牆壁距離 60 cm 以上之位置。
3. 探測器之受光器及送光器，設在距其背部牆壁 1 m 範圍內。
4. 設在天花板等高度 20 m 以下之場所。
5. 探測器之光軸高度，在天花板等高度 80% 以上之位置。
6. 探測器之光軸長度，在該探測器之標稱監視距離以下。
7. 探測器之光軸與警戒區任一點之水準距離，在 7 m 以下。

前項探測器之光軸，指探測器受光面中心點與送光面中心點之連結線。

(二) 檢修時最長動作時間（秒）

光電式分離型探測器之動作時間於第 1 種應於 30 秒動作，但總機設有蓄積功能蓄積時間應在 5 秒以上，60 秒以下。因此，檢修時最長動作時間應在 60 秒以下。

(三) 分離型檢修時的檢查方法、判定方法及注意事項

1. 檢查方法

　　使用減光罩，確認探測器之動作及火警分區之表示是否正常。

2. 判定方法

(1) 插入減光罩後到動作之時間，應在 30 秒內。

(2) 蓄積型探測器之動作時間，應在 30 秒加其標稱蓄積時間及 5 秒之時間內。

(3) 火警分區之表示應正常。

3. 注意事項

(1) 應使用規定之減光罩。

(2) 對於連接蓄積性能之回路，亦可先行解除其蓄積性能。

二、某一防火建築物某一樓層簡易平面示意圖（如下圖所示），天花板高度 3.5m，中間設有樑，樑深 50 cm，樓地板面積 Af ＝ 70 m × 30 m，試依下列各種用途狀況，分別依法規設計探測器種類（限設 1 種）與數量？

(一) 熱水室。（7分）
(二) 停車場。（7分）
(三) 不燃性石材加工場。（4分）
(四) 飯店客房。（7分）

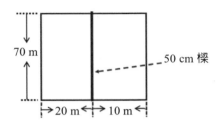

解：

場所			1 灰塵、粉末會大量滯留場所	2 水蒸氣會大量滯留之場所	3 會散發腐蝕性氣體之場所	4 平時煙會滯留之場所	5 顯著高溫之場所	6 排放廢氣會大量滯留之場所	7 煙會大量流入之場所	8 會結露之場所
適用探測器	差動式侷限型	1種						○	○	
		2種						○	○	
	差動式分布型	1種	○		○			○	○	○
		2種	○	○	○			○	○	○
	補償式侷限型	1種	○		○			○	○	○
		2種	○	○	○			○	○	○
	定溫式	特種	○	○	○	○	○		○	○
		2種		○	○	○	○		○	○
	火焰式		○					○		

註：1.○表可選擇設置。
　　2.場所1、2、4、8所使用之定溫式或補償式探測器，應具有防水性能。
　　3.場所3所使用之定溫式或補償式探測器，應依腐蝕性氣體別，使用具耐酸或耐鹼性能者；使用差動分布型時，其空氣管及檢出器應採有效措施，防範腐蝕性氣體侵蝕。

第 119 條
　探測器之探測區域，指探測器裝置面之四周以淨高 40 cm 以上之樑或類似構造體區劃包圍者。但差動式分布型及偵煙式探測器，其裝置面之四周淨高應為 60 cm 以上。

(一) 熱水室

熱水室為水蒸氣會大量滯留之場所，可設定溫式特種探測器，裝設數量依第 120 條：差動式侷限型、補償式侷限型及定溫式侷限型探測器，依下列規定設置：

1. 探測器下端，裝設在裝置面下方 30 cm 範圍內。
2. 各探測區域應設探測器數，依下表之探測器種類及裝置面高度，在每一有效探測範圍，至少設置 1 個。

裝置面高度			未滿 4 m		4 m 以上未滿 8 m	
建築物構造			防火構造建築物	其他建築物	防火構造建築物	其他建築物
探測器種類及有效探測範圍（m²）	差動式侷限型	1 種	90	50	45	30
		2 種	70	40	35	25
	補償式侷限型	1 種	90	50	45	30
		2 種	70	40	35	25
	定溫式侷限型	特種	70	40	35	25
		1 種	60	30	30	15
		2 種	20	15	-	-

因此，樓地板面積 70 m×20 m = 1,400 m²　1,400÷70 = 20（個）

70 m×10 m = 700 m²　700÷70 = 10（個）

20 + 10 = 30（個）

(二) 停車場

停車場為排放廢氣會大量滯留之場所，可設差動式侷限型 1 種，裝設數量依第 120 條規定。

因此，樓地板面積 70 m×20 m = 1,400 m²　1,400÷90 = 15.5（16 個）

70 m×10 m = 700 m²　700÷90 = 7.8（8 個）

16 + 8 = 24（個）

(三) 不燃性石材加工場

依第 116 條：下列處所得免設探測器：

1. 探測器除火焰式外，裝置面高度超過 20 m 者。
2. 外氣流通無法有效探測火災之場所。
3. 洗手間、廁所或浴室。
4. 冷藏庫等設有能早期發現火災之溫度自動調整裝置者。
5. 主要構造為防火構造，且開口設有具 1 小時以上防火時效防火門之金庫。
6. 室內游泳池之水面或溜冰場之冰面上方。

7. 不燃性石材或金屬等加工場,未儲存或未處理可燃性物品處。

8. 其他經中央主管機關指定之場所。

假使不燃性石材加工場,有儲存或處理可燃性物品處,則要裝設,此為灰塵、粉末會大量滯留場所,設補償式侷限型 1 種,裝設數量依第 120 條規定。

因此,樓地板面積 70 m×20 m = 1,400 m² 1,400÷90 = 15.5(16 個)

70 m×10 m = 700 m² 700÷90 = 7.8(8 個)

16 + 8 = 24(個)

(四) 飯店客房

依第 114 條:探測器應依裝置場所高度,就下表選擇探測器種類裝設。但同一室內之天花板或屋頂板高度不同時,以平均高度計。

裝置場所高度	未滿 4 m	4 m 以上未滿 8 m	8 m 以上未滿 15 m	15 m 以上未滿 20 m
探測器種類	差動式侷限型、差動式分布型、補償式侷限型、離子式侷限型、光電式侷限型、光電式分離型、定溫式、火焰式	差動式侷限型、差動式分布型、補償式侷限型、定溫式特種或種、離子式侷限型一種或二種、光電式侷限型一種或二種、光電式分離型、火焰式	差動式分布型、離子式侷限型一種或二種、光電式侷限型一種或二種、火焰式、光電式分離型	離子式侷限型一種、光電式侷限型一種、光電式分離型一種、火焰式

因此,可裝設光電式局限型 1 種,依第 122 條:偵煙式探測器除光電式分離型外,依下列規定裝置:

1. 居室天花板距樓地板面高度在 2.3 m 以下或樓地板面積在 40m² 以下時,應設在其出入口附近。

2. 探測器下端,裝設在裝置面下方 60 m 範圍內。

3. 探測器裝設於距離牆壁或樑 60 cm 以上之位置。

4. 探測器除走廊、通道、樓梯及傾斜路面外,各探測區域應設探測器數,依下表之探測器種類及裝置面高度,在每一有效探測範圍,至少設置 1 個。

裝置面高度	探測器種類及有效探測範圍(m²)	
	1 種或 2 種	3 種
未滿 4 m	150	50
4 m 以上未滿 20 m	75	-

因此,樓地板面積 70 m×20 m = 1,400 m² 1,400÷150 = 9.3(10 個)

70 m×10 m = 700 m² 700÷150 = 4.6(5 個)

10 + 5 = 15(個)

> 三、某場所設有 P 型一級受信總機火警自動警報設備及緊急廣播系統,試問兩者配線安裝規定有何不同?另緊急廣播系統揚聲器何種條件下可免設?(25 分)

解:

(一) 兩者配線安裝規定有何不同

依第 127 條:火警自動警報設備之配線,除依屋內線路裝置規則外,依下列規定設置:

1. 常開式之探測器信號回路,其配線採用串接式,並加設終端電阻,以便藉由火警受信總機作回路斷線自動檢出用。
2. P 型受信總機採用數個分區共用一公用線方式配線時,該公用線供應之分區數,不得超過 7 個。
3. P 型受信總機之探測器回路電阻,在 50 Ω 以下。
4. 電源回路導線間及導線與大地間之絕緣電阻值,以直流 250 V 額定之絕緣電阻計測定,對地電壓在 150 V 以下者,在 0.1 MΩ 以上,對地電壓超過 150 V 者,在 0.2 MΩ 以上。探測器回路導線間及導線與大地間之絕緣電阻值,以直流 250 V 額定之絕緣電阻計測定,每一火警分區在 0.1 MΩ 以上。
5. 埋設於屋外或有浸水之虞之配線,採用電纜並穿於金屬管或塑膠導線管,與電力線保持 30 cm 以上之間距。

依第 139 條:緊急廣播設備之配線,除依屋內線路裝置規則外,依下列規定設置:

1. 導線間及導線對大地間之絕緣電阻值,以直流 250 V 額定之絕緣電阻計測定,對地電壓在 150 V 以下者,在 0.1 MΩ 以上,對地電壓超過 150 V 者,在 0.2 MΩ 以上。
2. 不得與其他電線共用管槽。但電線管槽內之電線用於 60 V 以下之弱電回路者,不在此限。
3. 任一層之揚聲器或配線有短路或斷線時,不得影響其他樓層之廣播。
4. 設有音量調整器時,應為三線式配線。

此外,二者在配線上如下圖所示。

火警自動警報設備

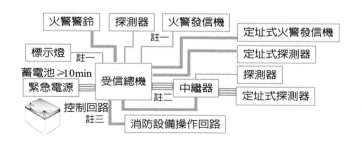

緊急廣播設備

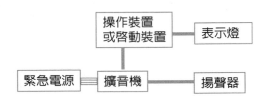

註一：火警發信機兼作其他消防安全設備之啓動裝置者：火警發信機及標示燈回路
　　　應採耐熱保護。
註二：中繼器（亦稱模組）之緊急電源迴路：中繼器內裝蓄電池者，得採一般配線。
註三：中繼器之控制回路：得採耐熱保護。
　　　▬▬▬▬▬：耐燃保護，▬▬▬▬▬：耐熱保護，▬▬▬▬▬：同軸電纜：
　　　▬▬▬▬▬：一般配線

(二) 緊急廣播系統揚聲器何種條件下可免設
　　依第 133 條：從各廣播區域內任一點至揚聲器之水平距離在 10 m 以下。但居
　　室樓地板面積在 6 m² 或由居室通往地面之主要走廊及通道樓地板面積在 6 m²
　　以下，其他非居室部分樓地板面積在 30 m² 以下，且該區域與相鄰接區域揚聲
　　器之水平距離相距 8 m 以下時，得免設。

四、某地下層俱樂部設有廚房且使用桶裝瓦斯，試問該場所需設置瓦斯漏氣火警自
　　動警報設備的條件？其檢知器裝置規定？檢知器檢修時的檢查方法、判定方法
　　及注意事項？（25 分）

解：
(一) 需設置瓦斯漏氣火警自動警報設備的條件
　　依第 21 條：下列使用瓦斯之場所應設置瓦斯漏氣火警自動警報設備：
　　1. 地下層供第 12 條第 1 款所列場所使用，樓地板面積合計 1,000 m² 以上者。
　　2. 供第 12 條第 5 款第 1 目使用之地下層，樓地板面積合計 1,000 m² 以上，且
　　　其中甲類場所樓地板面積合計 500 m² 以上者。
　　3. 總樓地板面積在 1,000 m² 以上之地下建築物。
(二) 檢知器裝置規定
　　依第 141 條：瓦斯漏氣檢知器，依瓦斯特性裝設於天花板或牆面等便於檢修
　　處，並符合下列規定：
　　1. 瓦斯對空氣之比重大於 1 時，依下列規定：
　　　(1) 設於距瓦斯燃燒器具或瓦斯導管貫穿牆壁處水平距離 4 m 以內。

(2) 檢知器上端，裝設在距樓地板面 30 cm 範圍內。

2. 水平距離之起算，依下列規定：

(1) 瓦斯燃燒器具為燃燒器中心點。

(2) 瓦斯導管貫穿牆壁處為面向室內牆壁處之瓦斯配管中心處。

(三) 檢知器檢修時的檢查方法、判定方法及注意事項

1. 檢查方法

使用「加瓦斯試驗器」進行加瓦斯測試（對空氣之比重未滿 1 者使用甲烷，對空氣之比重大於 1 者使用異丁烷），依下列 (1) 至 (3) 其中之一來測定檢知器是否動作及到受信機動作之時間，同時確認中斷器，瓦斯漏氣表示燈及檢知區域警報裝置之動作狀況。

(1) 有動作確認燈之檢知器，測定由確認燈亮燈至受信總機之瓦斯漏氣燈亮燈之時間。

(2) 由檢知區域警報裝置或中繼器之動作確認燈，能確認檢知器之動作時，測定由檢知區域警報裝置動作或中繼器之動作確認亮燈，至受信總機之瓦斯漏氣燈亮燈之時間。

(3) 無法由前述 (1)、(2) 測定者，測定加壓試驗用瓦斯後，至受信總機之瓦斯漏氣燈亮燈之時間。

(4) 檢知器應按下表選取檢查數量。

檢知器選取檢查數量表

一回路之檢知器數量	撰取檢查數量
1-5 個	1
6-10 個	2
11-15 個	3
16-20 個	4
21-25 個	5
26-30 個	6
30 個以上	20%

2. 判定方法

(1) 中斷器、瓦斯漏氣表示燈及檢知區域警報裝置之動作應正常。受信總機之瓦斯漏氣燈、主音響裝置之動作及警報分區之表示應正常。

(2) 由前述檢查方法之 (1)、(2)、(3) 測得之時間，扣除下列 A 及 B 所定之時間，應在 60 秒內。

A. 介入中繼器時為 5 秒。

B. 檢查方法採用 (3) 時為 20 秒。

3. 注意事項

(1) 檢知器每次測試時應輪流選取，可於圖面或檢查表上註記每次選取之位置。

(2) 在選取之檢知器中，發現有不良品時，該回路之全部檢知器均應實施檢查。

白努利定律（Bernoulli's Principle）

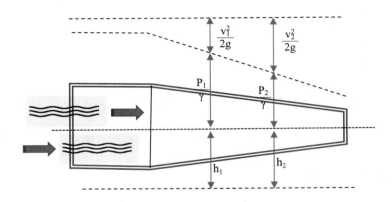

能量守恆 $= \dfrac{v_1^2}{2g}$（速度水頭，動能：沿水流方向）$+ \dfrac{P_1}{\gamma}$（壓力水頭，壓能：垂直管壁）$+ h_1$（高度水頭，位能：水流高度）$= \dfrac{v_2^2}{2g} + \dfrac{P_2}{\gamma} + h_2$

　　白努利定律是流體力學中的一個定律，由瑞士·白努利於1738年出版《Hydrodynamica》，描述流體沿著一條穩定、非黏性、不可壓縮的流線移動行為。依白努利原理指出，無黏性的流體的速度增加時，流體的壓力能或位能（位能）總和將減少。白努利定律可以從能量守恆定律來推演，在一個穩定的水流，沿著直線流向的所有點上，各種形式的流體機械能總和必定相同。也就是說，動能、位能與內能的總和保持不變。換言之，任何的流體速度增加，即代表動態壓力和單位體積動能的增加，而在同時會導致其靜態壓力，單位體積流體的位能、內能等三者總和的減少。但每單位體積能量的總和（即壓力和單位體積流體的重力位能的總和）在管內任何位置都相同。而飛機上升動力也是來自於白努利定律之流體力學。

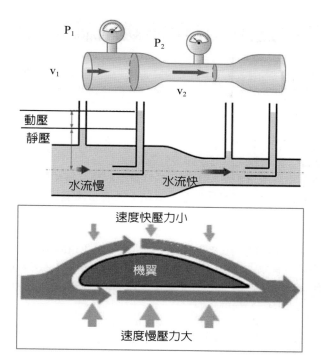

5-10消防設備師107年避難系統消防安全設備

一、緊急照明設備與標示設備乃避難逃生時重要設備，其緊急電源之可靠與否更是關係其是否可發揮功效之因素，試比較二者緊急電源容量之差異？（25 分）

解：

(一) 緊急照明設備緊急電源容量

依第 177 條：緊急照明設備應連接緊急電源。

前項緊急電源應使用蓄電池設備，其容量應能使其持續動作 30 分鐘以上。但採蓄電池設備與緊急發電機併設方式時，其容量應能使其持續動作分別為 10 分鐘及 30 分鐘以上。

(二) 標示設備緊急電源容量

依第 155 條：出口標示燈及避難方向指示燈之緊急電源應使用蓄電池設備，其容量應能使其有效動作 20 分鐘以上。但設於下列場所之主要避難路徑者，該容量應在 60 分鐘以上，並得採蓄電池設備及緊急發電機併設方式：

1. 總樓地板面積在 5 萬 m^2 以上。
2. 高層建築物，其總樓地板面積在 3 萬 m^2 以上。
3. 地下建築物，其總樓地板面積在 1,000m^2 以上。

二、防火區劃可分為那幾種區劃型式？如何利用防火區劃在避難弱者（如醫院、護理之家等）避難路徑之安全規劃？（25分）

解：

(一) 防火區劃之區劃型式

防火區劃功能上可分如次：

1. 防火區劃：以防止火燒擴大，防火單元必具一定防火時效以上構造或設施。
2. 防煙區劃：以防濃煙竄延流動擴大，以防煙垂壁、防煙垂幕等組成。
3. 避難安全區劃：於避難路徑上形成相對安全區，為一非永久性避難空間，作為火災應變之暫時避難防火煙所區劃之安全空間。

因此，防火區劃是當建築物火災發生時，為防止火煙蔓延擴大，因此在建築設計上，將建築物以防火樓板、防火門窗以及防火牆區劃分隔成數個區域，稱為防火區劃，希望將火勢控制在侷限範圍內，以減免生命財產的損失。此與船舶隔艙區劃，當船艙進水後，為免淹至整條船，將水侷限在某一船艙之意是一樣的。基本上，建築物防火區劃又可分為如次：

1. 水平區劃（又稱面積區劃）

在同一樓層板面上，以具有防火性能的分隔構造物，將建築物平面分成若干一定面積以下的區域，功能在為阻止火災沿樓層水平方向延燒擴大之防火措施。防火單元為防火牆、防火門窗、防火捲門、防火水幕等分構造物或設施，具有一定防火時效以上。按建築技術規則／建築設計施工編的規定，建築物總樓地板面積在 1,500 m² 以上者，應按每 1,500 m²，以具有 1 小時防火時效的防火牆、防火樓板及甲種防火門窗區劃分隔。

2. 垂直防火區劃（又稱層間區劃）

在建築物之立體樓層面，以具有防火性能的分隔構造物，以防止火災垂直向上樓層延燒擴大的防火措施。防火單元為防火樓板、外牆板、樓板與外牆間的填縫材等構件分隔構造物或設施，具有一定防火時效以上。

3. 用途區劃

在建築物內按使用之不同用途空間，以具有防火性能的分隔構造物進行防火分類管理，以防止火災在建築物分間牆之間造成蔓延竄燒的防火措施。

4. 管道間區劃

因管道形同煙囪，一旦火煙滲入時，勢必快速蔓延移動，有必要進行一定空間之侷限，防止擴大之防火措施在樓梯間、升降機間、垂直貫穿樓板之管道間（垂直或水平）等類似部位，均需以具一定防火時效之構造形成區劃分隔。功能在為阻止火煙沿管道間進行垂直水平方向延燒擴大的防火措施。

(二) 利用防火區劃在避難弱者（如醫院、護理之家等）避難路徑之安全規劃

設計樓層之水平及垂直防火區劃，以防止火燒擴大；以及設計防煙區劃，以防濃煙竄延流動擴大，以防煙垂壁、防煙垂幕等組成。再進行避難安全區劃，於避難路徑上形成相對安全區，作為火災應變之暫時避難防火煙所區劃之安全空間；如區劃完整之防火煙空間、排煙室或區劃之陽臺或露天。基本上，在避難弱者避難路徑先進行水平避難，再進行垂直避難，此於水平避難路徑上，設計自動撒水設備，並於避難安全區劃空間，設計機械排煙設備等消防設備，進行第 1 次（居室外走廊）、第 2 次避難安全區劃空間（排煙室、陽臺）及第 3 次避難安全區劃空間區（安全梯、特別安全梯或緊急升機等），以使避難弱者免受火煙侵擾之虞，安全順利避難至絕對安全區。

三、避難器具主要設置目的，在於提供未能利用正常避難設施進行避難之人員另一種避難方式，試問進行避難器具之設置設計時，主要流程與考慮因素為何？（25 分）

解：

(一) 進行避難器具之設置設計時，主要流程：

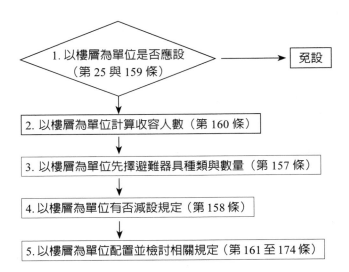

(二) 考量設置

設置避難器具時必須考量許多因素：

1.建築物構造與用途

依「各類場所消防安全設備設置標準」第 12 條規定，可將建築物依其用途分類，以區分建築物性質及危險程度，了解內部人員之特性，設置避難器具時需注意收容人數避難能力之強弱，依其建築物構造與用途選用適當避難器具。

2.樓層高度

避難器具主要設置十層以下除避難層外之樓層，因此在建築物 11F 以上，因高度關係致人員危險及操作變數（外在環境）增多，即可不用設置避難器具。

3.收容人數

收容人數係指在建築物內出入，居住或是從業之人員數量，現今法令以收容人數為設置避難器具數量考量之依據。

4.安全區概念

避難器具應設置於安全性較高之相對安全區內，所謂相對安全區即是指建築物內某一樓層或某一防火區劃，於短時間內暫時不受火煙之侵襲。

5.二方向避難原則

只有一座樓梯之防火建築物，其避難器具應設置於避難通道，樓梯之另一側，以保持二方向避難原則，至於有二座樓梯之建築物，避難器具應於二座樓梯間分配設置。

6.操作空間

設置避難器具時，應考量開口面積、操作面積、下降空間及下降空地之足夠空間，以防危害避難人員之安全。

7. 標示

設置避難器具之目的，為在火災發生時，可快速找到避難器具，並利用使用方法標識，有效操作避難器具。

8. 避難器具選用

應就建築物樓層高度不同（三層以上）及內部人員特性（避難弱者），選用適當及能安全使用之避難器具。

9. 避開障礙物

建築物外牆有妨礙避難器具使用之障礙物應予以避開。

四、緩降機在進行認可時，下降速度試驗乃為確保其使用時下降之安全性，請問下降速度試驗之內容為何？（25 分）

解：

下降速度試驗之內容規定如次：

將緩降機固定在該繩索最長使用限度之高處（如繩索長度超過 15 m 者則以 15 m 之高度為準），進行下列試驗：

1. 常溫下降試驗

施予最大使用人數分別乘以 250 nt 及 650 nt 之載重及以相當於最大使用載重之負載等 3 種載重，左右交互加載且左右連續各下降 1 次時，其速度應在 16 cm/sec 以上 150 cm/sec 以下之範圍內。

2. 20 次連續下降試驗

施予相當於最大使用人數乘以 650 nt 之載重，左右交互加載且左右連續各下降 10 次之下降速度，任 1 次均應在 20 次之平均下降速度值之 80% 以上 120% 以下，且不得發生性能及構造上之異常現象。

5-11消防設備士107年水與化學系統消防安全設備概要

甲、測驗題部分

一、(一)請說明加壓式乾粉滅火系統中，遲延裝置、定壓動作裝置、壓力調整裝置、清洗裝置以及排出裝置等各裝置之作用。（15分）
  (二)另請說明定壓動作裝置之類型及作動原理。（10分）

解：
(一)請說明加壓式乾粉滅火系統中，遲延裝置、定壓動作裝置、壓力調整裝置、清洗裝置以及排出裝置等各裝置之作用

1.遲延裝置

與二氧化碳及海龍替代藥劑等一樣，因藥劑釋放時壓力很大，瞬間釋放其濃度過濃會有缺氧等危險，且濃度遮蔽視線問題，造成內部人員難以逃出；因此，一旦探測器感知火災發生時，必須有遲延裝置之緩衝安全時間，此作用有使人員安全順利離開，如有誤報可緊急停止釋放之作用。

2.定壓動作裝置

使氣粉有充分均勻混合之機會，並防氣體壓力過大，致損壞配管等構造組件及造成放射氣粉不均勻等事件，達到可放射程度之設定壓力時，再打開放出閥之裝置。

3.壓力調整裝置

加壓式乾粉滅火設備壓力為防過大，因焊接容器耐壓有限，需進行降壓至適當壓力範圍，避免物理壓力危險現象。

4.清洗裝置

而乾粉不像二氧化碳或其他氣體滅火設備，本身具有蒸氣壓之動力來源，所以乾粉需藉額外動力源使其噴出；而滅火後管內殘餘乾粉因本身具腐蝕性，且粉粒重量會存留積在管內，久而粉末吸收溼氣造成硬化結塊，所以有必要進行以高壓氣體完全清洗掉，再予以排出。

5.排出裝置

一般液化氣體容器，當其蒸氣壓氣態增加時，會使其液態面降低，但使用氮氣時，其容器內蒸氣壓是不會產生變化的。但容器內為固體時不會有些問題的。但使用蓄壓式比加壓式對容器內乾粉平時進行壓縮，較易有結塊之可能。為防滅火後管內殘餘乾粉存留積在管內，久而粉末吸收溼氣造成硬化結塊，所以必須每次使用完畢予以高壓氣體導出。

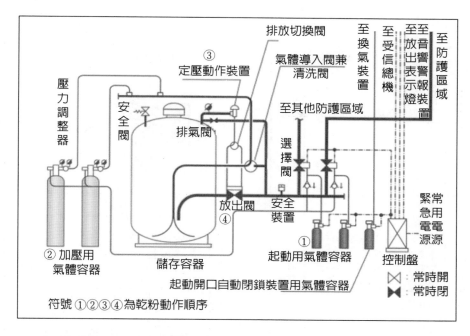

符號①②③④為乾粉動作順序

(二) 定壓動作裝置之類型及作動原理

一般而言，起動用氣體容器動作後，會經由加壓用氣體容器及壓力調整器，再經由定壓動作裝置至儲存容器內乾粉，經放出閥、選擇閥至防護區域。而每一儲存容器皆有定壓動作裝置，使氣粉有充分均勻混合之機會，並防氣體壓力過大，致損壞配管等構造組件及造成放射氣粉不均勻等事件，達到可放射程度之設定壓力時，再打開放出閥之裝置。而定壓動作裝置可分封板式、彈簧式、壓力開關式、機械連動式、定時開關式等（如下圖之定壓動作裝置種類與內容）。

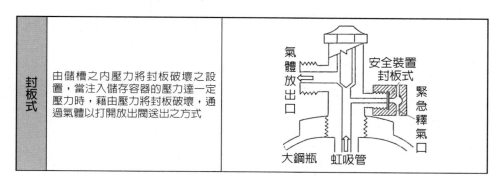

彈簧式	儲槽之內壓力上升達到一定值時，而彈簧動作將內藏閥門上壓後開放，通過氣體以打開放出閥送出之方式	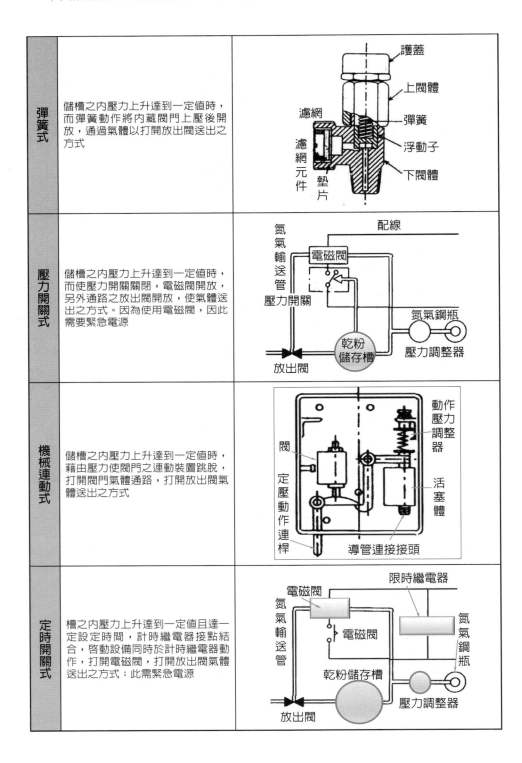
壓力開關式	儲槽之內壓力上升達到一定值時，而使壓力開關關閉，電磁閥開放，另外通路之放出閥開放，使氣體送出之方式。因為使用電磁閥，因此需要緊急電源	
機械連動式	儲槽之內壓力上升達到一定值時，藉由壓力使閥門之連動裝置跳脫，打開閥門氣體通路，打開放出閥氣體送出之方式	
定時開關式	槽之內壓力上升達到一定值且達一定設定時間，計時繼電器接點結合，啟動設備同時於計時繼電器動作，打開電磁閥，打開放出閥氣體送出之方式；此需緊急電源	

二、採用幫浦加壓之密閉式撒水系統，依「各類場所消防安全設備檢修及申報作業基準」進行綜合檢查時，請說明其檢查方法、判定方法及注意事項。（25分）

解：

(一) 檢查方法

切換成緊急電源供電狀態，然後於最遠支管末端，打開查驗閥，確認系統性能是否正常。並由下列步驟確認放水壓力。

1. 應設有與撒水頭同等放水性能之限流孔（如下圖）。

2. 打開末端查驗閥，啟動加壓送水裝置後，確認壓力表之指示值。

3. 對加壓送水裝置最近及最遠的末端查驗閥進行放水試驗。

(二) 判定方法

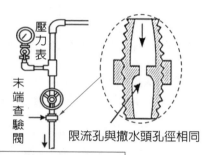

限流孔與撒水頭孔徑相同

1. 測試流水檢知裝置之警報
2. 測試幫浦之啟動
3. 測試出水量
4. 管內滯留水更新
5. 管內雜質排出

末端查驗閥

幫浦方式

1. 啟動性能

(1) 加壓送水裝置應能確實啟動。

(2) 表示、警報等正常。

(3) 電動機之運轉電流值應在容許範圍內。

(4) 運轉中應無不規則、不連續及異常發熱及振動。

2. 放水壓力。

末端查驗管之放水壓力應在 1 kgf/cm^2 以上 10 kgf/cm^2 以下。

(三) 注意事項

於檢查類似醫院之場所時，因切換成緊急電源可能會造成困擾時，得使用常用電源檢查。

乙、測驗題部分

(D) 1. 撒水頭之設置位置規定中，撒水頭迴水板下方 A 公分內及水平方向 B 公分內，應保持淨空間，不得有障礙物，其中 A、B 分別為下列何者？
 (A) A = 30；B = 30　　　　　　　　(B) A = 30；B = 45
 (C) A = 45；B = 45　　　　　　　　(D) A = 45；B = 30

(A) 2. 有關連結送水管之送水口設置規定，下列何者錯誤？
 (A) 設於消防車易於接近，且無送水障礙處，每棟大樓至少設一組
 (B) 送水口為雙口形，接裝口徑 63 毫米陰式快速接頭
 (C) 送水口距基地地面之高度在 1 公尺以下 0.5 公尺以上，且標明連結送水管送水口字樣
 (D) 送水口在其附近便於檢查確認處，裝設逆止閥及止水閥

(D) 3. 水霧滅火設備之水源容量規定，下列何者正確？
 (A) 應在最大放射區域放射 20 分鐘之水量以上
 (B) 應在兩個放射區域放射 15 分鐘之水量以上
 (C) 應在 40 立方公尺以上
 (D) 應在 20 立方公尺以上，但兩個放射區域以上者，應在 40 立方公尺以上

(B) 4. 移動式泡沫滅火設備之水源容量，依規定為 2 具泡沫瞄子同時放水多少分鐘之水量以上？
 (A) 10　　　　　(B) 15　　　　　(C) 20　　　　　(D) 30

(A) 5. 泡沫滅火設備使用泡沫噴頭時，每一放射區域之樓地板面積規定應為何？
 (A) 50 平方公尺以上，100 平方公尺以下
 (B) 100 平方公尺以上，200 平方公尺以下
 (C) 占樓地板面積 1/3 以上
 (D) 至少 200 平方公尺

(B) 6. 泡沫滅火系統中，採高發泡全區放射時，冠泡體積係指防護區域自樓地板面至高出防護對象最高點多少公尺所圍體積？
 (A) 0.3　　　　　(B) 0.5　　　　　(C) 1.0　　　　　(D) 1.5

(C) 7. 自動撒水設備應裝置適當之流水檢知裝置，有關流水檢知裝置之設置規定，下列何者正確？
 (A) 各樓層之樓地板面積在 5,000 平方公尺以下者，裝設一套
 (B) 上下二層，設有火警自動警報設備者，得二層共用
 (C) 無隔間之樓層內，樓地板面積在 10,000 平方公尺以下者，裝設一套
 (D) 附設制水閥，其高度距離樓地板面在 1 公尺以下

(C) 8. 水滅火系統中，以立管連接屋頂水箱使配管平時充滿水，屋頂水箱之容量要求，下列何者錯誤？
 (A) 第一種室內消防栓在 0.5 立方公尺以上
 (B) 第二種室內消防栓在 0.3 立方公尺以上

　　　　(C) 室外消防栓在 1 立方公尺以上

　　　　(D) 自動撒水設備在 1 立方公尺以上

（B）9. 某一學校教學大樓每一樓層皆設有第一種室內消防栓 3 具，則其水源容量應為多少立方公尺？

　　　　(A) 7.8　　　　　　(B) 5.2　　　　　　(C) 9.0　　　　　　(D) 6.0

（C）10. 第一種室內消防栓採用消防幫浦做為加壓送水裝置時，假設水帶摩擦損失水頭為 3 m，配管磨擦損失水頭為 7 m，落差為 30 m，則依規定，幫浦的全揚程應為多少公尺？

　　　　(A) 40　　　　　　(B) 44　　　　　　(C) 57　　　　　　(D) 65

（D）11. 加壓式乾粉滅火設備，於啟動裝置動作後，為使儲存容器壓力達設定壓力始開啟放出閥，應設置何種裝置？

　　　　(A) 壓力調整裝置　　　　　　　　(B) 選擇閥

　　　　(C) 排出裝置　　　　　　　　　　(D) 定壓動作裝置

（D）12. 設置乾粉滅火設備時，全區及局部放射之緊急電源應為自用發電設備或蓄電池設備，其容量應能使設備有效動作多久以上？

　　　　(A) 20 分鐘　　　　(B) 30 分鐘　　　　(C) 45 分鐘　　　　(D) 60 分鐘

（D）13. 有關二氧化碳滅火設備配管之設置規定，下列何者正確？

　　　　(A) 應為專用，但與其他滅火系統共用，無礙其功能者，不在此限

　　　　(B) 採用鋼管配管時，使用符合 CNS 4626 規定之無縫鋼管，管號為 Sch40 以上厚度或具有同等以上強度，且施予鍍鋅等防蝕處理

　　　　(C) 採用銅管配管時，應使用符合 CNS 5127 規定之銅及銅合金無縫管或具有同等以上強度者，能耐壓 37.5 kg/cm^2 以上

　　　　(D) 最低配管與最高配管間，落差在 50 公尺以下

（B）14. 二氧化碳滅火系統採全區放射方式高壓式系統，共設有 24 瓶儲存容器，進行綜合檢查時，放射試驗所需之藥劑量，應為下列何者？

　　　　(A) 10 瓶儲存容器以上　　　　　(B) 3 瓶儲存容器以上

　　　　(C) 2 瓶儲存容器以上　　　　　　(D) 40 公升氮氣 5 瓶以上

（B）15. 二氧化碳滅火系統進行性能檢查時，音響警報之判定方法為距警報裝置 X 公尺處之音量應在 Y 分貝以上，其中 X、Y 應為下列何者？

　　　　(A) X = 1；Y = 60　　　　　　　(B) X = 1；Y = 90

　　　　(C) X \ 0.5；Y = 60　　　　　　(D) X = 0.5；Y = 90

（C）16. 有關乾粉滅火系統之放射時間，下列敘述何者正確？

　　　　(A) 一般場所採全區放射方式防護，放射時間為 1 分鐘以內

　　　　(B) 電信機器室採全區放射時，放射時間為 7 分鐘以內

　　　　(C) 可燃性液體存放於上方開放式容器，火災發生時，燃燒限於一面之情況，如採局部放射方式，放射時間應為 30 秒以內

　　　　(D) 移動放射方式每具噴射瞄子之放射時間為 30 秒以內

（A）17. 一電氣設備室長寬高分別為 12 m、8 m 及 4 m，若採二氧化碳全區放射滅

火設備防護，藥劑放射後採機械排放，則其排風機之風量應為每分鐘多少立方公尺？

(A) 32　　　　(B) 64　　　　(C) 307　　　　(D) 384

(C) 18. 有關大型滅火器之敘述，下列何者正確？

(A) 充填機械泡沫時，滅火劑量需達 18 公升以上

(B) 公共危險物品等場所中設置之大型滅火器，距防護對象任一點之步行距離應在 15 公尺以下

(C) 大型滅火器之滅火效能值，適用於 A 類火災者，應在 10 個以上；適用於 B 類火災者，應在 20 個以上

(D) 在公共危險物品等場所中，大型滅火器歸類為第五種滅火設備

(B) 19. 可燃性高壓氣體場所、加氣站、天然氣儲槽及可燃性高壓氣體儲槽之滅火器，每具滅火器對普通火災應具有 X 個以上之滅火效能值，對油類火災應具有 Y 個以上之滅火效能值，其中 X、Y 分別為下列何者？

(A) X = 3；Y = 10　　　　　　(B) X = 4；Y = 10

(C) X = 5；Y = 16　　　　　　(D) X = 10；Y = 20

(B) 20. 室內消防栓之水源採重力水箱設置，下列何種裝置不屬於該構造應有之裝置？

(A) 補給水管　　　　　　　　(B) 壓力表

(C) 排水管　　　　　　　　　(D) 水位計

(A) 21. 有關乾粉滅火設備配管設置規定，下列敘述何者正確？

(A) 使用施予鍍鋅等防蝕處理或具同等以上強度及耐蝕性之鋼管

(B) 採用銅管配管時，應能承受調整壓力或最高使用壓力的 2 倍以上之壓力

(C) 配管採集中為原則，使噴頭同時放射時，放射壓力加大

(D) 最低配管與最高配管間，落差在 60 公尺以下

(D) 22. 可燃性高壓氣體場所、加氣站、天然氣儲槽及可燃性高壓氣體儲槽設置滅火器，其設置規定，下列敘述何者正確？

(A) 儲槽設置 2 具以上

(B) 加氣站用火設備處所設置 2 具以上

(C) 每具滅火器對普通火災具有 3 個以上之滅火效能值

(D) 每具滅火器對油類火災具有 10 個以上之滅火效能值

(B) 23. 有關室內消防栓綜合檢查放水量及放水壓力之敘述，下列何者正確？

(A) 第一種消防栓放水量應在 120 l/min 以上

(B) 第二種消防栓放水量應在 60 l/min 以上

(C) 第一種消防栓放水壓力應在 1.3 kgf/cm^2 以上 7 kgf/cm^2 以下

(D) 第二種消防栓放水壓力應在 2.3 kgf/cm^2 以上 7 kgf/cm^2 以下

(C) 24. 竣工查驗時，於屋頂使用口徑 16 mm 瞄子實施第一種室內消防栓綜合檢查，測得放水壓力為 4 kgf/cm^2，所計算之每分鐘放水量約為：

(A) 134 公升　　　　　　　　　　(B) 234 公升

　　　　　(C) 334 公升　　　　　　　　　　　　(D) 434 公升

（A）25. 泡沫滅火設備進行綜合檢查時，有關泡沫滅火藥劑 25% 還原時間標準值敘
　　　　述，下列何者正確？
　　　　(A) 合成界面活性劑：30 秒　　　　　(B) 蛋白泡沫滅火藥劑：45 秒
　　　　(C) 水成膜泡沫滅火藥劑：30 秒　　　(D) 水成膜泡沫滅火藥劑：45 秒

（D）26. 室內消防栓設備之消防立管管系竣工時，應做加壓試驗，試驗壓力不得小
　　　　於加壓送水裝置全閉揚程 A 倍以上之水壓。試驗壓力以繼續維持 B 小時無
　　　　漏水現象為合格，A、B 分別為：
　　　　(A) A＝1；B＝1　　　　　　　　　　(B) A＝1.5；B＝1
　　　　(C) A＝1；B＝2　　　　　　　　　　(D) A＝1.5；B＝2

（C）27. 有關二氧化碳滅火設備放射時間之敘述，下列何者正確？
　　　　(A) 全區放射方式，總機室 1 分鐘全部放射完畢
　　　　(B) 全區放射方式，其他場所 0.5 分鐘全部放射完畢
　　　　(C) 局部放射方式，0.5 分鐘全部放射完畢
　　　　(D) 局部放射方式，1 分鐘全部放射完畢

（A）28. 有關滅火器性能檢查頻率之規定，下列敘述何者正確？
　　　　(A) 化學泡沫滅火器應每年實施一次性能檢查
　　　　(B) 機械泡沫滅火器應每年實施一次性能檢查
　　　　(C) 二氧化碳滅火器應每二年實施一次性能檢查
　　　　(D) 蓄壓式乾粉滅火器應每二年實施一次性能檢查

（B）29. 全區放射二氧化碳滅火設備進行綜合檢查時，如為高壓式儲存系統，在放
　　　　射試驗時需放射多少藥劑量？
　　　　(A) 為該放射區域所設儲存容器瓶數之 5% 以上
　　　　(B) 為該放射區域所設儲存容器瓶數之 10% 以上
　　　　(C) 為該放射區域所設儲存容器瓶數之 15% 以上
　　　　(D) 為該放射區域所設儲存容器瓶數之 20% 以上

（D）30. 實施二氧化碳滅火設備檢修，於進行性能檢查時，皮管連接部應無鬆動，
　　　　皮管損傷、老化等情形，且皮管長度應在幾公尺以上？
　　　　(A) 5　　　　　(B) 10　　　　　(C) 15　　　　　(D) 20

（B）31. 惰性氣體滅火設備進行性能檢查時，對於滅火藥劑量判定方法，藥劑量測
　　　　定結果與重量表、圖面明細表或原廠技術手冊規範等資料核對，其差值應
　　　　在充填值多少以下？
　　　　(A) 5%　　　　(B) 10%　　　　(C) 15%　　　　(D) 20%

（C）32. 泡沫滅火設備之場所，於進行性能檢查時，製造年份超過幾年或無法辨識
　　　　製造年份之水帶，應進行水壓試驗？
　　　　(A) 3 年　　　　(B) 5 年　　　　(C) 10 年　　　　(D) 15 年

（C）33. 自動撒水設備竣工時進行加壓試驗，下列何者錯誤？
　　　　(A) 密閉乾式管系應併行空氣壓試驗，應使空氣壓力達到 0.28 MPa 之標準

(B) 密閉乾式管系應併行空氣壓試驗，壓力持續 24 小時，漏氣減壓量應在 0.01 MPa 以下

(C) 試驗壓力以繼續維持 1.5 小時無漏水現象為合格

(D) 試驗壓力不得小於加壓送水裝置全閉揚程 1.5 倍以上之水壓

(B) 34. 依 NFPA 2001 之規定，潔淨式氣體滅火系統於一般場所之藥劑放射時間（達設計濃度 95% 之時間），下列敘述何者正確？

(A) FE-13 應在 30 秒以內　　　　　(C) Halon 1301 應在 60 秒以內

(B) IG-541 應在 60 秒以內　　　　　(D) FM-200 應在 30 秒以內

(C) 35. 採用移動式放射方式之乾粉滅火設備，藥劑種類為第一種乾粉時，每一具噴射瞄子所需藥劑放射量為：

(A) 18 kg/min　　　　　　　　　　(B) 27 kg/min

(C) 45 kg/min　　　　　　　　　　(D) 60 kg/min

(B) 36. 有關自動撒水設備末端查驗閥之敘述，下列何者正確？

(A) 開放式自動撒水設備應設置

(B) 限流孔之放水性能應與標準撒水頭相同

(C) 管徑小於 25 公厘

(D) 配置距離地板面之高度在 3 公尺以下

(D) 37. 有關撒水頭設置之敘述，下列何者正確？

(A) 設於夜總會表演場所舞臺之撒水頭，任一點至撒水頭之水平距離在 2.1 公尺以下

(B) 公共危險物品等場所設置自動撒水設備，防護對象任一點至撒水頭之水平距離在 2.1 公尺以下

(C) 高架儲存倉庫中，設於貨架之撒水頭，任一點至撒水頭之水平距離在 2.5 公尺以下，並以平行方式設置

(D) 一防火構造之餐廳設置一般反應型撒水頭（第二種感度），各層任一點至撒水頭之水平距離在 2.3 公尺以下

(C) 38. 依各類場所消防安全設備設置標準之規定，下列何種場所不需設置室外消防栓設備？

(A) 建築物及儲存總面積在 3,500 平方公尺之可燃性高壓氣體處理場所

(B) 建築物及儲存總面積在 6,000 平方公尺之輕工業場所

(C) 建築物及儲存總面積在 8,000 平方公尺有可燃性物質存在，但量少之工作場所

(D) 建築物及儲存總面積在 3,500 平方公尺之石化作業場所

(A) 39. 為執行檢修申報，針對水霧滅火系統綜合檢查，對於判定方法之敘述，下列何者正確？

(A) 一齊開放閥應正常動作

(B) 排水設備集水管應無損傷、阻塞等

(C) 確認延遲作用及自動排水裝置之排水能否有效地進行

(D) 確認給水裝置有無變形、腐蝕等，及操作排水閥確認給水功能是否正常

（A）40. 進行幫浦性能試驗時，幫浦之出水量在額定出水量之 1.5 倍時，其全揚程應為額定出水量在性能曲線上全揚程百分之多少以上？

(A) 65%　　　　(B) 55%　　　　(C) 45%　　　　(D) 35%

5-12消防設備士107年警報與避難系統消防安全設備概要

甲、申論題題部分

一、請依據「各類場所消防安全設備檢修及申報作業基準」，試述各類避難器具外觀檢查開口部時之檢查方法、判定方法及注意事項？（25 分）

解：

1. **檢查方法**

   確認安裝器具之開口部，能否容易且安全地打開，及是否確保必要之開口面積。

2. **判定方法**

   (1) 開口部應無加設固定板、木條等。

   (2) 制動器、門軸轆等應無生鏽，且開口部應能容易開、關。

   (3) 打開門、蓋後，其制動器應能確實動作，不會因振動、衝擊等而鬆開。

   (4) 開口部附近應無書架、展示臺等堵塞開口部。

   (5) 由地板面至開口部下端之高度應在 150 cm 以下。

   (6) 開口部太高可能形成避難上之障礙時，應設有固定式或半固定式之踏臺。

   (7) 踏臺等應保持能用之狀態。

   (8) 開口部應能符合下表所示之大小。

開口部之大小

避難器具種類	開口面積
救助袋	高 60 cm 以上 寬 60 cm 以上
緩降機 避難梯 避難繩索 滑杆	高 80 cm 以上，寬 50 cm 以上 或高 100 cm 以上，寬 45 cm 以上
滑臺	高 80 cm 以上 寬為滑臺最大寬度以上
避難橋	高 180 cm 以上 寬為避難橋最大寬度以上

3. **注意事項**

   開口部之大小未符合上表時，應參照原核准圖說，確認是否與設置時之狀態相同。

二、桃園市某工廠發生大火，造成多名消防員殉職，公共危險物品安全管理議題再度被社會大眾重視，請依據「各類場所消防安全設備設置標準」，分別試述公共危險物品製造場所、一般處理場所、室內儲存場所及室內儲槽場所應設置火警自動警報設備之規定？（25 分）

解：

依第 205 條：下列場所應設置火警自動警報設備：

1. 公共危險物品製造場所及一般處理場所符合下列規定之一者：
   (1) 總樓地板面積在 500 m² 以上者。
   (2) 室內儲存或處理公共危險物品數量達管制量 100 倍以上者。但處理操作溫度未滿 100℃之高閃火點物品者，不在此限。
   (3) 建築物除供一般處理場所使用外，尚供其他用途者。但以無開口且具 1 小時以上防火時效之牆壁、樓地板區劃分隔者，不在此限。

2. 室內儲存場所符合下列規定之一者：
   (1) 儲存或處理公共危險物品數量達管制量 100 倍以上者。但儲存或處理高閃火點物品，不在此限。
   (2) 總樓地板面積在 150 m² 以上者。但每 150 m² 內以無開口且具 1 小時以上防火時效之牆壁、樓地板區劃分隔，或儲存、處理易燃性固體以外之第 2 類公共危險物品或閃火點在 70℃以上之第 4 類公共危險物品之場所，其總樓地板面積在 500 m² 以下者，不在此限。
   (3) 建築物之一部分供作室內儲存場所使用者。但以無開口且具 1 小時以上防火時效之牆壁、樓地板區劃分隔者，或儲存、處理易燃性固體以外之第 2 類公共危險物品或閃火點在 70℃以上之第 4 類公共危險物品，不在此限。
   (4) 高度在 6 m 以上之一層建築物。

3. 室內儲槽場所達顯著滅火困難者。
   前項以外之公共危險物品製造、儲存或處理場所儲存、處理公共危險物品數量達管制量 10 倍以上者，應設置手動報警設備或具同等功能之緊急通報裝置。但平日無作業人員者，不在此限。

乙、測驗題部分

（B） 1. 依各類場所消防安全設備設置標準規定，除供甲類場所、地下建築物、高層建築物或應設置偵煙式探測器之場所外，若要以自動撒水設備免設火警自動警報設備，有關密閉型撒水頭之規定，下列那一項正確？
   (A)限使用標示攝氏溫度 75 度以下，動作時間 60 秒以上之密閉型撒水頭
   (B)限使用標示攝氏溫度 75 度以下，動作時間 60 秒以內之密閉型撒水頭
   (C)限使用標示攝氏溫度 75 度以下，動作時間 90 秒以內之密閉型撒水頭
   (D)限使用標示攝氏溫度 95 度以下，動作時間 60 秒以內之密閉型撒水頭

（B） 2. 差動式分佈型探測器為熱半導體式時，裝接於一個檢出器之感熱器數量，

下列何者正確？

(A) 1　　　　　(B) 10　　　　　(C) 20　　　　　(D) 30

(C) 3. 下列何者非屬定溫式探測器可裝設場所？

(A) 平時煙會滯留之場所　　　　　(B) 顯著高溫之場所

(C) 排放廢氣會大量滯留之場所　　(D) 會結露之場所

(A) 4. 下列那一種探測器，不可以裝設於室內天花板或屋頂板高度 15 公尺以上未滿 20 公尺之空間？

(A) 差動式局限型　　　　　　　　(B) 光電式分離型一種

(C) 光電式局限型一種　　　　　　(D) 離子式局限型一種

(D) 5. 有一地下三層地上十層之建築物，總樓地板面積 5000 平方公尺，若起火樓層位於三樓時，下列那一樓層火警自動警報設備需鳴動？

(A) 每一樓層　　　(B) 地下一樓　　　(C) 一樓　　　(D) 二樓

(A) 6. 下列何種使用瓦斯之場所，應設置瓦斯漏氣火警自動警報設備？

(A) 設置於地下層的 MTV，樓地板面積合計 1200 平方公尺

(B) 設置於地下層的 KTV，樓地板面積合計 300 平方公尺

(C) 設置於地下層的夜總會，樓地板面積合計 300 平方公尺

(D) 設置於地下層的酒吧，樓地板面積合計 400 平方公尺

(B) 7. 有一防火構造建築物，其探測區域樓地板面積為 100 平方公尺，欲設置差動式分佈型熱電偶式探測器，至少應該設置多少探測器數量？

(A) 4 個　　　(B) 5 個　　　(C) 6 個　　　(D) 7 個

(C) 8. 當差動式分佈型探測器為空氣管式時，下列那一項的敘述不符合設置標準？

(A) 裝接於一個檢出器之空氣管長度，在 100 公尺以下

(B) 空氣管裝置在自裝置面任一邊起 1.5 公尺以內之位置，其間距，在防火構造建築物，在 9 公尺以下，其他建築物在 6 公尺以下。但依探測區域規模及形狀能有效探測火災發生者，不在此限

(C) 每一探測區域內之空氣管長度，露出部分在 10 公尺以上

(D) 空氣管裝置在裝置面下方 30 公分範圍內

(D) 9. 以下有關各類場所消防安全設備設置標準對火警分區的規定，何者錯誤？

(A) 每一火警分區不得超過一樓層，並在樓地板面積 600 平方公尺以下

(B) 樓梯、斜坡通道、升降機之升降路及管道間等場所，在水準距離 50 公尺範圍內，且其頂層相差在二層以下時，得為一火警分區。但應與建築物各層之走廊、通道及居室等場所分別設置火警分區

(C) 樓梯或斜坡通道，垂直距離每 45 公尺以下為一火警分區。但其地下層部分應為另一火警分區

(D) 每一分區之任一邊長在 50 公尺以下。但裝設光電式分離型探測器時，其邊長得在 200 公尺以下

(A) 10. 依各類場所消防安全設備設置標準第 23 條規定，各類場所均應設置避難指

標。但設有以下那一個設備時，在其有效範圍內，得免設置避難指標？
(A) 避難方向指示燈　　　　　　　　(B) 緊急照明設備
(C) 觀眾席引導燈　　　　　　　　　(D) 自動照明燈

(B) 11. 依各類場所消防安全設備設置標準規定，火警受信總機、中繼器及偵煙式探測器，有設定蓄積時間時，其蓄積時間之合計，每一火警分區在多少秒以下？

(A) 50 秒　　　　(B) 60 秒　　　　(C) 70 秒　　　　(D) 80 秒

(A) 12. 有關光電式分離型探測器光軸，下列設置規定何者正確？
(A) 探測器之光軸，指探測器受光面中心點與送光面中心點之連結線
(B) 設在與探測器光軸平行牆壁距離 30 公分以上之位置
(C) 探測器之光軸高度，在天花板等高度 60% 以上之位置
(D) 探測器之光軸與警戒區任一點之水準距離，在 9 公尺以下

(A) 13. 依各類場所消防安全設備設置標準規定，火警自動警報設備之配線，除依屋內線路裝置規則外，其電源回路導線間及導線與大地間之絕緣電阻值，以直流 250 伏特額定之絕緣電阻計測定，對地電壓在 150 伏特以下者，應該在多少 MΩ 以上？

(A) 0.1 MΩ　　　(B) 0.2 MΩ　　　(C) 0.3 MΩ　　　(D) 0.4 MΩ

(C) 14. 依各類場所消防安全設備設置標準規定，火警受信總機若為壁掛型，總機操作開關距離樓地板面之高度，應該為多少公尺範圍？
(A) 在 0.5 公尺以上 1.5 公尺以下　　　(B) 在 0.8 公尺以上 1.8 公尺以下
(C) 在 0.8 公尺以上 1.5 公尺以下　　　(D) 在 0.5 公尺以上 1.8 公尺以下

(C) 15. 有關緊急供電系統之電源，下列何者錯誤？
(A) 蓄電池設備充電電源之配線設專用回路，其開關上應有明顯之標示
(B) 裝設發電機及蓄電池之處所為防火構造。但設於屋外時，設有不受積水及雨水侵襲之防水措施者，不在此限
(C) 緊急電源裝置切換開關，於常用電源切斷時自動切換供應電源至緊急用電器具，並於常用電源恢復時，手動恢復由常用電源供應
(D) 發電機裝設適當開關或連鎖機件，以防止向正常供電線路逆向電力

(A) 16. 避難器具之設置數量與場所之收容人數有很大的關係，依各類場所消防安全設備設置標準規定，有關醫療機構（醫院、診所）候診室之收容人數之計算，應以各候診室之樓地板面積和除多少平方公尺所得之數，做為候診室之收容人數？
(A) 3 平方公尺　　　　　　　　　(B) 4 平方公尺
(C) 5 平方公尺　　　　　　　　　(D) 6 平方公尺

(D) 17. 供緩降機或救助袋使用之支固器具及供懸吊型梯、滑杆或避難繩索使用之固定架，若使用螺栓固定時，下列何者錯誤？
(A) 使用錨定螺栓
(B) 當螺紋標稱為 M10×1.5 時，螺栓埋入混凝土內不含灰漿部分之深度應

為 45 mm 以上

(C) 當螺紋標稱為 M10×1.5 時，螺栓埋入混凝土內不含灰漿部分之轉矩值
應為 150-250 kgf-cm 以上

(D) 當螺紋標稱為 M12×1.75 時，螺栓埋入混凝土內不含灰漿部分之深度應
為 70 mm 以上

(C) 18. 依各類場所消防安全設備設置標準規定，每一火警分區，依規定設置火警
發信機，其標示燈應平時保持明亮，其透明罩為圓弧形，裝置後突出牆
面，標示燈與裝置面應成幾度角？

(A) 五度角　　　(B) 十度角　　　(C) 十五度角　　　(D) 二十度角

(C) 19. 在設置避難器具時，皆必須考慮其開口部保有必要開口面積、無操作障礙
之面積、下降空間及下降空地等因素，試問於設置避難器具為緩降機時，
下列敘述何者錯誤？

(A) 開口面積為高 80 公分以上，寬 50 公分以上或高 100 公分以上，寬 45
公分以上

(B) 無操作障礙之面積為 0.5 平方公尺以上（不含避難器具所占面積），但
邊長應為 60 公分以上

(C) 下降空間為以器具中心半徑 0.5 公尺圓柱形範圍內。但突出物在 30 公
分以內，且無避難障礙者，或超過 30 公分時，能採取不損繩索措施
者，該突出物得在下降空間範圍內

(D) 下降空地為下降空間之投影面積

(B) 20. 依各類場所消防安全設備設置標準規定，瓦斯漏氣警報裝置之檢知器所能
檢知瓦斯漏氣之區域內，該檢知器動作時，該區域內之檢知區域警報裝置
能發出警報音響，其音壓在距 1 公尺處應有多少分貝以上？

(A) 60 分貝　　　(B) 70 分貝　　　(C) 80 分貝　　　(D) 90 分貝

(D) 21. 依各類場所消防安全設備設置標準規定，緊急照明設備除內置蓄電池外，
應連接緊急電源，其蓄電池容量應能使其持續動作 a 分鐘以上。但採蓄電
池設備與緊急發電機併設方式時，其容量應能使其持續動作分別為 b 分鐘
及 c 分鐘以上，請問下列何者正確？

(A) a = 10　　　(B) b = 30　　　(C) c = 10　　　(D) a + b + c = 70

(A) 22. 依各類場所消防安全設備設置標準規定，火警自動警報設備之緊急電源，
應使用蓄電池設備，其容量能使其有效動作多少分鐘以上？

(A) 10 分鐘　　　(B) 20 分鐘　　　(C) 30 分鐘　　　(D) 60 分鐘

(D) 23. 自居室任一點易於觀察識別其主要出入口，且與主要出入口之步行距離符
合規定者，得免設出口標示燈、避難方向指示燈或避難指標，試問下列何
者不得免設？

(A) 該步行距離在避難層為 20 公尺以下，在避難層以外之樓層為 10 公尺以
下者

(B) 該步行距離在避難層為 40 公尺以下，在避難層以外之樓層為 30 公尺以

　　　　下者

(C) 該步行距離在 30 公尺以下者

(D) 無開口樓層者

（ D ）24. P 型受信總機採用數個分區共用一公用線方式配線時，該公用線供應之分區數，依各類場所消防安全設備設置標準規定，不得超過多少個？

(A) 1 個　　　　　(B) 3 個　　　　　(C) 5 個　　　　　(D) 7 個

（ B ）25. 有一飯店，其三樓之樓地板面積為 1200 平方公尺，依各類場所消防安全設備設置標準規定，於設置出口標示燈時，除應使用 A 級或 B 級外，出口標示燈標示面光度應在多少燭光（cd）以上？

(A) 15 燭光（cd）　　　　　　　　(B) 20 燭光（cd）

(C) 25 燭光（cd）　　　　　　　　(D) 30 燭光（cd）

（ B ）26. 依各類場所消防安全設備設置標準規定，緊急供電系統之配線除依屋內線路裝置規則外，有關電源回路之配線耐燃保護，若電線裝於金屬導線管槽內，並埋設於防火構造物之混凝土內，混凝土保護厚度應為多少毫米以上？

(A) 10 毫米　　　(B) 20 毫米　　　(C) 30 毫米　　　(D) 40 毫米

（ D ）27. 依各類場所消防安全設備設置標準規定，緊急供電系統之配線除依屋內線路裝置規則外，緊急用電源回路及操作回路，應使用多少伏特耐熱絕緣電線，或同等耐熱效果以上之電線？

(A) 300 伏特　　(B) 400 伏特　　(C) 500 伏特　　(D) 600 伏特

（ B ）28. 依各類場所消防安全設備檢修及申報作業基準規定，對火警自動警報設備進行二信號性能檢查時，有關判定方法，下列敘述何者錯誤？

(A) 第一信號時，主音響或副音響裝置應鳴動

(B) 第一信號時，火災燈應亮燈

(C) 第二信號時，主音響及地區音響裝置應鳴動

(D) 第二信號時，地區表示燈應亮燈

（ B ）29. 依各類場所消防安全設備設置標準規定，有關標示設備之敘述，何者正確？

(A) 無開口樓層之居室，自居室任一點易於觀察識別其主要出入口，且與主要出入口之步行距離在 30 公尺以下者，得免設避難指標

(B) 供集合住宅使用之居室，得免設出口標示燈、避難方向指示燈或避難指標

(C) 通往主要出入口之走廊或通道之出入口，設有探測器連動自動關閉裝置之防火門，並設有避難指標及緊急照明設備確保該指標明顯易見者，得免設避難方向指示燈

(D) 樓梯或坡道，設有緊急照明設備及供確認避難方向之樓層標示者，得免設出口標示燈

（ A ）30. 偵煙式探測器除光電式分離型外，下列裝置規定何者錯誤？

(A) 居室天花板距樓地板面高度在 2.3 公尺以下或樓地板面積在 40 平方公尺以下時，應設在居室中央為原則

(B) 探測器下端，裝設在裝置面下方 60 公分範圍內

(C) 探測器裝設於距離牆壁 60 公分以上之位置

(D) 探測器裝設於距離樑 60 公分以上之位置

(C) 31. 依各類場所消防安全設備設置標準規定，公共危險物品製造場所及一般處理場所總樓地板面積在多少平方公尺以上者，應設置火警自動警報設備？

(A) 300 平方公尺   (B) 400 平方公尺

(C) 500 平方公尺   (D) 600 平方公尺

(D) 32. 依各類場所消防安全設備設置標準規定，下列何者非屬消防搶救上之必要設備種類？

(A) 排煙設備   (B) 緊急電源插座

(C) 無線電通信輔助設備   (D) 緊急照明設備

(A) 33. 依各類場所消防安全設備檢修及申報作業基準規定，檢查檢知器時，使用「加瓦斯試驗器」進行加瓦斯測試，對空氣之比重未滿一者應使用何種物質？

(A) 甲烷   (B) 乙烷   (C) 丙烷   (D) 丁烷

(C) 34. 依各類場所消防安全設備檢修及申報作業基準規定，緊急照明設備在建築物總樓地板面積為 5000 平方公尺時，檢查緊急電源容量能否持續 30 分鐘之檢查數量應在多少個以上？

(A) 5 個   (B) 10 個   (C) 15 個   (D) 20 個

(C) 35. 依各類場所消防安全設備檢修及申報作業基準規定，緊急電源插座為單相交流 110 V 者，應用額定 150 V，X 安培之接地型插座。三相交流 220 V 者則適用額定 250 V，Y 安培接地型插座，並確認應無變形、損傷、顯著腐蝕或異物阻塞等，下列何者正確？

(A) X = 10；Y = 20   (B) X = 10；Y = 30

(C) X = 15；Y = 30   (D) X = 15；Y = 40

(D) 36. 依各類場所消防安全設備設置標準規定，下列處所何者不得免設緊急照明設備？

(A) 在避難層，由居室任一點至通往屋外出口之步行距離在 30 公尺以下之居室

(B) 具有效採光，且直接面向室外之通道或走廊

(C) 集合住宅之居室

(D) 工作場所中，未設有固定機械或裝置之部分

(C) 37. 設置避難器具時，標示其設置位置、使用方法並設置指標，下列規定何者錯誤？

(A) 設置位置之標示尺寸長 36 公分以上、寬 12 公分以上

(B) 設置位置之標示方法字樣為「避難器具」，每字 5 平方公分以上

(C) 使用方法之標示尺寸長 36 公分以上、寬 12 公分以上

(D) 使用方法之標示方法爲標示易懂之使用方法，每字 1 平方公分以上

(C) 38. 依各類場所消防安全設備設置標準規定，差動式分佈型及偵煙式探測器之探測區域，指探測器裝置面之四周以淨高多少公分以上之樑或類似構造體區劃包圍者？

(A) 30　　　　　(B) 40　　　　　(C) 60　　　　　(D) 80

(C) 39. 依各類場所消防安全設備設置標準規定，緊急廣播設備之啓動裝置應符合 CNS 10522 之規定，且設在距樓地板高度 X 公尺以上 Y 公尺以下範圍內，下列何者正確？

(A) X + Y = 1.9　　　　　　　　(B) X + Y = 2.1

(C) X + Y = 2.3　　　　　　　　(D) X + Y = 2.5

(C) 40. 依各類場所消防安全設備檢修及申報作業基準規定，緩降機應以測量下降距離及下降時間，計算出下降速度，最大下降速度應在每秒多少公分以內？

(A) 100　　　　　(B) 120　　　　　(C) 150　　　　　(D) 180

Note

參考文獻

1. 盧守謙，火災學二版，五南圖書出版，2019 年 7 月。
2. 盧守謙，圖解消防工程二版，五南圖書出版，2019 年 4 月。
3. 盧守謙，圖解消防危險物品二版，五南圖書出版，2019 年 11 月。
4. 盧守謙，圖解消防安全設備設置標準三版，五南圖書出版，2020 年 2 月。
5. 財團法人消防安全中心基金會網頁，http://www.cfs.org.tw/，2019 年 1 月。
6. 海外消防情報中心，日本消防用機械器具檢定制度，平成 26 年 3 月
7. 消防設備士資格研究會，第 5 類與第 6 類消防設備士，新星出版社，平成 22 年。
8. 日本消防檢定協會，消防用設備等，平成 28 年。
9. 日本總務省消防廳，高發泡泡沫滅火設備，平成 29 年。
10. 埼玉市消防局，埼玉市消防用設備等審查基準，平成 28 年。
11. 福岡市消防局，福岡市消防用設備等技術基準，平成 26 年。
12. 神戶市消防局，神戶市消防用設備等技術基準，平成 25 年
13. 橫濱市消防局，橫濱市危險物規制事務審查基準，平成 27 年。
14. 大津市消防局，大津市危險物規制事務審查基準，平成 26 年。
15. 堺市消防局，堺市危險物規制審查基準，平成 28 年。
16. 太田市消防本部，消防用設備等審查‧指導基準，平成 31 年。
17. 東京防災設備保守協會，消防用設備等，平成 28 年。
18. 河野英二，防火‧防災‧消防設備点檢及び消防法改正の解説，ビューローベリタスジャパン株式会社，平成 27 年 5 月。
19. 惠崎孝之，日本消防機器認證制度——檢定制度及自主表示制度，消防廳預防課，平成 28 年 11 月
20. 日本消防檢定協會網頁，http://www.jfeii.or.jp/，平成 31 年
21. 日本總務省消防廳網頁，http://www.fdma.go.jp/，平成 31 年。
22. 東京消防廳網頁，http://www.tfd.metro.tokyo.jp/，平成 31 年。
23. 日本消防設備安全中心網頁，http://www.fesc.or.jp/index.html，平成 31 年。
24. 日本財團法人消防試驗研究中心網頁，http://www.shoubo-shiken.or.jp/，平成 31 年。
25. 日本 Sanki 株式會社 2019，水道管連結スプリンクラー設置。
26. 日本シー・ビー・シー株式會社 2019，水道管連結スプリンクラー設置工事。

國家圖書館出版品預行編目資料

圖解消防安全設備認可基準與測試方法暨判定
要領／盧守謙著. ——初版.——臺北市：五
南，2020.02
　　面；　公分
　ISBN 978-957-763-833-5（平裝）

1.消防設施　2.消防安全

575.875　　　　　　　　　　108022655

5T46

圖解消防安全設備認可基準與測試方法暨判定要領

作　　　者 — 盧守謙（481）

發 行 人 — 楊榮川

總 經 理 — 楊士清

總 編 輯 — 楊秀麗

主　　　編 — 王正華

責任編輯 — 金明芬

封面設計 — 姚孝慈

出 版 者 — 五南圖書出版股份有限公司

地　　　址：106台北市大安區和平東路二段339號4樓

電　　　話：(02)2705-5066　　傳　　真：(02)2706-6100

網　　　址：http://www.wunan.com.tw

電子郵件：wunan@wunan.com.tw

劃撥帳號：01068953

戶　　　名：五南圖書出版股份有限公司

法律顧問　林勝安律師事務所　林勝安律師

出版日期　2020年2月初版一刷

定　　　價　新臺幣650元